마태복음의

하늘과 하늘나라

마태복음의 하늘과 하늘나라

2022년 8월 15일 1쇄 발행
2025년 3월 10일 2쇄 발행

지은이 | 강대훈
펴낸이 | 박영호
펴낸곳 | 도서출판 솔로몬

주소 | 서울시 동작구 사당로 143
전화 | 599-1482
팩스 | 592-2104
직영서점 | 596-5225

등록일 | 1990년 7월 31일
등록번호 | 제 16-24호

ISBN 978-89-8255-608-1 03230

마태복음의 하늘과 하늘나라

강대훈 지음

솔로몬

추천사

다층의 역사와 전승이 얼기설기 얽힌 복음서를 하나의 주제로 읽어 내려는 시도는 사실 실패할 공산이 훨씬 크다. 하지만 강대훈 교수의 〈마태복음의 하늘과 하늘나라〉는 이러한 통념을 기분 좋게 무너뜨린다. 하늘과 하늘나라에 대한 심원한 이야기를 듣고 싶은 독자, 그리고 그 이야기들이 마태의 더 큰 내러티브를 어떻게 웅장하게 연주해 가는지 확인하고 싶은 독자에게, 이 책은 잊지 못할 선물이 될 것이다.

권영주 (한국침례신학대학교 신약학 교수)

마태복음에서 하늘, 그리고 하늘나라는 중요한 신학적 주제이다. 하지만, 우리는 하늘에 대해서 잘 아는 것처럼, 마태복음의 하늘과 하늘나라를 해석해 왔다. 강대훈 교수는 알 듯 말 듯 한 이 하늘의 상징성을 본서에서 깊이 있게 탐구한다. 그는 국내에서 마태복음의 하늘을 연구한 유일한 학자이자, 하늘의 상징성을 연구한 최고의 전문가이다. 그가 마태복음의 내러티브를 따라 하늘의 상징적 의미와 하늘나라의 신학적 의미를 파헤치는 논문들을 한데 모은 본서는 마태복음뿐 아니라, 다른 신약 본문에 나타난 하늘의 상징성을 이해하려는 이들에게 이정표와 같은 역할을 할 소중한 책이다. 하늘이 열려 계시의 말씀이 땅에 선포되듯, 본서는 마태복음 이해를 가로막는 해석의 휘장을 찢어 이 복음서에 나타난 하늘이 갖는 상징적 의미를 우리에게 활짝 열어줄 것이다.

김경식 (웨스트민스터신학대학원대학교 신약학 교수)

이 책은 저자가 박사 과정 때부터 지금까지 오랫동안 연구해온 마태복음의 하늘 개념과 이에 근거한 하늘나라의 의미를 깊이 있는 통찰력으로 탁월하게 설명하고 있다. 저자는 구약과 유대 문헌 그리고 우주론적 차원에서 하늘을 연구했고, 마태복음의 중심 주제인 하늘나라를 매우 신선한 관점에서 제시하고 있다. 저자의 학문적 성찰과 노고가 빚어낸 이 책은 신학계와 목회 현장에서 큰 기여와 풍성한 도움을 가져다줄 것이다.

김선욱 (에스라성경대학원대학교 신약학 교수)

"교회는 하늘에 속했고 하늘나라로 사람들을 인도하는 권세를 부여받았다"는 저자의 주장에 가슴이 뛴다. 강대훈 박사가 저술한 이 책은 조나단 페닝턴의 연구를 이어가는 '하늘'과 '하늘나라'에 관한 뛰어난 연구서이다. 이 책은 하늘나라를 소망하며 교회를 사랑하는 모든 크리스천 독자들에게 교회의 정체성과 사명에 대해 큰 도전을 줄 것이다.

김현광 (한국성서대학교 신약학 교수, 한국복음주의신약학회 부회장)

사람은 누구나 하늘을 바라보며 살아간다. 땅에 메인 일상에 지칠 때마다 고개를 들어 하늘을 바라보고 새 힘을 얻곤 한다. 동서양을 막론하고 옛적부터 사람들은 이 땅에서 일어나는 크고 작은 일을 하늘에 비추어 살펴보고 삶의 의미와 방향을 찾으려 했다. 하나님께서 하늘과 땅을 지으시고 그 안에 만물을 두시고 사람으로 다스리게 하신 이후로 하늘은 이처럼 우리에게 가깝고도 먼 그리고 친근하면서도 두려운 대상이다. 성도와 신학도에게는 더욱 그러하다. 하늘과 하늘나라는 성도와 신학도에게 친숙하고 때로는 일상적인 표현이지만 그 개념까지 성경적으로 올바르게 알기는 쉽지 않다. 오히려 제대로 배울 기회도 적었을 것이다. 이러한 점에서 강대훈 교수의 "마태복음의 하늘과 하늘나라"는 가뭄 끝에 내리는 단비와 같다. 마태복음 서사구조에 맞추어 문학적, 역사적, 그리고 신학적 접근 방법을 통해 주요 주제들을 소개하는 강대훈 교수의 설명을 따라가노라면 시나브로 하늘과 하늘나라에 대한 바른 이해에 도달하게 될 것이다. 진지하게 마태복음을 연구하고자 하는 모든 이에게 이 책을 추천하는 바이다.

남궁영 (칼빈대학교 신약학 교수)

이 책은 마태복음에 사용된 '하늘'과 '하늘나라'의 원의(original meaning)를 역사와 언어와 문맥에 근거하여 밝혀내기 위해 한 학자가 해온 치열한 고민과 연구의 결과물이다. 책이 제공하는 방대한 1차 자료 문헌과 밝혀낸(추천인 본인은 그렇다고 믿는다) 본문의 원의는 마태복음의 신학과 더 나아가 역사의 예수의 신학과 소명을 알아가고자 하는 이에게 가뭄 때의 단비와 같은 선물임을 믿어 의심치 않는다.

박윤만 (대신대학교 신학대학원장 및 신약학 교수)

마태복음의 핵심 주제인 '하늘'과 '하늘나라'에 관한 강대훈 교수의 탁월한 학술 논문들이 드디어 손에 닿을 수 있게 한 권의 책으로 묶여 나왔다. 대학 캠퍼스 선교사로서 청년의 때를 다 보내며 성경과 함께 살아오다가 뒤늦게 신학자가 된 후에도 성경적 정통 신학의 좁은 길을 걸어온 강대훈 교수의 연구의 열매들은 학문과 경건이 융합된 신학의 세계로 독자들을 초대하며, 성경을 사랑하는 목마른 목회자들과 성도들에게 진실한 위로와 격려가 될 것이다.

신현우 (총신대학교 신학과 신약학 교수)

이 책은 21세기 생태환경의 위기를 경험하고 있는 인류가 최 우선적으로 다루어야 할 신학적인 주제를 다루고 있다. 바로 신약성경의 우주론이다. 특히 마태복음에 묘사된 하늘과 땅, 구원과 지옥, 그리고 하늘나라에 대한 저자의 탁월한 이해는 이 책을 읽는 독자들로 하여금 감탄을 자아내게 한다. 또한 저자는 매 장(chapter)의 마지막 부분에 "요약과 결론"을 제공함으로 독자들의 이해를 더욱 풍성하게 만들고 있다. 이 책은 마태복음의 우주론을 좀 더 깊이 있게 연구하고자 하는 신학생들과 목회자들, 그리고 성도분들이 꼭 읽어야 할 필독서임이 분명하다.

신현태 (장로회신학대학교 신약학 교수)

본서는 강대훈 교수의 오랜 연구의 결과물이다. 많은 신약 학자들이 있지만 저자는 마태복음과 하늘 및 하늘나라에 관한 한 으뜸가는 학자로서 본 주제와 관련하여 깊이 있고 광범위한 연구를 해왔다. 본서는 '하늘'과 '하늘나라'에 대해 막연한 개념을 가지고 있는 현대 기독교인들을 당시 유대주의로 이끌어서 그들의 관점에서 일목요연하게 이해할 수 있도록 돕는 최고의 책이다. 이 책을 읽는 모든 독자는 하늘과 하늘나라에 관한 신학적 지식뿐 아니라 마태복음에 나타난 하늘 아버지의 뜻과 관점을 꿰뚫을 수 있는 통찰력을 가지게 될 것이다.

주기철 (고신대학교 신학과 신약학 교수)

한, 유진, 유영에게 헌정함

임마누엘의 날개 아래 있기를 소망하며

저자 서문

우리는 성 마태가 복음서를 기록하는 현장에 천사가 있는 그림을 흔히 볼 수 있다(카라바지오의 성 마태의 영감[1602], 귀도 레니의 성 마태와 천사[1635-1640], 렘브란트의 성 마태와 천사[1661], 칼렐 반 더 플룸의 성 마태와 천사[1655-1660]). 사람들은 마태복음을 하늘의 언어가 담긴 책으로 생각해 왔다. 하늘의 언어는 마태복음의 아름다운 내용(예, 산상설교, 주의 기도)으로 표현될 뿐 아니라 신약에서 '하늘(들)'의 단어가 가장 많이 사용되는 특징으로도 나타난다. 본서는 하늘의 언어로 마태복음을 읽는 시도다. '하늘'은 마태복음의 저자와 독자들이 공유하는 언어였으므로 마태는 하늘의 개념을 별도로 설명하지 않는다. '하늘나라'의 용어도 마찬가지다. 우리는 마태복음을 저술한 저자와 초기에 복음서를 읽고 들었던 독자와 청중의 공동 언어인 하늘을 이해하기 위해 구약과 유대교 문헌을 살펴야 한다. 이런 배경 연구를 통해 얻은 지식으로 마태복음을 읽을 때 현대의 독자는 많은 유익을 얻을 수 있다. 본서는 이런 유익을 위해 저술한 안내서다. 본서의 전반부는 '하늘'을 중심으로 전개되고 후반부는 '하늘나라'에 초점을 맞춘다. '하늘'과 '하늘나라'는 관련되는 개념이지만 동의어는 아니다. '하늘'의 언어를 적절히 이해할 때 '하늘나라'의 개념도 명료해진다.

이 책은 대부분 필자의 논문으로 구성된다. 각 장의 첫 각주에는 논문의 원출처가 언급된다. 몇 장(1, 2, 3, 4, 5장)의 대부분 또는 일부는 필자의 박사학위 논문의 일부를 편역한 내용이다. 나머지는 하늘과 하늘나라의 주제를 중심으로 필자가 새로 작성한 논문들이다. 또한 본서에 수록된 논문의 핵심 논지나 내용은 필자의 『마태복음 주석 상/하』(부흥과개혁사, 2019)에 포함된 것이다. 필자는 주석을 저술하는 과정에서 몇 편의 논문을 썼는데, 이번에는 단행본 집필을 위해 논문의 원형을 유지하되 중복을 피하려고 노력했다. 논지의 흐름을 위해 불가피하게 반복되는 내용도 있다.

책의 1부는 '하늘', 2부는 '하늘나라'를 중심으로 구성된다. 1부와 2부에는 하늘의 반대 개념인 '음부'와 '심연' 외에도 의인들이 가는 장소의 반대편에 있을 '지옥'에 대한 연구도 포함된다. 이런 분야는 '우주론'에 해당한다. 하늘, 음부, 심연, 지옥을 포함하는 우주론은 마태복음의 주요 주제를 풍성히 파악할 수 있는 자료를 제공할 것이다. 12장 종합 및 결론: 마태복음의 하늘과 하늘나라는 1, 2부의 내용을 종합할 뿐 아니라 하늘과 하늘나라의 역할을 마태복음의 흐름을 따라가며 정리한 내용이다. 짧은 분량이지만 내러티브 접근에 근거한 적용이므로 중요하다. 부록에는 마태복음의 개관을 소개했다. 이어서 "유다서의 우주론" 논문을 수록했다. 하늘을 포함한 우주론이 신약의 신학을 이해하는 데 도움이 된다는 사실을 보여주는 예로 이 글을 포함시켰다. 덧붙여서, 논문의 형식이기 때문에 각주가 많은 편이다. 이 점에 대해서는 독자들의 이해를 구한다. 참고 자료가 더 나은 연구를 원하는 학생에게는 작은 도움이 될 것이다.

본서의 출간을 적극적으로 허락해 주신 도서출판 솔로몬의 박영호 대표님께 감사하며, 무더운 여름 편집으로 수고하신 편집팀에게도 감사한다. 교정 작업을 위해 애쓴 조교 김병학 전도사님과 채하은 선생님에게도 감사한다. 본서에 수록된 논문을 작성하는 여정에 함께 한 아내 박선영에게 감사한다. 마태복음의 하늘 이야기를 아빠에게서 수없이 들었던 어린 시절을 보내고 이제 청년의 시기를 보내는 세 자녀(한, 유진, 유영)에게 이 책을 헌정한다. 원고를 정리하는 과정에서 2년 전 하늘 아버지의 품에 안기신 아버지의 헌신을 자주 생각했고 고마움의 마음을 이 책에 담는다. 하늘나라의 복음을 위해 헌신하는 분들과 마태복음을 사랑하는 독자들에게 본서가 작은 안내서가 되길 소망하며, 다음 저술을 위한 새로운 다짐으로 원고를 마무리한다. 마지막으로, 길을 헤매는 영혼을 회복하기 위해 하늘에서 땅으로 내려와 '고난의 종'

으로 낮아지시고 지금도 우리와 함께하시는 '임마누엘'을 찬송한다.

임마누엘!

2022년 7월 7일

서울 명륜동 골방에서

자료의 출처

1장 마태복음의 하늘에 대한 연구의 목표와 방법 → "마태복음의 우주론: 하늘 이미지와 상징성의 역할을 중심으로," 『Canon&Culture』 8 (2014. 10): 211-240의 일부분과 그 외의 논문에서 발췌한 내용.

2장 구약과 제2성전기 유대 묵시 문헌에 나타난 하늘 이미지와 상징성 → "마태복음의 우주론"과 "마태의 수난 기사(마 26-27장)에 나타난 성전의 하늘 상징성"에서 발췌한 내용.

3장 탄생 내러티브(마 1-2)의 꿈, 천사, 별 → "마태복음의 탄생 내러티브(1-2장)에 나타난 유대 묵시 언어(꿈, 천사, 별)의 기능", 『신약논단』 22 (2015. 3): 1-28.

4장 산상설교(마 5-7)의 하늘 → "산상설교(마 5-7장)에 나타난 하늘의 기능", 『열매로 알리라: 정훈택 교수 퇴임기념 논총』 (서울: 총신대학교 출판부, 2013): 137-159.

5장 마태의 수난 내러티브(26-27장)에 나타난 성전의 하늘 상징성 → "마태의 수난 기사(마 26-27장)에 나타난 성전의 하늘 상징성", 『신약연구』 12 (2013. 3): 6-29.

6장 하늘, 음부, 심연 → "마태복음에 나타난 '하데스'와 '아뷔소스'의 개념과 하늘나라와의 관계에 대한 연구", 『신약연구』 13 (2014. 6): 183-218.

7장 하늘나라의 개념 → 『마태복음 주석(상)』 (부흥과개혁사, 2019)의 서론.

8장 구원과 하늘나라 → "마태복음의 구원론에 대한 소고: 정훈택의 마태복음 구원론 이해를 사례 연구로", 『신약연구』 15 (2016. 12): 605-650.

9장 복 있는 사람과 하늘나라 → "온유한 자는 복이 있나니- '호이 프라에이스'(οἱ πραεῖς)는 어떤 사람들인가?" 『신약연구』 16 (2017. 6): 7-37.

10장 예수의 기적과 하늘나라 → "마태의 기적 내러티브(마 8:1-9:34) 구조와 주제에 대한 연구". 『신약연구』 15-2 (2016. 6): 275-306.

11장 지옥과 하늘나라 → "마태복음의 게헨나 연구", 『신약연구』 14 (2015. 3): 8-40.

12장 종합 및 결론: 마태복음의 하늘과 하늘나라 → 일부 내용은 위 자료들에서 발췌.

부록

마태복음 개관 → 『묵상과설교』 (2019년 1-2월호) 서론

유다서의 우주론 → "유다서의 우주론", 『신약연구』 15 (2013. 12): 875-899.

| 차 례 |

1부

하늘

1장

마태복음의 하늘에 대한 연구의 목표와 방법

1. 마태복음의 하늘과 유대 묵시 언어

마태복음에 나타난 하늘에 대한 연구는 신학적 우주론 연구에 해당한다.[1] 우주론(cosmology)은 우주(의 구조)에 대한 이해인데[2] 구약과 신약은 우주생성론(cosmogony)보다는 우주의 구조에 관심을 보이며, 우주론은 세계관을 반영한다.[3] 성경 저자들은 신학적 목적(신약의 종말론, 구원론, 교회론 등)을 위해 우주의 구조를 사용하기 때문에 성경의 우주론을 신학적 우주론이라고 부를 수 있다.[4] 제2성전기 유대 묵시 문헌도 종말론이나 구원론과 같은 신학적 목적을

1 필자는 많은 경우 마태복음과 마태를 구별하지 않고 사용한다.

2 E. C. Lucas, "Cosmology," *Dictionary of the Old Testament: Pentateuch* (Downers Grove, Illinois: IVP, 2003), 130-131와 R. A. Oden, "Cosmogony, Cosmology," in *ABD* 1:1162-1172가 언급한 것처럼 우주론은 우주생성론에 기초한 것이며 상호 교환적으로 사용된다는 점에서 이 둘을 분리하는 일은 쉽지 않다.

3 고대 근동의 우주론과 구약의 우주론 사이의 관계를 고려할 때 구약은 초기부터 우주론에 관심을 보였고 후기로 가면서 발전했을 것이다. Edward Adams, "Graeco-Roman and Ancient Jewish Cosmology," in *Cosmology and New Testament Theology* (ed. Jonathan T. Pennington and Sean M. McDonough; London: T & T Clark, 2008), 5-27 (19).

4 Adams, "Graeco-Roman and Ancient Jewish Cosmology," 5.

위해 우주의 구조를 활용한다. 마태복음은 우주의 구조에 해당하는 하늘, 악인들과 관련된 음부(11:23; 16:18; 참조. 물[8:32//눅 8:31])와 지옥(5:22, 29, 30; 10:28; 18:9; 23:15, 33; 참조. 막 9:43, 45, 47; 눅 12:5; "슬피 울며 이를 갈 곳"[8:12; 13:30, 41, 50; 22:13; 24:51; 25:30; 참조. 눅 13:28])을 사용한다. 하늘, 음부, 지옥은 (내포적) 저자와 (내포적) 독자가 잘 알고 있는 공동 언어와 지식이므로 저자는 이 용어들을 설명할 필요가 없었다(하늘나라의 용어도 마찬가지다).

하늘이 저자와 독자의 대표적인 공동 언어라는 사실은 사용 빈도로 입증된다. "하늘"(οὐρανός, 우라노스, 27/183회)과 "하늘들"(οὐρανοί, 우라노이, 55/90회)은 신약에서 마태복음에 가장 많이 등장한다(82/273회=30%).[5] 특히 복수형은 90회 중 55회가 마태복음에 사용된다(61%). 여기서 형용사 οὐράνιος는 마태복음에 7회 사용된다(5:48; 6:14, 26, 32; 15:13; 18:35; 23:9; 누가복음 1회, 사도행전 1회, "하늘에 계시는 너희 아버지"[ὁ πατὴρ ὑμῶν ὁ οὐράνιος]). 마태복음에만 "하늘에 계시는 아버지"(πατὴρ ἡμῶν ὁ ἐν τοῖς οὐρανοῖς, 5:16, 45; 6:1, 9; 7:11, 21하; 10:32, 33; 12:50; 16:17; 18:10하, 14, 19), "하늘의 (너희의/나의) 아버지"(ὁ πατὴρ [ὑμῶν/μου] ὁ οὐράνιος)가 사용된다

5 본 통계는 조나단 페닝튼의 분석에 근거한다. Jonathan T. Pennington, *Heaven and Earth in the Gospel of Matthew* (Leiden: Brill, 2007), 127; idem, "Heaven, Earth, and a New Genesis: Theological Cosmology in Matthew," in *Cosmology and New Testament Theology* (ed. J. T. Pennington and S. M. McDonough; London: T & T Clark, 2008), 28-44; idem, "Dualism in Old Testament Cosmology: Weltbild and Weltanschauung," *SJOT* 18-2 (2004), 260-277. 특히 페닝턴은 하늘이 하나님을 부르지 않기 위해 완곡어법으로 사용됐다는 학자들의 고정관념을 적절히 비판하고 대안을 제시한다(Heaven and Earth, 13-38). 페닝튼은 학자들이 오랫동안 상식으로 믿어온 전제의 뿌리가 약 백 년 전에 출판된 구스타프 달만(Gustaf Dalman)의 책이라고 주장하며 달만의 입장이 몇 가지 점에서 오류가 있음을 밝혔다. *The Words of Jesus Considered in the Light of Post-Biblical Jewish Writings and the Aramaic Language* (trans. David Miller Kay. Edinburgh: T. & T. Clark, 1902). 하늘이 하나님의 완곡어법이라는 합의에 대한 비판과 하늘의 단수/복수형에 대한 연구는 Pennington, *Heaven and Earth*, 13-38(완곡어법에 대해), 99-162(하늘/하늘들에 대해)에 있다. 페닝튼은 '하늘'과 이와 연관된 표현을 마태복음의 주요 주제를 이해하는 핵심으로 보고 있다. 페닝튼은 마태복음에서 하늘 언어를 네 가지 측면에서 분석하여 다음과 같은 결론을 내린다. 첫째, 마태복음에서 하늘의 단수형인 οὐρανός와 복수형인 οὐρανοί가 의도적으로 구분돼 사용된다. 둘째, 마태복음에서 '하늘과 땅'은 중요한 주제를 위해서 사용된다(예, 하늘의 관점과 땅의 관점 사이의 대조). 셋째, 마태복음에서 '하늘에 계신 아버지'는 신학적인 의미를 전달하기 위해 쓰인다. 넷째, 마태복음에만 등장하는 '하늘나라' 역시 마태의 주요 주제를 강조하기 위해 사용된 표현이다. 페닝튼은 하늘과 관련된 언어는 유대교의 상징적이고 이원론적인 세계관을 드러낸다고 주장한다.

(5:48; 6:14, 26, 32; 15:13; 18:35; 23:9).

	단수(οὐρανός)	복수(οὐρανοί)	합계[6]
마태복음	27	55	82
마가복음	13	5	18
누가복음	31	4	35
요한복음	18	0	18
사도행전	24	2	26
바울서신	11	10	21
히브리서	3	7	10
공동서신	5	6	11
요한계시록	51	1	52
합계	183	90	273

이처럼 하늘과 관련된 표현이 마태복음에 자주 등장하는 이유는 신학적 목적 때문이다.[7] 예를 들어 마태는 "하늘" 언어를 사용함으로써 독자들에게 하늘에 계시는 아버지의 뜻과 하늘의 관점을 전달한다. 마태복음에서 신학적 목적으로 사용하는 하늘 언어는 유대교의 묵시적인 세계관을 반영한다.[8] 복

6 표의 출처: Pennington, *Heaven and Earth in the Gospel of Matthew*, 126.

7 마태복음에는 "하나님"이 51회, "하나님의 나라"가 4회 등장한다. 유대교에서 하늘이 반드시 하나님을 가리키는 대용어로만 쓰인 것도 아니다. 자세한 내용에 대해서는 위에 언급된 페닝튼의 연구를 참고하라.

8 마태복음의 묵시적인 특징을 연구한 학자들은 다음과 같다. 특히 심(Sim)은 마태복음에 나타난 유대 묵시사상을 가장 폭넓게 다루었다. 페닝튼은 유대 묵시사상 중에서 이원론의 관점에서 마태의 하늘 언어를 연구했다. 이들 외에도 마태복음에 나타난 묵시사상을 연구한 학자들은 다음과 같다. Celia Deutsch, *Hidden Wisdom and the Easy Yoke: Wisdom, Torah and Discipleship in Matthew 11:25-30* (JSNTSup 18; Sheffield: JSOT Press, 1987; Daniel M. Gurtner, *The Torn Veil: Matthew's Exposition of the Death of Jesus* (Cambridge: Cambridge University Press, 2007); Robert C. Branden, *Satanic Conflict and the Plot of Matthew* (New York, NY: Peter Lang, 2006); Grant Macaskill, *Revealed Wisdom and Inaugurated Eschatology in Ancient Judaism and Early Christianity* (Leiden: Brill, 2007); David Mathewson, "The Apocalyptic Vision of Jesus According to the Gospel of Matthew:

음서 중에서 마태복음에만 나오는 본문은 특히 그렇다.[9] 묵시의 '요소'와 관련해서 어떤 학자들은 유대 묵시 문헌을 역사의 미래 혹은 종말과 같이 종말론적 측면으로 이해하고 다른 학자들은 하늘 세계에 감춰진 진리의 계시, 즉 신비적 측면으로 이해한다.[10] 미래의 비밀이 현재 계시되는 것을 묵시로 이해하는 관점에서는 종말론적 요소와 미래의 "시간적" 세계를 연결하는 반면 하늘의 비밀이 땅에 계시되는 것을 묵시로 이해하는 관점에서는 신비적 요소와 초월적인 "공간의" 세계를 연결한다.[11] 필자는 유대 묵시의 개념을 시간과

Reading Matthew 3:16-4:11 Intertextually," *TynBul* 62.1 (2011), 89-108; Donald Hagner, "Apocalyptic Motifs in the Gospel of Matthew: Continuity and Discontinuity," *HorBT* 7 (1985), 53-82; Stephenson Humphries-Brooks, "Apocalyptic Paraenesis in Matthew 6.19-34," in *Apocalypitc and the New Testament: Essays in Honor of J. Louis Martyn* (ed. Joel Marcus and Marion L. Soards; Sheffield: JSOT Press, 1989), 95-112; David C. Sim, *Apocalyptic Eschatology in the Gospel of Matthew* (Cambridge: Cambridge University Press, 1996); Christopher C. Rowland, "Apocalyptic, the Poor, and the Gospel of Matthew," *JTS* 45 (1994): 504-518.

9 예, Gurtner, *The Torn Veil*, 202.

10 마태복음의 묵시를 연구한 학자들의 관심을 간단히 분류하면 다음과 같다: (1) 지혜 혹은 신비적 요소를 강조: 하늘의 비밀과 보좌-신현 장면 연결(C. Rowland), 예수의 세례 경험을 묵시적 환상과 연결(D. Mathewson), 유대교의 지혜 개념의 관점에서 예수의 정체성 탐구(M. J. Suggs, C. Deutsch, B. Witherington); (2) 종말론적 심판을 강조(G. Bornkamm, O. L. Cope, D. Hagner, U. Luz, D. Sim); (1)과 (2)의 특징을 종합: 마태복음과 에녹1서와 4QInstruction, 에녹2서에 나타난 계시된 지혜와 시작된 종말론을 연결한 탐구(G. Macaskill); 심판과 강화(disclosure) 둘 다를 강조(D. Hagner), 선지자적 요소와 신비적 요소의 융합(Nickelsburg). 마태복음에 나타난 유대 묵시 사상을 연구할 때 묵시의 요소를 무엇으로 보는가에 따라 연구의 방향이 달라진다. 데이빗 심은 '이원론'과 '결정론'에 근거한 여덟 개의 요소들을 제안한다: 이원론, 운명의 결정론, 종말론적 화, 구원자의 도래, 최후심판, 악인의 운명, 의인의 운명, 임박한 종말. 페닝턴은 하늘(과 땅)을 중심 요소로 보면서 하늘과 땅의 관점으로 대변되는 이원론적인 세계관과 우주론에 초점을 맞춘다. 해그너는 '드러냄', 롤란드는 신현 장면을 마태복음의 묵시적 특징으로 이해한다. Rowland, "Apocalyptic," 504-518; Hagner, "Apocalyptic Motifs," 53-82.

11 묵시적인 세계관의 특징적인 요소에 대해서는 다양한 견해가 있다. 이러한 견해는 신비-지혜의(mystical or sapiential) 요소와 종말론적 심판 중 어느 쪽을 더 강조하느냐에 따라 달라진다. 이는 마태복음에 적용할 때도 마찬가지다: (1) 지혜 부분을 강조: C. Rowland(하늘의 비밀과 보좌-신현 장면 연결); D. Mathewson(예수의 세례 경험을 묵시적 환상과 연결); M. J. Suggs, C. Deutsch, B. Witherington(유대교의 지혜 개념의 관점에서 예수의 정체성 탐구); (2) 종말론적 심판 부분을 강조: G. Bornkamm, O.L. Cope, U. Luz, D. Sim; (3) 두 특징의 융합: G. Macaskill(마태복음과 에녹1서, 4QInstruction, 에녹2서에 나타난 계시된 지혜와 시작된 종말론을 연결); D. Hagner(심판과 강화를 모두 강조; 참조. Nickelsburg(선지자적 요소와 신비적

공간의 요소, 즉 수직적인(=천상의 비밀이 계시) 특징과 수평적인(=미래의 비밀이 계시) 특징을 포함하는 것으로 이해한다. 다시 말해서, 마태복음에는 묵시의 시간적 요소와 공간적 요소가 모두 나타난다. 마태복음에서 초월 세계인 하늘의 비밀이 드러나는 것은 묵시의 신비적, 공간적 요소이며, 역사의 끝에 일어날 사건이 계시되는 것은 묵시의 종말론적, 시간적 요소이다.[12] "심판"과 "신비적 계시" 둘 다 포함한다. 심판이 묵시 종말론의 수평적인 관점이라면 하

요소의 융합). 묵시의 특징적인 요소에 대해서는 여러 견해가 제시돼 왔다. 역사적 형태에 집중한 코흐는 여덟 가지 요소를 제안한다(K. Koch, *The Rediscovery of Apocalyptic: A Polemical Work on a Neglected Area of Biblical Studies and Its Damaging Effects on Theology and Philosophy* [Naperville. Ill.: A. R. Allenson, 1972]). (1) 임박한 미래에 땅의 모든 조건이 뒤집어질 것에 대한 기대(단 12:11이하), (2) 마지막 날의 대재앙(단 7:11; 바룩2서 70:8; 에즈라4서 5:4이하; 참조. 아브라함의 묵시록 30), (3) 결정론에 따라 이 세상이 둘로 나눠지는 것, (4) 지상의 역사 속에 천사들과 귀신들의 개입, (5) 새 구원의 도래, (6) 하나님 나라가 땅의 원수 제국들을 하나님의 보좌로 대체시켜 버림(사 24:23; 단 7:14; 에녹1서 41; 계 11:15; 에즈라4서; 바룩2서), (7) 마지막 날에 중개자가 나타나 왕의 역할을 수행, (8) 영광이 핵심 용어로 사용. 트라비스(S.H. Travis)는 묵시 사상의 네 가지 측면을 제안한다("The Value of Apocalyptic," *TynBul* 30 [1979], 59-64). (1) 악의 세력에 제압당하는 현재 역사에 대한 회의적 사고가 생김(단 10-12; 에녹1서 89:61), (2) 하나님의 계획에 따라 예정된 역사(단 11:36; 에스드라스2서 4:36이하; 6:1-6; 예, '열 개 주간 묵시록'(예, 에녹1서 93:1-10; 91:12-17; 바룩2서 53-74); 유배에서 해방까지(예, 단 2, 7, 8-12; 바룩2서 36-40; 레위의 유언 16-18), (3) 현재 악한 시대와 다가올 시대 사이의 선명한 이원론(예, 에스드라스2서 7:50); 4) 악한 시대에 사는 의인들의 유일한 소망은 하나님의 영광이므로 이 시대의 임박한 종말에 대한 신념이 생김(예, 단 12:11; 바룩2서 85:10). 샌더스(E. P. Sanders)는 '역전'과 '계시'를 묵시사상의 특징적 요소로 정의한다("The Genre of Palestinian Jewish Apocalypses," in *Apocalypticism in the Mediterranean World and the Near East: Proceedings of the International Colloquium on Apocalypticism, Uppsala, August 12-17, 1979* [Tübingen: Mohr Siebeck, 1989], 447-59. 롤란드는 신비적인 지식의 계시와 유대 신비 전통에 나타난 지혜와 신현 사이의 관계를 강조하면서 '보좌-신현' 전통을 묵시적 특징의 하나로 제시한다(C. Rowland, *The Open Heaven: A Study of Apocalyptic in Judaism and Early Christianity* [London: SPCK, 1982], 14). 롤란드는 종말론은 묵시록의 주된 관심이 아니라고 주장한다. 심은 '이원론'과 '결정론'에 근거해서 여덟 가지 요소를 주장한다(Sim, *Apocalyptic Eschatology*, 1996).

12 당시의 묵시적 세계관과 비교해 보면 마태복음은 몇 가지 독특한 점을 보이고 있다. 첫째, 마태는 유대 묵시적 관점과 달리 예수라는 한 개인에게 집중한다. 쿰란 공동체의 의의 교사도 마태복음의 예수만큼 집중을 받지는 않는다. 둘째, 마태는 묵시의 그림 자체보다 예수의 생애와 말씀에 집중한다. 예를 들어, 종말의 현상 자체보다는 교회의 윤리를 강조한다. 심판을 위해 "불"이라는 그림을 활용할 때(5:22; 13:42, 50; 18:8-9; 24:51; 참조. 3:10-11; 7:19; 13:30, 40) 불보다는 윤리적 교훈을 전달하는 데 관심을 둔다. 셋째, 마태복음은 당대 묵시 전통과 달리 예수 안에서 하늘나라가 도래한 것을 강조함으로써 역사에 대해 비관적이지 않고 긍정적이다.

늘의 뜻이 계시되는 것은 수직적 측면을 뜻한다. 두 요소는 세례부터 십자가 장면에 이르기까지 마태복음 전체에 스며있다(특히 7:21-27; 10:40-42; 13:47-50; 24-25장; 25:34-36).[13] 특히 심판과 더불어 신비적 계시는 하늘의 뜻이 땅의 교회에 알려진다는 점에서 중요하다. 예를 들어, 제자들은 선택받은 자들로 하늘의 비밀을 알 수 있는 특권을 얻었다(11:25-27; 13:11).[14] 마태는 하나님에게서 오는 계시를 초자연적인 중개자들을 통해 사람들에게 전달되는 장면을 자주 묘사한다(10:26; 11:25; 16:17). 하나님의 비밀(13:35)은 예수께 반응한 제자들(11:25-27; 17:17)과 소자들(18:10; 21:15)에게 전해진다.[15]

2. 연구 방법

우리는 위의 내용을 고려하면서 다음과 같은 방향으로 마태복음의 하늘을 연구할 필요가 있다. 첫째, 필자는 하늘을 마태복음의 흐름 속에서 파악할 것이다. 마태는 독자들이 복음서를 처음부터 끝까지 순서대로, 전체로 읽기를 기대한다. 이런 식의 연구 방법론 중 하나는 내러티브(서사적) 접근이다. 이 접근에서 저자와 독자는 본문 해석을 통해 파악될 수 있다.[16] 다시 말해서, 본

13 O. Lamar Cope, "To the Close of the Age: the Role of Apocalyptic through in the Gospel of Matthew," in *Apocalyptic and the New Testament: Essays in Honor of J. Louis Martyn* (ed. Joel Marcus and Marion L. Soards; Sheffield: JSOT Press, 1989), 113-24.

14 Hagner, "Apocalyptic Motifs," 58-59.

15 롤란드에 따르면 세례 장면은 열린 하늘의 개념(겔 1:1; 사 64:1)과 같이 묵시적 암시를 강하게 나타낸다(참조. 창 1:2; 신 32:11). 마태의 신현 장면은 계 1:3과 에녹1서 14과 연결되는데, 제자들이 얼굴을 땅에 대는 장면(17:6)은 마태복음에만 나오며 겔 2:1과 단 10:9을 떠올린다. 보좌-신현 장면은 소자들이 하늘의 신비를 아는 특권을 가진 점을 강조하고(18:10; 11:25) 심판과 복을 결정하는 역할을 한다(18:10-14; 25:31-46). Rowland, "Apocalyptic," 504-518.

16 분량의 한계와 몇 가지 이유로 본서는 마태복음의 일부 본문만 다룬다. 필자의 학위 논문은 29개의 본문 주해에 근거해 하늘 언어와 마태신학의 관계를 검토했다: 첫째 내러티브(1-2장); 둘째(3:1-12, 13-17; 4:1-11; 5:11-16; 6:1-18; 7:21-23); 셋째(8:11-12; 9:1-8; 10:32-33, 34-39, 40-42); 넷째(11:25-30; 12:17-22; 13:24-43, 44-52); 다섯째 내러티브(16:17-19, 27-28; 17:1-8; 18:10-14, 15-20, 21-35); 여섯째(19:27-30; 22:1-14; 24:29-31; 25:31-46); 일곱째

문의 흐름에 나타난 신학적 의미는 저자의 의도이고 독자가 수용해야 하는 저자의 목적이다. 본문을 통해 저자와 독자가 드러나므로 우리는 '내포적 저자'와 '내포적 독자'로 부를 수 있다. 내러티브 접근에서 마태복음의 하늘은 플롯(plot)에 따라 사건(event)이 전개되는 배경(setting, '공간적' 배경)이고 하늘의 관점을 전달하는 수단이다.

둘째, 마태복음의 하늘 언어는 (내포적) 저자와 (내포적) 독자 사이의 공동 언어와 지식으로 구약과 제2성전기 유대 묵시 사상을 반영하기 때문에 현대의 독자가 저자와 독자의 공동 지식을 파악하기 위해서는 역사적 연구가 필수적이다. 우리는 1세기 당시의 하늘에 대한 지식을 구약과 유대 문헌 연구를 통해 확인할 수 있다. 마태는 유대 묵시 사상을 반영하는 본문에서 하늘 언어를 즐겨 사용한다. 우리는 마태복음의 하늘과 관련된 언어에 내포된 묵시적 세계관을 배경 연구를 통해 파악할 수 있다(예, 묵시적 이원론).[17] 특히 마태복음

(26:57-68; 27:51-54; 28:16-20).

17 땅에 있는 청중에게 하늘의 관점을 전하는 흐름은 유대교의 이원론을 반영한다. 묵시의 여러 가지 특징적 요소 중의 하나가 이원론이다. 땅과 하늘(우주적[수직적] 이원론), 현재와 미래(시간적[수평적] 이원론), 인간과 하나님(존재론적 이원론)은 대조를 이룬다. 제2성전기 유대교에 나타난 이원론을 연구한 대표적 학자는 니켈스버그다. George W. E. Nickelsburg, *1 Enoch 1: A Commentary on the Book of 1 Enoch, Chapters 1-36, 81-108* (Minneapolis, MN: Fortress, 2001), 40-41. 그는 에녹1서에 있는 세 종류의 이원론을 살핀다: 시간적, 우주적, 존재론적 이원론. 시간적 이원론은 현 시대에는 마귀적 세력이 땅을 지배하지만 새 시대에는 오염된 땅이 회복되고(에녹1서 6-11; 12-16; 19:1; 85-90; 92-105장) 고난받는 자들이 생명의 열매를 먹게 될 것(19:1; 25:5-6)을 의미한다. 우주적 이원론은 지상 영역이 천상 영역과 대조된다는 개념이다(특히 2, 72-82; 89:59-90:19; 92-105장). 존재론적 이원론은 하늘에 계시는 하나님의 초월성과 인간의 죄성 사이의 차이를 의미한다. 이처럼 에녹서의 저자들은 시간적, 공간적, 존재론적 용어로 이원론적인 비교를 함으로써 인간 실존의 재앙적인 특징을 강조한다(41쪽). 유대교의 이원론에 대해서는 Maxwell J. Davidson, *Angels at Qumran: A Comparison Study of 1 Enoch 1-36, 72-108 and Sectarian Writings from Qumran* (JSPSup. 11; Sheffield: JSOT Press, 1992), 304도 참고하라. 맥스웰은 공간적 이원론(하늘과 땅, 에녹1서 104:4-6), 종말론적 이원론(100:4), 윤리적 이원론(의인들과 악인들, 100:5, 7-9)을 제안한다. 또한 박정수, "헬레니즘 시대 유대 묵시문학의 시·공간적 세계관: 에녹1서를 중심으로", 『신약논단』 제18권(2011년 가을), 967-996을 참조하라. 마태복음의 묵시적 특징과 묵시 사상의 이원론적인 요소에 대해서는 Sim, *Apocalyptic Eschatology*을 보라. 유대 묵시사상의 이원론과 "하늘-땅"과의 관계를 다룬 연구로는 다음을 보라. Pennington, *Heaven and Earth in the Gospel of Matthew*, 93-94; idem, "Dualism in Old Testament Cosmology," 260-77.

에만 사용되는 하늘 관련 표현(예, 하늘나라, 하늘에 계시는 아버지)을 구약과 제2성전기 유대교 배경으로 연구하는 것이 중요하다.

셋째, 마태복음의 신학과 하늘이 어떤 관계인지 살펴보는 신학적 접근도 필요하다. 이는 마태복음이 시작되고 전개되면서 나타나는 주제를 설명하기 위해 하늘의 언어가 사용되기 때문이다. 첫째부터 셋째까지의 방법은 본서가 문학적 접근과 역사적-신학적 접근을 동시에 진행할 것임을 의미한다.

마지막으로, 우리는 마태복음에 '하늘'의 용어가 직접 언급되지 않더라도 하늘과 관련된 개념에도 관심을 둘 것이다. 마태는 하늘의 용어 없이도 하늘과 관련된 인물이나 사물이나 사건을 통해 본문의 주제를 부각시킨다.[18]

18 독자는 초월적 영역을 과도하게 상상하기보다 마태복음에 묘사되는 정도에 머물러 하늘과 신학적 주제를 연결할 필요가 있다. 마태는 유대 묵시 문헌과 달리 하늘 자체(또는 우주의 구조)를 상세히 묘사하지 않는다. 예수는 우주의 구조(음부, 심연, 지옥) 자체를 묘사하는 데 관심을 두지 않으셨고 마태는 선생의 방식을 따른다.

2장

구약과 제2성전기 유대 묵시 문헌에 나타난 하늘 이미지와 상징성[19]

1. 구약의 하늘 이미지와 상징성

학자들은 구약의 우주 구조를 이중(하늘-땅/바다[음부가 땅에 포함])이나 삼중(하늘-땅/바다-음부)으로 이해한다. 이 중에서 하늘(שָׁמַיִם)은 다양한 방식으로 표현된다. 구약은 '가시적인 하늘'과 '신적인 영역' 사이를 구분하지 않기도 하고 하늘을 때로는 문자적으로 때로는 문학적으로 표현한다.[20] 하늘에 대한 묘사가 다양하고 모호한 이유로 체계적인 개념으로 이해하는 것에 회의적인 입장도 있다.[21] 이처럼 구약의 하늘이 다양하고 때로는 모호하게 표현되는

19 강대훈, "마태복음의 우주론: 하늘 이미지와 상징성의 역할을 중심으로". 『Canon&Culture』 제8호(2014. 10): 211-240에 포함된 글이며, 필자의 학위 논문인 Kang, "Heavenly Imagery and Symbolism in Matthew's Gospel"(unpublished Dissertation: University of Bristol / Trinity College, 2012)의 2(구약 배경)-3(유대교 배경)장을 요약한 내용임.

20 본 논문에서 구약과 유대교의 하늘을 위해 주로 다룬 저자들은 다음과 같다: G. W. E. Nickelsburg, C. C. Rowland, R. J. Bauckham, C. Houtman, J. E. Wright, M. G. Kline; J. D. Levenson, M. Himmelfarb, J. B. Russell, N. T. Wright, A. Y. Collins, M. N. A. Bockmuehl, A. F. Segal, J. J. Collins; N. T. Wright; P. Gooder.

21 예를 들어 후트만은 이스라엘의 우주관을 체계화된 개념으로 보지 않고 이스라엘의 세계관은 이원론적이라고 주장한다: Cornelius Houtman, *Der Himmel im Alten Testament: Israels Weltbild und Weltanschauung* (Leiden: Brill, 1993), 283-317 (77).

것은 사실이지만, 가시적 하늘과 비가시적 하늘로 구분하는 작업은 가능하다.[22] 물리적인 하늘은 창조의 공간이며, 땅과 함께 사라질 특성을 가진다(시 102:25-26; 욥 14:12). 한편, 하늘과 동의어로 사용되기도 하는(창 1:8) 궁창(רקיע)은 위의 물과 아래의 물을 나누며, 하늘의 별들이 궁창에 박혀 있다(창 1:6-20). 하나님의 보좌는 궁창 위에 있고 궁창은 네 생물의 머리 위에 있다(겔 1:22). 우리는 하늘회의, 성전의 하늘 상징성, 하늘과 땅의 관계성을 탐구함으로써 비가시적 하늘을 분석할 수 있다.

1.1. 하늘회의[23]

구약과 제2성전기 유대교에서 하나님은 우주의 왕으로서 하늘회의를 소집하고 주재하시는 분으로 묘사된다. 구약에서 하늘은 하늘회의가 열리는 곳이다. 로빈슨이 하늘회의를 탐구한 이후,[24] 구약 학자들은 주로 고대근동의 전승과 어떤 관계에 있는지에 관심을 둔다. 필자는 이런 연구 흐름을 인지하면서 하늘회의의 묘사와 기능에 관심을 두고 주요 본문(왕상 22:19-22; 욥 1-2; 시 82; 사 6:1-13; 단 7:9-14; 슥 3:1-10)과 관련 본문(시 89:7; 사 40:1-11; 42; 렘 23:18; 겔 1:1; 암 3:7; 슥 6:5)을 연구하여 다음과 같은 결과를 도출할 수 있다.

---

22 장엄복수 שמים이 하늘의 이중 구조를 내포하는 것은 아니다.

23 하늘(신의)의회, 하늘(신의)총회, 하늘궁정, 하늘법정은 같은 실체를 기능에 따라 달리 표현하는 명칭들이다.

24 H. W. Robinson, "The Council of Yahweh," *JTS* 45 (1943), 151-57. 하늘회의의 전형적인 묘사와 기능을 연구한 대표적인 학자들은 다음과 같다: 기민석, "천상의회의 전형적 기술에 대한 관찰," 「헤르메네이아 투데이」 31 (한국신학정보연구원, 2005) 15-14; M. S. Heiser (2004, 2008); J. S. Ackerman (1966); F. M. Cross (1953, 1973); E. T. Mullen (1980); P. D. Miller (1968, 1986, 1987, 2000); C. C. Rowland (1982); M. S. Smith (2002); J. H. Walton (2006); J. E. Wright (2002); E. C. Kingsbury (1964); R. P. Gordon (2006); J. F. Ross (1962); B. D. Sommer (2009); W. L. Moberly (2006). 2차 자료와 평가에 대해서는 Kang, "Heavenly Imagery and Symbolism," 37-62를 보라.

1.1.1. 하늘회의 묘사

구약에서 "하나님의 회"(עדת־אל, 시 82:1)와 "거룩한 자의 회중"(סוד־קדשים, 시 89:7)의 "회"(עדה)나 "회중"(סוד)등의 용어는 하늘회의를 가리킨다. 그런데 이 용어들 없이도 하늘회의를 묘사하는 전형적인 단어나 구가 사용되기도 한다. "앉다"(ישב[왕상 22:19]; יתב[단 7:9]), "서다"(עמד[왕상 22:21; 슥 3:1-7에서 6회 사용]; נצב[시 82:1]; קום[단 7:10]), "나아가다"(יצב[욥 1:6; 2:1]; קרב[단 7:13]) 등의 동사들이 "앞에"(לפני[왕상 22:21; 슥 3:1, 3, 4]; קדם[단 7:9, 13]), "옆에" 또는 "앞에"(על[왕상 22:19; 욥 1:6; 2:1])와 같은 전치사들과 함께 쓰인다. 하나님은 하늘회의의 중앙에 위치한 보좌에 앉으시고 하늘회의 구성원들은 하나님의 주변이나 앞에 서 있다(왕상 22:21; 욥 1:6; 2:1; 사 6, 40, 42; 단 7:10; 슥 3:1, 3, 4; *KTU* 1.2.i.20-21). 그들은 하나님 앞에 나와 지상의 일을 보고하거나 하나님의 판결을 기다린다. 하늘회의에서 기소를 목적으로 나와 있는 사탄은 하나님 아래에 있는 존재다(욥 1:6; 2:1; 슥 3:1). 이사야는 "소리"를 하늘회의의 결정을 전하는 도구로 사용한다(사 6, 40, 42장). 하늘회의는 "지존자의 아들들", "하나님의 아들들", "거룩한 자들의 총회" 등으로 불린다. 하나님의 결정을 선포할 때 사용하는 동사는 복수형이다(사 6:8; 40:1, 3, 6). 하늘회의 장면에서 동사+전치사(예, על לפני)는 하나님과 천상의 존재들이 서로 어떤 위치에 있는가를 보여 준다. "앞에 서다"(קדם קום, 단 7:10)와 "앞에 나아가다"(קדם קרב, 7:13)의 아람어 전치사 קדם은 마태의 하늘회의(법정)를 상상하게 하는 "앞"(ἔμπροσθεν)의 배경이다.

1.1.2. 하늘회의의 기능

하늘회의를 묘사하는 여섯 개 본문에서 하나님은 왕으로 계시는데, 하늘회의의 주요 기능을 정리해 보면 다음과 같다. 첫째, 하늘회의의 주요 기능은 재판이나 심판이다.[25] 구약에서 하늘회의의 공통적인 장면을 보면, 하나님은

25 왕상 22:19-22에서 여호와는 아합을 심판하기 위해 하늘회의를 모으신다. 욥 1-2에서 사탄은 욥을 기소하는 검사로 등장하며, 여호와는 욥의 순전함을 선언하신다(1:8; 2:3). 시 82은 심판을 선언하기 위해 하늘회의가 소집된 점을 명시한다. 사 6에서 하늘의 왕은 심판의 평결을 내리며,

평결을 내리기 위해 앉거나 서 계시고, 하늘회의는 그의 결정을 받고 집행하기 위해 모여 있다. 왕이신 하나님은 재판장으로서 판결을 내리고 심판하신다. 둘째, 하늘회의 장면은 지상의 독자들이 '하늘의 관점'을 갖도록 의도한다. 하늘회의(의 재판 장면)은 땅의 사건이 하늘에서 알려졌고 하늘에서 그 사건에 대한 평가가 내려진다. 땅에서 일어나는 일의 의미는 하늘의 사건을 통해 알려진다. 하늘에서 펼쳐지는 장면은 지금 땅에서 일어나는 일과는 정반대의 결과를 보여 준다. 이로써 하늘회의의 그림은 이 땅의 독자들이 하늘의 뜻을 깨닫고 하늘의 관점으로 살도록 한다. 셋째, 선지자들이 하늘회의를 보거나 그 결정을 듣는 것은 그들의 권위와 전달하는 계시의 진정성을 강조하는 근거가 된다(참조. 렘 23:18-22). 구약의 주요 본문에서는 선지자들이 하늘회의를 보거나 하늘총회에 참여해서 땅에 알려 준다.

1.2. 성전의 하늘 상징성

우리는 구약에 나타나는 성전의 하늘 상징성을 다음과 같이 간단히 정리해 볼 수 있다.[26]

심판 기능은 사 6에 있는 심판 모티프들과 6장과 넓은 문맥(1-5장, 7-12장)과의 관계로 입증된다. 하늘의 평결에 따라 하나님의 심판이 집행될 것이나(10-13상) 그루터기는 남게 될 것이다(13하). 단 7:9-14은 하늘법정을 보여준다. 짐승들은 심판 받지만 인자 같은 이는 신원 받는다. 슥 3:1-7의 등장인물들은 하늘법정에 참여하고 있다: 여호와(재판장), 여호와의 천사(대변인과 재판장 역할 수행), 사탄(검사), 대제사장 여호수아(피고), 법 집행을 위해 소집된 법정의 참여자들.

26 구약에 나타난 성전과 하늘/우주적 성전과의 관계를 연구한 자료는 다음과 같다. William F. Albright, *Archaeology and the Religion of Israel* (Baltimore: Johns Hopkins Press, 1953), 142-55; James R. Davila, "The Macrocosmic Temple, Scriptural Exegesis, and the Songs of the Sabbath Sacrifice," *DSD* 9/1 (2002), 1-19; Margaret Barker, *The Great High Priest: The Temple Roots of Christian Liturgy* (London: T&T Clark, 2003), 166; G. K. Beale, *The Temple and the Church's Mission: A Biblical Theology of the Dwelling Place of God* (Downers Grove, Ill.: IVP, 2004), 31; Meredith G. Kline, *God, Heaven, and Har Magedon: A Covenantal Tale of Cosmos and Telos* (Eugene, Oregon: Wipf & Stock Publishers, 2006), 5; idem, "Investiture with the Image of God," *WTJ* 40 (1977/78), 38-62; Jon D. Levenson, *Creation and the Persistence of Evil: The Jewish Drama of Divine Omnipotence*

첫째, 하늘성전은 성전의 원형이다.[27] 첫째, 구약에서 성막이나 성전의 원형은 우주적 또는 천상의 성전이다(출 25:9, 40; 26:30; 27:8; 민 8:4; 대상 28:19; 참조. 히 8:5; 9:23-24). 열왕기상 8:13에 나오는 זְבֻל('제불', "전")은 하늘에 계시는 하나님의 거처로서(참조. 왕하 6:2; 합 3:11; 사 63:15), 이사야 63:15에서는 하늘에 있는 거룩하고 영화로운 처소를 지칭할 때 사용된다.[28]

둘째, 성전은 작은 우주이며(시 78:69), 성전의 세 구조가 이를 반영한다. 바깥뜰, 성소, 지성소는 각각 땅(왕상 7:15-22; 겔 43:13-17; 참조. 출 20:24-25)과 바다(왕상 7:23-39; 겔 47:1-2),[29] 보이는 하늘이나 궁창, 보이지 않는 하나님의 보좌를 형상화한다.[30] 성소의 일곱 촛대(출 25:31-39)는 칠 일을 형성하는 하늘의 일곱(태양, 달, 다섯 행성) 빛(창 1:16-17; 출 25:6; 35:14; 민 4:9)을 나타낸다.[31] 언약궤, 속죄소, 그룹들, 구름이 있는 지성소는 하나님이 거하시는 하늘, 하늘 성전, 하늘 보좌(예, 사 6:1-7; 겔 1; 참조. 계 4:1-11)의 상징이다. 속죄소 위의 공간, 즉 아무것도 없는 공간은 하나님이 좌정하시는 보좌가 있음을 의미한다(레 16:2; 시 80:1;

(San Francisco: Harper & Row, 1988), 78-99; idem, "The Temple and the World," *JR* 64 (1984), 275-298; Benedikt Otzen, "Heavenly Visions in Early Judaism: Origin and Function," in *In the Shelter of Elyon: Essays on Ancient Palestinian Life and Literature in Honor of G. W. Ahlström* (ed. W. Boyd Barrick and John R. Spencer; JSOTSup 31; Sheffield: JSOT Press, 1984), 208; R. E. Averbeck, "Tabernacle," in *DOTP*, 817; John H. Walton, *The Lost World of Genesis One: Ancient Cosmology and the Origins Debate* (Downers Grove, Ill.: IVP, 2009), 71-85.

27 출 25:9, 40; 26:30; 27:8; 민 8:4; 왕상 8:13; 왕하 6:2; 대상 28:19; 합 3:11; 사 63:15; 참조. 히 8:5; 9:23-24.

28 Beale, *The Temple*, 37.

29 Beale, *The Temple*, 33; Levenson, "The Temple and the World," 285; Walton, *The Lost World*, 80; Victor A. Hurowitz, "YHWH's Exalted House-Aspects of the Design and Symbolism of Solomon's Temple," in *Temple and Worship in Biblical Israel* (ed. John Day; London: T&T Clark, 2007), 79-81.

30 Beale, *The Temple*, 33-36; Kline, "Investiture," 45; Jonathan Klawans, *Purity, Sacrifice, and the Temple: Symbolism and Supersessionism in the Study of Ancient Judaism* (Oxford; New York: Oxford University Press, 2006), 119.

31 Walton, *The Lost World*, 80; Beale, The Temple, 34.

99:1; 삼상 4:4; 삼하 6:2).[32] 언약궤 위의 양 끝에서 한 쌍의 그룹 천사가 서로를 향해 날개를 편 채 서 있는 모습은 보이지 않는 하늘보좌 방의 장면에 상응한다(출 25:17-21).[33] 지성소의 내부에 새겨진 한 쌍의 거대한 그룹 천사는 천상에서 하나님의 보좌를 지키는 천사들(왕상 6:23-29; 8:1-9; 참조. 삼하 6:2; 왕하 19:15; 대상 13:6; 시 80:1; 99:1)이나 하늘회의(또는 하늘총회)의 구성원들(왕상 22:19; 욥 1-2; 시 80:1; 사 6:1-3)을 떠오르게 한다.[34] 언약궤 위의 공간과 케루빔 천사들의 모습은 하나님이 케루빔 천사들을 타시는 것과 구름-전차를 타고 하늘을 날아 우주에 임재하시는 것을 형상화하고 있다(시 18:10-11; 104:3; 겔 11:22; 참조. 단 7:9).[35]

셋째, 성전의 휘장은 궁창을 상징한다. 성전에 있는 세 개의 휘장(바깥뜰 입구, 바깥뜰과 성소 사이, 성소와 지성소 사이)은 청색, 자색, 홍색실로 짜져 만들어졌고 그 위에 케루빔 천사들을 수놓았다(출 26:31). 휘장의 청색은 궁창이나 하늘을 가리키는 것으로 보인다(창 1:6; b. Sot?ah 17a; 참조. 사 40:22; 시 104:2).[36] 요세푸스는 휘장의 자수와 색깔은 하늘의 별들과 우주를 상징적으로 보여준다고 해

---

32 J. Day, "The Ark and the Cherubim in the Psalms," in *Psalms and Prayers: Papers Read at the Joint Meeting of the Society of Old Testament Study and Het Oudtestamentische Werkgezelschap in Nederland en België, Apeldoorn August 2006* (ed. Bob Becking and Eric Peels; Leiden: Brill, 2007), 65-77 (73-74); Ronald E. Clements, *God and Temple* (Oxford: Basil Blackwell, 1965), 30; M. Haran, "The Ark and the Cherubim: Their Symbolic Significance in Biblical Ritual," *IEJ* 9 (1959), 30-38; idem, *Temples and Temple-Service in Ancient Israel: An Inquiry into Biblical Cult Phenomena and the Historical Setting of the Priestly School* (Oxford: Oxford University Press, 1978), 246.

33 Gordon J. Wenham, *The Book of Leviticus* (NICOT; Grand Rapids, Mich.: Wm. B. Eerdmans Publishing, 1979), 229 n. 2.

34 Beale, *The Temple*, 35; Clements, *God and Temple*, 31; Hurowitz, "YHWH's Exalted House," 87; Haran, *Temples and Temple-Service*, 257; Kline, "Investiture," 43-44.

35 Beale, *The Temple*, 36; Haran, *Temples and Temple-Service*, 253; Michael B. Hundley, *Keeping Heaven on Earth: Safeguarding the Divine Presence in the Priestly Tabernacle* (Mohr Siebeck, 2011), 49; Clements, *God and Temple*, 31; John E. Hartley, *Leviticus* (WBC 4; Waco, Tex.: Word Books, 1992), 234.

36 Gurtner, *The Torn Veil*, 55; A. Brenner, *Colour Terms in the Old Testament* (JSOTSup 21; Sheffield: JSOT Press, 1982), 146.

석한다(〈고대사〉 3:132; 〈유대전쟁사〉 5:212-213).[37] 고대근동에서 신성과 왕위의 상징이었던 청색은 하나님이 성전에 왕으로 좌정하시는 것을 의미한다.[38] 브레너(A. Brenner)는 자색과 홍색도 왕의 의복에 사용돼 권능과 통치를 알렸다고 주장한다(삼하 1:24; 렘 4:30; 나 2:3).[39] 이처럼 휘장의 세 가지 색깔은 하늘과 하나님이 왕으로 성전에 좌정해 계시는 사실을 뜻한다.[40] 하늘의 궁창과 성전의 휘장이 가지고 있는 공통적인 기능은 분리와 보호다(창 1:6; 출 26:33; *Num. Rab.* 12:13).[41] 천상의 존재들이 하늘 보좌를 보호하고 그룹들이 에덴을 지켰던 것처럼(창 3:24; 참조. 겔 47:1-12; 시 46:4; 슥 14:8; 계 22:1-2),[42] 휘장에 새겨진 그룹들은 지성소를 보호한다.

넷째, 대제사장은 성전과 우주의 축소판(소우주)이다. 대제사장의 의복은 성막의 재료로 만들어졌고(출 25-28, 38장) 옷의 구조도 성전의 그것과 같다(출 27:1 70인역; 41:21; 43:16; 43:17 70인역).[43] 청색 옷 위의 흉패에 박힌 보석들은 별들을 나타낸다(사 40:22, 26; 시 19:4-5; 지혜서 18:24). 그는 땅에서 가장 환하게 빛나는(거룩한) 곳인 지성소에서 우림과 둠밈으로 하늘의 뜻을 받아오는 특권을 가진다(레 8:8; 민 27:21; 신 33:8; 스 2:59-63; 느 7:65; 삼상 14장). 이런 점에서 대제사장의 의복은 하나님의 임재를 보여 주는 증거가 되며 그가 가진 권위를 보여주

---

37 Gurtner, *The Torn Veil*, 93-95; Beale, *The Temple*, 47.

38 Gurtner, *The Torn Veil*, 55; L. B. Jensen, "Royal Purple of Tyre," *JNES* 22 (1963), 104-118.

39 Brenner, *Colour Terms in the Old Testament*, 146.

40 삼상 4:4; 삼하 6:2; 왕하 19:15; 대상 13:6; 시 80:1, 99:1; 사 37:16. Gurtner, *The Torn Veil*, 56.

41 Gurtner, *The Torn Veil*, 60-63, 90-91.

42 에덴은 성전의 특징을 지니고 있다. G. Wenham, "Sanctuary Symbolism in the Garden of Eden Story," in *Proceedings of Ninth World Congress of Jewish Studies* (Jerusalem: World Union of Jewish Studies, 1986), 19-24; idem, *Genesis 1-15*, 86; T. D. Alexander, *From Paradise to the Promised Land: An Introduction to the Pentateuch* (Grand Rapids, Mich.: Baker Academic, 2002), 131; Gurtner, *The Torn Veil*, 59, 70-71; Kevin Madigan and Jon D. Levenson, *Resurrection: The Power of God for Christians and Jews* (New Haven: Yale University Press, 2008), 83-89, 91; Kline, *God, Heaven, and Har Magedon*, 40; idem, "Investiture," 39; R. E. Averbeck, "Tabernacle," 817; Walton, *The Lost World*, 81-82.

43 Kline, "Investiture," 46-51; Durham, *Exodus*, 389.

는 핵심이다.[44] 그리고 대제사장의 권위는 그가 지상에서 유일하게 지성소에 들어가는 특권에서 나온다. 성전의 구조는 바깥뜰에서 지성소를 향해 나아갈수록 빛의 강도가 세어지도록 설계되어 있는데 이는 지성소가 지상에서 가장 밝은 곳, 곧 가장 거룩한 곳임을 의미한다.[45] 대제사장은 바로 이 곳에 들어가도록 유일하게 허락받았고, 거기서 우림과 둠밈으로 하늘의 진리를 얻어내는 권위를 부여 받았다(레 8:8; 참조. 민 27:21; 신 33:8; 스 2:59-63; 느 7:65; 삼상 14장).[46] 상징적으로 보면, 대제사장은 지상에서 보이지 않는 천상의 세계로 나가서 하늘의 뜻을 부여 받아 백성들을 가르치는 신분을 지니고 있다.

마지막으로, 우주의 수직적인 구조(땅→하늘→천상의 세계)는 성전의 수평적인 구조(바깥뜰→성소→지성소)에 상응한다.[47] 대제사장이 바깥뜰에서 성소를 지나 열린 휘장을 통과해 지성소에 들어가는 장면은 그가 땅을 지나 열린 하늘(의 문='궁창')을 통과해 하늘보좌 앞으로 올라가는 것을 상징적으로 그려주는 것이다.[48]

1.3. 하늘과 관련된 주제들

하늘은 천막이나 휘장과 같고(잠 9:8; 시 104:2; 사 40:22; 42:5; 45:12; 48:13; 51:16; 렘 10:12; 51:15; 슥 12:1), 문(시 78:23; 창 28:17)과 창문(창 7:11; 8:2; 왕하 7:2; 사 24:18; 말

---

44 Durham, *Exodus*, 389-90.

45 Philip P. Jensen, *Graded Holiness: A Key to the Priestly Conception of the World* (Sheffield: Sheffield Academic Pres, 1992), 113, 121; Otzen, "Heavenly Visions," 208; Beale, *The Temple*, 33; Haran, *Temples and Temple-Service*, 158-88, 226-27.

46 Baruch A. Levine, Leviticus: The Traditional Hebrew Text with the New JPS translation (Philadelphia; New York; Jerusalem: Jewish Publication Society, 1989), 51; R. K. Duke, "Priests, Priesthood," DOTP, 653; Durham, Exodus. 390; Barker, The Gate of Heaven, 146; Otzen, "Heavenly Visions," 209.

47 Walton, *The Lost World of Genesis One*, 80-81; M. G. Kline, "Investiture with the Image of God," *WTJ* 40 (1977/78), 38-62(45).

48 Kline, "Investiture," 45; Walton, *The Lost World*, 80-81.

3:10)을 갖고 있다. 하늘이 닫히면 누구도 하나님의 거처에 접근할 수 없다. 하나님의 거처를 볼 수도 없다. 하늘의 비밀을 알 수도 없다. 이런 점에서 하늘 회의의 장면은 하늘이 열린 것을 전제로 한다(왕상 22:19; 사 6:1; 슥 3:1; 겔 1:1; 단 7:9). 하늘이 열리면 하나님이 하늘에서 내려오시거나 사자들을 보내신다(예, 사 24:18-19; 64:1; 슥 1:7-17; 6:1-15).

2. 제2성전기 유대 묵시 문헌의 하늘 이미지와 상징성

2.1. 하늘회의와 천상세계

2.1.1. 유대 (위경) 묵시 문헌

구약과 비교해서 제2성전기 유대 묵시전통의 가장 뚜렷한 특징은 하늘과 개인의 사후 인생의 운명에 대한 관심과 관련이 있다. 이 시기에 형벌의 장소에 대한 관심도 폭발적으로 커졌는데 이것도 개인의 운명에 대한 강조에 기인한다. 제2성전기의 인생의 이중 운명과 이중 장소에 대한 묘사는 기록 시기에 따라 다른 특징을 보이므로, 예루살렘 성전이 무너진 시점(AD 70년)을 기준으로 문헌을 분석하고자 한다.

(1) AD 70년 이전의 묵시전통

〈파수꾼들의 책〉(에녹1서 1-36, BC 2세기 중반)에서 하늘은 최후심판을 결정하는 법정과 같다(1-5). 하나님은 의인들이 땅에서 올리는 호소(6:1-8:4)를 받아 하늘에서 판결하고(9:1-10) 천사들을 땅으로 보내신다(10:1-11:2). 14장의 하늘보좌 방은 성전이면서 법정이다(참조. 단 7:9-14). 하늘법정에 이어 이중 운명이 묘사된다(17-36장). 의인들은 낙원에서 상을 받을 것이지만 악인들은 형벌의 장소(예, 무서운 계곡)에서 고통과 고문을 당할 것이다(22:1-14; 24:1-7; 25:1-7; 27:1-4; 31:1-32:5).

〈빛의 책〉(에녹1서 72-82, BC 3세기)에서 하나님은 하늘의 책들에 기록된 대로 공의롭게 재판하실 것이다(81:1-4). 하늘의 지혜를 아는 자들은 하늘의 상을 받게 될 것이다(82:1-20).

〈꿈의 책〉(에녹1서 83-90, BC 2세기)에서 창조주는 의인들의 울부짖음에 대한 반응으로 악인들을 불타는 심연(아뷔소스)에 던지실 것이다(88:1-3; 90:24-26). 수천사들은 검사들로서 땅의 일들을 하늘법정의 재판관에 보고한다(89:59-90:38).

〈에녹의 편지〉(에녹1서 91-105, BC 2세기)에서 하늘은 법정처럼 되고, 악인들은 기소를 당해 의인들의 손에 형벌을 받을 것이다(94-105). 천사들은 악인들을 형벌의 장소로 모으고 의인들을 심판에서 보호한다(100:1-10). 의인들은 하늘의 상을 받으며(103:3-4) 별처럼 빛날 것이다(104:2). 에녹1서의 마지막 책인 108장에서 악인들이 바깥 어둠에서 울게 될 것이지만 땅보다 하늘을 더 사모한 의인들은 하늘에서 빛나게 될 것이다(108:12-15).

〈에녹의 비유들〉(에녹1서 37-71, BC 1세기-AD 1세기) 중 첫 번째 비유(38-44장)는 의인과 악인에 대한 하늘법정의 판결과 상/벌의 장소를 설명한다. 두 번째 비유(에녹1서 45-57)에서 의인들의 기도는 하늘에 올라가고(47:1) 거룩한 자들이 압제자들의 형벌을 요청하면(47:2) 하나님은 심판을 결정하신다(47:3-4). 인자는 의인들을 신원하고 악인들을 심판할 것이다(48:1-3, 4-10; 49:1-50:5). 의인들은 회복된 땅에 거하게 될 것이지만 악인들은 형벌의 장소로 보내질 것이다(50-51장; 54:4-6). 하늘법정의 결정에 따라 권세자들은 타오르는 불로 채워진 스올에 보내질 것이다(세 번째 비유[에녹1서 58-69]). 의인들과 선택 받은 자들은 인자와 함께 먹고 영광과 생명의 옷을 입을 것이다(62:13-16).

〈희년서〉(BC 2세기 중반)는 부활 이후에 받게 될 하나님의 상과 벌을 강조한다(23:27-31; 단 12:1-3). 의인들의 뼈들이 땅에서 쉬는 동안 의인들의 영들이 (하늘에서) 즐거워하게 될 것이다.

〈스바냐의 묵시록〉(BC 1세기-AD 2세기 중반)에서 하늘문은 법정이 된다(3:6-9). 의인들은 아름다운 하늘의 성(예루살렘)에 거하게 될 것이며(2:7; 3:1; 5:1-6),

악인들은 형벌의 장소로 보내질 것이다(2:8-9). 천사의 옷을 입은 스바냐는 배를 타고 하늘의 성으로 가서 아브라함, 이삭, 야곱, 에녹, 엘리야, 다윗과 친구로 대화한다(8:1-3; 9:2, 4-5). 불경건한 자들은 영원한 벌을 받는 장소(심연과 음부)에 심판의 날까지 갇힌다(4:1-7; 6:15-17; 10:3-9). 죄인들은 바다에 빠지고 고문당한다(10:3-9).

〈레위의 유언〉(BC 2세기)에서 승천한 레위는 세 하늘을 본다(2:1-5:3): 악인의 죄로 어두운 첫째 하늘, 하늘 군대가 심판을 위해 있는 둘째 하늘, 지성소가 있는 셋째 하늘. 레위는 하늘성전에서 제사장의 옷을 입는다(5:1-2; 8:2-3).

〈모세의 유언〉(AD 1세기 초반)에서 하늘은 고난받는 의인들을 위한 장소다. '탁소'의 울부짖음에 대한 하늘의 반응으로(모세의 유언 9:5-10:2), 사탄은 파멸당하고 천사는 이스라엘의 원수를 물리칠 것이다(10:1-2). 하나님은 거룩한 처소에서 나와 이스라엘을 하늘의 별들이 있는 곳으로 올리시지만, 악인들은 게헨나에서 고통당할 것이다(10:3-10).

(2) AD 70년 이후의 유대전통

〈에즈라4서〉(AD 1세기 후반)에서 의인들은 하늘의 낙원(7:47, 51; 8:1-3; 9:14-15), 하늘의 도성, 예루살렘(7:26; 참조. 8:52; 10:27, 42, 44, 54; 13:36)에 들어가고 악인들은 게헨나의 용광로에 던져질 것이다(7:26-44). 율법을 지킨 의인들은 천사처럼 변하여 낙원에서 쉼과 고요함을 맛볼 것이지만(7:36, 45, 85, 99; 참조. 3:6; 7:38, 75, 85, 95, 123; 8:52), 악인들은 죽음과 함께 이미 고통을 경험한다(7:75-101). 에스라는 최후심판 때까지 하늘에 머물면서 메시아와 조상들과 함께 있게 될 것이다(14:49). 하늘법정에서는 회개의 기회가 주어지지 않는다(7:46-61, 87).

〈바룩2서〉(AD 1-2세기)에서 다가 올 세상(15:8; 44:15)은 의인들을 위해 준비된 낙원이다(51:11; 59:7). 예루살렘 성전의 기구들이 하늘성전에 옮겨졌고 회복될 것이다(4:1, 5; 6:8-9; 32:5). 토라를 지킨 의인들은 하늘의 천사와 별처럼 변하고 조상들을 만나게 될 것이다(51:1-13). 의인들의 얼굴을 천사들보다 뛰어나며(51:12), 하늘창고에 쌓인 상을 받게 될 것이다(14:12-13; 24:1; 44:13; 44:14;

50:4-51:1; 52:5-7; 84:6). 악을 행한 자들은 괴상한 얼굴로 고통을 겪고(30:5; 51:2-6; 54:14) 형벌의 불에 던져질 것이다(44:15; 48:39; 59:3; 64:7; 66:3, 4; 85:13).

〈아브라함의 묵시록〉(AD 2세기)에서 천사 야오엘이 아브라함을 비둘기의 날개에 태워 천상세계에서 가장 높은 곳인 일곱 번째 하늘에 데리고 간다(아브라함의 묵시록 15:4; 19:4). 다가오는 세상에서 하나님의 계명에 순종한 의인들은 회복된 성전에 모이고(29:18) 천상에서 즐길 것이다(31:4). 그러나 악인들은 심연에서 고통받고(21:3) 의인들을 괴롭힌 이유로 음부의 불에 던져질 것이다(31:2-3).

〈바룩3서〉(AD 2세기)에서 하나님의 무서운 형벌이 악인들을 기다리고 있고 가장 높은 하늘에서는 하나님의 상이 의인들을 기다린다. 첫째와 둘째 하늘에는 괴물들이 거하며(바룩3서 2:7; 3:3) 셋째 하늘에는 음부가 있다(4:3; 5:1-3). 넷째 하늘에서는 의인들의 영혼들이 합창 속에서 살아간다(10:1-9). 의인들과 악인들은 죽음 즉시 각각 찬송하고 고통당한나(10:7). 하늘의 문이 열리면 다섯째 하늘에 계시는 하나님이 미가엘을 통해 의인들의 기도를 받으시고(11:1-9) 열린 문들을 통해 선행을 받으신다(2:2; 3:2; 4:2).

〈에녹2서〉(AD 1세기)는 일곱 하늘을 묘사한다. 둘째 하늘은 하나님의 뜻을 어긴 천사들을 가두는 장소다(7:3). 셋째 하늘에는 의인들을 위한 낙원이 있다(8:8; 9:1). 셋째 하늘의 북쪽에 있는 형벌의 장소에서 천사들이 하나님을 예배하지 않은 자들과 세상에 살면서 악을 행하고 가난한 자들을 돌보지 않은 자들을 고문한다(10:1-5). 여섯째 하늘은 하늘법정으로서 수천사들이 인간의 모든 행위를 기록하고 있다(19-20장). 일곱 번째 하늘에 계시는 하나님은 미가엘에게 명령하여 에녹에게 빛보다 더 빛나는 기름을 바르게 하고 영광스런 옷을 입힌다(22:8-10).

〈아브라함의 유언〉(AD 1-2세기)에서 하늘의 문은 인생의 운명을 결정하는 법정이다(아브라함의 유언 10:15; 12:15; 13:4, 8 A). 천사들은 의인들의 삶을 기록하고 저울로 달아서 구원하지만 악인들을 불타는 채찍으로 벌한다(12:1). 의의 천사는 불 시험을 통과한 자들을 의인들의 장소로 이끌지만, 심판의 천사는 악인들을 형벌의 장소로 보낸다(13:12-13A; 14:8A). 미가엘과 많은 천사들이 아브라함의 영혼을 신성한 세마포로 입혀 의인들을 위한 장막과 저택들이 있는 낙원으로 인도한다(20장).

2.1.2. 사해 두루마리

(1) 하늘회의

사해 두루마리의 일부는 하늘을 신의 의회가 모이는 곳으로 묘사한다(4Q403 2 i 6-12; 4Q405 22; 참조. 겔 1, 10장). 하늘회의의 구성원들은 예배하는 제사장들이다(예, 4Q400 1 ii 19-20). 하늘회의의 주요 기능 중의 하나는 심판이다. 〈거인들의 책〉은 하늘에서 벌어지는 종말론적 심판을 보여준다(4Q203, 4Q530-532, 6Q8, 1Q23, 2Q26). 11Q 2 11에서 멜기세덱이 재판관으로 나온다(참조. 11Q13 2 10-14; 시편 82:1-2). 〈전쟁 두루마리〉에서 하나님은 최후심판을 집행하기 위해 하늘회의를 군대로 소집하신다(1QM6 16-7 9). 하늘군대가 거룩한 백성들을 도우려고 내려 올 때 반역자들은 스올에서 파멸당하고 불타게 될 것이다(4QMa 1-3; 8-10 i 15). 〈네 번째 안식일 노래〉에서 거룩한 자들은 하늘회의의 구성원들처럼 하나님 앞에 서고(4Q401 1-2) 강력한 군대로 소집돼 반역의 무리들(의회)에 맞서 전쟁을 벌인다(4Q402 1). 〈다섯 번째 안식일 노래〉에서 마지막 날에 천사의 전쟁이 벌어지며(4Q402 3-4) 거룩한 자들은 하늘의 군대다(4Q402 3-4 10). 요약해 보면, 하늘회의는 예배공동체이면서 심판을 위해 소집돼 군사행위로 심판을 집행한다.

(2) 하늘과 인생의 운명

사해 두루마리에서도 하늘은 의인들이 보상을 받는 장소로서 악인이 형벌을 받는 장소와 대조된다. 〈공동체 규율〉에서 의인들은 영원한 복을 받고 영광의 옷을 입는 것으로 묘사된다(1QS 4 6-14). 그러나 악인들은 그들의 생애 동안 의인들을 외면했기 때문에 천사들에게 벌을 받아 바깥의 어둠에서 타오르는 불에 던져질 것이다(1QS 4 13). 〈감사의 찬송〉은 악인이 형벌의 장소(1QHa

11 16-22; 19 10-14), 구체적으로는 스올이나 아바돈에 보내지는 것으로 묘사한다((1QHa 11 6-18; 참조. 4Q491 8-10 1). 의인들은 스올에서 구원받아 천상세계로 올라가고(1QHa 11 19) 정결하게 된 영은 하늘의 아들들과 연합 상태에 들어가게 된다(1QHa 11 22). 의인들을 위한 하나님의 보상은 의인들이 부활하여 하늘 보좌에 앉는 것으로도 표현된다(4Q521 2, 7; 참조. 이사야의 승천기 9:24-26).[49] 〈전쟁 두루마리〉에서 화자는 천상의 존재가 돼 신들의 회중(하늘회의)과 어울린다(4Q491 11 i 8-15). 의인들은 하늘에서 거룩하게 빛날 것이며 그들의 이름이 하늘 책에 기록될 것이다(1QM 7 1-5). 의인들의 신분을 천상의 존재로 표현하는 것은 죽음 이후의 상을 가리킬 뿐만 아니라 현재적인 연합을 강조하기 위함이다(1QS 11 5-8). 쿰란 공동체는 하늘회의의 구성원들이 현재 그들과 함께 있음을 믿었다(1QSa 2 8-9). 이미 지상 공동체에 거하고 있는 메시아적인 대제사장은 천사처럼(또는 천사로) 변한다(1QSb 4 22 - 5 19; 1QHa 11 19-23; 19 10-14).

2.1.3. 요약

위경의 유대 묵시전통에서 하늘회의의 주요 기능은 재판이며, 이중 운명(종말론)과 이중 장소(우주론)가 강조된다. 상반되는 운명과 장소가 바로 하늘의 비밀로서 이 비밀은 독자들에게 선행을 촉구하는 역할을 한다. 심판의 시기와 관련하여, 유대교 묵시록의 초기 묵시전승은 최후 운명을 강조하는 반면, 후기 전승은 죽음 이후에 곧 재판이 열리는 것으로 묘사한다.[50] 하늘이 다층으로 묘사되는 경우에는 가장 아래층 하늘은 악인들이 가야 할 형벌의(또는 형벌의 준비) 장소가 되고(레위의 유언 3; 에녹2서 8-10; 바룩3서 4-5) 가장 위층에 하나님의 보좌가 있다. 사해 두루마리에서 하늘은 비밀이 숨겨 있고 운명을 판결하는 하늘회의가 있는 곳이다. 사해 두루마리의 특징은 하늘회의와 지상 공동체 사이의 현재적 연합이다. 연합은 의인들이 받을 보상일 뿐 아니라 이

49 J. J. Collins, *Apocalypticism in the Dead Sea Scrolls* (London; New York: Routledge, 2002), 146.

50 Richard Bauckham, *The Fate of the Dead* (Brill, Leiden: 1998), 1.

미 소유한 보상이다. 특히 쿰란공동체는 천사처럼 또는 천사로 변화되는 것에 큰 관심을 둔다. 이처럼 유대 문헌에서 하늘은 계시적이고 법정적인 역할을 하며, 의인들의 갈 장소로서 악인을 위해 준비된 형벌의 장소와 대부분 함께 등장한다. 우주의 이중 구조(상과 벌의 장소: 우주론)는 인생의 이중 운명(종말론)을 위해 사용된다.

2.2. 성전의 하늘 상징성

구약과 비교할 때 제2성전기 유대교는 하늘의 성전을 더욱 세밀하게 묘사한다. 예를 들어, 구약에 비해 유대 묵시 문헌과 사해 두루마리는 하늘 성전에서 벌어지는 예배 모습을 보다 자세히 묘사한다(에녹1서 14; 87:1-3; 레위의 유언 3:4-8; 5:1-2; 8:2-3; 모세의 유언 10; 바룩2서 4:1-5; 6:8-9; 32:5; 바룩3서 11; 4Q400-407).[51] 성전과 하늘의 관계는 다음과 같다. 첫째, 성전은 소우주다.[52] 요세푸스는 성전의 세 구조가 우주를 대표하는데 세 번째 구조물(지성소)은 인간이 도달할 수 없는 하늘을 가리키는 것으로 기록한다(〈고대사〉 3:180-181; 참조. 3:123).[53] 필로는 성전 구조와 우주와의 관계를 자세하게 묘사한다(〈모세의 생애〉 2:74-76, 88, 98, 101-5; 〈특별한 법에 대해〉 1.66-67; 〈심는 것에 대해〉 47-50).[54] 그러므로 지상의 성전은 하늘 성전과 하나님이 거하시는 천상의 세계를 담고 있어서 땅에 있는 우주 전체 또는 땅에 있는 하늘이라고 할 수 있다.

둘째, 성전의 휘장은 하늘과 우주를 상징하며(요세푸스, 〈고대사〉 3:132; 〈유대전쟁사〉 5:212-213; 필로, 〈모세의 생애〉 2:85-87; 〈출애굽에 대한 질문과 대답〉 2:85-87), 하

---

51 사해 두루마리에 나타난 지상 성전과 하늘 성전과의 관계에 대해서는 James R. Davila, "The Macrocosmic Temple," 1-19을 보라.

52 〈모세의 생애〉 2:74-76, 88, 98, 101-5; 〈특별한 법에 대해〉 1.66-67; 〈심는 것에 대해〉 47-50.

53 Beale, *The Temple*, 45.

54 Beale, *The Temple*, 46; Davila, "The Macrocosmic Temple," 4; Klawans, *Purity, Sacrifice, and the Temple*, 119.

늘과 세상을 분리하는 궁창과 같다(〈출애굽에 대한 질문과 대답〉 2:91).[55] 필로는 성전의 휘장은 우주를 담고 있으며(〈모세의 생애〉 2:85-87; 〈출애굽에 대한 질문과 대답〉 2:85-87) 보이지 않는 하늘과 이 세상을 분리하는 역할을 한다고 설명한다(〈출애굽에 대한 질문과 대답〉 2:91).[56] 제2성전기와 이후 유대교 전통에서 성소와 지성소 사이를 나누는 휘장은 보이지 않는 하늘과 눈에 보이는 피조 세계(하늘과 땅)를 분리해서 1) 하늘 보좌를 보호하고 2) 하늘의 진리를 감추는 역할을 한다.[57]

셋째, 대제사장은 소우주다. 이는 대제사장의 의복이 상징한다(〈고대사〉 3:184, 186; 필로, 〈특별한 법에 대해〉 1:82-97; 〈모세의 생애〉 2:109-135),[58] 세마포 속옷은 천상 존재들의 신분과 관련된다(에녹2서 22:8, 10; 이사야의 승천기 8:14-15; 9:2-9). 대제사장의 세마포 속옷은 천상의 존재들이 입는 옷이나 그들의 빛나는 모습을 암시한다(레 16:4; 겔 9:2; 단 10:5; 에녹2서 22:8, 10; 이사야의 승천기 8:14-15; 9:2-9).[59] 청색 옷 위에 붙어 있는 흉패에 박힌 보석들은 하늘 성전과의 연관성과 하늘의 별들을 나타낸다(사 40:22, 26; 시 19:4b-5a; 지혜서 18:24).[60]

2.3. 하늘 관련 기타 주제들

유대교 문헌에서 하늘의 문들이 열리는 것은 하늘회의나 성전이 지상의 공동체나 성전에 반응하는 것을 의미한다: '땅에서 하늘로'→'하늘에서'→'하늘에서 땅으로'(에녹1서 6-16; 47-51; 83-90; 104). 하늘의 문들은 너무 크고 두껍

55 Beale, *The Temple*, 46; Gurtner, *The Torn Veil*, 93. *Tar. Rab.* 26:9; *Num. Rab.* 12:16 on Num 7:11.

56 Beale, *The Temple*, 46; Gurtner, *The Torn Veil*, 93.

57 *Tar. Rab.* 26:9; *Num. Rab.* 12:16 on Num 7:11; 〈유대전쟁사〉 5.5.4. Gurtner, *The Torn Veil*, 42, 70-71, 90-91, 189.

58 Beale, *The Temple*, 39; Davila, "The Macrocosmic Temple," 4.

59 Kline, "Investiture," 244; Barker, *The Gate of Heaven*, 114.

60 하늘 성전과의 관계를 보여 주는 구체적인 성경구절은 Beale, *The Temple*, 39-41, 47을 보라.

고 넓어서 하나님의 권위를 부여받은 존재들만 열 수 있다(바룩3서 2:5; 11:2; 참조. 마 16:19). 하늘 문이 열리면 이중 운명과 이중 장소의 비밀이 계시된다(아브라함의 유언 10:15 A; 스바냐의 묵시록 5:1-6; 10-11; 레위의 유언 5:1-2). 묵시전승에서 천상에서 '앞에 서다'는 하늘회의의 구성원들이 하나님 앞에 서 있는 장면을 가리킨다(에녹1서 14; 40:1; 41:1-9; 46:5; 48:1-3, 4-10; 49:1-4; 62:6-13; 바룩2서 21:4-6; 아브라함의 유언 7:11; 8:1; 9:7). 천상의 존재들은 하늘 군대로(4Q402 1; 4Q530 2 ii 16-20), 또는 제사장들로(4Q403 1 ii 6-12; 4Q405 22) 하나님 앞에 나와 있다. 악인들은 최후 판결을 받으려고 하나님 앞에 나온다(에녹1서 52:1-9; 62:9-12; 63:1-12; 에즈라4서 7:28-61, 87; 참조. 마 25:32). 〈에녹의 비유〉에서 에디오피아어 '부정하다'(*keḥda*, *ἀρνέομαι*, 에녹1서 45:1-2[x2])와 '시인하다'(*amna*, *ὁμολογέω*, 63:5, 7, 9)는 전치사 '앞'(*qedmēhu*/*baqedma*/*baqedma*, 52:6[x3])과 함께 법정 용어로 쓰인다(예, '앞에서 부정하다'[*keḥda baqedma*]; 참조. 마 10:32-33).[61]

2.4. 결론

우리는 제2성전기 유대 묵시 문헌과 사해 두루마리에 나타난 하늘에 대한 묘사를 다음과 같이 간단하게 정리해 볼 수 있다. 하늘은 인생의 행위를 재판하고 그 운명을 선언하는 하늘법정이면서 재판의 결과에 따라 의인들이나 악인들이 보내지는 곳이다.[62] 하늘은 낙원이다.[63] 하늘은 다가 올 다른 세계,[64] 천상의 도시(또는 하늘의 예루살렘)다.[65] 하늘은 하나님의 보좌와 하늘 성전이 있

---

61 George W. E. Nickelsburg and James C. VanderKam, *1 Enoch 2: A Commentary on the Book of Enoch Chapters 37-82* (Minneapolis, Minn.: Fortress Press, 2012), 149, 192-93.

62 하늘이 여러 층으로 묘사되는 경우에 가장 아래층 하늘은 악인들이 가야 할 형벌의(또는 형벌의 준비) 장소가 된다. 레위의 유언 3; 에녹2서 8-10; 바룩3서 4-5.

63 예, 에녹1서 24-25; 31-32; 에녹2서 8-10; 9:1; 에즈라4서 7:36, 8:1-3; 9:14-15; 바룩2서 51:11; 59:7; 아브라함의 유언 11:9-10 A; 20:10-14A.

64 예, 에즈라4서 7:47, 51; 8:1-3; 바룩2서 15:8; 44:15.

65 예, 스바냐의 묵시록 5:1-6; 9:4-5; 에즈라4서 7:26; 8:52; 10:27, 42, 44, 54; 13:36; 바룩2서 4:1; 6:9.

는 곳이다.[66] 하늘은 하늘회의 또는 하늘법정이 소집되는 영역이다.[67] 하늘의 보상은 여러 형태로 설명된다. 하늘의 상,[68] 하늘의 창고가 의인들을 위해 준비된다.[69] 의인들은 천상의 존재로 변형되거나[70] 천사의 옷을 입을 것이다.[71] 하늘에 의인들의 이름이 기록될 것이다.[72] 의인들은 하늘의 기쁨을 누리거나[73] 하늘 보좌에 앉게 될 것이다.[74] 사해 두루마리는 하늘회의와 지상 공동체 사이의 현재 교류를 강조한다. 하늘회의는 천상의 제사장들과 군대로 기능하며,[75] 지상 공동체와 섞인다.[76]

---

66 하늘 보좌: 에녹1서 14:8-23; 47:3-5; 60:1-3; 61-63; 81:1-2; 103:2; 하늘 성전: 에녹1서 87:1-3; 레위의 유언 2-5; 바룩2서 4:5; 6:8-9; 32:5; 바룩3서 11.

67 예, 에녹1서 6-8; 8:4; 9:2-4, 10; 13:3; 14; 45; 52; 60; 69; 81:1-5; 89:61-77; 90:1-17; 90:20-26; 97:6a; 98:4-8; 99:3; 103:1-3; 104:7-8; 106:19; 108:2; 스바냐의 묵시록 3:8-9; 10:11; 에녹2서 19-20; 참조. 40:13; 52:15; 65:4; 모세의 유언 9-10; 에즈라4서 7; 바룩2서 50-51; 아브라함의 유언 7:11; 8:1; 9:7; 4Q203, 4Q530-532, 6Q8, 1Q23, 2Q26; 4Q530 2 ii 16-20.

68 에녹1서 82:1-20; 103:3-4; 레위의 유언 3.

69 바룩2서 14:12-13; 24:1; 44:13; 44:14; 50:4-51:1; 52:5-7; 84:6; 참조. 마 13:44-46.

70 예, 에녹1서 104:2; 108: 12-15; 에즈라4서 7:97, 125; 바룩2서 51:10; 참조. 마카베오4서 17:4-6; 단 12:3.

71 예, 스바냐의 묵시록 8:1-3; 에녹2서 22:8-10; 아브라함의 유언 20:10-14 A; 참조. 에녹1서 62:16.

72 예, 에녹1서 104:1.

73 예, 아브라함의 묵시록 31:4.

74 예, 4Q521 2 7. 참조. 마 19:28; 눅 22:30; 계 3:21; 20:4; 이사야의 승천기 9:24-26.

75 예, 1QM 6 16-7 9; 4QMa 8-10 i 15; 4QMa 1-3 12-15; cf. 1QM 17 6-8.

76 예, 1QS 2 25; 1QSa 2 8-9.

3장

탄생 내러티브(마 1-2장)의 꿈, 천사, 별[77]

예수의 탄생 내러티브(마 1-2장)에서 하늘과 관련된 '천사'와 '별'이 중요한 역할을 한다. 1-2장은 예수의 계보(1:1-17)와 탄생 내러티브(1:18-2:23)로 구성되고 예수의 계보는 1:18-2:23의 사건들로 구체화되기 때문에[78] 1-2장을 한 묶음으로 읽어야 한다.[79] 하나의 이야기로 연결되는 1-2장의 사건들은 아기 예수의 정체와 관련된 질문인 "예수는 누구며 어디서 왔는가?"에 답하는 역할을 한다.[80] 1-2장에 묘사된 예수의 정체는 하나님의 구원 계획에서 핵심이

---

77 Kang, "Heavenly Imagery and Symbolism in Matthew's Gospel," 4장을 편역한 내용이고 "마태복음의 탄생 내러티브(1-2장)에 나타난 유대 묵시 언어(꿈, 천사, 별)의 기능". 『신약논단』 제22호(2015. 3): 1-28으로 게재된 글임.

78 1:1-25은 1-17절과 18-25절로 나뉘고 1:1과 1:18에 공통으로 사용되는 '게네시스'(γένεσις)는 1-17과 18-25절을 연결한다. 1절은 1-17절 단락의 마지막 구절인 17절에 반복되는데, 1절의 헬라어 순서는 '그리스도' - '다윗' - '아브라함'이고, 17절의 헬라어 순서는 '아브라함' - '다윗' - '그리스도'다. 마태는 아브라함의 아들과 다윗의 아들이라는 측면에서 예수의 탄생 의미를 밝힌다.

79 Charles H. Talbert, *Matthew* (Grand Rapids, Mich.: Baker Academic, 2010), 33.

80 마 1-2장의 주제는 아기 예수의 기원(누구이고 어디서 왔는가?)이다. 스텐달은 마 1-2장은 예수의 탄생과 관련하여 "누가"와 "어디서"를 해결하기 위해 구성된 것으로 이해한다. K. Stendahl, "Quis et unde? An analysis of Matthew 1-2," in *The Interpretation of Matthew* (ed. G. N. Stanton; London: SPCK, 1983), 56-66. 브라운은 네 개의 주제인 '누구', '어떻게', '어디에', '어디에서'를 강조한다. Raymond E. Brown, *The Birth of the Messiah:*

A Commentary on the Infancy Narratives in Matthew and Luke (Garden City, N.Y.: Doubleday, 1977), 50-54. 스텐달의 제안이 적절하다. 마 1-2장과 마태복음 전체의 주제에 대한 관계를 이해하려면 1:1의 분석이 중요하다. 마 1:1의 헬라어 문장은 '비블로스 게네세오스'(βίβλος γενέσεως)로 시작한다. 첫 단어인 '비블로스'(βίβλος)는 일반적으로 '책'을 가리킨다. '비블로스' 다음에 이어지는 단어는 '게네시스'의 소유격인 '게네세오스'다. '비블로스 게네세오스'는 히브리어 '톨레돗'(תּוֹלְדוֹת)에 상응하는 문구로 정관사(ἡ)를 제외하면 70인역 창세기 2:4과 5:1에도 쓰인다(ἡ βίβλος γενέσεως). 이 표현은 각각 "천지가 창조될 때에 하늘과 땅의 내력"(창 2:4)과 "아담의 계보를 적은 책"(5:1)을 나타낸다. '계보의 책'은 2:5-4:26과 5:1-32를 가리키며, '게네시스'는 구약과 모세의 첫 번째 책인 창세기의 헬라어 제목이다. 마태는 이 표현을 사용하여 예수 그리스도의 창세기 책이라고 소개한다. 그렇다면 1절은 책 제목인가, 예수의 계보를 가리키는가? 둘 다 가능하다. 첫째, 몇 가지 이유에서 1절은 마태복음 전체의 제목이라고 볼 수 있다. Ulrich Luz, *Matthew 1-7* [trans. James E. Crouch; Philadelphia. PA: Fortress Press, 2007], 69; W.D. Davies and Dale C. Allison, *The Gospel According to Saint Matthew 1-7* [Edinburgh: T&T Clark, 1988], 1). 창 2:4과 5:1에 두 단어가 나오지만, 전체 내용은 단순히 계보만을 드러내는 것은 아니다. 1절의 헬라어 문장은 제목처럼 동사가 없고, 유대교 문헌에서 작품 전체의 내용을 알리는 제목이 독립적인 문장으로 첫 부분에 배치되는 것이 일반적이었으므로(참조. 나 1:1; 토비트 1:1; 바룩 1:1; 욥의 유언 1:1; 아브라함의 묵시록의 제목; 에스드라스2서 1:1; Davies and Allison, *Matthew*, 1:1), 위의 표현을 제목으로 추정하는 것은 타당하다. 이 표현이 마태복음의 제목이라면, 신학적으로 어떤 의미를 갖는가? 구약의 창세기가 하나님의 구원 역사를 담고 있는 것처럼, 마태복음은 하나님의 구원 역사와 이 역사를 성취하러 온 예수에 대한 소개가 된다. 특히 1:1은 예수가 다윗의 아들이고 아브라함의 아들로서 구속사를 시작하고 성취할 것을 내포한다. 또한 학자들 중에는 예수 당시 모세의 첫 번째 책을 '게네시스'로 부른 것에 착안하여 마태복음을 창세기와 연결하고 예수의 사역을 새 창조를 암시하는 것으로 이해한다. 마태가 의도적으로 신약의 첫 번째 책을 구약의 첫 번째 책의 이름으로 시작한다고 볼 수 있다. '게네시스'가 마태복음을 새 창조나 창세기(또는 모세오경)의 렌즈로 해석하도록 돕는 역할을 한다고 주장하는 것은 타당하다. 마 1:1의 번역과 해석을 창세기 언어와 연결하는 연구로는 아래의 참고 자료를 보라. 둘째, 마태는 게네시스를 예수의 탄생을 구체적으로 설명하는 단락(1:18-25)의 첫 구절인 18절(1:18-25은 예수의 탄생에 대한 구체적인 내용임)에서도 사용하고 있으므로 예수의 기원을 알리는 역할도 한다. 2-17절은 아브라함에서 예수에 이르는 하나님의 백성에 대한 역사이므로, 1절의 '게네시스'는 예수의 기원을 하나님이 부르신 백성에 대한 역사와 연결하기 위해, 18절의 '게네시스'는 이 역사 속에 들어온 예수의 기원을 설명하기 위해 각각 사용된다. 첫째와 둘째 내용을 정리해 보면, 1절의 '비블로스 게네세오스'가 1) 마태복음의 제목이라면 마태복음의 내용은 다윗의 아들과 아브라함의 아들이 성취한 역사이며, 2) 계보를 가리키는 표현이라면 예수는 하나님의 백성을 구원하러 아브라함과 다윗 혈통에서 태어난 그리스도다. 이런 점에서 1장은 복음서 전체의 핵심을 미리 알린다. Davies and Allison, *Matthew*, 1:149-53; D. C. Allison, "Matthew's First Two words," in *Studies in Matthew: Interpretation Past and Present* (Grand Rapids, MI: Baker Academic, 2005), 157-163; Craig A. Evans, "'The Book of the Genesis of Jesus Christ': The Purpose of Matthew in Light of the Incipit," in *Biblical Interpretation in Early Christian Gospels: Volume 2, The Gospel of Matthew* (ed. T. R. Hatina; London: New York: T & T Clark International, 2008), 61-72; Jonathan T. Pennington, "Heaven, Earth, and a New Genesis: Theological Cosmology in Matthew," in *Cosmology and New Testament Theology* (ed. Jonathan T. Pennington and Sean M. McDonough; London: New York: T&T Clark International,

되면서 복음서 전체가 흘러갈 방향을 알린다.[81] 그런데 1-2장에 제시된 예수의 정체에 대한 내용은 사람에 의해 만들어진 것이 아니라 하늘에서 땅으로 전해지는 비밀(또는 복음)이므로 이것을 알리는 수단인 꿈, 주의 천사, 별에 대한 연구는 중요할 수밖에 없다. 본 연구는 하늘의 비밀과 계획을 전달하는 매체인 꿈과 천사와 별이 유대의 묵시 배경과 관련이 있음을 입증하고 탄생 내러티브에서 차지하는 역할을 탐구할 것이다.

1. 꿈과 천사

신약 저자들 중에서 마태만 꿈을 가리키는 헬라어 *ὄναρρ*("꿈")와 *κατ' ὄναρ*("꿈에")를 사용한다(1:20; 2:12, 13, 19, 22; 27:19).[82] 특히 "꿈"이 탄생 내러티브에 집중되는 것은 예수의 탄생 소식을 알리는 데 있어 꿈이 중요한 역할을 하고 있음을 의미한다. 흥미롭게도 탄생 내러티브에서는 "꿈"에 천사가 등장

2008), 28-44; Thomas R. Schreiner, *The King in His Beauty* (Grand Rapids, MI: Baker Academic, 2013), 433-34; G.K. Beale, *A New Testament Biblical Theology: The Unfolding of the Old Testament in the New* (Grand Rapids, MI: Baker Academic, 2011), 388-89.

81 John Nolland, *The Gospel of Matthew* (Grand Rapids, Mich.: W.B. Eerdmans, 2005), 70. 놀란드에 의하면 예수의 탄생과 바벨론 포로에서의 해방이라는 구원 모티프가 연결되는 점에서 백성을 죄에서 구원할 그리스도의 탄생은 희소식이다.

82 사도행전에 나타난 환상과 관련하여, "꿈"을 가리키는 헬라어 단어 *ὄναρ*는 사용되지 않고 "환상"을 의미하는 *ὅραμα*가 나오거나(행 9:10; 10:3; 16:9; 18:9) 밤에 주(23:11)와 하나님의 천사가 바울에게 나타난다(27:23). 그누스는 신약에 있는 환상을 꿈으로 이해한다(행 9:3-17; 10:1-8; 16:9; 18:9; 23:11; 27:23). Robert K. Gnuse, "Dream Genre in the Matthean Infancy Narratives," *NovT* 32/2 (1990), 117. 밀러는 꿈과 환상을 같은 것으로 보면서, 꿈은 자면서 경험하는 것이고 환상은 깨어서 경험하는 것이라고 주장한다. J. B. F. Miller, "Dreams/Visions and the Experience of God in Luke-Acts," in *Inquiry into Religious Experience in Early Judaism and Christianity* (SBL, 2008), 177. 비슷한 주장으로는 John S. Hanson, "Dreams and Visions in the Graeco-Roman World and Early Christianity," *Aufstieg und Niedergang der römischen Welt* II.23.2, 1408을 보라. J. E. 밀러는 구약의 환상은 계시의 수준이나 권위에 있어서 꿈과 다르며, 이런 구약의 특징이 제2성전기에 들어오면서 희미해진다고 관찰한다(예, 4QAmram 1.10; 희년서 14:1; 27:21; 32:1). J. E. Miller, "Dreams and Prophetic Visions," *Bib.* 71/4 (1990), 401-404.

한다. 천사는 예수의 정체와 하나님의 계획을 전달한다. "꿈"과 "천사"는 1세기 유대교의 묵시적 세계관을 공유한 독자들에게 어떤 의미가 있었을까? 우리는 꿈에 주의 천사가 나타나 하늘의 비밀을 알리는 장면이 계시의 진정성을 강조하고 있음을 논증하고자 한다.

1.1. 꿈

학자들은 탄생 내러티브에 나타난 꿈의 기능을 분석하기 위해 구약, 그리스-로마, 제2성전기 유대교 전통을 분석했다.[83] 첫 번째 견해는 마태의 탄생 내러티브에 사용된 꿈은 구약의 꿈을 반영하는 것으로 이해한다. 이 견해를 주장하는 대표적 학자는 로버트 그누스(Robert Gnuse)다. 그는 양식비평을 방법론으로 사용해 마태의 꿈 보고는 단순성을 지니고 있고 이것은 단순성을 나타내는 히브리식의 꿈을 반영한다고 주장한다.[84] 그는 헬라적인 꿈은 히브리적인 것보다 더 복잡하므로 마태복음에 묘사된 꿈의 배경이 아니라고

83 도슨(D. S. Dodson, *Reading Dreams: An Audience-Critical Approach to the Dreams in the Gospel of Matthew* [London; New York: T&T Clark, 2009], 4-12)은 마 1-2장의 꿈 이해에 대한 입장과 방법론을 간단하게 정리하면서 평가한다: (1) 모세 모형론: 참조. 요세푸스, 〈고대사〉 2.210-217; Dominic M. Crossan, "Structure & Theology of Mt. 1.18-2.23," *Cahiers de Joséphologie* 16 (1968): 119-35; Brown, *The Birth of the Messiah*, 112-16; Dale C. Allison, *The New Moses: A Matthean Typology* (Edinburgh: T&T Clark Ltd, 1993), 140-65; (2) 마태의 편집: Brown, *The Birth of the Messiah*, 108-17, 129, 194-6; George S. Prabhu, *The Formula Quotations in the Infancy Narrative of Matthew: An Enquiry into the Tradition History of Mt 1-2* (AnBib 63; Rome: Biblical Institute, 1976), 185-87, 223-25, 234-42, 294-97; (3) 꿈의 양식: Gnuse, "Dream Genre in the Matthean Infancy Narratives," 97-120; Frances Flannery-Dailey, "Standing at the Head of Dreamers: A Study of Dreams in Antiquity" (Ph.D. diss., The University of Iowa, 2000), chaps. 1-2: idem, *Dreamers, Scribes, and Priests: Jewish Dreams in the Hellenistic and Roman Eras* (Leiden; Boston: Brill, 2004); idem, "Lessons on Early Jewish Apocalypticism and Mysticism from Dream Literature," 231-47; (4) 내러티브 접근: Janice Capel Anderson, *Matthew's Narrative Web: Over, and Over, and Over Again* (Sheffield: JSOT Press, 1994), 153-57.

84 Gnuse, "Dream Genre in the Matthean Infancy Narratives," 103.

언급한다.[85] 마태의 꿈 진술은 창세기에 있는 E 문서의 꿈에 의존하며,[86] 창세기의 꿈은 하나님과 인간의 영역 사이의 간극을 유지하는 역할을 한다.[87] 마태복음의 꿈은 아기 예수에 대한 계시가 저 멀리 존재하는 것을 뜻하고, 이러한 계시는 하나님의 궁극적인 계시, 곧 예수의 인격과 사역에서 발견되는 신적 임재의 직접성보다 열등하다.[88] 마태의 꿈 장면은 창세기에 나타난 꿈과 비슷한 양식으로 반복한다.[89] 두 번째와 세 번째 견해를 지지하는 학자들은 그누스가 그리스-로마나 제2성전기 유대교에 각각 나타난 형식과 특징을 간과하고 있음을 비판한다.

두 번째 견해는 헬라적인 꿈 전통을 마태복음에 나타난 꿈의 배경으로 이해하는 것이다. 대표적인 학자는 존 한슨과 더렉 도슨이다.[90] 도슨은 마태복음의 탄생과 수난 내러티브에 나오는 꿈의 신적인 본질과 기능은 그리스-로마의 로망스 내러티브의 전통에 가깝다고 주장한다.[91] 도슨이 꿈의 신적인 특징이 마태복음의 탄생 내러티브를 이해하는 데 매우 중요하다고 한 점은 정당하다. 하지만 그가 말한 특징은 유대 묵시 문헌에도 일반적으로 나타난다. 마태는 하늘의 진리를 전달할 때 구약과 유대 묵시 언어를 자주 사용한다. 꿈을 표현하는 점에서도 자연히 유대의 묵시적 세계관을 반영한다고 보는 것이 타당하다. 마태복음의 전반적인 배경이 유대적이기 때문에 유대 배경에서

85 Gnuse, "Dream Genre in the Matthean Infancy Narratives," 103.

86 Gnuse, "Redefining the Elohist?" JBL 119 (2000): 201-220.

87 Gnuse, "Dream Genre in the Matthean Infancy Narratives," 106.

88 Gnuse, "Dream Genre in the Matthean Infancy Narratives," 118.

89 Gnuse, "Dream Genre in the Matthean Infancy Narratives," 112. 그누스는 창세기의 꿈은 신현, (꿈에 나타난) 내용, 인간의 수용, 장소에 대한 내용으로 시작한다. 마태의 설명도 이처럼 신현('주의 천사'), (꿈에 나타난) 내용, 인간의 수용, 장소에 대한 내용으로 구성된다고 주장한다.

90 Hanson, "Dreams and Visions," 1395-1427; D. S. Dodson, *Reading Dreams*; idem, "Dreams, the Ancient Novels, and the Gospel of Matthew: An Intertextual Study," *Perspectives in Religious Studies* 29 (2002): 39-52.

91 Dodson, "Dreams, the Ancient Novels, and the Gospel of Matthew, 42-44: 예, Chariton, *Chaer*. 2.9.6; Longus, *Daphn*. 3.34.1-3; Xenophon, *Ephes*. 5.8.5-9.

꿈 모티프를 이해하는 것이 더 자연스럽다.

세 번째 견해에 따르면 마태복음의 꿈 묘사는 구약의 모습이 발전되고 확장된[92] 제2성전기 유대교의 꿈-환상 형식과 비슷하다.[93] 즉 마태복음의 꿈은 성경과[94] 묵시 사상에 있는 전통적인 이야기를 떠 올리게 한다. 세 번째 견해의 대표적 학자는 프란시스 플래너리-데일리다. 그녀는 초기 유대교의 꿈을 묘사한 유대 저자들이 공간과 시간과 육체적 한계를 뛰어 넘는 묘사처럼(예, 위경) 하나님이 꾸게 한 꿈을 당시의 언어에 맞게 창조적으로 발전시켰다고 이해한다.[95] 그녀는 제2성전기 유대 문헌에 기록된 꿈에 대한 두 가지 중요한 특징을 마태복음의 꿈에 적용하며, 꿈과 유대교의 이원론적 세계관 사이의 관계를 설명한다. "초기 유대 묵시록의 세계관에서 공간적, 시간적, 존재론적 이원론은 꿈과 환상에 의해 극복돼야 하고, 무너져야 하고, 궁극적으로 없어져야 하는 장애물로 기능한다."[96] 플래너리-데일리에 따르면 마태가 묘사하는 다섯 번의 꿈은 하나님과 인간의 억사 사이의 거리, 미래를 위한 하나님의 계획과 현재의 상황 간에 있는 거리를 제거한다.[97] 헬라계 유대 저자들이 꿈을 하나님의 계획을 계시하는 도구로 자주 사용한 것처럼 마태도 아기 예수의 정체(마 1:20; 2:12, 13, 19, 22; 27:19)와 무죄(27:19)를 알리기에 효과적이고 신뢰할 수 있는 도구로 꿈을 사용한다. 플래너리-데일리가 하나님의 뜻을 해석

92 Frances Flannery-Dailey, "Lessons on Early Jewish Apocalypticism and Mysticism from Dream Literature," in *Paradise Now: Essays on Early Jewish and Christian Mysticism* (ed. April D. DeConick; Atlanta: Society of Biblical Literature, 2006), 231.

93 Christopher Rowland, Patricia Gibbons and Vicente Dobroruka, "Visionary Experience in Ancient Judaism and Christianity," in *Paradise Now*, 41-56. 저자들은 유대 묵시 문헌에서 대부분의 환상은 잠을 자는 동안에 나타나고 잠은 신비적 경험을 위한 준비로 매우 중요하다고 결론 내린다.

94 구약 성경에 기록된 꿈에 대한 자세한 내용을 위해서는 다음의 자료를 보라. Robert K. Gnuse, *Dreams and Dream Reports in the Writings of Josephus: A Traditio-Historical Analysis* (Leiden; New York: E.J. Brill, 1996), 68-101.

95 Flannery-Dailey, "Lessons on Early Jewish Apocalypticism," 236-237.

96 Flannery-Dailey, "Lessons on Early Jewish Apocalypticism," 241.

97 Flannery-Dailey, "Lessons on Early Jewish Apocalypticism," 241.

하고 하나님의 지시를 알도록 하는 점에서 주의 천사와 꿈의 기능을 강조한 것은 중요하다. 헬라계 유대 저자들은 천사들의 역할을 꿈에서 하나님의 메시지를 전달하고 꿈을 해석하는 일에 적극적으로 참여한 것으로 기술한다.[98] 제2성전기 유대교의 많은 본문처럼, 마태는 꿈을 하나님에게서 온 계시 수단으로 사용하고 꿈에 천사가 나타나 메시지를 전하는 모티프를 사용한다. 꿈은 예언과 깊은 관련성이 있고 유대적인 모습을 갖고 있는데, 이런 특징은 구약에 기초하면서 제2성전기의 흐름을 반영한다.[99]

꿈에 천사가 나타난 것은 꿈이 마태의 독자들에게 매우 효과적이고 신뢰할만한 수단으로 인식됐음을 증명한다는 플래너리-데일리의 주장은 정당하다.[100] 꿈을 계시적 경험을 위한 중요 수단으로 신뢰하고 미래에 일어날 하나님의 계획을 전달하는 방법으로 강조한 유대 묵시 전통처럼 마태도 유대 묵시 전통처럼 꿈의 계시 기능을 긍정적으로 사용한다.[101] 그러나 플래너리-데일리는 제2성전기 유대 묵시 문헌에서 꿈-환상을 경험한 묵시자들이 하늘에

---

98 Flannery-Dailey, "Lessons on Early Jewish Apocalypticism," 237. 초기 유대교 문헌에서 천사들과 꿈은 다음과 같은 역할로 연결된다: 꿈에 메시지를 전달(L.A.B. 9:10; 욥의 유언 4:1; 요세푸스, 〈생애〉 208-210; 에녹2서 1:3-10), 상징적인 메시지를 해석(희년서 32:22; 에즈라4서 4:1; 5:31; 7:1; 10:29; 야곱의 사닥다리 3:4-7:35; 바룩2서 55:3; 레위의 유언 2:7-5:6; 에녹1서 19-32; 참조. 단 7:16-28; 8:15-26); 꿈 해석자(야곱의 사닥다리 3:3의 사리엘, 바룩2서 55:3의 라마엘), 여행 인도자(에녹1서 14-36; 레위의 유언 2-5; 4QEn 3; 에녹2서 33:6); 꿈꾸는 자들을 수송(에녹2서 72:3-10; 납달리의 유언 5:7).

99 Flannery-Dailey, "Lessons on Early Jewish Apocalypticism," 415.

100 탄생 내러티브와 부활 내러티브에서(28:2-8) 주의 천사는 하나님의 계획을 전달하고 요셉과 여인들을 인도한다.

101 블랙(D. A. Black, "Dreams," *DJG*, 199)은 구약과 신약에서 창 20-41, 단 1-7, 마 1-2은 꿈이 신적 계시를 전달하는 수단으로 기능하는 것을 보여주는 주요 본문이라고 주장한다. 예레미야는 거짓 선지자들이 주장의 근거로 삼는 꿈에 대해 경고하는데, 이와 같은 구약 본문과 비교하면(예, 렘 23:25-28) 제2성전기 유대인들은 꿈을 신뢰할만한 계시의 수단으로 자주 사용한다. 꿈은 구약에 28회 등장하는 반면 제2성전기 유대 (비정경) 문헌에는 100회 이상의 꿈 이야기가 사용된다(Flannery-Dailey, "Lessons on Early Jewish Apocalypticism," 231-235; A. L. Oppenheim, *The Interpretation of Dreams in the Ancient Near East: with a Translation of an Assyrian Dream-Book* [Philadelphia, PA: American Philosophical Society, 1956]). 그누스가 말한 대로(Dreams and Dream Reports, 101) 선지서는 꿈이 선지자들의 말에 대항하는 수단으로 사용하고 이방 제의에서 이루어진 모습과 비슷하기에 꿈을 비판한다.

오르거나 하늘의 존재로 변화된 것을 꿈이 하늘의 영역과 땅의 영역 사이의 거리를 제거한 예로 제시하지만[102] 꿈의 계시 전달 기능이 공간-시간-존재론적 이원론을 제거하는 것은 아니다. 1장에 나온 부친인 요셉의 꿈이 예가 된다. 이 장면에서 꿈은 하늘과 땅의 거리를 유지한다. 두 영역의 거리를 좁히는 역할은 하나님의 백성 중에 거하기 위해 땅으로 온 아기 예수, 임마누엘(1:23; 28:20)이 맡는다.[103] 한편 마태는 제2성전기 유대 묵시 문헌에 사용된 꿈의 계시적 기능을 적용하지만 하늘의 영역이나 그곳에서 벌어지는 일을 상세히 묘사하지는 않는다(또는 그런 식의 묘사를 절제한다).[104] 다시 말해서, 마태는 유대의 묵시적 세계관을 사용함에도 하늘 세계와 장면을 상세히 표현하지는 않는다.

1.2. 꿈에 나타난 천사

이제 천사들의 역할과 꿈의 모티프가 서로 연결되는 예를 살펴보자. 유대 묵시 전통에서 꿈과 천사의 결합은 하늘에 있는 하나님의 계획을 계시하는 점에서 중요한 모티프로 기능한다. 구약의 예를 들어 보자. 다니엘서에서 천

102 Flannery-Dailey, "Lessons on Early Jewish Apocalypticism," 236-237. 플래너리-데일리의 주장은 다음과 같다. 구약에서 공간적인 측면에서 하나님은 하늘에 거하시며(사 6; 참조. 겔 10:18-19) 인간은 땅에 거한다. 시간적인 측면에서 인간에게는 멀리 떨어진 과거의 일이나 미래의 일에 대한 지식이 결여되며, 이런 지식은 하나님께 속한 것이다(욥 38:4-11). 존재론적인 측면에서 인간은 죽게 될 존재로서 하나님에게 다가가는 것이 천사들과 달리 금지돼 있다(예, 수 5:13-15; 슥 1:13-14; 전 3:19-20; 참조. 사 6). 그런데 초기 유대 문헌에서 꿈 내러티브는 공간적으로는 에녹이나 레위와 같은 사람들이 하늘의 영역에 올라가고(예, 에녹1서 14-36; 레위의 유언 5-7), 과거, 현재, 미래의 장벽이 무너졌고(예, 에녹1서 1-36; 83-84; 바룩2서 56), 존재론적으로는 하늘에 올라간 자들이 천사와 같은 존재로 변화됐다(예, 에녹2서 22:8-10; 레위의 유언 8:1-19)고 주장한다.

103 참조. Gnuse, *Dreams and Dream Reports*, 118.

104 Ulich Luz, *Matthew 21-28* (Minneapolis, MN: Augsburg Fortress, 2005), 288-89. 루츠의 주장과 같이, 마태는 독자들이 천상 세계 자체에 대해 관심을 갖기보다 내러티브와 강화에 있는 교회의 윤리와 같은 주제에 시선을 고정하기를 기대한다. 이는 하늘의 반대쪽에 대한 관심도 마찬가지다. 당시 묵시 문헌의 특징과 달리 마태는 불의 이미지를 사용하지만(마 5:22; 13:42, 50; 18:8-9; 24:51; 참조. 3:10-11; 7:19; 13:30, 40), 불과 관련된 이미지나 장소를 상세히 묘사하지 않는다.

사는 꿈-환상을 해석한다.[105] 벨사살 원년에(단 7:1) 다니엘은 꿈에서 천상 세계와 하늘 궁정을 여행하고 나서 경험한 것을 기록한다. 다니엘이 자신이 본 환상에 대해 염려하고 있을 때(7:15), 천상의 존재 중 하나가 환상의 의미를 해석한다(16-28절). 다음 환상에서 가브리엘(8-9장)과 하늘의 존재(10장)가 다니엘에게 나타나 환상을 이해하도록 돕는다.

스가랴 1-6장에서 선지자가 밤에 본 환상에 천사가 등장한다. 스가랴는 하늘 궁정(또는 하늘 회의)에서 주의 천사를 본다(슥 3:1, 3, 5, 6). 주의 천사는 하나님의 대변인이며 재판자의 역할을 한다. 스가랴는 재판 과정을 목격할 수 있는 특권을 얻는다. 그는 천사에게 하늘 궁정의 구성원들을 통해 여호수아의 머리에 정결한 관을 씌우게 해 달라고 부탁한다(5절). 주의 천사는 여호수아에게 확신시키면서 만군의 주께서 말씀하실 것이라고 전한다(6-10절).

제2성전기 유대 문헌을 보자. 〈에녹1서〉에서 에녹은 꿈에서 하늘 세계에 대한 환상을 보았는데(에녹1서 13:8; 14:2; 85:9; 90:3)[106] 천사 중 한 명이 에녹에게 왔다(에녹1서 14-15). 에녹이 동쪽을 향해 여행하던 중(에녹1서 20-36) 파수꾼이면서 거룩한 자인 라파엘이 에녹의 환상을 해석하고 질문에 대답한다(22:1-14). 〈레위의 유언〉 2-5장에서 레위는 꿈을 통해 묵시 환상을 본다. 레위는 꿈에서 주의 천사가 자신에게 전한 말을 언급한다. "그때 잠이 쏟아졌고 나는 높은 산을 보았다. 그리고 나는 산 위에 있었다. 보라, 하늘이 열리고, 주의 천사가 내게 말했다. 레위야 레위야 들어오너라!"(레위의 유언 2:4-6).[107] 〈에즈라4서〉에서 천사 우리엘은 에즈라의 기도에 대한 응답으로 에즈라에게 보내진다(에즈라4서 3:1-36). 우리엘은 에즈라에게 밤새 들에서 잠을 자라고 한다(10:58-59). 꿈에서 에즈라는 바다에서 오는 천사(11:1-12:51)와 바다에서 오는

---

105 Carla Sulzbach, "Review: F. Flannery-Dailey's Dreams, Scribes, and Priests: Jewish Dreams in the Hellenistic and Roman Eras," *JSP* 17.3 (2008), 233-236(235).

106 에녹1서 83-90은 에녹의 첫 번째와 두 번째 꿈 환상으로 구성된다(83-84; 85-90).

107 H. C. Kee, "Testament of Levi," *OTP* 1:788-795(788).

남자(13:1-58)를 본다. 천사 우리엘이 와서 이 꿈을 해석한다(12:10-38).[108] 〈에녹2서〉에서 에녹이 울면서 자고 있을 때 덩치가 큰 두 사람(천사들)을 본다(에녹2서 1:1-3).[109] 천사들은 두려워하고 있는 에녹에게 말한다. "에녹아, 진리 안에서 두려워하지 말고 용기를 내라! 하나님이 우리를 네게 보내셨다. 보라! 너는 우리와 함께 오늘 하늘에 올라갈 것이다"(1:8). 천사들은 에녹을 데리고 첫 하늘로 올라가서 별들을 주관하는 2백 명의 천사들을 보여준다(3:1; 4:1-2). 〈바룩2서〉 34:1-36:1에서 바룩은 무너진 성전 터에 있는 지성소에 가서 잠들기까지 울면서 기도한다. 바룩은 기도에 대한 응답으로 꿈에서 환상을 보았고(36:2-37:1), 천사 라미엘이 바룩의 꿈-환상을 설명한다(52-76장; 에즈라4서).[110]

이처럼 주의 천사(들)는 다니엘과 스가랴의 꿈-환상에 나타나며, 유대 묵시 문헌에서 꿈과 천사가 함께 묘사될 때가 자주 있다.[111] 특히 유대 묵시 전통에서 천사들은 꿈에 나타나 말을 하거나(레위의 유언 2:4-6; 에녹2서 1:8) 환상의 의미를 설명한다(에녹1서 22:1-14; 에즈라4서 12:10-38; 바룩2서 36-76). 정리해 보면, 1세기 유대 토양에서 꿈은 하나님의 계획을 땅에서 살아가는 의인들에게 계시하기에 가장 신뢰할만한 수단 중의 하나였다. 천사들이 꿈에 나타나서 계시를 전달하는 것은 인간 역사에 하나님이 개입하시는 것을 의미한다.

---

108 James R. Davila, "The Ancient Jewish Apocalypses and the Hekhalot Literature," in *Paradise Now*, 106-125 (118).

109 F. I. Andersen, "2 Enoch," *OTP* 1:106. 이 장면(에녹2서 1) 뒤에 자신의 아이들을 가르치는 묵시자의 모습이 나오는 것(2:1-4)과 천사들의 안내를 받아 하늘에 올라가는 것(3:1)을 고려할 때, 본문의 두 사람은 천사들로 보인다. "그들의 얼굴은 빛나는 별과 같고, 그들의 눈은 불타는 등불과 같으며, 그들의 입에서 불이 나오며, 그들의 옷은 다양한 노래를 하며, 그들의 날개는 금보다 더 빛나고, 그들의 손은 눈보다 더 희다"(에녹2서 1:5).

110 Davila, "The Ancient Jewish Apocalypses and the Hekhalot Literature," 121.

111 도슨(Dodson, *Reading Dreams*, 5)은 꿈의 헬라적 배경을 강조할 뿐 아니라 마태복음의 꿈 내러티브에는 유대적 배경이 있음을 인지하면서 다음과 같이 말한다. "마태복음은 분명히 1세기 말에 기록된 유대적 본문의 예가 확실하다. 마태복음의 꿈 보고 개념은 유대의 전통과 상징적 세계관을 반영하는 것이 분명하다. 특히 꿈에 천사가 나타나는 것에서 그렇다. 그러나 마태의 꿈이 보여주는 '양식'이 오직 유대적인 것으로만 주장하는 것은 그리스-로마 문헌에 있는 꿈 기록을 무시하는 태도다." 도슨의 주장은 마태의 꿈은 그리스-로마, 유대, 기독교 본문에 공통적으로 나타는 양식을 반영한다는 것이다. 그러나 필자는 도슨이 더 쉬운 읽기인 유대적 접근이 아니라 더 어려운 읽기인 그리스-로마적 접근을 시도하는 것은 설득력이 없다고 본다.

위의 배경을 고려하면 마태의 탄생 내러티브에 나타난 주의 천사는 하늘의 계획을 계시하는 면에서 효과적이고 신뢰할 수 있는 중개자다.[112] 제2성전기에 나타난 꿈의 특징은 왜 요셉이 하나님의 계획에 즉시 순종하고 하나님의 지시를 따랐는지 해결할 수 있는 실마리를 제공한다.[113] 덧붙이자면, 유대 묵시 문헌에서 '의로운' 묵시자가 꿈을 통해 천사의 계시나 인도를 받은 전통을 고려할 때, 꿈에서 천사를 만난 요셉이 "의로운 사람"으로 불린 점은 요셉이 진정으로 당대의 의인이었고 그의 신비적 경험이 신뢰할 수 있는 계시의 통로였음을 의미한다(1:19).

1.3. 탄생 내러티브에서 꿈과 주의 천사의 기능

우리는 서론에서 1-2장을 한 묶음으로 읽어야 함을 언급했다. 1-2장 전체에서 꿈에 천사가 나타나 하늘에 있는 하나님의 계획과 함께 예수의 가족이 하나님의 보호를 받는 가족임을 독자들에게 알린다. 마태복음에서 "주의 천사"(ἄγγελος κυρίου) 또는 "주의 그 천사"(ὁ ἄγγελος κυρίου는 탄생 내러티브와 부활 내러티브에만 나오는데(1:20, 24; 2:13, 19; 28:2; 참조. 28:5 ["그 천사": ὁ ἄγγελος), 단수로 나오는 주의 천사가 맡은 역할은 하나님의 계획, 특히 예수의 정체와 관련된 비밀을 전하는 것이다.[114] 주의 천사는 요셉에게 나타나 가르치고 지시한다(1:20; 2:12, 13, 22, 29). 천사는 마리아가 성령의 능력으로 잉태됐으며 아이의 이름인 예수는 자기 백성을 그들의 죄에서 구원한다는 의미라고 가르친다(1:20-21). 천사를 통해 드러난 진리는 아기 예수가 임마누엘의 증거이며 하나님의 보호받

---

112 이런 점에서 마태의 탄생 내러티브는 묵시적이다. "묵시란…천상의 존재에 의해 전달된 계시에 대한 공식적인 보고다"(J. J. Collins, *Apocalypticism in the Dead Sea Scrolls* [London. New York: Routledge, 2002], 8).

113 Craig S. Keener, *A Commentary on the Gospel of Matthew* (Grand Rapids, Mich.: Wm. B. Eerdmans Publishing, 1999), 94.

114 마태복음에서 천사들은 "천사들"(4:11; 13:39), "그의 천사들"(13:41, 49; 16:27; 24:31; 참조. 25:31), "그들의 천사들"(18:10), "하늘에 있는 천사들"(22:30), "하늘의 천사들"(24:36), "열두 천사 군단"(26:53)으로 표현된다.

고 있는 존재라는 사실이다.[115] 예수가 땅에 태어난 소식은 하늘에 계시는 하나님이 땅과 자기 백성에게 오셨음을 의미한다.[116] 한편, 꿈으로 하나님의 인도하심을 보여주는 것은 마태의 독자들에게 꿈에서 모세의 아버지에게 전달된 하나님의 계획을 상기시켰을 수도 있으며(요세푸스, 〈고대사〉 2.211-12, 234-36; 참조. 출 1장),[117] 이 경우에 예수의 정체와 모세 이미지가 연결된다.

우리의 분석이 타당하다면 꿈의 긍정적인 계시 기능과 천상의 메신저인 주의 천사는 하늘의 진리인 예수의 정체와 하나님의 계획을 땅에 전달하는 도구로 사용된다. 이처럼 마태복음은 1세기 유대 묵시 토양에서 저자와 독자의 공동 지식이면서 신뢰할만한 도구인 꿈과 천사를 등장시켜 하나님의 계획과 예수의 신분을 계시한다.

---

115 Davies and Allison, *Matthew*, 1:282.

116 B. Gerhardsson, "The Christology of Matthew," in M. A. Powell and D. R. Bauer (eds), *Who do You Say that I Am? Essays on Christology* (Louisville: westminster John Knox, 1999), 14-32(27). 도슨에 따르면 1-2장에 있는 꿈의 신적 또는 계시적 특징은 우리와 함께하시는 하나님과 예수와 함께하시는 하나님을 강조하며, 하나님이 정하신 예수의 운명과 섭리를 알려 줌으로써 예수의 권위(마 28:18)를 강조한다. 그러나 앞에서도 언급한 것처럼, 도슨은 꿈의 신적 특징이 그리스-로마의 낭만 내러티브에 나오므로 그것과 연결하지만, 필자는 마태의 꿈과 유대의 묵시적 세계관을 연결한다. Dodson, "Reading Dreams: An Audience-Critical Approach to the Dreams in the Gospel of Matthew" (PhD Diss.: Baylor University, 2006), 281.

117 마 1:28-2:23의 내용은 모세의 탄생과 인생에 관한 학가다 전통을 떠올리게 한다. 마태의 내용은 당시 모세의 탄생 이야기와 유사하다(Davies and Allison, *Matthew*, 1:192; Gnuse, *Dreams and Dream Reports*, 99). 모세의 일생과 예수의 일생 사이의 유사성은 다음과 같다: 히브리 남자 아이들을 죽임(출 1:1-15; 마 2:16-18; 요세푸스, 〈고대사〉 2.205-209; Tg. Ps.-J. on Exod 1.15); 왕과의 충돌(출 2; 마 2:1-12); 고국을 떠나도록 압박 받지만 하나님의 보호를 받음(출 2:1-10, 15; 마 2:13-14; 필로, 〈모세의 생애〉 1.12; 요세푸스, 〈고대사〉 2.217-27); 바로와 헤롯의 죽음 이후 다시 돌아옴(출 4:19-20; 마 2:19-21). 더 상세한 유사성에 대해서는 Davies and Allison, *Matthew*, 1:192-193을 보라. 특히 마태의 탄생 내러티브에 있는 모세 모형론에 대해서는 다음 자료를 보라. Allison, *The New Moses*, 140-65; Warren Carter, *Matthew and the Margins: A Socio-Political and Religious Reading* (JSNTSup. 204; Sheffield: Sheffield Academic Press, 2000), 83-88; R. T. France, *The Gospel of Matthew* (Grand Rapids, Mich.: Wm. B. Eerdmans Publishing, 2007), 63-90; Keener, 앞의 책 (1999), 107; R. H. Gundry, *Matthew: A Commentary on His Literary and Theological Art* (Grand Rapids, Mich.: W.B. Eerdmans Pub. Co, 1982), 209; Luz, *Matthew*, 1:119; idem, *The Theology of the Gospel of Matthew*, 24-25.

2. 유대 왕의 별

2.1. 별의 정체

마태의 탄생 내러티브에서 꿈에 나타난 주의 천사처럼 2:1-12에 있는 별도 하늘의 계획을 전달하는 점에서 의미있는 역할을 한다.[118] 이 별의 정체는 무엇인가? 답을 찾기 전에 먼저 별과 메시아의 관계를 검토할 필요가 있다. 유대인 독자라면 동방박사들이 따라 온 마태복음의 별(예, 2:2)과 민수기 24:17에서 발람이 예언한 야곱에게서 나올 한 별의 관계를 생각할 수 있었을 것이다. 우리는 두 본문에서 몇 가지 유사성을 찾을 는 있고, 박사들이 별을 보고 유대인의 왕과 연결시켰을 가능성도 있다. 그러나 여기서 생각해야 할 부분은 민수기의 별은 사람이 아니라 메시아 또는 통치자인 '사람'을 의미하지만, 마태복음의 별은 유대인의 왕이 태어날 장소를 인도한다는 점이다.[119] 유대 문헌에서도 민수기 24:17의 별은 메시아를 지칭하지 메시아의 정체나 메시아가 있는 장소를 알려주는 중개 역할을 하지는 않는다(예, 민 24:7과 사 11:1-2의 결합: 솔로몬의 시편 17; 1QSb=1Q28b v; 유다의 유언 24).[120] 예를 들어, 요세푸스는 야곱의 별이 나오는 민수기 24:17을 유대인들이 오해했으며 이 본문의 신탁은 베스파시아누스의 통치를 의미한다고 보았다(〈유대 전쟁사〉 6.5.4 §314).[121] 쿰란의 〈전쟁문서〉도 민수기 24:17을 인용해서 야곱에게서 나오는

---

118 Luz, *Matthew*, 1:114.

119 Nolland, *Matthew*, 111; 이형일, "선재(先在)적 메시아사상이 기독교 이전의 유대교 내에 존재했는가?" 『성경과 신학』 72(2014), 65-66.

120 이형일, "선재적 메시아사상", 65에서 재인용.

121 요세푸스는 반란을 주도한 자들이 메시아 기대사상을 이용했으며, 반란은 성경의 "모호한 신탁"에 대한 오해에서 비롯됐다고 보았다(〈유대전쟁사〉 6.5.4). 그는 팔레스타인의 유대인들은 자기 민족에게서 세상의 통치자가 나올 것이라고 믿었고, 많은 현자들도 이러한 해석의 영향을 받아 혼란에 빠지게 됐다고 평가한다(〈유대 전쟁사〉 6.5.4 §312). 요세푸스가 지적한 성경의 신탁은 창 49:10이나 민 24:17과 관련이 있다고 볼 수 있는데, 후자일 가능성이 높다: "… 한 별이 야곱에게서 나오며 한 홀이 이스라엘에게서 일어나서…"(민 24:17; 유다의 유언 24:1-6; 1QM 11 4-9; 마 2:1-12). 요세푸스의 비판과 그가 유대지역의 주권자인 베스파시아누스

별, 야곱의 후손이 원수를 무너뜨릴 것을 언급한다(1QM 11 4-9). 마태복음보다는 늦은 시기의 사건이기는 하지만, 정치적 메시아에 대한 기대사상은 랍비 아키바가 하드리안 황제 재위 기간이었던 AD 132-135년에 로마에 대항하여 무력으로 대반란을 주도했고 "별의 아들"이란 이름의 뜻을 지닌 '시몬 벤 코시바'(또는 '바 코크바')를 메시아로 믿은 데서도 나타난다(*y. Ta'an.* 4.5=*Lam. Rab.* 2.2 §4; 순교자 유스티누스, 변증서 31:5-6).[122] 이 경우에도 별은 사람을 직접 지칭하는 이미지다.

이처럼 메시아 기대사상이라는 공통분모로 마태복음 2:2과 민수기 24:17을 연결할 수는 있지만, 마태복음의 별은 메시아가 아니라 메시아가 있는 곳으로 인도하는 중개자의 역할을 맡는다. 민수기의 별은 야곱의 후손이지 하늘에서 온 별이 아니다.[123] 그래서 우리는 발람의 예언에 나오는 야곱의 별과 동방박사들을 이끌어 온 별이 같은 존재라는 식으로 직접 결합할 필요는 없다. 서로 연관성은 있을지라도 말이다.

어쨌든 하늘의 별이 메시아의 탄생을 가리키고 있다면, 이 별은 천문학적인 의미의 별인가 아니면 다른 무엇인가? 왜 별의 정체가 탄생 내러티브를 이해하는 데 중요한가? 먼저 첫 번째 질문에 대답해 보자. 이 별의 정체에 대

를 메시아적 인물로 지목한 점에서 우리는 당시의 메시아 기대사상이 정치적 기대, 곧 세상의 통치자에 대한 기대를 가리키는 사실을 짐작할 수 있다. 이에 대한 자세한 논증은 Craig A. Evans, "Messianic Hopes and Messianic Figures in Late Antiquity," *JGRChJ* (2006), 29을 보라.

122 J. J. Collins, *The Scepter and the Star: Messianism in Light of the Dead Sea Scrolls* (Grand Rapids, Mich.: W.B. Eerdmans Pub. Co., 2010), 237. 유대의 메시아 기대사상은 메시아가 하늘에 선재하고 그가 하늘에 내려온다는 희망을 포함한다. 그러나 자신을 다니엘서의 인자와 동일시하고 하늘에서 내려온 (그리고 다시 올) 존재로 받아들여진 사람은 예수가 유일하다. 바 코크바가 하늘에 내려온 별이라고 묘사되기는 하지만 이는 유대 문헌이 아니라 후대에 기록된 유세비우스의 자료에 따른다(*Ecclesiastical History*, 4.6).

123 야곱의 별과 메시아의 정체를 존재론적으로 직접 연결하는 해석은 야곱의 별, 곧 메시아를 천사와 같은 존재로 이해하는 것이다. 하늘의 별들이 천군으로 표현된 것(신 4:19; 왕상 22:19 등)을 메시아의 천사적 특징에 대입하는 방식이다. 이것을 주장하는 호베리의 입장(W. Horbury, *Jewish Messianism and the Cult of Christ* [London: SCM, 1998])과 이에 대한 이형일의 비판을 참조하라("선재적 메시아사상", 65).

해서는 네 가지 주요 견해가 있다: 초신성(supernova), 혜성(comet), 목성-토성(Jupiter-Saturn)의 결합, 초자연적 존재. 첫째, 예수의 탄생 시기에 초신성이 보였다는 증거는 없다.[124] 둘째, 핼리 혜성은 BC 12/11에 출현했으나 예수의 탄생 보다는 빠른 시기다.[125] 세 번째 견해는 목성과 토성의 결합이 BC 7/6에 일어났고 각각 왕의별과 안식일의 별로 생각됐으므로 매력적인 가설이다. 그러나 2:2에 있는 별은 별의 무리가 아니라 단수(ἀστήρ)이므로 하나의 별이다.[126]

무엇보다도, 세 견해의 한계와 관련하여, 별이 떠올랐다가 사람들을 인도해서 한 장소에 멈췄다가 갑자기 사라진 현상은 일반적인 별의 현상이라고 수용하기 어렵다.[127] 천문학적 지식으로는 마치 인격체처럼 움직이는 마태복음의 별의 정체를 설명하기 어렵다. 뿐만 아니라 마태의 별과 달리 "유성을 제외한 천체는 멀리 떨어진 위치를 벗어나 지구로 내려오지 않으며, 유성도 멈춰 설 수는 없다."[128]

네 번째 견해는 별을 초자연적 존재로 이해한다.[129] 구약과 유대교 전통에서 별들은 하늘에서 내려와 인도하는 천사들로 묘사되기도 했다.[130] 루츠는 다음과 같이 주장한다. "마태는 기적의 별을 묘사하기를 원했는데, 이 별은 동쪽에 나타나 예루살렘에서 베들레헴으로(북쪽에서 남쪽으로) 온 박사들 앞에

124 Luz, *Matthew*, 1:105.

125 Luz, *Matthew*, 1:105.

126 루츠는 두 행성은 사람들이 하나의 별로 인식할 정도로 가까이 붙은 적이 없다고 주장한다(Luz, *Matthew*, 1:105).

127 France, *Matthew*, 69.

128 Allison, *Studies in Matthew*, 21.

129 Allison, *Studies in Matthew*, 19-41; C. A. Evans, *Matthew* (NCBC; Cambridge: Cambridge University Press, 2012), 53.

130 앨리슨(*Studies in Matthew*, 36-41)은 천사들과 별이 서로 연결된 본문을 다음과 같이 제공한다: 느 9:6; 욥 25:4-6; 시 148-4; 사 24:21-23; 렘 19:13; 단 8:10; 에녹1서 18:11-14; 43:1-2; 86:1-6; 1QH(1) 9-12; 1QS 3 20/CD 5 18; 요셉과 아세네트 14:1-7; 고전 15:39-42; 막 13:25; 아담과 이브의 생애 19:3; 1:17; 계 1:20; 9:1-2; 12:3-4; 바룩2서 51:10; 아브라함의 묵시록 19:9; 에녹2서 29:3 A; 솔로몬의 유언 6:7; 20:14-17; Tertullian, *Carn. Chr.* 6; 에녹3서 46; b. *ʾAbod. Zar.* 43b; Sepher Ha-Razim Firmament 2.147; PGM 1.74-77. Evans, *Matthew*, 53도 적절한 근거를 제시한다.

보였고 다음에는 아이가 태어난 집 위에 멈춰 섰다."[131] 이 견해를 가장 강하게 주장하는 학자인 앨리슨은 천사의 인도자 역할과 별의 밝기나 내려옴에 대해 탐구하면서 마태의 탄생 내러티브에 나오는 별을 천사라고 주장한다(예, 에녹1서 86:1-3; 요셉과 아세네트 14:1-7; 계 9:2). "나는 저 높은 하늘을 보았다. 그리고 하늘에서 떨어진 한 별을 본다…나는 많은 별들이 내려오고 첫째별을 향해 떨어지는 것을 보았다…"(에녹1서 86:1-3). "그리고 아스네트가 주께 회개하기를 끝내자, 보라 새벽 별이 동쪽 하늘에서 떠 올랐다…그래서 주 하나님은 내 기도를 들으셨다. 왜냐하면 이 별은 메신저와 큰 날의 빛을 위한 선구자로 떠올랐기 때문이다…"(요셉과 아세네트 14:1-7). "그 꼬리가 하늘의 별 3의 1을 끌어다가 땅에 던지니라 용이 해산하려는 여자 앞에서 그가 해산하면 그 아이를 삼키고자 하더니…"(계 12:4; 참조. 에녹1서 86:1-6; 사 14:12).

1세기 유대 문맥을 고려하면 네 번째 견해가 가장 타당하다. 사람들을 인도하는 등의 특징을 보이는 마태복음의 별은 초신성, 혜성, 토성과 목성의 겹침 현상으로 설명될 수 없다. 일반적인 천문 현상이 아니라 초자연적인 현상이다. 이 별을 인격체(예, 천사)로 이해하든 초자연적 빛으로 이해하든 분명한 사실은 하늘의 계획을 땅에 전달하기 위해 별이 사용됐다는 것이다. 마태의 독자들은 네 번째 견해에 익숙했을 것이며, 하늘에 나타난 별을 인간 역사에 하나님이 개입하시고 계획을 이루기 시작하시는 표시로 이해했을 것이다.[132]

2.2. 내러티브의 흐름과 별의 기능

이제 두 번째 질문과 관련하여, 하늘에서 와서 박사들을 인도한 별은 내러티브에서 어떤 역할을 하는가? 본문에서 유대 왕의 별이 예수를 배척하는 자들(예, 헤롯, 대제사장들과 백성의 서기관들)과 예수를 영접하는 자들(예, 동방의 박사

131 Luz, *Matthew*, 1:105.

132 1세기 유대 문맥에서는 네 번째 견해보다 앞의 세 견해 중 하나를 수용하는 데는 더 큰 믿음이 필요하다.

들)을 분리시키는 것은 중요하다.[133] 분리는 마태의 탄생 내러티브뿐 아니라 마태복음 전체에서 중요한 흐름이다.[134] 탄생 내러티브에서 예수의 권위를 인식하는 무리는 별의 인도를 받는다. 별은 동방의 박사들을 인도해서 아기 예수를 경배하도록 한다(2:2).[135] 별을 따라오지 못한 자들은 예수의 적대자들의 위치에 서 있다. 달리 표현하자면, 두 그룹의 전혀 다른 반응은 별의 인도를 받았는지의 여부와 직결된다(별을 본 박사들[2:3, 7, 9]).[136] 따라서 별의 인도는 예수의 신적 정체성과 기원을 의미했으며 예수를 경배하는 결과로 나타났다. 지상의 왕인 헤롯은 자신의 영토를 통제하고 있으나, 계시된 진리는, 이 별이 유대 왕의 별이므로, 아기 예수가 참 왕인 사실을 암시한다(참조. 시 2:1, 4).[137] 또한 이방인들인 동방의 박사들이 아기 예수를 경배한 장면은 모든 민족을 제자 삼으라는 예수의 명령을 예고한다(2:2, 11; 28:17).[138]

3. 요약과 결론

우리는 이제까지 꿈, 천사, 별이 하나님의 뜻을 땅의 사람들에게 전달하는 하늘의 매체와 중개자로 사용됐다는 사실을 제2성전기 유대 묵시적 배경에 기초해서 살펴보았다. 구체적으로 몇 가지 결론을 내릴 수 있다. 첫째, 유대의 묵시 전통을 공유하고 있는 저자와 독자의 공동 지식이라는 관점에서 보면, 꿈, 천사, 별은 하나님의 계획을 전달하기 위해 효과적인 매체로 사

133 Donald A. Hagner, *Matthew 1-13* (Waco, Dallas: Word Books, 1993), 32, 42.

134 Grant R. Osborne, *Matthew* (Grand Rapids. Mich.: Zondervan, 2010), 93. 예수와 헤롯 사이의 충돌은 2장의 핵심 요소다. 스텐달(Stendahl, "Quis et unde?," 57)도 누가복음(1-2장)과 비교해서 마태는 예수에 대한 사람들의 대조적인 반응을 강조한다고 주장한다.

135 Daniel Patte, *The Gospel According to Matthew* (Philadelphia, PA: Fortress Press, 1987), 34.

136 Patte, *Matthew*, 34.

137 참조. Carter, *Matthew*, 87; Osborne, *Matthew*, 51.

138 Davies and Allison, *Matthew*, 1:253.

용됐다. 신약에서 마태복음에만 나오는 "꿈"(오나르)에 천사가 나타나서 하늘의 비밀을 전달하고 초자연적인 별이 동방박사들을 인도하는 것은 탄생 이야기의 권위와 진정성을 강조한다. 하나님의 중개자들을 통해 주어진 계시의 핵심 중 하나는 하나님이 자기 백성과 함께 거하기 시작했다는 사실이다(1:23; 28:20). 둘째, 주의 천사, 별은 선택받은 자들을 보호하고 인도하기 위해 하늘에서 땅으로 보냄받았다. 주의 천사는 꿈에 등장해 하늘의 비밀을 전한다. 1:18-2:23에는 하나의 공식이 등장하고 '인도'와 '보호'의 주제를 강조한다. 이 공식은 '땅의 상황' → '초자연적 인도' → '인간의 반응'이다. 이 공식을 본문에 적용해 보면 요셉은 마리아를 조용히 끊고자 결정했다(1:18-19). 베들레헴과 그 모든 지경의 사내아이들을 죽일 헤롯의 비밀 계획에 직면한다(2:1-8, 16). 그러나 주의 천사는 꿈을 통해 하나님의 뜻을 계시하고(1:20-23; 2:13, 19-20, 22), 별은 동방의 박사들을 인도한다(2:2, 9). 요셉은 주의 천사가 명령하는 것에(1:20-23; 2:13, 19-20, 22) 순종하고(1:24-25; 2:14-15, 21; 22) 동방의 박사들은 별의 인도를 따른다(2:2, 9). 이처럼 마태는 천상 세계와 관련된 유대 묵시적 언어(꿈, 별, 천사)를 탄생 내러티브에 사용함으로써 유대의 묵시적 세계관을 공유했을 독자들이 예수의 탄생 소식과 내용을 하늘에 계시는 하나님의 계획으로 믿기를 기대한다.

4장

산상설교(마 5-7장)의 하늘[139]

하늘은 산상설교에도 중요한 언어로 사용된다. 조나단 페닝튼은 "산상설교에서 정점을 이루는 부분들이 하늘 언어에 특별히 집중된다."고 주장하면서 "하늘에 계시는 아버지", "하늘나라", "하늘과 땅의 짝"을 중심으로 산상설교를 분석한다.[140] 로버트 포스터는 "하늘 언어는 산상설교의 전체 구조"를 알리는 것으로 이해한다.[141] 필자는 기본적으로 두 학자의 입장에 동의하면서 몇 가지 내용을 새롭게 제안할 것이다. 하늘(우주론)이 인생의 운명(종말론)과 어떻게 연결되는지, 산상설교의 주제를 강조하기 위해 하늘이 어떤 식으로 사용되고 있는지 살펴보고자 한다. 산상설교에 나타난 하늘의 기능을 위해서는 저자와 독자가 공유했던 하늘 이미지에 대해 살펴볼 필요가 있다. 구약과 제2성전기 유대교에 나타난 하늘의 공간적이며 법정적인 요소에 대해서는

139 본 글은 필자의 "Heavenly Imagery and Symbolism in Matthew's Gospel"의 일부를 편역하고 "산상설교(마 5-7장)에 나타난 하늘의 기능", 『열매로 알리라: 정훈택 교수 퇴임기념 논총』 (서울: 총신대학교 출판부, 2013): 137-159에 수록된 내용이다. 원래 글에 있는 배경 관련 자료는 2장의 내용과 겹치는 이유로 생략했다.

140 Pennington, *Heaven and Earth*, 74, 232, 236.

141 Robert Foster, "Why on Earth Use 'Kingdom of Heaven'? Matthew's Terminology Revisited," *NTS* 48 (2002), 490.

본서의 2장에서 다루었다. 이 자료에 근거해 하늘과 인생의 운명과의 관계, 하늘과 산상설교 전체 주제와의 관계를 살피려고 한다. 본 논문은 5:3-7:27을 하나로 읽으면서, 편의상 5:11-16, 6:1-18, 7:21-23을 주해할 것이다.[142]

1. 마태복음 5:11-16

이제 산상설교의 본문으로 들어가서 5:11-16에 사용된 하늘에 대해 살펴보자. 본문에서 핵심 표현인 "하늘에서 너희의 상"(ὁ μισθὸς ὑμῶν ··· ἐν τοῖς οὐρανοῖς, 12절)과 "하늘에 계시는 너희 아버지께"(τὸν πατέρα ὑμῶν τὸν ἐν τοῖς οὐρανοῖς, 16절)에서 하늘은 의인들을 위해 준비된 곳이다. 마태복음에는 "하늘에 계시는 아버지"가 13회(5:16, 45; 6:1, 9; 7:11, 21하; 10:32, 33; 12:50; 16:17; 18:10하, 14, 19), "하늘의 (너희의/나의) 아버지"가 7회 사용된다(5:48; 6:14, 26, 32; 15:13; 18:35; 23:9). 산상설교에서 "아버지"는 하나님을 지칭하기 위해 17회 사용됐고(5:16, 45 48; 6:1, 4, 6 [2x], 8, 9, 14, 15, 18 [2x], 26, 32; 7:11, 21), "나의 아버지"(7:21; 10:32; 11:27; 12:50; 15:13; 16:17; 18:10, 19, 35; 23:9), "너희의 아버지"(6:8; 10:20, 29; 18:14; 참조. "그들의 아버지", 13:43)로 표현된다.[143]

마태복음 5:11-12은 "하늘에 있는 상"을 강조한다.[144] 의인들을 위해 준비된 하늘의 상은 5:11-12과 5:3-10을 연결하는 주제다. 5:11-12은 제자들이 의롭게 산 결과와 팔복을 연결시킨다는 점에서[145] 팔복의 확장이라고 할 수 있다. 11절의 "너희에게 복이 있나니"는 무리였던 청중이 5:11-16에서 제

---

142 Dale C. Allison, *Studies in Matthew: Interpretation Past and Present* (Grand Rapids, MI: Baker Academic, 2005), 138.

143 Pennington, *Heaven and Earth*, 69; Craig S. Keener, *A Commentary on the Gospel of Matthew* (Grand Rapids, Mich.: Wm. B. Eerdmans Publishing, 1999), 218 각주 169.

144 하나님의 보상(5:46; 6:1, 2, 5, 16; 10:41, 42) 또는 하늘의 보상(6:4, 6, 18; 19:27-29; 20:1-15; 24:45-47; 25-20-23; 25:34-40)은 마태복음의 주요 주제 중의 하나이다.

145 France, *Matthew*, 171; Powell, "Matthew's Beatitudes," 478.

자들로 바뀐 것을 의미한다. 예수는 5:3-10에서 의로운 삶에 대해 일반적으로 말씀하셨는데, 이제는 구체적으로 제자들을 향하여 말씀하신다. 무리와 달리 제자들은 하늘나라의 가치를 받아들였고 예수께 헌신하는 자들이다. 땅에서 제자들은 핍박당하고 예수의 고난을 경험하지만(5:11; 참조. 벧전 2:12; 3:13-17; 4:3-5, 13-16), 예수는 기뻐하고 즐거워하라고 하신다. 이는 하늘에서 제자들이 받을 상이 크기 때문이다(5:12). "하늘에서 받을 상이 크다"는 표현은 종말론적인 반전을 뜻한다.[146] "종말에-하늘"에서는 "오늘-땅"의 현실과 다른 결과가 일어날 수 있다.

5:13-16의 "하늘에 계시는 너희 아버지"는 5:11-12에서 언급한 하늘의 상에 대한 약속을 거듭 강조한다. 예수는 제자들을 땅의 소금(5:13)과 세상의 빛(14-15절)으로 부르신다. 제자들이 사람들 앞에서 빛을 비출 때 하늘에 계시는 아버지께서 영광을 받으실 것이다(16절). 5:13-16의 "너희"는 5:11-12에서 하늘나라의 임무를 수행하는 과정에서 핍박 받는 제자들이다.[147] 팔복은 기독교의 덕 또는 윤리를 대표하는데, 예수는 팔복을 제자들에게 적용한다.[148] "너희의 아버지"(5:45, 48; 6:1, 9, 14, 26, 32; 7:11)는 제자들을 향한 하나님의 부성애를 나타낸다.[149] 한 묶음으로 읽으면 5:11-16은 하늘에 계시는 아버지께서 예수의 가르침을 따르다가 핍박을 받는 중에 있는 제자들을 보상하실 것을 약속하고 이 약속을 믿고 착한 행실을 하도록 촉구하는 내용이다.

하늘에 계시는 하나님은 제자들의 아버지가 되시고 현재의 질서가 역전

---

146 W. D. Davies and Dale C. Allison, *The Gospel According to Saint Matthew 1-7* (Edinburgh: T&T Clark, 1988), 1:439-67; Robert A. Guelich, *The Sermon on the Mount: A Foundation for Understanding* (Waco, Texas: Thomas Nelson Inc, 1991), 63-118; Donald A. Hagner, "Apocalyptic Motifs in the Gospel of Matthew: Continuity and Discontinuity," *HorBT* 7 (1985), 53-82. Mark Allan Powell, "Matthew's Beatitudes: Reversals and Rewards of the Kingdom," *CBQ* 58 (1996), 460. 포웰(Powell)은 팔복의 주제가 "불행의 과정을 겪는 사람들을 위한 종말론적인 반전"(5:3-6)과 "의인들을 위한 종말론적인 보상"(5:7-10)과 연결된 것으로 이해한다.

147 Luz, *Matthew*, 1:205.

148 Luz, *Matthew*, 1:208.

149 Foster, "Why on Earth Use 'Kingdom of Heaven'?," 494.

될 것이기에 그들은 복 있는 자들이다.[150] 그들의 아버지는 하늘에 계시며 상을 하늘에 쌓고 계신다.

2. 마태복음 6:1-18

5:11-16과 마찬가지로 6:1-18도 하늘(천상세계)과 땅을 대조한다. 6:1-18은 자선(2-4절), 기도(5-15절), 금식(16-18절)을 중심으로 세 부분으로 나뉘며, 세 부분은 비슷한 주제와 표현을 담고 있다.[151] 서론 부분인 6:1은 6:1-18의 주제를 예고한다.

참된 경건은 의인들에게 상을 주실 하늘의 아버지께 초점을 맞추는 것이다. 6:1의 전치사 "앞"(ἔμπροσθεν)은 경건의 초점을 강조하는 역할을 한다.[152]

> ἔμπροσθεν τῶν ἀνθρώπων ... τὸν πατέρα ὑμῶν τὸν ἐν τοῖς οὐρανοῖς (5:16)
>
> 사람들 앞에서 … 하늘에 계시는 너희 아버지께
>
> ἔμπροσθεν τῶν ἀνθρώπων ... τῷ πατρὶ ὑμῶν τῷ ἐν τοῖς οὐρανοῖς (6:1)
>
> 사람들 앞에서 … 하늘에 계시는 너희 아버지께

비슷한 표현이 나오는 10:32-33(참조. 5:16)에서 전치사 "앞"(ἔμπροσθεν)이 나온다. 사람들 "앞에서" 시인하고 부정한 것에 따라서 예수는 하늘법정 앞에서 시인하고 부정하실 것이다.

---

150 Hagner, "Apocalyptic Motifs," 64.

151 Hagner, *Matthew 1-13* (WBC 33A; Waco, Dallas: Word Books, 1993), 136-145; John Nolland, *The Gospel of Matthew: A Commentary on the Greek Text* (NIGTC; Grand Rapids, Mich.: W.B. Eerdmans Pub. Co., 2005), 270-296; Rudolf Schnackenburg, *The Gospel of Matthew* (trans. Robert R. Barr; Grand Rapids, Mich.: Wm. B. Eerdmans Publishing, 2002), 63.

152 페닝튼(*Heaven and Earth*, 240-41)은 5:16, 6:1-18, 10:32-33의 전치사 ἔμπροσθεν에 관심을 갖지만 하늘법정의 이미지와 연결시키지는 않는다.

... ἔμπροσθεν τῶν ἀνθρώπων ... ἔμπροσθεν τοῦ πατρός μου τοῦ ἐν [τοῖς] οὐρανοῖς.

... ἔμπροσθεν τῶν ἀνθρώπων ... ἔμπροσθεν τοῦ πατρός μου τοῦ ἐν [τοῖς] οὐρανοῖς.

… 사람들 앞에서 … 하늘에 계시는 나의 아버지 앞에서 …

… 사람들 앞에서 … 하늘에 계시는 나의 아버지 앞에서 …

구약과 제2성전기 유대교에 나타난 하늘회의(하늘법정/하늘궁정)의 이미지에서 전치사 "앞"은 하나님과 하늘회의 사이의 지위와 배치를 알려 준다. 즉 마태가 사용하는 전치사 "앞"(ἔμπροσθεν)은 하늘회의의 장면 또는 공간을 암시하는 흔적이다(10:32, 33; 11:26, 18:14; 25:32). 10:32-33의 ἔμπροσθεν은 하늘회의의 전형적인 본문인 다니엘 7:13의 아람어 전치사 קדם에 상응한다.[153] 구약의 하늘회의 장면에서 공통적으로 동사와 전치사 "앞"(לפני, על)은 하나님과 천상의 존재들의 위치를 암시한다. 6:1에서 ἔμπροσθεν은 사람들에게 사용됐고 하늘회의 또는 하늘법정의 그림이 나오지는 않지만, 6:1과 10:32-33과의 관계는 하늘에 계시는 아버지께서 계시는 그 "하늘"의 법정적인 요소를 암시하고 있다. 6:1의 "사람들 앞"(ἔμπροσθεν τῶν ἀνθρώπων, 10:32-33; 참조. 5:16)은 "하늘에 계시는 아버지"와 대칭을 이룬다. 이 대칭은 10:32-33에서 선명해진다.

정리해보면, 6:1과 6:4, 6, 18은 경건생활에 대한 진정한 평가는 이 땅의 사람들이나 이 땅이 아니라 하늘에서 이루어지는 것임을 알려 준다. 예수는 제자들이 사람들에게 보이려고 경건생활을 하게 되면 하늘에 계시는 아버지께서 엄정하게 재판을 하실 것이라고 말씀하신다. 제자들이 바라보아야 할 대상은 바로 하늘에서 자신들의 경건을 평가하실 하나님이시다. 하늘에 계시는 아버지께서 심판의 날에 온 인류를 심판하실 때 예수를 따르는 사람들이 하나님 앞에서 살았는지 아니면 사람들 앞에서 살았는지를 평가하신다.

153 W. D. Davies, and Dale C. Allison, *The Gospel According to Saint Matthew 8-18* (Edinburgh: T&T Clark, 1988), 214-15.

하나님 앞에서 의를 실천한 제자들을 은밀한 중에 보시는 아버지(6:4, 6, 18)께서 갚으신다. 하늘에 계시는 아버지는 은밀한 중에 계시는 아버지가 되신다. 제자들의 아버지는 하늘에 계시고(6:1; 참조. 5:16), 은밀한 중에 보시며 갚아 주신다(6:4, 6, 18; 참조. 5:12).

하나님의 뜻은 하늘에 숨겨졌으나 이제 제자들에게 알려졌다. 하늘은 하나님의 뜻을 드러내는 점에서 계시적인 기능을 한다. 제자들의 의를 재판하는 점에서 하늘은 법정적인 기능을 하는 곳이다. 이와 같이, 예수는 아버지가 계시고 아버지의 상을 알려 주심으로써 제자들이 하늘에 계시는 아버지 앞에서 하늘의 관점을 갖고 살도록 기대하신다.[154] 아버지는 의롭게 산 제자들을 보상하실 것이다. 그러므로 땅에 살고 있는 제자들은 하늘에 계시는, 은밀한 중에 계시며 은밀한 중에 보시는, 아버지께 초점을 맞추어야 한다.[155]

3. 마태복음 6:9-13(주의 기도)

주의 기도는 6:5-6에 있는 기도의 연장이며, 산상설교의 중심으로 위치한다. 6:10하에 있는 "하늘"에 대한 몇 가지 입장을 정리해 보자. 하늘과 땅을 우주 또는 세계(코스모스)인가, 천체인가, 하나님과 천사들이 거하는 초월적

154 Pennington, *Heaven and Earth*, 247.

155 Ulrich Mauser, "'Heaven' in the World View of the New Testament," *HBT* 9 각주 2 (1987), 39; Pennington, *Heaven and Earth*, 150-51.

영역인가?[156] 필자는 세 번째 입장을 지지한다.[157] 하늘은 하나님의 보좌가 있는 곳이며 하나님의 천사들이 거하는 곳이다. οὐρανός의 복수형(οὐρανοί)이 보이지 않는, 즉 하나님이 천사들과 함께 계시는 천상의 세계를 가리킨다면 왜 6:10에 단수형이 사용됐는가? "하늘에"(ἐν οὐρανῷ)와 "땅에"(ἐπὶ γῆς)가 대조를 이룰 때 (단수형인 하늘과 땅을 짝으로 표현하는 습관 또는 어법에 따라) 단수형의 하늘이 쓰였지만 단수형 하늘은 땅과 대조를 이루는 천상의 영역을 가리킨다.[158] "신의/보이지 않는 영역을 가리킬 때 οὐρανός는 복수형으로 나타난다. 땅과 함께 나올 경우에는 마태는 전형적인 구약의 어법을 따라 단수형인 οὐρανός를 사용한다."[159] "하늘과 땅"(관사-하늘-καὶ-관사-땅 ὡς ἐν οὐρανῷ καὶ ἐπὶ γῆς)에서 하늘의 단수형은 가시적인 하늘이지만, "하늘에"와 "땅에"를 대조할 경우 단수형은 땅과 대조되는 천상의 영역이다.[160] 그러므로 6:10의 하늘은 신의 영역이며, 하나님의 뜻과 통치가 이루어진 곳이다.[161] 하나님의 뜻이 이루어졌다는

---

156 첫 번째 입장은 하나님의 초월성을 강조한다. 이는 하나님의 의지가 우주적으로 이루어지기 때문이다. W. C. Allen, *A Critical and Exegetical Commentary on the Gospel According to St. Matthew* (ICC; Edinburgh: T&T Clark, 1912), 58; Francis W. Beare, *The Gospel According to Matthew: A Commentary* (Oxford: Blackwell, 1981), 74. 두 번째 견해에서 하늘은 창조 세계의 절반으로서 해, 달, 별들을 가리킨다. 천체는 하나님의 뜻에 순종을 한다. 두 번째 청원은 해, 달, 별들이 복종하는 것처럼 땅과 반역적인 인간도 하나님의 뜻에 복종할 수 있기를 간구하는 것이다. Hans D. Betz, "An Episode in the Last Judgment (Matt 7:21-23)," in *Essays on the Sermon on the Mount* (trans. L L Welborn: Philadelphia: Augsburg Fortress, 1985), 395. 베츠는 단수형 우라노스는 창조의 영역을 뜻한다고 주장한다.

157 Davies and Allison, *Matthew*, 1:606; Pennington, *Heaven and Earth*, 155; Schnackenburg, *Matthew*, 67. 톰슨(G. H. P. Thompson)은 반역적인 세력은 하늘과 땅 모두에 있다고 본다("The Will be Done in Earth, as It is in Heaven [Matthew vi.11]: A Suggested Re-interpretation," *ET* 70 [1959], 379-381). 그래서 10절의 기도는 하늘과 땅에 있는 반역적인 무리들이 모두 항복하기를 구하는 것이다. 하지만 톰슨의 주장은 잘못됐다. 왜냐하면 마태의 하늘은 긍정적으로 그려지기 때문이며, 특별히 하나님의 뜻이 이루어지는 측면에서는 의심할 여지 없이 긍정적인 영역으로 보아야 한다.

158 Pennington, *Heaven and Earth*, 155.

159 Pennington, *Heaven and Earth*, 155.

160 Pennington, *Heaven and Earth*, 200-202.

161 Davies and Allison, *Matthew*, 1:606; Luz, *Matthew*, 1:318; Warren Carter, *Matthew and the Margins: A Socio-Political and Religious Reading* (JSNTSup. 204; Sheffield: Sheffield Academic Press, 2000), 166.

사실은 하늘에서는 하나님의 계획이 진행되고 있으며, 하늘은 다른 세력의 방해를 받지 않는 신적인 영역임을 말해 준다.

덧붙이자면, 하늘에서처럼 땅에서도 하나님의 뜻이 이뤄지기를 기도하는 것은 제2성전기 유대교의 우주적 또는 공간적 이원론(다른 표현으로는 하늘과 땅의 대조)을 반영한다. 이와 같은 유대교의 이원론적 세계관을[162] 반영하는 6:10은 지상에서 살고 있는 의인들을 격려하며 그들에게 주어진 사명을 가르친다.[163] 유대 묵시 문헌에서 계시하는 하늘의 비밀은 하나님의 뜻이 하늘에서 이루어졌다는 사실이다. 비록 땅에서는 악의 세력이 하늘나라에 맞서 있을지라도 하늘에서 이루어진 실재를 알고 땅에서 의를 실천하도록 한다.

그러므로 ὡς … καί(6:10하)는 천상의 세계와 땅의 세계를 대조시키는 문학적 장치라고 할 수 있다.[164] 이 땅에서 하늘의 뜻은 하나님께 순종하는 사람들을 통해 이루어진다(참조. 16:19; 18:18; 28:18-20).[165] 예수께서 모든 의(πᾶσαν δικαιοσύνην, 3:15), 곧 천부의 뜻을 이루기 위해 요한의 세례를 받으신 것처럼 제자들도 천부의 뜻을 이행하는 사람들로 부름 받았다. 주의 기도는 제자의 정체성은 하늘에 계시는 아버지의 뜻을 이루는 것임을 말해 준다.

한 가지 중요한 사실은 하나님의 뜻은 제자들의 용서를 통해 이 땅에서 이루어진다는 점이다(6:12, 14-15).[166] 하나님의 부성과 하늘과의 관계는 6:14-15을 6:7-13과 함께 읽도록 한다. 하늘에 계시는 아버지는 제자의 기도가 제

162 참조. Nickelsburg, *1 Enoch 1*, 40-41; Davidson, *Angels at Qumran*, 304

163 Nickelsburg, "The Apocalyptic Construction of Reality in 1 Enoch," in *George W. E. Nickelsburg in Perspective: An Ongoing Dialogue of Learning* (ed. Jacob Neusner and Alan J. Avery-Peck; JSJSup. 80; Brill: Leiden, 2003), 41; idem, "The Apocalyptic Message of 1 Enoch 92-105," *CBQ* 39 (1977), 325.

164 Schnackenburg, *Matthew*, 67; Carter, *Matthew and the Margins*, 165; Guelich, *The Sermon on the Mount*, 280.

165 Guelich, *The Sermon on the Mount*, 311; Pennington, *Heaven and Earth*, 210.

166 마태는 θέλημα("뜻")를 하나님께 순종하는 부분에서 사용한다(7:21; 12:50; 18:14; 21:31; 참조. 26:36-46). Nolland, *Matthew*, 288; France, *Matthew*, 294, 프란스는 겟세마네의 기도(26:36-46)를 아버지의 뜻에 순종하기 위한 예수의 모습을 보여주는 증거로 삼는다.

대로 됐는가를 점검하실 것이다. 만일 제자들이 용서하는 일에 실패하면 그들의 아버지께서 그들을 용서하지 않으실 것이다(6:14-15; 참조. 18:23-35).

4. 마태복음 7:21-23

최후심판 장면인 7:21-23의 공간적 배경은 하늘법정이다. "그 날에"(ἐν ἐκείνῃ τῇ ἡμέρᾳ)는 종말론적인 문맥에서 쓰이면 그 의미는 종말론적이다.[167] 마태는 이 구를 최후심판의 날을 가리킬 때 사용한다(예, 24:36; 25:31-46). 7:21-23은 인자가 천사들과 함께 영광의 보좌에 앉아서 심판을 집행할 때 일어나는 장면이다(16:27; 19:28; 25:31; 참조. 암 9:11; 습 1:15; 슥 12:3-11; 13:1-4; 14:4, 6, 8, 9, 13, 20; 에녹1서 45:3).[168] 이런 점에서 7:21-23은 25:31-46에서 자기기만을 경고하기 위해 제시된 최후심판 장면을 미리 보여준다고 할 수 있다.[169] 7:23의 ὁμολογέω(호몰로게오)는 법정에서 "진술하다" 또는 "증언하다"는 용도로 쓰인다.[170] 마태복음 10:32-32에서 ὁμολογέω는 법정 용어다(참조. 마 25:12; 눅 12:8; 계 3:5; 클레멘트2서 3:2).[171] ὁμολογέω(시인하다)와 ἀρνέομαι(아르네오마이, "부인하다")는 전치사 "앞"(ἔμπροσθεν)과 함께 하늘법정의 이미지를 묘사한다(참조. 25:32; 단 7:13; 에녹1서 45:1-2; 52:6; 63:5, 7, 9).[172] 그러므로 7:21-23의 용어는 하늘법정의 장면을 암시하고 있다. 7:23의 "너희를 도무지 알지 못한다", "불법을 행하는

167 C. Allen, *Matthew*, 69; Nolland, *Matthew*, 340; France, *Matthew*, 294(참조. 25:31-46); Keener, *Matthew*, 253; Georg Strecker, *The Sermon on the Mount: An Exegetical Commentary* (trans. O. C. Dean; Edinburgh: T & T Clark, 1988), 167. 각주 40(참조. 사 2:11, 17; 참조. 슥 14:6).

168 Davies & Allison, *Matthew*, 1:714-15; France, *Matthew*, 294; Luz, *Matthew*, 1:380.

169 Betz, "An Episode in the Last Judgment," 131; France, *Matthew*, 294.

170 Luz, *Matthew*, 1:327; O. Michel, "ὁμολογέω," *TDNT* 5:208; Davies and Allison, *Matthew*, 2:214.

171 Betz, "An Episode in the Last Judgment," 125-28; Luz, *Matthew*, 1:380.

172 Nickelsburg and VanderKam, *1 Enoch 2*, 149, 192-93. 본서의 2장을 보라.

자들아 내게서 떠나가라"와 같은 표현은 인자가 최종 판결을 선언할 때의 장면과 연결된다(25:41; 참조. 13:41; 시 6:8).[173] 따라서 재판장은 예수다.[174] 그가 하늘법정에서 최후판결을 선언하실 것이다.

불법을 행한 자들은 이 재판장이 자신들을 잘 알고 있으리라 기대한다. 그러나 재판장은 그들을 불법을 행한 자들로 규정한다. 그들은 재판장의 판결을 번복하려고 선지자의 언어, 귀신을 내어 쫓은 일, 재판장(예수)의 이름으로 기적을 행한 일 등을 근거로 의를 주장한다. 형벌이 아니라 하늘의 상을 받아야 한다고 주장한 셈이다(22절). 하지만 재판장은 그들의 청원을 거부한다(23절). "너희를 도무지 알지 못한다"는 표현은 예수는 그들을 참 가족으로 알지 못한다는 점을 뜻한다.[175] 이처럼 하늘나라는 "주여, 주여"라고 외친다고 들어가는 나라가 아니다(참조. 24:42, 44; 25:11, 19, 37, 44). 하늘에 계시는 아버지의 뜻대로 행하는 자들만 하늘나라에 들어갈 수 있다(7:21-22).

"하늘에 계신 내 아버지의 뜻"은 예수께서 진하신 산상설교의 내용으로 나타났으며, 하늘회의 또는 하늘법정에서 선언된 뜻이며, 최후심판에서 판결의 원칙이 된다(참조. 18:14). 이와 같이 예수는 하늘법정의 이미지로 독자들이 기독교 공동체에 속한 것으로 만족하지 말고, 하늘의 관점으로 하늘에 계시는 아버지의 뜻에 순종하도록 요구하신다.[176]

---

173 이 표현을 연상하게 하는 구약 본문은 다음과 같다: 시 6:9 70인역; 욥 21:14; 22:17; 시 6:8; 139:19). Craig A. Evans, *Matthew* (NCBC; Cambridge: Cambridge University Press, 2012), 179.

174 John P. Meier, *The Vision of Matthew: Christ, Church, and Morality in the First Gospel* (New York: Paulist Press, 1979), 65; J. D. Kingsbury, *Matthew: Structure, Christology, Kingdom* (Philadelphia: Fortress Press, 1975), 107; Evans, Matthew, 179.

175 France, *Matthew*, 295. 마태가 "안다"(γινώσκω)는 단어를 아버지와 아들의 깊은 관계성을 표현하려고 사용한다는 점을 고려하면(ἐπιγινώσκω 11:27; 참조. 암 3:2; 삼상 2:12; 렘 22:16; 24:7; 31:34), 여기서 "주여 주여"를 외치는 자는 교회 안에 있는 사람이다. 잘 알지도 못하는 사람은 가장 친근한 표현인 "주여 주여"를 외칠 수 없다.

176 Luz, *Matthew*, 1:379.

5. 산상설교 강화의 마지막 부분과 하늘

마태복음의 다섯 개의 강화(5-7, 10, 13, 18, 24-25장)는 최후심판을 주제로 끝을 맺는다(7:21-27; 10:40-42; 13:47-50; 18:23-35; 25:31-46).[177] 학자들은 마태복음을 (1) 구속사를 중심으로 세 부분으로 나누거나(1:1-4:16; 4:17-16:20; 16:21-28:20), (2) 13장을 중앙에 두고 교차대구의 구조로 이해하거나, (3) 다섯 개의 강화에 초점을 맞추어 '내러티브(서사)-강화'의 반복을 강조한다. 필자는 세 번째 입장을 취한다. 예수의 탄생 이야기(1-2장)와 수난-부활(26-28장)은 각각 프롤로그와 에필로그이며, '내러티브-강화' 묶음이 다섯 개의 덩어리를 이룬다. 여기서 엄밀한 의미의 강화는 "편의상 강화로 부르는 부분과 다르다.

다섯 강화의 끝에 나타나는 공통점 중의 하나는 "분리"이다. 최종적인 분리는 "그의 나라에서"(13:41) 그리고 "의인 중에서"(13:49) 악인들이 쫓겨나는 것을 의미한다. "불법을 행하는 자들"은 쫓겨나 울며 이를 갈게 될 것이다. 이처럼 각 강화의 마지막 부분은 참과 거짓을 구분할 때 그 기준은 "행함" 또는 "열매"라는 사실을 지적한다.

다섯 강화	엄밀한 의미의 강화	강화의 끝
산상설교(5-7장)	5:3-7:27(4:23-5:2↔7:28-8:1)	7:13-27
선교강화(10장)	10:5-42(9:35-10:4↔11:1)	10:40-42
하늘나라 비유 강화(13장)	13:3b-50 (13:1-3상↔13:51-53)	13:47-50
공동체 강화(18장)	18:1-35	18:21-35
종말 강화(24-25장)	24:1-25:46	25:31-46

177 Günther Bornkamm, "End-Expectation and Church in Matthew," in *Tradition and Interpretation in Matthew* (trans. Percy Scott; ed. G. Bornkamm, G. Barth, and H. J. Held: Philadelphia: Westminster Press, 1963), 17; O. L. Cope, "Matthew XXV:31-46, 'The Sheep and the Goats' Reinterpreted," *NovT* 11 (1969): 32-44; idem, To the Close of the Age: the Role of Apocalyptic Thought in the Gospel of Matthew," in *Apocalyptic and the New Testament: Essays in Honor of J. Louis Martyn* (ed. Joel Marcus and Marion L. Soards; Sheffield, JSOT Press, 1989), 113-24; Hagner, "Apocalyptic Motifs," 63; Luz, *Matthew*, 3:285.

최후심판 장면은 하늘법정에서 내려지는 최후판결을 포함한다. 각 강화의 끝은 서로 비슷한 표현과 장면으로 연결되고 다섯 번째 강화의 끝인 25:31-46에서 확대된다. 이 주장을 위해서 먼저 산상설교의 마지막 부분이 어디인지를 규정할 필요가 있다. 다양한 의견이 있기는 하지만, 학자들은 일반적으로 엄밀한 의미의 산상설교는 5:3-7:27로 이해한다.[178] 산상설교는 프롤로그(5:3-16), 본론(5:17-7:12), 에필로그(7:13-27)로 구성된다.[179] 학자들은 하위 문단을 구분하는 핵심 구절(5:17, 21; 6:1)과 5:17과 7:12의 수미상관에 집중하는데, 5:17과 7:12은 "율법"과/이나 "선지자"를 공통으로 포함한다. 7:21-27이나[180] 7:24-27을[181] 강화의 결론으로 이해하는 학자들도 있지만, 7:13-27이 하나의 구성단위로서 최후심판을 전망하는 세 가지 종류의 경고(13-14, 15-23, 24-27절)를 묶어 청중이나 독자의 행동을 촉구한다. 최후심판 장면(21-23절)의 앞뒤에 있는 두 비유(두 문과 두 집: 13-14; 24-27절)는 개인의 운명을 다룬다. 멸망의 비극은 거짓 선지자들의 운명을 통해 드러날 것이며(7:15-20, 21-23), 종말의 재판장이 이들을 심판하실 것이다. 산상설교의 마지막은 두 가지 양식의 삶과 운명(7:13-14, 24-27)과 하늘법정에서 벌어지는 충격적인 장면(7:21-23)을 연결해서 교회에 속한 자들도 넓은 길로 가도록 유혹하

178 마태복음 4:23-8:1은 서론(4:23-5:2), 엄밀한 의미의 산상설교(5:3-7:27), 결론(7:28-8:1)으로 된다. Daniel Patte, *The Challenge of Discipleship: A Critical Study of the Sermon on the Mount as Scripture* (Harrisburg, Pa.: Trinity Press International, 1999), 200; Allison, *Studies in Matthew*, 138, 173.

179 Jan Lambrecht, *The Sermon on the Mount: Proclamation and Exhortation* (GNS 14; Wilmington: Michael Glazier, 1985), 26-29; W. Carter, *What Are They Saying about Matthew's Sermon on the Mount?* (New York: Paulist Press, 1994), 52; Christoph Burchard, "The Theme of the Sermon on the Mount," in Essays on the Love Commandment (ed. Reginald H. Fuller; Philadelphia: Fortress, 1978): 57 -91 (74-75); Kari Syreeni, The Making of the Sermon on the Mount: A Procedural Analysis of Matthew's Redactoral Activity (Suomalainen Tiedeakatemia, 1987), 168-206. Kingsbury, "The Place, Structure and Meaning," 136.

180 George A. Kennedy, *New Testament Interpretation through Rhetorical Critism* (Chapel Hill; London: University of North Carolina press, 1984), 49-62; Patte, *Matthew*, 65.

181 Betz, *The Sermon on the Mount*, 50-58.

는 사탄의 시험에 직면할 것이며 최후심판에서 두 번째 기회가 없을 것을 알린다.[182] 이러한 경고는 나머지 네 강화의 끝에서도 확인되며 25:31-46에서 확대된다. 모든 사람은, 한 명의 예외도 없이, 종말의 재판장이신 예수 앞에 서게 될 것이다. 그들이 서게 될 장소는 하늘법정으로서, 이는 구약과 유대교의 하늘회의/법정에서 온 그림이다.

이제 필자의 관심은 강화의 끝에 나타난 하늘 이미지와 산상설교의 주제를 연결하는 것이다. 산상설교의 주제는 "의"(δικαιοσύνη)인가, "하늘나라"인가?[183] 필자는 "의"(5:6, 10, 20; 6:1, 33)와 예수께서 선포하신 것의 핵심이면서 전체 강화를 구성하는 요소인 "하늘나라"(5:3, 10; 7:21; 참고. 5:20; 6:10, 33)를 결합해 "하늘나라의 의"를 산상설교의 주제로 제안한다.[184] 루츠는 산상설교는 "하늘나라의 의에 대한 강화"로 규정한다.[185] 데이빗 웬함은 산상설교를 단지 하늘나라에 대한 것이 아니라 "전체적으로 하늘나라의 의에 대한" 것으로 정의한다.[186] 하늘나라의 의는 산상설교의 핵심적인 표현 중의 하나인 "하늘에 계시는 아버지의 뜻"을 가리킨다(7:21; 참조. 6:10). 서기관과 바리새인보다 더 나은 의를 가진 사람들, 곧 천부의 뜻을 행하는 자들이 하늘나라에 들어갈 수 있다(5:20). "다만 하늘에 계신 내 아버지의 뜻대로 행하는 자라야 들어가리라"(7:21).

---

182 U. Luz, *The Theology of the Gospel of Matthew* (Cambridge: Cambridge University Press, 1995), 61.

183 H. D. Betz, *The Sermon on the Mount*, 50-58; Guelich, *The Sermon on the Mount*, 39; Kingsbury, "The Place, Structure and Meaning of the Sermon," 131-43; Charles H. Talbert, *Reading the Sermon on the Mount: Character Formation and Decision Making in Matthew 5-7* (Grand Rapids, Mich.: Baker Academic, 2006), 24-26; idem, *Matthew* (Grand Rapids, Mich.: Baker Academic, 2010), 49, 95; Luz, *The Theology of the Gospel of Matthew*, 35 각주 22.

184 Luz, *Matthew*, 1:177.

185 Luz, *Matthew*, 1:177.

186 David Wenham, "The Rock on Which to Build: Some Mainly Pauline Observations About the Sermon on the Mount," in *Built Upon the Rock* (ed. John Nolland and Daniel M. Gurtner; Grand Rapids, Mich.: Wm. B. Eerdmans Publishing, 2008), 199.

결론적으로, 산상설교의 끝부분은 독자들에게 하늘나라의 의를 실천하도록 가르치고, 하늘의 뜻에 순종하는 제자들을 격려할 목적으로 배치됐다. 이 주제를 강조하기 위해서 마태복음은 하늘법정의 이미지를 사용하여 충격적인 일이 벌어질 것을 예시한다.

6. 요약과 결론

우리는 이제까지 초월적 영역인 하늘의 공간적인 측면을 살펴보았다. 이는 우리가 2장에서 정리한 구약과 유대교의 하늘 개념을 배경으로 삼는다. 이 배경을 산상설교의 하늘 이미지에 적용해 보면, "하늘에"라는 구는 하늘의 공간적인 속성을 의미한다. 예수는 명시적으로 하늘을 하나님의 보좌라고 하신다(마 5:34; 참조. 23:22; 사 66:1; 시 11:4; 103:19). 하늘에서는 하나님의 뜻이 이루어진다(6:10). 하늘에 계시는 성부께서는 하늘에서 제자들의 삶을 보시다가 신실한 자들에게는 하늘에 준비한 상을 주실 것이다(6:1, 4, 6, 18). 마지막 심판은 하늘법정에서 내려진다(7:21-23). 이처럼 산상설교에서 하늘은 '하늘'-'의인들을 위한 장소'의 묶음을 반영한다.

본문을 분석한 결과를 정리해 보면 다음과 같다. 비가시적인 하늘은 하나님의 뜻이 감추어져 있는 곳이며 그 뜻이 이루어진 곳이다. 하나님의 뜻은 이제 제자들에게 계시됐다. 이 뜻은 하늘나라의 의로 표현된다. 하늘에 계시는 아버지의 뜻은 하늘에서 이루어졌으며, 땅에서는 예수처럼 하늘의 뜻에 순종하는 제자들을 통해 이루어진다. 참된 경건과 기도와 금식은 하늘에 계신 아버지 앞에서 행하는 것이다. 이들을 통해 하늘나라의 의는 이 땅에서 완성돼 간다. 제자들의 용서는 하늘 아버지의 뜻을 이 땅에서 이루는 방식이다(6:12, 14-15; 참조. 18:23-35). 하늘의 아버지는 하늘나라의 뜻에 순종하는 제자들을 위해서 상을 준비해 두신다. 하늘나라의 의를 실천하는 과정에서 핍박을 받는 제자들은 기뻐해야 한다. 그들의 상이 하늘에 마련돼 있기 때문이다. 하늘의 상은 종말론적일 뿐만 아니라, 하늘나라가 이 땅에 도래했으므로, 의를 실천하는 자들이 하늘의 상을 이 땅에서도 맛볼 수 있는 것이다. 그러나 높은 수준의 신앙을 보여주는 표현을 아무리 많이 사용한다고 해도 하늘나라의 의를 열매로 결실하지 못하는 자들은 최후심판 때에 하늘법정에서 종말의 심판장으로부터 유죄 선언을 받는다. 하늘법정에서 쫓겨난다. 이처럼 하늘은 의인들의 운명(보상)을 위한 영역이며(5:11-12; 6:4, 6, 18) 이 땅의 삶을 평가하는 법정과 같은 곳이다. 그러므로 산상설교는 독자들이 하늘법정에서 펼쳐질 최후심판이 끝난 뒤에 받게 될 하늘의 상을 기대하면서 이 땅에서 하늘나라의 의를 이루기 위해 하늘을 필수적인 이미지로 사용한다.

5장

수난 내러티브(마 26-27장)에 나타난 성전의 하늘 상징성[187]

본 장은 마태의 수난 내러티브에 담긴 핵심 주제를 성전의 하늘 상징성이라는 관점에서 해석한다. 마태는 독자들에게 내러티브와 강화에 담긴 주요 주제를 효과적으로 전달하기 위해 하늘과 관련된 표현을 적극적으로 활용한다. 그런데 마태는 "하늘"의 용어를 직접 사용하지 않더라도 하늘을 상징하는 사람이나 사물을 이용함으로 본문을 극적으로 전개하고 본문의 주제를 두드러지게 한다. 이와 같은 문학적 특징은 하나님의 구속 계획이 절정에 이르렀음을 보여주는 수난-부활 내러티브(26-28장)에도 나타난다.[188] 마태는 (대제사장을 포함한) 성전과 하늘과의 관계를 익히 알고 있는 독자들에게[189] 에

187 본 글은 Kang, "Heavenly Imagery and Symbolism in Matthew's Gospel," 10장의 일부분을 편역하고 보충한 것이고 강대훈, "마태의 수난 기사(마 26-27장)에 나타난 성전의 하늘 상징성", 『신약연구』 제12호(2013. 3): 6-29에 포함된 내용이다.

188 마태는 예수의 수난 내러티브(26-27장)와 부활 내러티브(28장)를 하나로 묶어서 에필로그로 배치하고 있다. Charles H. Talbert, *Matthew* (Grand Rapids Mich.: Baker Academic, 2010), 313-316; John P. Meier, *The Vision of Matthew: Christ, Church, and Morality in the First Gospel* (New York: Paulist Press, 1979), 179; Luz, *The Theology of the Gospel of Matthew*, 133-41; Osborne, *Matthew*, 1044.

189 필자는 역사적인 배경을 마태복음에 적용하여 복음서를 처음부터 끝까지 순서대로 읽는 내러티브 접근을 시도한다. 본 글이 두 본문에 제한되지만 복음서를 전체로 읽은 결과의 한 부분이다. 필자는 내러티브 접근이라는 방법론에 따라 '마태와 그의 독자'를 '마태의 내포 저자와 내

필로그의 주제를 비추려고 성전의 하늘 상징성를 본문 해석의 프리즘으로 사용한다. 따라서 필자는 마태의 수난 내러티브의 핵심 본문인 26:57-68과 27:51-54에 초점을 맞추어 성전의 하늘 상징성이 예수의 수난과 죽음의 의미와 결과를 어떻게 전달하고 있는가를 연구할 것이다.

연구를 위해서는 구약과 제2성전기 유대교에 나타난 성전의 하늘 상징성을 살펴보아야 한다. 마태와 그의 독자들이 공동으로 인지하고 있던 성전의 하늘 상징성은 구약과 유대교에 뿌리를 두고 있기 때문이다. 우리는 이 사실을 본서의 2장에서 이미 언급했으며, 주제별로 정리해 보면 다음과 같다.[190] 첫째, 구약에서 성막이나 성전의 원형은 우주적 또는 천상의 성전이다. 둘째, 성전은 작은 우주이며 성전의 세 구조가 이를 반영한다. 셋째, 성전의 휘장은 하늘의 궁창을 가리킨다. 넷째, 대제사장은 지상의 성전과 우주를 가리키는 상징으로 그의 권세는 하늘과 깊이 연결된다. 마지막으로, 성전의 수평적인 구조는 우주의 수직적인 구조와 일치한다.

1. 예수의 심문과 성전의 하늘 상징성(마 26:57-68)

성전의 하늘 상징성 가운데서 대제사장의 신분과 하늘과의 관계는 유대 법정에서 심문을 받는 예수의 권위를 이해하는 데 중요한 배경이다. 마태복음 26:57-68은 사형 판결을 하는 과정이라기보다는 로마 법정으로 넘기기 전에 유대법정이 주도한 심문과정이라고 할 수 있다.[191] 1세기 당시 유대지

포 독자'로 정의한다. 1세기 유대교 토양에서 하늘이란 저자와 독자가 별다른 설명 없이도 이해하고 있던 공동의 지식이었다.

190 본 글의 원문은 배경 연구를 포함하고 있으나 단행본을 구성하는 과정에서 구약과 제2성전기 유대교의 배경을 생략하고 본서의 2장에 포함시켰다.

191 France, *Matthew*, 1019; D. L. Bock, *Blasphemy and Exaltation in Judaism and the Final Examination of Jesus: A Philological-Historical Study of the Key Jewish Themes Impacting Mark 14:61-64* (WUNT 106; Tübingen: Mohr Siebeck, 1998), 191; Donald Senior, *The Passion of Jesus in the Gospel of Matthew* (Wilmington, Del.: M. Glazier, 1985), 91.

역의 사형판결권은 로마 법정이 가지고 있었지만(27:1-2; 참조. 요 18:31) 유대인들의 관점에서 보면 이 심문은 공식적인 절차였다.[192] 대제사장이 "네가 하나님의 아들인지 말하라"고 하자 예수는 "네가 말하였느니라"고 대답한다(26:63-64상). 마태의 묘사를 보면, 이 응답 때문에 가야바가 신성모독이라고 외친 것은 아니다.[193] 가야바의 정죄는 "내가 너희에게 이르노니 이 후에 인자가 권능의 우편에 앉은 것과 하늘 구름을 타고 오는 것을 너희가 보리라"(26:64하)는 예수의 선언 뒤에 나왔다. 그러므로 이 구절은 신성모독을 이해하는 열쇠가 된다.

그렇다면 어떤 점에서 예수의 주장이 신성모독에 해당하는가? 미쉬나는 하나님의 이름을 부르면 신성모독으로 정죄 받게 된다(*m. Sanh.* 7:5)고 규정하고 있지만,[194] 보크의 연구에 따르면, AD 1세기 당시 신성모독 죄는 이보다 넓게 적용됐다. 당시 인간이 신의 신분을 가졌다고 주장하면 신성모독에 해당됐다. 그래서 마태복음 26:64하의 인용 본문인 시편 110:1과 다니엘 7:13-14을 함께 사용하는 경우에는 신성모독으로 정죄 받게 됐다.[195] 오직 하나님

192 France, *Matthew*, 1018-20.

193 이 시기에 자신을 메시아라고 대답한다고 해서 반드시 신성모독 죄로 정죄 받은 것은 아니었다. Bock, *Blasphemy and Exaltation*, 30-112; N. T. Wright, *Jesus and the Victory of God* (London: SPCK, 1996), 643; 에반스는 1세기 당시의 신성모독에 대해 복과 비슷한 입장을 취하면서 자신을 하나님의 아들이라고 주장한다고 해서 반드시 신성모독으로 정죄 당하게 된 것은 아니었다고 주장한다(예, 시 2:7; 82:6; 삼후 7:14). Craig A. Evans, "In What Sense 'Blasphemy'?: Jesus before Caiaphas in Mark 14:61-64," in *Jesus and His Contemporaries: Comparative Studies* (Leiden, Netherlands: Brill, 1995), 406-434;

194 Robert Gundry, *Mark Chapters 9-16* (Grand Rapids, Mich.: Wm. B. Eerdmans Publishing, 1994), 915-18; idem, *The Old is Better: New Testament Essays in Support of Traditional Interpretation* (WUNT 178; Tübingen: Mohr Siebeck, 2005), 98-110; idem, "Jesus' Supposed Blasphemy (Mark 14:61b-64)," BBR 18 (2008), 131-33. 예수가 하나님의 신성한 이름을 불렀기 때문에 신성모독으로 정죄를 받았다는 건드리의 주장은 여러 학자들에게 비판을 받고 있다. Bock, *Blasphemy and Exaltation*, 611-12; Adela Y. Collins, "The Charge of Blasphemy in Mark 14.64," *JSNT* 26.4 (2004), 379-401.

195 Evans, "In What Sense 'Blasphemy'?," 424; Bock, "Key Events," 843-44; idem, "The Use of Daniel 7 in Jesus' Trial, with Implications for His Self-Understanding," in *Who Is This Son of Man?: The Latest Scholarship on a Puzzling Expression of the Historical Jesus* (ed. Larry W. Hurtado and Paul L. Owen; London: T. & T. Clark International,

만 구름을 타시는 것으로 묘사되는데(출 14:20; 민 10:34; 시 104:3; 사 19:1) 자신이 구름을 타고(또는 움직이는 보좌에 앉아) 올 것이라는 예수의 주장은 우주를 통치하는 신적 권위를 가지고 있다(단 7:9; 겔 1, 10장; 11:22; 시 18:10-11)는 뜻이므로 신성모독의 사유가 될 수밖에 없었다.[196] 또한 유대인들은 오직 극소수의 사람들만(예, 에녹) 하늘의 보좌에 나아가도록 허락 받았다고 믿었는데 예수는 자신이 그 보좌의 우편에 앉을 것이라고 선언했으므로 신성모독이었다.[197] 그리고 사회적인 측면에서 만일 유대의 안정을 유지하는 역할을 하도록 부름 받은 자들을 공격하는 것도 신성모독에 해당했다(요세푸스, 〈고대사〉 13:293-96; 11QTemple 64:6-13).[198] 예수는 신적인 권위를 부여 받은 유대법정 또는 대제사장의 권위에 도전했기 때문에 신성모독으로 정죄를 받았다(참조. 9:2-3). 유대법정은 예수가 자신을 신의 위치에 놓으며 유대지역의 안정을 위해 세움 받은 자들을 능멸하고 있는 것으로 받아들였을 것이다.[199]

여기서 우리가 주목해야 할 부분은 마태복음의 심문 장면이 가야바와 예수의 대립에 집중하고 있다는 점이다.[200] 특별히 마태는 26:65상에서 70인경

2011); A. Y. Collins, "The Charge of Blasphemy," 399; Wright, *Jesus and the Victory of God*, 643. 시 110:1과 단 7:13-14은 서로 비슷한 주제를 강조하며 후기 유대교 문헌에 결합된다. 인자가 보좌에 앉는 점에서 두 본문은 에녹1서와도 관련성이 있다(Wright, *Jesus*, 642; M. Hengel, *Studies in Early Christology* [Edinburgh: T. & T. Clark, 1995], 185-89).

196 A. Y. Collins, "The Charge of Blasphemy," 401; Bock, "The Use of Daniel 7 in Jesus' Trial," 96-97; John A. Emerton, "The Origin of the Son of Man Imagery," *JTS* 9 (1958), 225-42.

197 Bock, "Blasphemy," 609-661; Evans, "In What Sense 'Blasphemy'?," 424.

198 대제사장은 예수가 순교자들의 표현인 '보게 될 것이다'(예, 지혜서 5:2; 엘리야의 묵시록 5:28; 에녹1서 62:3-5)를 사용한 것을 신적인 권위를 부여받은 자신을 협박하는 것으로 여겼을 것이다. 순교자들은 하나님이 고난 당한 의인들을 옳다고 입증하시고 순교자와 핍박자의 관계를 역전시키실 것을 믿었다. Bock, "Blasphemy," 609-661; Evans, "In What Sense 'Blasphemy'?," 424.

199 Bock, "Blasphemy," 623.

200 Helen K. Bond, *Caiaphas: Friend of Rome and Judge of Jesus?* (Louisville, Kentucky: Westminster John Knox Press, 2004), 125; Bock, "Key Events," 843; James C. VanderKam, *From Joshua to Caiaphas: High Priests after the Exile* (Minneapolis, Minn.: Fortress Press, 2004), 429; Bond, *Caiaphas*, 192 n. 13, 124-25. 예컨대, 심문 과정에서 가

레위기 21:10에 있는 표현과 같이 대제사장의 옷을 공식 의복인 τὰ ἱμάτια(타히마티아)를 사용하여[201] 예수와 가야바의 권위 충돌을 알린다. 누구의 권세가 더 강한가? 유대법정(또는 가야바의 법정)과 하늘법정(인자의 법정) 중에서 어느 쪽이 어느 쪽을 심판하는가? 정답은 예수와 하늘법정이다. 가야바는 지성소에 들어가는 특권을 가졌기에 우림과 둠밈으로 하나님의 뜻을 받을 권위를 부여받았다고 믿는다. 그러나 인자인 예수는 지성소의 본체인 하늘 또는 하늘 보좌에 앉을 것이다. 예수께서 하늘의 구름을 타고 하늘법정을 주재할 미래의 현실이 하늘의 참된 진리와 비밀이다. 마태복음 26:64의 배경이 되는 다니엘서 7:13-14은 하늘회의(보좌/총회/법정)의 전형적인 본문이다. 구약과 유대 묵시 문헌에서 하늘회의의 주요 기능은 재판이다. 이런 점에서 예수의 주장은 신적인 권위를 부여 받아 이스라엘의 안정을 책임지고 있다고 믿던 유대 지도자들에게는 큰 위협이 될 수밖에 없었다. 예수는 하늘법정의 그림으로 자신이 천상세계에 속한 신적인 존재요 하늘법정에서 산헤드린을 재판할 것을 암시하여, 신적인 권위를 부여 받은 지도자들, 그것도 대제사장을 공격했기에, 가야바는 예수를 향하여 '신성모독'이라고 외친다.[202]

구약과 유대 묵시 문헌에 나타나는 하늘법정의 장면이 땅의 현실과 전혀 다른 모습의 현재와 미래를 보여 주면서 독자들에게 하늘의 관점을 갖도록 의도됐던 것처럼, 마태는 동일한 이미지를 사용한 예수의 증언을 소개하여 대역전을 알린다. 이는 독자들이 하늘의 관점을 가지도록 하기 위함이다. 여기서 하늘의 관점이란 대제사장과 유대법정의 권위는 예수와 하늘법정의 권위에 비교될 수가 없다는 것이다. 땅의 현실은 예수가 대제사장과 유대법정

야바라는 이름이 나오지만 다른 이들의 이름은 나오지 않고 가야바의 물음에 대답만 할 뿐이다.

201 참조. "대제사장이 자기 옷(τοὺς χιτῶνας)을 찢으며"(막 14:63). Bond, *Caiaphas*, 126.

202 Wright, *Jesus and the Victory of God*, 526. 톰 라이트에 따르면 이 법정의 재판 장면은 죄수가 재판관이 되고 재판관이 범죄자로 정죄받을 것을 암시하고 있다. 라이트는 예수의 심문 장면을 다니엘 7:9-14와 연결하여 가야바는 여호와의 백성을 압제한 안티오쿠스 에피파네스와 같고 유대법정인 산헤드린은 넷째 짐승으로 역할을 맡고 있다고 본다.

이라는 최고의 권세 앞에 죄수로 서서 치욕을 당하는 모습이지만, 하늘의 진리는 이 죄수가 하늘과 종말의 심판자로 와서 그들을 앞에 세워 재판하는 권세를 가지고 있다는 사실이다(예, 25:31-32).

이와 같이 성전의 하늘 상징성은 대제사장의 신분과 하늘과의 관계, 그가 가진 권세의 뿌리가 되는 지성소와 하늘과의 관계를 알려 주는 배경이 되며, 죄인으로 재판을 받고 있는 예수와 그의 법정이 가지고 있는 권위를 역설적으로 강조하는 기능을 한다. 나아가 미래에 일어날 대역전의 암시는 하늘의 뜻을 따르는 자들이 사람들 앞에서 그들의 주를 부인하지 않도록 격려한다(참조. 10:32-33).

2. 예수의 죽음과 성전의 하늘 상징성(마 27:51–54)

성전의 하늘 상징성 중에서 성전 휘장과 하늘과의 관계, 성전의 수평적 구조와 우주의 수직적 구조와의 관계는 성전의 휘장이 찢어지고 그 이후에 일어나는 묵시적 사건들을 해석하는 실마리 역할을 한다. 마태복음 27:51-54은 예수의 죽음(27:45-50) 직후에 일어난 묵시적 사건들을 담고 있다.[203] 성전의 휘장이 위에서 아래로 찢어져 둘이 된(27:51상) 의미에 대해 학자들은 다양한 입장을 제시해 왔다.[204] 마태는 휘장이 찢어진 사건 다음에 묵시적 사건들

203 필자가 성전의 휘장이 찢어지는 것과 이후에 일어나는 사건들을 '묵시적'이라고 할 때 역사적으로 일어난 사건임을 전제로 한다. 이 사건들은 구약의 예언이 역사적 공간과 시점에 성취됐음을 나타내는 동시에, 하늘에 감춰진 하나님의 계시 또는 비밀이 계시됐다는 점에서 묵시적이다. 예컨대, 24:29의 '하늘들의 권능들이 흔들림'이라는 표현도 종말에(인자가 그의 천사들과 함께 올 때) 사단이 이끄는 악의 세력이 패할 것을 보여주는 점에서 '역사적인' 사건인 동시에 '묵시적'이다.

204 프란스(France, *Matthew*, 1080)는 학자들의 주장을 크게 다섯 가지로 분류하고 있다: (1) 성전의 제의 기능의 중단, (2) 곧 파괴될 성전의 운명, (3) 예수의 죽음과 성전 파괴에 대한 슬픔을 보여 주는 상징적 사건, (4) 휘장의 기능이 없어져서 하나님 앞에 나아가는 새 길이 열린 것, (5) 신적 계시를 가리키는 묵시적 사건. 프란스는 이 사건이 옛 시대의 권위가 인자에게로 옮겨진 것을 의미한다고 주장한다.

(27:51하-53)을 배치함으로써 성전의 휘장이 찢어진 사건과 이후 따라 오는 사건들을 묵시적인 관점에서 예수의 죽음이 가지고 온 결과로 독자들이 이해하도록 의도한다.[205] 거트너는 성전의 휘장이 찢어진 의미를 유대 묵시사상의 관점에서 해석한다.[206] 그는 성전의 휘장이 찢어진 사건을 하늘의 궁창(창 1:6)이 열린 표현과 연결하여 휘장이 찢어짐으로써 하늘의 비밀이 알려지게 됐다고 주장한다.[207] 앞에서 이미 언급한 것과 같이 성전 휘장(출 26:33)과 하늘의 궁창(창 1:6; *Num. Rab.* 12:13)의 공통된 기능은 분리 또는 보호이다.[208] 하늘의 궁창이 휘장처럼 펼쳐져서 하늘을 나누는(참고. 창 1:6; Tag. Job 26:7) 묘사는 하늘의 휘장이 하늘의 보좌를 지키며 하늘의 진리를 숨기고 있는 것과 같다.[209] 하늘의 휘장이 찢어지는 장면은 하늘이 열려서(마 3:16) 천상의 비밀이 계시되는 것을 상징적으로 보여 준다.[210] 거트너의 관찰에 따르면 성전 휘장이 찢어진다는 개념이 초기 유대교에는 나타나지 않지만 성전 휘장의 하늘 상징성은 이미 이 시기에 존재했고 랍비 유대교에서 크게 발전했다.[211] "마태는 휘장을 하늘의 궁창을 가리키는 묵시적인 이미지로 사용하여 휘장이 찢어지는 것은 하늘이 찢어지는 것이라고 알려 주고 있다. 이러한 그림은 유대교와 초기 기독교가 신적 계시를 전달하기 위해 사용한 것이다".[212] 찢어진 성전의 휘장이 열린 하늘을 가리킨다면 마태는 독자들에게 무엇을 알리려고 하는가?

첫째, 마태는 성전 휘장이 찢어진 것(27:51상)과 묵시 사건들(51하-53절)을 연결하여 예수의 죽음으로 하나님의 구속 계획이 성취됐음을 강조한다. 예수

205 놀란드는 휘장이 찢어진 것을 묵시의 표시로 이해한다(Nolland, *Matthew*, 1211).

206 Gurtner, *The Torn Veil*; "The VELUM SCISSUM: Matthew's Exposition of the Death of Jesus," *TynBul* 56.1 (2005), 147-150; idem, "The Veil of the Temple in History and Legend," *JETS* 49/1 (2006), 97-114.

207 Gurtner, *The Torn Veil*, 178.

208 Gurtner, *The Torn Veil*, 89-90.

209 Gurtner, *The Torn Veil*, 90-91.

210 Gurtner, *The Torn Veil*, 171.

211 Gurtner, *The Torn Veil*, 89, 95.

212 Gurtner, "The VELUM SCISSUM," 149.

께서 부활하자(참조. 고전 15:20-23; 살전 4:14) 성도들이 무덤에서 나와 거룩한 성으로 들어가 많은 사람에게 나타났다. 마태는 구약 본문을 사용하여 묵시적 사건들이 지닌 의미를 암시해 주고 있다(겔 37:12-13; 슥 14:4-5; 단 12:2).[213] 마태가 사용한 구약 본문들을 보면, 무덤이 열려서 하나님의 백성이 살아나며(겔 37:12-13), 하나님께서 임하셔서 성도들과 함께 계시며(슥 14:5), 땅의 티끌 가운데 자던 자들이 부활한 것이다(단 12:2). 이런 점에서 예수의 부활 이후에 성도들의 몸이 살아나는 것은 자기 백성을 회복시키려는 하나님의 계획이 성취되는 사실을 암시한다.[214] 거룩한 자들이 거룩한 성에 들어가는 장면은 하나님의 백성이 회복돼 자기들의 땅으로 들어가는 것과 같다(겔 37:14).[215] 특히 에스겔 37:12은 무덤이 열리는 사건이 하나님이 자기 백성을 회복하시는 장면인 것을 암시한다. 사해 두루마리에도 비슷한 표현이 기록돼 있다. 메시아의 종말론적 치유 사역을 그리고 있는 메시아의 묵시록은 의인과 악인의 최종 운명을 대조하기 위해 "회복하는 자"는 무덤에서 자는 자기 백성을 살리는 장면을 묘사한다(4Q521 7 ii 4-15). 흥미롭게도, "회복하는 자"가 무덤을 여는 것은 하늘이 오는 것과 연결된다. 마태는 이런 구약과 유대 묵시 전통을 공유했을 것으로 보인다. 마태는 십자가 죽음의 결과로 하나님의 구속과 회복의 계획이 성취됐음을 강조하기 위해 무덤이 열려서 하나님의 백성이 살아 거룩한 성으로 들어가는 묵시적 그림을 사용하고 있다. 뿐만 아니라 마태

213 Gurtner, "The Veil of the Temple," 112; Nolland, *Matthew*, 1214-15; Sim, *Apocalyptic Eschatology*, 111.

214 데이비스는 마 27:52의 성도들을 순교자들(단 7:18; 12:1-3)로 이해하며 마태가 독자들에게 순교자로 죽은 자들이 부활하게 된다는 희망을 전달한다고 주장한다(M. Davies, *Matthew*, 199). 그러나 여기서 성도들이 누구인가에 대해 마태는 구체적으로 밝히기 보다는 하나님의 뜻에 순종하기 위해 고난을 겪은 자들 모두를 포함하는 것으로 보인다(France, *Matthew*, 1082; Nolland, *Matthew*, 1214-1215). 놀란드는 "성도들"과 "많은"이라는 표현이 각각 슥 14:5과 단 12:2에서 온 것으로 역사 속에서 하나님에 대한 신실함을 지키려다 고통을 겪거나 심지어 죽기까지 한 사람들이 본문의 성도에 포함된다고 주장한다.

215 예루살렘을 가리키는 "거룩한 성"은 "이스라엘의 땅"을 대표하고 있어서, 거룩한 성의 멸망과 회복은 이스라엘 땅의 멸망과 회복을 의미한다(겔 40:1-2). 단 9:24에서 이스라엘 백성과 거룩한 성이 함께 쓰인다.

는 부활 이후에 일어나는 이 사건들을 부활 내러티브가 아니라 수난 내러티브에 배치함으로써 십자가 죽음이 부활과 직결되고 있음을 내포한다. 이처럼 마태는 예수의 죽음과 부활을 연결하며,[216] 이는 마태의 수난-부활 내러티브를 한 묶음으로 읽어야 하는 근거다. 참고로, 마태복음에서 가장 난해한 본문 중의 하나인 27:52-53은 저자의 창작이 아니다.[217] 이 장면은 구약에 약속된 하나님의 백성의 회복이 성취된 것을 확언하고 이와 같은 일이 실제로 미래에 일어날 것을 예고하는 묵시적 사건으로 이해한다.[218] 예수의 부활 직후에 회복된 성도들이 하늘나라에 들어가는 것으로 과거의 예언과 미래의 이상이 현재 실현되기 시작했다. 예수의 부활 이후에 성도들의 일부가 부활했다는 주장도 있으나 이 논지에는 문제가 있다. 부활은 몸의 부활이므로, 이들이 부활했다면 그날부터 어디에 살고 있을까? 성도들은 인자가 와서 세상을 새롭게 할 때(19:28), 즉 새 하늘과 새 땅에서 부활을 경험하게 될 것이다. 부활의 몸은 그 몸에 맞는 영역과 세계를 필요로 한다. 그러나 그런 시대(팔린게네시아, 19:28)가 온 것도 아니고 예수의 부활 이후에 성도들은 영적인 부활을 경험한 상태에 있으므로, 성도들이 무덤에서 살아난 것을 실제 부활로 가정하는 주장은 또 다른 질문과 문제를 불러올 수밖에 없다.

216 필자의 주장은 김창훈, "마태복음 27:53의 "예수의 부활 후에"에 나타난 마태의 의도," 『한국복음주의신학회』 (2017. 9. 2, 백석대학교)/김창훈, "마태복음 27:3의 '예수의 부활 후에'에 대한 내본문적 연구," 『신약논단』 25권 (2018): 1-36의 연구가 보여주는 결과와 일치한다. 김창훈의 주장에 따르면, "그의 부활 후에"가 포함된 첫째 의도는 예수의 죽음과 부활을 하나의 구속 사건으로 강조하기 위함이다. 간단히 말해서 예수의 부활은 역사적으로는 그의 죽음과 분리되고 28:1-10에 묘사되지만 죽음과 부활을 하나로 묶기 위해 "그의 부활 후에"가 죽음으로 생긴 사건과 결합된다. 1:21부터 시작되는 자기 백성의 구원은 분리되지 않는 죽음과 부활을 통해 가능하다. 백부장의 고백은 "이야기 시간"(story time)의 관점에서는 "예수의 부활 전에" 일어난 사건이지만 마태가 재구성한 "내러티브 시간"(narrative time)의 관점에서는 "예수의 부활 후에" 일어난 사건이다.

217 Carson, *Matthew*, 582; David Wenham, "The Resurrection Narratives in Matthew's Gospel," *TynBul* 24-27 (1973-76): 21-54.

218 Kenneth L. Waters, Sr., "Matthew 27:52-53 as Apocalyptic Apostrophe: Temporal-Spatial Collapse in the Gospel of Matthew," *JBL* 122 (2003): 489-515. 워터스는 53절을 "묵시적 미래에 대한 예언" 혹은 "묵시적 미래의 사건"(an event of the apocalyptic future)으로 이해한다.

둘째, 성전의 휘장이 찢어진 사건은 하늘에 있는 비밀의 계시를 의미한다. 마태는 하늘이 열려 계시가 지상에 알려진 사실을 예수의 세례(3:13-17)와 변화산 사건(17:1-7)에서 이미 묘사했다. 세 사건은 다음과 같은 공통점을 지닌다. (1) 아버지의 뜻에 순종하여 고난받는 길을 택하는 아들(3:15; 16:21, 23; 수난 내러티브가 보여주는 아들의 고난과 죽음). (2) 하늘 그림(3:16;[219] 17:3-5; 27:51상). (3) 하늘의 진리 계시(3:17; 17:5; 27:51하-54). 구약과 유대 묵시 문헌에서 천상 세계와 하늘회의가 땅에서 하나님의 뜻을 행하고 전하는 자들의 정체성과 권위를 보여주는 도구로 사용된 것처럼, 아들의 순종에 대해 하늘, 구체적으로 하늘회의(참조. 사 42장)는 예수의 신분을 계시한다.[220] 이 계시가 바로 하늘의 진리이다. 하늘의 진리는 예수가 하나님께서 기뻐하시는 아들이고 하늘의 뜻을 이루기 위해 고난의 길을 선택한 자라는 것이다. 그런데 성전의 휘장이 찢어지자 예수의 정체성을 알려 주는 신적 계시가 하늘이 아니라 사형을 집

---

219 세례 장면에서 마가는 하늘이 찢어졌다(막 1:10)고 하는 반면 마태는 하늘이 열렸다고 표현한다(마 3:16; 참조. 겔 1:1-4). 이 점에서 마태복음이 마가복음보다 '하늘의 열림'이라는 주제에 더 높은 관심을 보인다. 예컨대, 마태복음의 세례 장면에서 예수가 하나님의 의를 위해 세례를 받고 물에서 올라오자 하늘에서 음성이 들리고 이후 예수는 광야로 이끌린다. 마태가 묘사하는 일련의 사건은 예수와 하늘회의의 관계를 마가복음 보다 세밀하게 묘사한다(예, 사 42장과 욥 1-2장의 하늘회의). 이 점에서 세례 이후에 일어난 사건들은 역사적이면서 묵시적이다. 마태복음의 세례 장면에서 하늘의 열림을 묵시적인 입장에서 해석하는 글은 다음과 같다. Mathewson, "The Apocalyptic Vision," 92-94; Christopher C. Rowland, "Apocalyptic, the Poor, and the Gospel of Matthew," *JTS* 45 (1994), 504-518. 마튜슨은 예수의 세례 이후 하늘이 열린 다음에 경험하는 장면을 초기 유대교와 기독교의 묵시 문헌에 나오는 천상의 경험과 연결한다(겔 1:1-3). 그는 예수가 성령에 이끌리어(에녹1서 75:1; 바룩2서 6:3; 아브라함의 묵시록 15:2-3; 아브라함의 유언 10:1) 받은 사단의 시험도 묵시적 경험(겔 3:12; 8:1-3; 11:1; 37:1; 43:5; 에녹1서 10:4-6; 54:4-6; 에녹2서 29:4-6)으로 이해한다.

220 구약의 선지자들이나 유대 묵시 전통에서 하늘 환상을 본 계시자들이 천상총회에 참여했거나 하늘에 초대를 받은 사실을 드러내는 주요 목적 중의 하나는 그들의 권위를 주장하고 그들이 전하는 계시의 진정성과 중요성을 강조하기 위함이다(예, 렘 23:18-22). Walter Brueggemann, *Theology of the Old Testament: Testimony, Dispute, Advocacy* (Minneapolis, MN: Fortress Press, 1997), 627-630; Robert Gordon, "Standing in The Council: When Prophets Encounter God," in *Hebrew Bible and Ancient Versions: Selected Essays of Robert P. Gordon* (e.d. Robert P. Gordon; Burlington, VT: Ashgate Publishing Company, 2006), 190-204; R. Walter L. Moberly, *Prophecy and Discernment* (Cambridge: Cambridge University Press, 2006), 100-129.

행한 로마 백부장과 군인들의 입에서 나왔다. 구약과 유대 묵시 전통에서 하늘의 진리는 선택받은 자들에게 전해졌으나 지금은 이방인들에게 전해진다. 예수의 신분을 알게 된 것은 예수의 죽음에 대한 하늘의 반응으로 된 결과인 셈이다. 이로써 마태는 예수의 죽음을 통하여 이방인들을 포함하는 하나님의 구속 사역이 성취되고 있음을 알려 주고 있다(참조. 마 12:18, 21; 28:19-20).

우리는 이제 '예수의 죽음'(27:51상)→'찢어진 성전의 휘장'(51하절)→'지진과 열린 무덤'(52-53절)→'로마 군인들의 고백'(54절)을 하나로 연결함으로 하늘 상징성의 역할을 분석해 보려고 한다. 찢어진 성전 휘장이 하나님의 구속 계획을 알려 주는 묵시적 사건들과 어떻게 연결되는가? 거트너는 휘장과 하늘의 궁창은 하나님과 그의 보좌로 오는 것을 막는 기능을 갖고 있기 때문에, 휘장의 찢어짐은 하나님께로 나아가는 길이 열렸음을 의미한다고 주장한다(히 10:19-20). 그는 휘장이 찢어져 주의 백성이 하나님과 함께 거하게 되므로 임마누엘(1:23; 28:20) 사상이 본문에 반영되며, 찢어진 휘장을 통해 마음이 청결한 자가 하나님을 보게 될 것이라는 산상설교의 복이 이루어졌다(5:8)고 주장한다.[221] 거트너는 성전 휘장의 찢어짐과 일련의 묵시 사건들을 임마누엘의 주제와 연결하는 데는 성공했다. 그러나 몇 가지 점에서 그의 주장에는 약점이 있다. 마태복음에서 임마누엘은 인간이 하나님께 나아가는 것(참조. 히 4:14-16; 9:1-28; 10:19-22) 보다는 하나님께서 인간에게 오셔서 함께하시는 개념에 더 가깝다(1:23; 28:19-20; 참조. 18:19-20).[222] 그리고 인간이 찢어진 휘장을 통해 성전 안으로 들어가는 것과 땅의 진동이나 지진으로 바위가 터지고 무덤이 열리는 사건들은 논리적으로 연결되기 힘들다. 하나님이 성전에서 나오셔야 성전 밖에서 묵시적인 현상이 일어난다고 보는 것이 더 타당하지 않을까?

위의 두 가지 점을 기초로 거트너와 다른 입장에서 본문을 해석해 보자.

---

221 Gurtner, *The Torn Veil*, 188-89.

222 마태복음 전반에 임마누엘이 강조된다는 주장에 대해서는 다음의 글을 보라. David D. Kupp, *Matthew's Emmanuel: Divine Presence and God's People in the First Gospel* (SNTS 90; Cambridge: Cambridge University Press, 1996).

우리는 앞에서 성전의 수평적 구조(바깥뜰→성소→지성소)는 우주의 수직적 구조(땅과 바다→보이는 하늘→보이지 않는 하늘[예, 천상보좌 또는 천상총회가 열리는 곳])를 상징적으로 보여준다고 주장했다. 이 관점에서 보면, 성전 휘장의 찢어짐은 하늘의 열림을 뜻하는데, 이사야는 하나님께서 하늘에서 내려오실 때 일어나는 현상이 땅의 진동이라고 표현한다. 하늘의 문이 열릴 때 땅이 진동하며(사 24:18하-19),[223] 하나님께서 하늘을 열고 내려오시면 산들이 진동한다(사 64:1-3). "원하건대 주는 하늘을 가르고 강림하시고 주 앞에서 산들이 진동하기를…주께서 강림하사 우리가 생각하지 못한 두려운 일을 행하시던 그 때에 산들이 주 앞에서 진동하였사오니." 이사야 64장에 나타난 '하나님의 내려오심' → '땅의 진동' → '하나님의 심판(과 회복)'의 구도가 마태복음에 자연스럽게 적용된다. 두 개의 유대 묵시 문헌이 필자의 입장을 지지하는 배경이 될 수 있다. 구약 위경인 〈모세의 유언〉은 하나님이 거룩한 처소에서 나오실 때 땅이 진동하고 흔들려서 하나님의 계획이 이루어지는 내용을 담고 있다.[224] 고난받는 의인들의 부르짖음에 대한 하늘의 반응은 하나님과 그의 천사가 내려오는 것이며, 이 과정에서 땅이 진동한다.[225]

> 하늘에 속한 분이 왕의 보좌에서 일어서실 것이다. 그는 자신의 자녀들을 위해서 존엄과 분노로 거하시던 거룩한 처소에서 나오실 것이다. 그때 땅이 진동하며 땅의 끝이 흔들릴 것이다…모든 일들이 성취될 것이다. 하나님은 너희를 높은 곳으로 올리실 것이다. 진실로 그는 너희를 별들이 거하는 처소인

223 D. Hagner, *Matthew 14-28* (WBC 33B; Waco, Dallas: Word Books, 1995), 849.

224 모세의 증언은 마카비 혁명 시기(BC 167)에 작성되기 시작해서 AD 1세기 전반부에 완성된 것으로 보인다. A. Y. Collins. *Cosmology and Eschatology in Jewish and Christian Apocalypticism* (Leiden: Brill, 1996), 25; H. C. Kee, "Testaments of the Twelve Patriarchs," *OTP*, 1:788-795.

225 〈모세의 유언〉 10:2에 나오는 천사는 이스라엘의 수호천사이면서 하늘의 제사장으로 재판과 전쟁을 이끌어 이스라엘의 원수를 물리친다.

하늘 위에 굳게 세우실 것이다. (모세의 유언 10:3-10 사역)[226]

에녹1서의 첫 번째 책인 〈파수꾼들에 관한 책〉(에녹1서 1-36, BC 2세기 중반)에서 하나님이 처소에서 나오실 때 땅이 갈라지며, 모든 사람이 심판을 받아 의인들은 복을 받고 악인들은 벌을 받게 된다(1:4-9).

이처럼 마태복음에 나타난 임마누엘의 의미와 27:51-53의 배경이 되는 구약 본문이나 비슷한 구조(하늘 또는 처소에서 하나님의 오심→땅의 진동→성도의 회복)를 담고 있는 유대 묵시 문헌을 참고할 때, 거트너의 주장보다는 예수의 죽음 이후에 하나님이 성전의 휘장을 찢고 나오시는 결과로 땅이 진동하며 이후 하나님께서 무덤을 열어 자기 백성을 회복하신다는 필자의 해석이 마태복음의 임마누엘을 설명하기에 적절하고 구약과 유대 묵시사상에 더 가깝다. 존 놀란드는 찢어진 휘장을 사무엘하 22:7-8과 연결하여 하나님께서 성전에서 아들의 부르짖음을 들으셨기에 그 반응으로 땅이 진동하고 바위가 터지며 무덤이 열렸다고 옳게 주장한다(참조. 나 1:6; 모세의 유언 10:3-7).[227] 만일 본문의 "성도들"이 스가랴 14:5을 배경으로 한다면 이 역시 하나님께서 지성소에서 나와 자기 백성과 함께하시는 것이 임마누엘의 의미에 부합한다.[228] 구약과 유대 묵시 문헌에서 하늘이 열리는 표현은 땅에서 일어나는 일에 대해 하늘이 반응한다는 사실을 강조한다. 〈에녹1서〉의 예를 보면 의인들의 호소가 하늘에 올라가자(에녹1서 6:1-8:4; 참조. 4QEnc 1 6:4; 레위의 유언 5:1), 하늘에서 하나님이 이 호소를 받아(9:1-10; 81:1-2; 89:61-77; 90:1-17; 97:6a; 98:4-8; 99:3; 103:1-3; 104:7-8; 106:19; 108:2), 하늘의 문을 통해 하늘에서 땅으로 반응을 하신다(10:1-11:2). 유대 묵시 문헌에서 '땅에서의 호소' → '하늘에서의 판단' → '하늘에서 땅으로 반응'은 중요한 공식으로 나타난다.[229] 이런 특징을 고려해 보면, 마태복

---

226 J. Priest, "Testament of Moses," *OTP*, 1:932.

227 Nolland, *Matthew*, 1213.

228 Nolland, *Matthew*, 1214-1215.

229 특히 이 공식은 제2성전기 유대문헌의 하늘법정 장면에서 중요하다.

음 27:51-54은 예수의 죽음에 대해 하늘이 반응한 결과라고 독자들에게 알린다. 본문은 하나님께서 예수의 죽음에 대한 반응으로 성전 휘장을 찢고 나와 무덤을 열고 자기 백성을 회복하시는 일을 묘사하고 있다.[230] 하늘이 열리자 하나님께서 내려오셔서 자기 백성을 회복하실 뿐만 아니라 이방인들이 하늘의 진리를 깨닫는다.[231]

3. 요약과 결론

우리는 지금까지 성전의 하늘 상징성이 마태의 수난 내러티브를 해석할 때 어떤 역할을 하는지 살펴보았다. 예수의 심문 장면은 대제사장과 예수, 유대법정과 하늘법정 사이의 권위가 충돌하고 있음을 보여 준다. 가야바는 산헤드린의 최고 권위자이며 유대지역에서 최고의 권세를 가지고 있다. 가야바의 공식적 의복이 그의 권위를 대변한다. 그에게 주어진 권위의 근거는 이 땅의 하늘인 지성소다. 가야바와 그가 주재하는 유대법정 앞에 선 예수는 무력하며 그가 하늘회의에서 부여받은 임무는 실패한 것처럼 보인다. 그러나 예수가 선언하는 하늘의 그림은 자신이 지성소의 본체인 하늘 보좌에 앉아 하늘법정을 주재하러 올 것을 알린다(26:64). 우림과 둠밈을 가진 대제사장은 지성소에서 하나님의 뜻을 아는 특권을 가지고 있다고 믿었으나, 예수는 자신이 하늘과 종말의 재판자라는 하늘의 진리를 직접 계시한다. 예수는 하늘과 종말의 심판자이며 가야바는 하늘법정을 주재하는 인자 앞에 서게 될 것이다.

그리고 우리는 성전의 하늘 상징성과 성전 휘장의 찢어짐과 마태복음에만 기록된 묵시적 사건들(27:51하-53)과 이에 대한 로마 군인들의 고백(54절)을

230 Nolland, *Matthew*, 1212-1214.

231 이 회복과 고백은 종말에 일어날 최종적인 회복이 이미 시작됐음을 알려 준다. Nolland, Matthew, 1214.

해석하는 열쇠가 됨을 살펴보았다. 필자는 휘장이 열려 주의 백성이 임마누엘을 경험하고 하늘의 진리(예수는 하나님의 아들)를 알게 된다는 거트너의 주장에는 동의하지만, 지성소에 '들어가는' 길이 열렸다는 논지에는 반대한다. 하나님이 하늘을 열고 내려오실 때 땅이 진동하고 성도들이 회복되는 것이 구약과 유대 묵시 전통과 마태가 호소하는 임마누엘의 주제에 더 부합한다. 성전의 휘장은 하늘의 궁창을 상징하며 성전의 수평적 구조는 우주의 수직적 구조를 형상화한다는 점을 고려할 때, 휘장의 찢어짐은 궁창의 열림을 의미하며, 마태가 그려주는 묵시 사건들은 하나님이 성전 휘장을 찢고 나오실 때, 곧 하늘을 열고 내려오실 때의 역사적이며 묵시적 현상이다. 마태는 하나님의 구속 계획의 성취를 임마누엘이라는 주제와 연결하며, 임마누엘의 결과로 이방인들이 하늘의 진리인 예수의 정체성(예수는 하나님의 아들!)을 깨닫게 되는 장면을 묘사한다.

이와 같이 예수는 이 땅에서 고난받고 죽임을 당했으나 역설적이게도 그는 우주적 권위를 가지고 있으며 하늘(의 궁창)을 열어 하나님의 구속 계획을 성취하게 했다. 그러므로 성전의 하늘 상징성(특별히 대제사장과 휘장)은 마태복음 28장을 포함하여 26-27장의 주제라고 할 수 있는 '하나님의 구속 계획의 절정'을 이해하는 데 도움이 된다.

6장

하늘, 음부, 심연[232]

마태복음은 신약에서 "하늘"(οὐρανός, 우라노스)과 "하늘들"(οὐρανοί, 우라노이)을 가장 빈번하게 사용할 뿐만 아니라 하늘과 대조되는 영역인 음부와 지옥도 중요한 용어로 활용한다. 예를 들어, 마태복음은 신약과 공관복음서에서 "지옥"(γέεννα 게엔나, 5:22, 29, 30; 10:28; 18:9; 23:15, 33; 막 9:43, 45, 47; 눅 12:5)과[233] 쫓겨나 "울며 이를 갈게" 될 곳(8:12; 13:30, 41, 50; 22:13; 24:51; 25:30; 눅 13:28)을 가장 많이 사용한다.[234] 마태복음에 사용된 하늘-음부-지옥의 관계에 대해 미리 결론을 내리자면, 의인들이 누릴 운명의 영역인 하늘과 악인들이 어둡고 울며 이를 갈게 될 바깥쪽은 서로 수평적 구도에서 대조되는 반면 "음부"(ᾅδης 하데스, 마 11:23; 16:18)는[235] 수직적 방향에서 하늘의 반대쪽에 있다. 심판을 중심 주제로 다루는 마태복음에서 음부와 지옥의 개념이 문학적으로나 신학적으로 어떤 역할을 하고 있는가를 분석하는 일은 중요하다. 그러므로 본 논문은

---

232 강대훈, "마태복음에 나타난 '하데스'와 '아뷔소스'의 개념과 하늘나라와의 관계에 대한 연구". 『신약연구』 제13호(2014. 6): 183-218.

233 γέεννα는 신약에서 총 12회 사용되며, 약 3:6을 제외하면 모두 공관복음서의 예수에게서 나온다.

234 참조. 마 13:42(풀무불); 13:50(풀무불); 25:41(영원한 불).

235 ᾅδης는 신약에서 10회 사용된다: 마태복음(11:23; 16:18), 누가복음(10:15; 16:23), 사도행전(2:27, 31), 계시록(1:18; 6:8; 20:13, 14).

마태복음에 나타난 음부의 신학적 의미를 문학적 문맥과 역사적 배경 연구로 분석할 것이다. 그다음 마태의 하늘-음부의 대조가 하늘나라의 도래와 어떤 관련성이 있는가를 밝힐 것이다. 마태복음에는 명시적으로 언급되지 않는 용어인 "심연"(또는 "무저갱"), 아뷔소스(ἄβυσσος)가[236] 8:28-34에서 중요한 역할을 하고 있음을 입증할 것이다. 이어서 귀신들이 돼지 떼와 "때가 이르기 전에" 물에 던져진 의미가 하늘나라의 도래와 어떤 관계인지 분석하고자 한다. 그리고 11:20-30과 16:18-19(참조. 18:18-19)에서 음부와 하늘의 대조가 지니는 신학적 의미를 분석할 것이다. 마지막으로 음부 개념이 마태복음의 하늘나라 이해에 어떤 도움을 주는지 종합적으로 정리할 것이다.

1. 심연(아뷔소스)과 하늘나라 도래의 관계(마 8:28-34)

땅 아래가 음부(하데스)라면 '바다의 깊은 곳' 또는 '바다의 아래'는 심연 또는 무저갱(아뷔소스)이다. 마태복음 8:28-32(=막 5:1-20)의 병행 본문인 누가복음 8:26-39은 귀신들이 들어가기를 무서워하는 곳을 "무저갱"(ἄβυσσος 아뷔소스)으로 밝힌다(31절). 필자는 마태복음에는 나오지 않는 심연의 개념이 내포된 것으로 보고 귀신들이 돼지 떼와 함께 물에 던져진 사건과 하늘나라의 도래 사이의 관계를 살피고자 한다.

귀신을 쫓아내는 일은 제자들의 사명 중의 하나이며(10:1), 8:28-34은 예수께서 제자들에게 축귀 사역을 구체적으로 보여준 다섯 사건(9:32-33; 12:22; 15:21-28; 17:14-20) 중의 첫 번째다.[237] 귀신을 쫓아내는 사건은 예수의 신분과 하늘나라의 도래와 관련해서 중요한 의미를 갖는다. 특히 사탄의 나라를 공격하는 하늘나라를 가져오신 예수의 권위가 강조된다. 예수의 권위는 8-9장

---

236 눅 8:31; 롬 10:7; 계 9:1, 2, 11; 11:7; 17:8; 20:1, 3.

237 France, *Matthew*, 338.

의 핵심 주제로서 8:23-27에는 자연에 대한 권위, 8:28-34에는 귀신들에 대한 예수의 권위가 강조된다.[238] 예수께서 가다라 지방의 무덤에 이르자 귀신 들린 두 명이 그의 권위를 이미 알고 묻는다(8:29). "때가 이르기 전에 우리를 괴롭게 하려고 여기 오셨나이까?"(ἦλθες ὧδε πρὸ καιροῦ βασανίσαι ἡμᾶς;) 여기서 우리의 관심을 끄는 표현은 "괴롭히다"와 "때"다. 마태는 앞과 뒤의 내용이나 표현을 반복하는 방식을 취하는데,[239] 8:29을 18:34과 25:41의 의미와 연결해서 설명할 수 있다.

첫째, 귀신들이 말한 "때가 이르기 전"(πρὸ καιροῦ)의 "때"(καιρός 카이로스)는 언제인가? πρὸ καιροῦ에 초점을 맞춰보면, 8:28-34은 최후심판 장면인 25:31-46과 연결된다. 마태복음의 다섯 강화는 최후심판 주제로 각각 끝을 맺으며, 25:31-46은 최후심판 장면의 완결판이라고 할 수 있다. 25:41에서 재판장(인자)은 "저주를 받은 자들아 나를 떠나 마귀와 그 사자들을 위하여 예비된 영원한 불에 들어가라"고 명령한다.[240] 25:31-46의 비유에 따르면 최후심판의 결과로 귀신들은 (영원한 불로 표현된) 형벌의 장소에서 악인들과 함께 고통당하게 될 것이다(참조. 에녹1서 15-16; 희년서 10:8-9; 레위의 유언 18:12).[241] 이 관점에서 8:29의 "때"는 귀신들이 형벌의 장소로 보내지는 때, 곧 최후심판이다.

둘째, "괴롭히다"로 번역된 바사니조(βασανίζω)는 법적 절차에 따라 신체에 고통을 가하거나 고문하는 것을 의미한다.[242] 이런 특징 때문에 이 동사의 주어는 종말론적 심판을 집행할 것이다.[243] 죄 용서와 종말론적 심판 사이의 관계를 묘사하는 18:21-35에는 βασανίζω에서 파생된 명사 바사니스타

238 Keener, *Matthew*, 277-88; Turner, *Matthew*, 246; Hagner, *Matthew 1-13*, 229.

239 Nolland, *Matthew*, 24-25.

240 악인들은 동일한 최후심판이라는 형벌을 경험하게 될 것이다(25:46).

241 Davies and Allison, *Matthew* 8-18, 81.

242 마 8:6; 14:24; 막 5:7; 6:48; 눅 8:28; 벧후 2:8; 계 9:5; 11:10; 12:2; 14:10; 20:10. BDAG, 168; W. Stenger, "βασανίζω," *EDNT* 1:200-201.

243 참조. 눅 16:23, 28; 계 18:7, 10, 15; 14:10(*EDNT* 1:200).

이(βασανισταί; βασανιστής의 복수형)가 사용된다(18:34). 이 단어는 법적 절차에 따라 "고통(이나 고문)을 가하는 자들"(개역개정-"옥졸들"), "무자비한 간수들"이다.[244] 마태복음 18장에서 이들은 종말론적 심판을 집행하는 자들로서 용서하지 않은 종에게 최후심판 이후에 형벌의 장소에서 고통을 가한다.[245]

첫째와 둘째를 종합해 보면, "고통을 가하는 자들"은 마귀와 귀신들의 최후 운명(형벌!)을 집행하는 존재들이다. 최후심판에서 악인들과 귀신들에게 고통을 가하는 자들은 누구인가? 데이빗 심이 주장한 것처럼, 이들은 종말의 형벌을 집행하는 천상의 존재들, 즉 천사들을 가리킨다.[246] 흥미롭게도, 유대 묵시 문헌에는 고통을 가하는 천사들의 역할과 종말론적 형벌의 주제가 함께 등장한다. 예를 들어, 심의 주장에 따르면[247] 〈에녹1서〉 중 〈에녹의 비유〉에서 천사들은 최후심판의 날에 악인들을 영원한 불에 던지고(에녹1서 54:6) 결박하며(54:1-5; 참조. 53:3-5) 형벌을 가한다(56:1; 62:11; 63:1). 〈에녹2서〉에서 에녹은 북쪽 하늘에 올라가서 잔인한 천사들이 동정심 없이 악인들에게 고통(고문)을 가하는 장면을 본다(에녹2서 10:3). 〈아브라함의 유언〉 12:1-2에서 천사들로 구성된 집행자들이 나타나 종말의 심판을 집행한다. 〈에녹3서〉에는 파멸의 천사들이 등장한다(에녹3서 31:2; 33:1; 44:2). 두 명의 천사는 악인들을 스올에 내던지는데(에녹3서 44:2), 한 천사는 게헨나에 있는 불로 악인들을 벌한다(44:3). 〈레위의 유언서〉에서 천사로 여겨지는 어떤 영들이 하늘의 가장 낮은 곳으로 보내져 심판의 날에 저주 받은 자들을 벌한다(3:2). 〈시빌의 신탁〉에서 고문(고통)을 가하는 천사들에 대한 주제와 악인들의 최후 운명이 연결된다(2:214-220, 227-227-35, 284-312, 286-290). 쿰란 문헌 역시 고문하고 파괴하는 천사들에 대해 언급한다(1QS 2 6-7; 4 12-13; CD 2 6; 8 2; 1QM 13 12).

---

244 BADG 168; Gundry, *Matthew*, 159.

245 *EDNT* 1:200.

246 David C. Sim, "Angels of Eschatological Punishment in the Jewish and Christian Apocalyptic Traditions and in the Gospel of Matthew," *HTS* 55 (June 1999), 693-718.

247 Sim, "Angels of Eschatological Punishment," 712.

위의 내용을 우리의 본문에 적용해 보자. 귀신들은 자신들이 고통당할 때, 즉 최후심판의 때가 아직 오지 않았는데 왜 예수께서 자신들에게 왔는지 묻는다.[248] "귀신들은 자신들의 다가오는 운명을 잘 알고 있다. 귀신들이 멸망하도록 정해진 시간[최후심판] 전에 하나님의 아들이 왔고, 그냥 내버려 두기를 원한다. 그들은 나라의 도래를 예상하지 못했고, 이 나라의 시작된 종말론의 특징을 이해하지 못했다."[249] 예수께서 돼지 떼에 들어가게 해 달라는 귀신들의 요청을 들어주자 돼지 떼는 물에서 몰사한다(8:32). 우리의 관심은 귀신들이 던져진 물(과 물아래)이 상징하는 장소다. 본문 외에도 귀신과 물은 함께 등장하며, 마태복음 12:43에는 "더러운 귀신이 사람에게서 나갔을 때에 물 없는 곳으로 다니며 쉬기를 구하되 쉴 곳을 얻지" 못하는 장면이 나온다(참조. 눅 11:24). 물과 귀신들의 심판 사이에 어떤 관계가 있는지를 알기 위해서는 물(또는 바다)의 상징성, 구체적으로 귀신들의 운명과 물 사이의 연관성을 살펴볼 필요가 있다.

먼저 병행 본문인 누가복음 8:26-39의 31절을 보면, 귀신들은 "무저갱에"(εἰς τὴν ἄβυσσον) 던져 넣지 말아 달라고 예수께 간청한다. 누가복음 8:31의 아뷔소스(ἄβυσσος)는 최후심판 전까지 악인들이나 귀신들이 갇히는 장소다.[250] 아뷔소스의 개념 뒤에 있는 역사적 배경을 살펴 보자. 끝(밑바닥)이 없다는 뜻의 ἄβυσσος는 70인역에서 최소 34회 등장하는데 30회 정도는 대부분 히브리어 '테홈'(תְּהוֹם)을 번역한 단어다.[251] Abyss는 '아뷔소스'의 영어식 표현으로 영어번역본은 주로 '깊음'과 관련된 용어로 번역한다(예, 'the deep', 'the depth', 'deep'). 구약의 아뷔소스는 다음과 같은 의미를 나타낸다: (1) 태고의 바다(창 1:2), (2) 심해(욥 28:14; 38:16; 41:23; 욘 2:5[252]), (3) 이스라엘 백성이 통과한 홍해(

---

248 Nolland, *Matthew*, 375.

249 Osborne, *Matthew*, 320.

250 J. Jeremias, "ἄβυσσος," TDNT 1:9-10.

251 H. G. Grether, "ἄβυσσος," ABD CD. n.p.

252 욘 2:6에서 "깊음"과 "심연", 곧 תהום(תְּהוֹם יְסֹבְבֵנִי)과 ἄβυσσος(ἄβυσσος ἐκύκλωσέν με)가 포함되

시 106:9; 사 51:10; 63:13), (4) 지하수(창 7:11; 8:2; 잠 3:20; 시 78:15), (5) 죽은 자들이 거하는 곳(시 71:20, 스올과 비슷한 의미). 하늘의 높음과 정반대 쪽인 바다의 낮은 곳(시 107:26)으로서[253] 하늘의 반대쪽이라는 점에서 '하데스'와 비슷하게 기능한다(참조. 사 14:13-15). 그런데 악과 아뷔소스는 밀접한 관련성을 가지므로(욥 41:31-32; 시 148:7; 89:9-10; 사 27:1; 51:9-10; 단 7:1-8) 하데스보다는 악이나 괴물들의 근원과 더 밀접한 관련이 있는 개념이다.

제2성전기 유대교의 '아뷔소스'는 구약의 그것과 유사한 의미를 갖고 있지만(예, 홍해[지혜서 10:19]), 악한 천사들이 갇히는 감옥에 강조점을 두는 것이 특징이다(에녹1서 10:11-13; 54:4-6; 60:7; 88:3; 90:24-27;[254] 참조. 에녹1서 10:4-6; 희년서 5:6-10(천사들이 "땅의 깊은 곳"에서 형벌을 받음;[255] 참조. 벧후 2:4).[256]

> [11] 그가 미가엘에게 말했다. "미가엘아 가서 사람들의 딸들과 짝짓기한 쉐미하자와 그와 함께하는 자들을 결박하라…[12] 그리고 이들 스스로 자신들의 아들들이 멸망하고 사랑하는 자들이 파멸되는 것을 보는 순간에, 이들을 땅의 골짜기에서 칠십 세대 동안, 심판과 완성의 날까지, 영원한 심판이 완성되는 날까지 결박하라. [13] 이때 이들은 불타는 아뷔소스로, 고통으로, 이들이 영원히 속박될 감옥으로 인도받을 것이다." (에녹1서 10:11-13)

는 문장을 한글성경은 다양하게 번역한다: "땅이 그 빗장으로 나를 오래도록 막았사오나"(개역개정); "땅이 빗장을 질러 나를 영영 가두어 놓으려 했습니다"(표준새번역); "깊은 바다는 이 몸을 휩쌌습니다"(공동번역); 참조. "the deep surrounded me"(2:5, NRSV); "the deep surrounded me"(2:5, ESV).

253 "그들이 하늘로(ἕως τῶν οὐρανῶν) 솟구쳤다가 깊은 곳으로(ἕως τῶν ἀβύσσων) 내려가나니 그 위험 때문에 그들의 영혼이 녹는도다"(시 107:26; 106:2670인역). 하늘과 심연의 대조에 대해서는 T. Muraoka, *A Greek-English Lexicon of the Septuagint* (Louvain: Peeters, 2009), 1을 보라(참조. *TDNT* 1:9-10).

254 번역은 G. W. E. Nickelsburg & J. C. VanderKam, *1 Enoch: A New Translation* (Minn. MN: Augsburg Fortress, 2004)에 근거한다.

255 에녹1서 88:1-3에서 하늘의 첫 번째 별(타락한 천사)이 하늘에서 떨어져 손과 발이 묶여 아뷔소스로 던져진다. 타락한 천사들이 아뷔소스에 갇히는 장면은 에녹1서 90:24-27에도 등장한다.

256 O. Böcher, "ἄβυσσος," *EDNT*, 1:4; J. Jeremias, "ἄβυσσος," *TDNT* 1:9-10; *ABD CD*. n.p.; H. Bietenhard, "ἄβυσσος," *NIDNTT* 1:205.

[4] 그리고 나는 나와 함께 간 평화의 천사에게 물었다. "이 사슬들은 누구를 위해 준비된 것입니까?' [5] 그가 내게 대답했다. '이것들은 아자젤(Azazel)의 무리를 위해 준비되고 있어서, 영들의 주께서 명령하실 때, 그들은 이들을 붙잡아 완전한 심판의 아비소스 안으로 던질 것이며, 뾰족한 돌로 이들의 턱을 내리칠 것이다. [6] 그리고 미가엘과 라파엘과 가브리엘과 파누엘은 이 큰 날에 이들을 붙잡아 타오르는 풀무 안으로 그날 던져서, 영들의 주께서 이들에게 복수할 것이다. 왜냐하면 사탄의 종들이 되고 땅 위에 거하는 자들을 그릇 인도한 이들의 불의 때문이다." (에녹1서 54:4-6)

그리고 그날 두 괴물이 대양의 깊음, 물들의 근원 위에 거하도록 분리됐는데, 그 중 하나는 리워야단이라는 이름을 가진 암컷 괴물이었다. (에녹1서 60:7)

그리고 내가 환상에서 보니, 네 명(하늘에서 온 백색의 천사들) 중의 한 명이 하늘에서 돌을 던졌고 말의 그것과 같은 내장 기관을 가진 큰 별들을 모으고 붙잡아 손과 발을 묶어서 땅의 아뷔소스 안으로 던졌다. (에녹1서 88:3)

[24] 그리고 심판은 먼저 별들에 내려졌고, 이들은 심판 받고 죄인들로 판명됐다. 그리고 그들은 심판의 장소에 가서 이들을 불로 가득한 아뷔소스에 던져 넣었다. [25] 칠십명의 목자들은 심판 받았고 죄인들로 판명됐다. 이들은 불타는 아뷔소스로 던져졌다. [26] 그리고 나는 그날 이와 같이 불로 가득찬 아뷔소스가 땅 한 가운데 열린 것을 보았다. 그리고 이들은 불타는 아뷔소스로 던져졌고, 태워졌다. 그리고 이 아뷔소스는 그 집의 남쪽에 있었다. [27] 그리고 나는 이 양들이 불타고 양들의 뼈가 불타는 것을 보았다. (에녹1서 90:24)

아뷔소스는 귀신들뿐만 아니라 악인들도 던져지는 곳이라는 점에서 하데스와 의미가 겹치기도 한다. 예를 들어 〈스바냐의 묵시록〉(BC 1세기-AD 2세기 중반)에서 경건치 않은 자들은 심판의 날까지 심연과 음부에 갇힌다(스바냐의 묵시록 4:1-7; 6:15-17; 10:3-9). 죄인들은 바다에 던져져 고통당한다(10:3-9). 〈아브라함의 묵시록〉(AD 2세기)에서 순종한 의인들은 회복된 성전에 모이고(29:18) 천상에서 즐길 것이지만(31:4), 악인들은 심연에서 고통당하고(21:3) 의인들을 괴롭힌 이유로 음부의 불에 던져질 것이다(31:2-3). 이와 같이 제2성전기 유대교의 아뷔소스는 악인들과 귀신들이 갇히는 장소로 정리할 수 있다.[257] 최후심판 전까지 갇히는 곳이라는 점에서 하데스와 비슷하지만, 하데스보다는 불의 이미지가 강하고 주로 귀신들이 갇히는 장소로서 기능한다.

신약의 아뷔소스는 구약과 제2성전기 유대교에 나타난 아뷔소스의 기능과 연결된다. 특별히 귀신들의 감옥이라는 점에서 제2성전기의 묘사와 연속성을 지닌다: (1) 귀신들(눅 8:31; 계 9:1이하)과 사탄이 갇히는 곳(계 20:1-3), (2) 짐승들이 나오는 장소(계 11:7), (3) 죽은 자들이 가는 곳(롬 10:7 이하). 신약의 아뷔소스는 죽은 자들이 가는 깊은 곳이라는 점에서는 하데스와 유사성이 있으나 귀신들의 감옥이라는 사실에서 하데스와는 다르며, 최후심판까지 갇히는 감옥으로서의 의미에 초점이 맞춰져 있으므로 최후심판 이후 형벌의 장소인 '게헨나'와도 다르다.[258]

257 *TDNT* 1:9-10.

258 F. Bovon, *A Commentary on the Gospel of Luke 1:1-9:50* (Minneapolis: Fortress Press, 2002), 329; H. Conzelmann, *The Theology of St. Luke* (London: Faber and Faber, 1960), 44-45; J. A. Fitzmyer, The Gospel According to Luke I-IX (New York, NY: Doubleday, 1981), 739. 물과 악의 관계에 대해 데이비스와 앨리슨(Davies and Allison, *Matthew*, 2:84)은 귀신이 물을 두려워하는 장면이 실린 솔로몬의 유언(AD 1-3세기)을 예로 제시하면서 예수는 귀신들이 나온 장소인 물로 되돌려 보내는 장면이라고 본다. 귀신 아스모데우스가 솔로몬에게 물에 집어넣지 말아 달라고 간청한다(솔로몬의 유언 5:11). "사자 모양 귀신"이라는 이름의 귀신이 솔로몬에게 와서 자신 수하에 있는 모든 귀신들의 이름이 레기온(legion)인데, 자신들을 방해한 존재는 고난을 겪은 사람으로 이름이 임마누엘이라고 한다(솔로몬의 유언 11:1-5): "그가 우리를 묶었고 벼랑 아래의 물에 (우리를 집어넣어서) 고통을 가할 것이다"(11:6). 그런데 이 유언서가 신약 본문의 배경이 될 수 있느냐에 대해서는 유언서의 내용이 기독교의 영향을 받은 흔적을 드러내기 때문에 회의적으로 평가할 수 있다. 그래서 학자들은 신약 본문과의 유사성 때문에 헬라어를 사용하는 솔로몬의 유언서의 저자가 헬라어를 사용한 유대인이 기록한 원문을 편집한 것으로 본다. 이 부분에 대해서는 D. C. Duling, "Testament of Solomon," in *OTP* 1 (ed. J. H. Charlesworth; New York, NY: Doubleday, 1983), 943-44를 보라. 그리고 필자는 귀신들이 본래의 영역으로 돌아간다는 것보다는 심판의 의미가 더 강하다고 이해한다.

위의 배경을 마태복음과 연결해 보자. 악한 영들(귀신들)이 물의 깊은 곳에 갇히는 개념은 저자와 독자들의 공동 지식이었다. 마태복음에는 무저갱이라는 용어는 사용되지 않아도 아뷔소스의 개념은 반영된다. 귀신들이 돼지 떼와 함께 물속에 던져진 것은 귀신들이 물 아래의 아뷔소스에 갇혔음을 상징하고 있다.[259] 귀신들은 자신들이 갇히는 곳, 즉 심판을 의미하는 공간에 갇히기를 거부했고, 돼지 떼가 호수에 몰사한 것은 귀신들이 옥에 갇힌 것을 상징한다. 심연은 음부처럼 감옥, 특히 귀신들(또는 악한/타락한 천사들)의 감옥으로 기능하므로 돼지 떼가 물에서 몰살한 사건은 귀신들이 예수의 명령으로 즉시 심판받아 고통에 빠진 사실을 의미한다.[260] 오스본은 마태복음 8:29과 요한계시록 12:12(…"마귀가 자기의 때가 얼마 남지 않은 줄 알므로" ὁ διάβολος...εἰδὼς ὅτι ὀλίγον καιρὸν ἔχει)을 연결해서 8:29의 "때"(καιρός)는 사탄과 사탄의 졸개들이 불못에 던져지는 최후심판이라고 주장하는데 이는 타당하다(에녹1서 15-16; 55:4; 희년서 10:8-9; 레위의 유언 18:12; 계 19:20; 20:10, 14).[261] 한편, 건드리는 돼지 떼가 물에 빠졌을 때 귀신들이 죽은 것은 지옥의 고통을 겪는 것이라고 이해한다.[262] 건드리는 예수의 명령과 명령의 결과는 귀신들이 말한 시간 전에 심판이 임했으므로 마태가 실현된 종말론을 어느 정도 다루고 있다고 주장한다.[263] 필자의 관점에서 귀신들이 예수께서 가하는 형벌을 받아 던져진 아뷔소스가 고통의 장소이며 게헨나의 고통과 연결될 수는 있지만, 본문에서 내포하는 장소는

---

259 파파이오아노우(K. G. Papaioannou, "Places of Punishment in the Synoptic Gospels," [unpublished dissertation; Durham University, 2004], 187)는 제2성전기의 아뷔소스 묘사와 신약의 아뷔소스 묘사의 차이를 다음과 같이 설명한다: "성경에서 하데스와 게헨나는 사람들과 관련해서 사용되는 반면 아뷔소스는 귀신들에 대해서만 사용된다. 그리고 아뷔소스는 현재 존재하는 장소인 반면 게헨나는 심판 날의 형벌에 대한 것이다." 그러나 우리가 위에서 살펴 본 것처럼, 아뷔소스는 하데스에 비해 악이나 귀신들의 운명과 더 깊은 관계를 갖지만, 두 장소는 악인들이 갇히는 곳으로도 사용된다.

260 Davies and Allison, *Matthew*, 2:84.

261 Osborne, *Matthew*, 320.

262 Gundry, *Matthew*, 151.

263 비슷한 입장으로 Davies and Allison, *Matthew*, 2:82를 보라.

지옥이 아니며, 종말의 재판장이 온 것은 맞지만 실현된 종말론보다는 '이미 그러나 아직'의 구도, 즉 시작된 종말론이 더 적합한 표현이다.

〈표1〉 축귀와 심연(마 8:28-34)

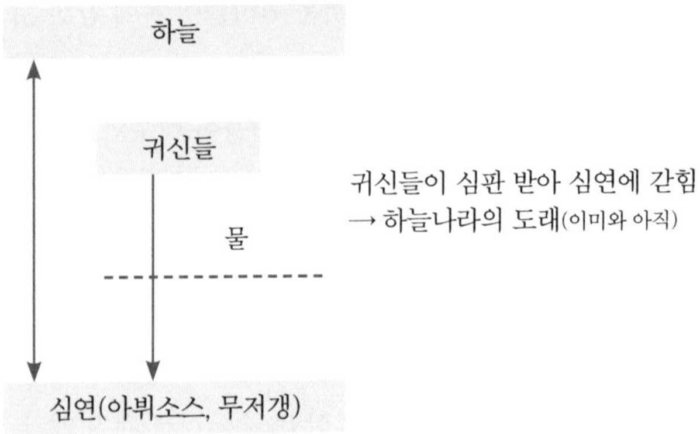

이와 같이 예수께서 귀신을 돼지 떼와 함께 물아래로 던지신 것을 수직적으로 도식화할 수 있다면[264] 이 사건은 하늘나라의 도래와 무슨 관계인가? 귀신들이 물 아래에 던져진 장면은 예수의 축귀 사역이 하늘나라가 사탄의 나라를 공격하고 점령하고 있음을 상징적으로 보여준다. 오스본은 하늘나라와 귀신들의 반응 사이의 관계를 다음과 같이 적절하게 표현한다. "하나님의 아들은 귀신들이 멸망하기로 정해진 시간 전에 이미 왔고, 귀신들은 자신들을 내버려 두기를 원했다. 나라의 도래는 예상 밖의 일이었고, 귀신들은 나라의 시작된 측면을 이해하지 못한다. 유대 백성처럼 귀신들은 메시아가 오면 메시아는 오는 즉시 최후의 전쟁을 시작할 것인 줄로 생각하는 것이 분명하다."[265] 귀신들이 돼지 떼와 함께 물에 들어간 것은 하늘나라가 예수의 권위로

264 누가복음에는 사탄이 하늘에서 떨어지는 것을 보신 예수의 말씀이 나오기 때문에(10:18) 하늘과 심연(무저갱)의 수직적 구도가 더 뚜렷하다고 볼 수도 있다.

265 Osborne, *Matthew*, 320.

이미 임해 사탄의 나라가 괴멸되고 있다는 사실, 즉 악의 세력에 대한 종말론적인 심판이 지금 시작되고 있음을 보여준다.[266] 심판의 날이 이미 실행되고 있으므로 '이미 그러나 아직'의 종말론적 구도가 반영됐다(참조. 12:24-28). 따라서 귀신들은 이미 심판 가운데 있으며(8:29) 예수의 재림(파루시아) 때 완전한 심판을 받게 될 것이다(25:41).

2. 음부와 하늘의 대조(11:20-30)

이제 마태복음 11:20-24(//눅 10:13-15)의 음부가 문맥에서 신학적으로 어떤 역할을 하고 있는지 살펴보자.[267] 음부의 문학적이고 신학적인 기능은 음부의 반대편인 하늘의 역할과 비교되면서 더욱 선명해진다. 11:2-30의 구조를 다음과 같이 정리할 수 있다: 예수의 메시아 사역(11:2-6), 예수에 대한 시대의 반응(11:7-19), 거부에 대한 형벌(11:20-24), 아들의 복과 초대(11:25-30). 메시아 사역에 대한 반응은 거부와 영접으로, 반응에 대한 예수의 평가는 형벌(11:20-24)과 복(11:25-27)으로 나뉜다. 필자는 11:20-24에서 가버나움이 음부에 내려가게 될 것이라고 한 예수의 심판 선언을 분석한 다음에 이 본문을 11:25-30과 비교함으로써 음부와 하늘의 수식적 구도를 도출하고 음부의 역할을 분석할 것이다.

266 Nolland, *Matthew*, 375; Warren Carter, *Matthew and the Margins: A Socio-Political and Religious Reading* (Sheffield: Sheffield Academic Press, 2000), 212; France, *Matthew*, 341; Keener, *Matthew*, 287; Eduard Schweizer, *Matthew* (trans. David E. Green, London: SPCK. 1976).

267 누가복음의 병행 본문 뒤에는 (마태복음에는 없는) 70인의 전도 보고 장면이 이어진 다음 (10:17-20) 마 11:25-27의 병행 본문이 등장한다.

2.1. 음부와 가버나움(마 11:20-24)

"예수께서 권능을 가장 많이 베푸신 고을들이 회개하지 아니하므로 그 때에 책망하시되"(11:20)의 핵심 단어는 "권능"(αἱ πλεῖσται), "고을들"(τὰς πόλεις), "회개"(ὅτι οὐ μετενόησαν)- "회개하지 않았기 때문에"), "책망"(ἤρξατο ὀνειδίζειν - 책망하기 시작했다)이다. 이 단어들로 구성된 11:20은 11:20-24의 표제로서 21-24절의 주제를 미리 알린다.[268] 11:21-24은 이 단어들을 반복하고 21-22절과 23-24절을 병행시켜 예수의 권능에 회개로 반응하지 않은 고을들에 대한 예수의 책망을 강조한다. 21-24절의 평행구조는 다음과 같이 선명하게 배열된다.[269]

A οὐαί σοι, Χοραζίν, οὐαί σοι, Βηθσαϊδά· (21a)
B ὅτι εἰ ἐν Τύρῳ καὶ Σιδῶνι ἐγένοντο αἱ δυνάμεις αἱ γενόμεναι ἐν ὑμῖν, (21b)
πάλαι ἂν ἐν σάκκῳ καὶ σποδῷ μετενόησαν. (21c)
C πλὴν λέγω ὑμῖν, Τύρῳ καὶ Σιδῶνι ἀνεκτότερον ἔσται ἐν ἡμέρᾳ κρίσεως ἢ ὑμῖν. (22)
A′ καὶ σύ, Καφαρναούμ, μὴ ἕως οὐρανοῦ ὑψωθήσῃ; ἕως ᾅδου καταβήσῃ· (23a)
B′ ὅτι εἰ ἐν Σοδόμοις ἐγενήθησαν αἱ δυνάμεις αἱ γενόμεναι ἐν σοί, (23b)
ἔμεινεν ἂν μέχρι τῆς σήμερον. (23c)
C′ πλὴν λέγω ὑμῖν ὅτι γῇ Σοδόμων ἀνεκτότερον ἔσται ἐν ἡμέρᾳ κρίσεως ἢ σοί. (24)

위의 평행구조에 나타난 몇 가지 특징을 정리해 보자. 첫째, 첫 부분(A-B-C)과 두 번째 부분(A′-B′-C′)은 같은 주제를 다루지만 두 번째 부분에서 심판의 이유와 종말론적 심판이 더 강조된다. 이방 도시 두로와 시돈보다는 죄로 이미 심판받아 사라진 소돔과 비교되는 것이 갈릴리 사람들에게는

268 Joseph A. Comber, "The Composition and the Literary Characteristics of Matt 11:20-24," *CBQ* 39 (1970), 497-504(497).

269 Comber, "The Composition," 498; Turner, *Matthew*, 298.

더 큰 충격이었을 것이다. 뒤에서 살피겠지만, "네가 하늘에까지 높아지겠느냐 음부에까지 낮아지리라"(23a절)는 이사야 14:13-15에서 오만한 바벨론 왕에게 던져진 심판 선언이므로(참조. 겔 26:20; 28:2, 8) 이 표현도 "화 있을진저"(21상절; 암 5:18; 6:1, 4; 미 2:1; 합 2:6, 9, 12, 15; 습 2:5; 3:1; 마 18:7; 23:13-36; 막 3:17; 14:21; 눅 6:24-26)보다는[270] 더 구체적이고 심각하다. 둘째, 11:21-24은 심판 선언(A/A′), 예수께서 권능을 행한 도시가 심판 받는 이유(B/B′), 이 도시들의 운명인 종말론적 심판(C/C′)을 설명한다.[271] 갈릴리 도시들이 심판 받게 되는 이유는 예수께서 보여주신 권능의 행위에 대해 예수께서 기대한 반응을 보이지 않은 것이다. 그들이 보여야 했던 반응은 회개이며, "베옷을 입고 재에 앉"는 행위는 회개를 가리키는 전형적인 묘사다(21절; 욥 42:6; 단 9:3; 욘 3:6).[272] 가버나움이 회개하지 않은 문제는 소돔이 멸망한 이유보다 더 심각해서,[273] 가버나움의 불길한 운명이 예견된다. 권능의 행위와 회개는 긴밀하게 연결되는 주제다.[274] 예수는 하늘나라의 복음을 가르치고 기적을 행하셨는데, 이를 보고 듣는 자들이 보여야 했던 반응은 회개였다. 회개는 세례 요한과 예수께서 동일하게 요구한 것으로, 하늘나라가 임할 때 사람들이 보여야 하는 반응이다(3:2; 4:17). 11:20-24의 이전 본문인 11:2-19은 예수의 행위에 대해 언급한다(11:2, 5, 19).[275] 예수께서 이미 보여주신 기적은 8-9장에 묘사되는데, 10장에서 예수

270 Comber, "The Composition," 499.

271 Comber, "The Composition," 498.

272 Keener, *Matthew*, 345.

273 소돔의 죄에 대한 유대교와 신약의 사용에 대해서는 Weston W. Fields, *Sodom and Gomorrah: History and Motif in Biblical Narrative* (Sheffield: Sheffield Academic Press, 1997), 155-84을 보라. 소돔의 죄에 대해 김경식, "요한계시록에서의 소돔 모티브 사용", 『신약연구』 12 (2013), 605-632은 소돔 관련 구약 배경을 연구하고 계시록의 소돔 모티브를 분석한다. 소돔의 죄, 불로 표현된 영벌의 장소 등을 탐구하고, 불과 유황으로 표현된 영벌은 '내 백성'을 경고하는 용도로 쓰였다는 주장은 중요하다.

274 Comber, "The Composition," 499.

275 "그리스도께서 하신 일"(11:2), "맹인이 보며 못 걷는 사람이 걸으며 나병환자가 깨끗함을 받으며 못 듣는 자가 들으며 죽은 자가 살아나며 가난한 자에게 복음이 전파된다"(11:5), "지혜는 그 행한 일로 인하여 옳다 함을 얻느니라"(11:19).

는 제자들을 파송하면서 이 지역 사람들의 반대를 예고하셨다. 만일 이방 도시인 두로와 시돈에 사는 사람들이 예수의 기적을 목격했다면 그들은, 요나의 메시지에 반응했던 니느웨 사람들처럼, 베옷을 입고 재에 앉아 회개했을 것이다. 예수는 가버나움을 하늘나라 사역의 본부로 삼았고(마 4:13; 9:1) 많은 기적이 이곳에서 행해졌다(8:5-17; 9:1-34). 이는 이방의 갈릴리에 빛이 비췬 것으로 예언의 성취를 의미했다(4:14-16; 사 9:1-2). 만일 소돔 사람들이 가버나움 사람들이 경험한 예수의 기적을 보았다면 회개하고 심판받지 않았을 것이다.

예수께서 기적을 행한 근본 목적은 자신을 메시아로 알리기 위함이었다(예, 사 61의 선지자적 메시아).[276] 4:23과 9:35은 예수의 메시아 사역을 가르침, 복음 선포, 치유로 요약한다.[277] 마태는 치유 사건을 8:1-9:34에서 상세히 설명하고[278] 11장에서도 이러한 기적을 반복함으로써(11:2, 19), 갈릴리 도시들이 예수의 메시아 사역을 경험하고도 반응하지 않은 것을 강조한다. 그런데 과연 예수께서 많은 기적을 행함으로써 갈릴리 도시들의 반응을 기대한 것이 타당한가?

예수께서 요한에게 전하라고 하신 내용(11:6)은 1세기 유대인들이 기대했던 메시아가 와서 행할 사역이다. 맹인이 눈을 뜨고(사 61:1 70인역; 사 29:18하; 35:5하), 못 걷는 사람이 걸으며(참조. 사 35:6), 못 듣는 자가 들으며(참조. 사 29:18상; 35:5하; 42:18상), 죽은 자가 살아나며(참조. 사 26:19), 가난한 자에게 복음이 전파된다(참조. 사 61:1; 29:10 70인역).[279] 특히 마태복음에서 예수께서 요한에게 전하신 내용은 이사야 61:1-2과 35:5-6을 떠올린다. 1세기 유대인들이 이러한

276 Craig A. Evans, *Matthew* (Cambridge: Cambridge University Press, 2012), 233-35.

277 Comber, "The Composition," 502.

278 Comber, "The Composition," 502.

279 Evans, *Matthew*, 234-35. 데이비스와 앨리슨(Davies and Allison, *Matthew*, 2:246)은 구약 본문은 심판과 연결되기 때문에(사 29:20; 35:4; 61:2) 하늘나라와 심판 사이의 관계를 강조한 요한과 달리 예수는 구원 또는 은혜를 중심으로 언급한다고 주장한다. 예수의 반응이 종말론적 구원이 임했음을 암시하고 있다는 주장은 타당하다.

사역을 하는 메시아를 기다렸다는 사실은 사해 두루마리 4Q521과[280] 4Q521의 병행 본문이라고 할 수 있는 11QMelchizedek의 내용으로 드러난다.[281] 흥미롭게도 4Q521에는 이사야 61:1-2과 35:5-6에는 없는 죽은 자가 살아나는 현상도 기록돼 있다.[282] 이사야 61장은 기름 부음 받아 좋은 소식을 전하고 해방과 주의 은혜의 해를 선포할 메시아가 행할 사역을 다룬다.[283] 4Q521는 유대인들이 기대한 선지자적 메시아의 행위를 묘사하고 있으므로 가버나움에서 보인 예수의 행위는 그를 메시아로 나타낸 증거가 된다.[284] 다시 말해서 가버나움은 메시아의 행위를 경험하는 특권을 얻었기에 예수가 누군지 몰라

---

280 세례 요한의 질문에 대한 예수의 응답(마 11:2-6)과 4Q521의 관계는 다음의 글에 적절하게 설명되고 있다. Craig A. Evans, "Jesus and the Dead Sea Scrolls from Qumran Cave 4," *Eschatology, messianism, and the Dead Sea scrolls* (ed. Craig A. Evans and Peter W. Flint; Grand Rapids, Mich.: Wm. B. Eerdmans Publishing Co., 1997), 91-100; J. D. Tabor and M. O. Wise, "4Q521 On Resurrection and the Synoptic Gospel Tradition: A Preliminary Study," *JSP* 10 (1994), 149-62; John J. Collins, *The Scepter and the Star: Messianism in Light of the Dead Sea Scrolls* (Grand Rapids, Mich.: Wm. B. Eerdmans Publishing Co., 2010), 132-35; H. Kvalbein, "The Wonders and the End-Time: Metaphoric Language in 4Q521 and the Interpretation of Matthew 11.5 par.," *JSP* 18 (1998), 87-110; Lidija Novakovic, *Messiah, the healer of the sick: A Study of Jesus as the Son of David in the Gospel of Matthew* (Tübingen, Mohr Siebeck, 2003), 169-79; M. Labahn, "The Significance of Signs in Luke-7:22-23 in the Light of Isaiah 61 and the Messianic Apocalypse," in *From Prophecy to Testament: The Function of the Old Testament in the New* (ed. C. A. Evans; Peabody, MA: Hendrickson, 2004), 146-68.

281 M. P. Miller, "The Function of Isa 61:1-2 in 11QMelchizedek," *JBL* 88 (1969), 467-69.

282 Craig A. Evans, "Jesus and the Dead Sea Scrolls from Qumran Cave 4," in *Eschatology, messianism, and the Dead Sea scrolls* (ed. Craig A. Evans and Peter W. Flint; Grand Rapids, Mich.: Wm. B. Eerdmans Publishing Co., 1997), 96-97. 에반스는 위의 자료에서 아래의 도표를 제시한다. 그리고 피츠마이어는 4Q521에 나타난 메시아 기대 사상은 구약보다 더 발전된 것이라고 옳게 주장한다. Joseph A. Fitzmyer, *The Dead Sea Scrolls and Christian Origins* (Grand Rapids, Mich.: William B. Eerdmans Pub. Co., 2000), 94.

283 Evans, "Jesus and the Dead Sea Scrolls from Qumran Cave 4," 97.

284 Collins, *The Scepter and the Star*, 132-35; idem, "The Works of the Messiah," *DSD* 1 (1994), 98-112. Evans, "Jesus and the Dead Sea Scrolls from Qumran Cave 4," 97: "그는 하나님 나라를 선포한다. 그의 치유와 축귀 사역을 통해 하나님 나라가 지금 도래했음을 입증한다. 그는 기름 부음 받았으며 그래서 좋은 소식을 선포할 자격을 갖추었음을 주장한다. 4Q521은 예수께서 자신을 이스라엘의 메시아로 참으로 알았다는 전통적인 입장을 지지하는 중요한 문서다."

서 반응하지 못했다는 것은 핑계가 될 수 없다.

사해 두루마리의 증거처럼 예수는 바로 갈릴리 사람들이 기다렸고 하늘나라를 가져온 메시아다. 그러나 예수께서 가장 권능을 많이 행한 갈릴리 도시들은 회개하지 않았다.[285] 11:22, 24의 "심판의 날"은 최후심판에 대한 표현으로 종말론적 재판정 그림을 떠올리게 하며(마 10:15; 12:36; 눅 10:12, 14), 가버나움이 겪게 될 운명이 최후심판과 연결된다.[286] 따라서 예수께서 기적을 가장 많이 행한 가버나움과 갈릴리 도시들은 종말론적 구원에서 제외된다.[287] 하늘나라의 도래에 반응한 제자들도 있었음을 감안할 때, 가버나움은 예수께서 가지고 온 하늘나라에 반응하지 않은 대다수의 가버나움 거주민을 뜻한다. 그리고 예수는 기적의 대부분을 이스라엘 땅에서 보이셨기에, 가버나움의 심판은 회개로 하늘나라의 도래에 반응하지 않은 이스라엘의 심판을 암시한다고 볼 수 있다.[288] 나아가 본문은 최후심판을 강조함으로써 하늘나라의 복음과 일에 회개로 반응할 것을 독자들에게 촉구한다. 회개로 반응하지 않은 결과로 직면하게 될 최후의 운명을 강조한다.[289]

여기서 우리의 관심은 음부의 용례다. 음부는 하늘과 반대쪽에 위치하므

---

285 이들은 회개하기보다 오히려 예수께서 가지고 오신 하늘나라에 대해 적대적으로 반응했으며, 이러한 반대는 12장에서 더 심해진다.

286 대부분의 학자들은 예수의 경고를 최후심판에 대한 것으로 이해한다(예, Luz, *Matthew*, 2:153; Hagner, *Matthew*, 2:314). 앨리슨의 관찰에 따르면 "심판의 날"은 히브리 성경이나 70인역에는 나오지 않는데, 제2성전기 유대 문헌에서 "심판의 날"은 "주의 날"과 동의어로 의인들에게 상을 베풀고 악인들에게 형벌을 가하는 종말론적 재판으로 이해됐다(에녹1서 10:12; 100:4; 희년서 4:19; 유디트 16:17; 레위의 유언 1:1; 에즈라4서 12:34; 아담과 이브의 생애 26:4). 후기 랍비 문헌에서는 יום הדין가 같은 용례로 사용된다: 예를 들어 y. Ber. 12c (8:6), y. Hag. 77a (2:1) 등이다. "심판의 날"과 비슷한 표현으로는 "큰 심판의 날" 또는 "심판의 큰 날"(솔로몬의 시편 15:12); "심판의 날들"(에녹1서 27:4), "심판의 시간"(계 14:7) 등이 있다. 자세한 설명은 Dale C. Allison, Constructing Jesus: Memory, Imagination, and History (Grand Rapids: Baker Academic, 2010), 34을 보라. 그리고 콤버(Comber, "The Composition," 499)의 관찰에 따르면 "심판"은 마태복음에서 전체 12회 중 7회가 11-12장에, "심판의 날에"는 전체 4회 중 11-12장에 3회 사용된다.

287 Comber, "The Composition," 501.

288 Luz, *Matthew*, 2:152; Comber, "The Composition," 503.

289 Comber, "The Composition," 501.

로 교만한 가버나움의 역설적인 운명을 설명하기에 적절한 개념이다.[290] 이사야 14:13-15의 음부-하늘의 대조를 본문에 적용하기 전에 음부에 대한 역사적 배경을 살펴보자. 예수의 메시아적 사역에 반응하지 않은 자들이 가는 곳이 음부라면 구약과 제2성전기 유대교의 음부 이해도 마찬가지인가? 악인들이 가는 곳이라는 점에서 제2성전기 유대교와 마태복음의 묘사는 분명히 연속성을 지니는데, 구약의 묘사는 어떤가? 70인역은 히브리어 '스올'(שְׁאוֹל)을 하데스(ᾅδης)로 번역한다. 스올은 구약에서 66회 등장하고, 정관사 없이 고유명사로 나타나며, 항상 죽은 자들이 거하는 땅속 깊은 곳, 엄밀히 말하자면 땅 아래쪽 세계(지하세계)를 가리킨다.[291] 스올은 모든 죽은 자들이 거하는 장

290 그러나 레벤슨은 스올의 세 가지 대척점에 대해서 다음과 같이 설명한다. 첫째, 가족과 후손들에게 이름이 기억되는 것이다. 기억에서 지워지는 곳인 스올과 반대로 죽은 사람의 이름은 후손들의 기억 속에 살아 있게 된다. 둘째, 성전(=에덴)이다(예, 욘 2:5-8). 예루살렘 성전은 낙원과 같은 장소로서, 성전에 하나님께서 거하시며 복이 가득하다. 죽음에서 자유를 에덴을 반영하는 성전에서 누릴 수 있다. 셋째, 구속 역사 속에서 가족과 국가의 회복도 스올의 대척점이다. Jon D. Levenson, *Resurrection and the Restoration of Israel: The Ultimate Victory of the God of Life* (New Haven: Yale University Press, 2006), 78-82. 우주론 입장에서 하늘도 음부의 대척점이 될 수 있다. 이에 대해서는 클라인(Meredeth Kline), 이수영 옮김, 『하나님 나라의 도래』(CLC, 2010), 69-92을 참조하라.

291 Philip S. Johnston, *Shades of Sheol: Death and Afterlife in the Old Testament* (Downers Grove: IVP, 2002), 71-72을 보라. 구약에서 지하세계를 지칭하는 스올이나 스올의 동의어는 백 회 정도만 나타난다. 고대근동 문헌에 비해서 스올의 사용 빈도는 매우 적은 편이다. 스올은 주로 무덤으로 묘사된다(Heidel)는 입장에 대한 존스톤의 반론을 보자(Johnston, 73-74). 스올이 의인들에게도 사용되는 이유로 일부 학자들은 의인들이 악인들과 같이 지하세계로 내려간다는 해석을 차단하기 위해서 스올을 '무덤'으로 번역하기도 한다. 대표적으로 하이델은 음부가 흔히 무덤을 의미한다고 주장한다(사 14:11; 겔 32:26이하; 욥 24; 시 141; 창 37-44; 왕상 2). A. Heidel, "Death and the Afterlife," in *The Gilgamesh Epic and Old Testament Parallels* (Chicago: University of Chicago: 1949), 137-223. 하이델(180)의 주장에 따르면, 구약에서 "의인들의 영혼이 지하의 영적 세계라는 개념으로서의 스올에 내려간다고 믿은 사실을 보여주는 결정적인 증거는 없으며" 이 지하 세계는 히스기야가 무덤을 가리킬 때 사용한 스올과 같다(사 38장). 따라서 하이델은 스올을 죽음과 같은 의미로 이해한다. 그러나 존스톤의 반론에 따르면 이사야 선지자는 (무덤에서 썩은 자들은 말이 없으나) 스올에 거하는 자들이 말하고 있는 장면을 알린다(사 14:9-10). 그리고 하이델의 주장은 의인들은 스올(무덤으로서의 스올)에 내려가고 동시에 스올(지하세계인 스올)에는 내려가지 않는다고 말하는 모순을 낳게 된다(Johnston, 74). 둘째, "스올은 항상 무덤을 가리킨다"고 주장한 해리스는 스올에 있는 존재는 비유적 표현이지 실제 어떤 존재를 의미하지는 않는다고 주장한다. 해리스는 시 88의 스올을 무덤으로 이해한다. 사 14:9에서 말하는 존재들은 비유적인 표현이라고 보며 높은 하늘과 깊은 무덤을 대조하려고 스올이 사용된다고 주장한다. R. Laird Harris, "The Meaning

소라는 것이 구약의 스올에 대한 대체적인 합의다.[292] 의인과 악인이 다 같이 가는 운명의 장소라는 시각에서 스올을 무덤의 동의어나 죽음 자체로 보는 주장이 나오게 된다. 하지만 이에 대해 존스톤은 스올을 무덤으로 이해하는 입장(주로 무덤을 의미한다는 견해와 항상 무덤을 의미한다는 견해를 포함)에 대해 반론을 제기하면서 스올의 일반적 의미는 무덤이나 죽음이 아니라 지하세계임을 분명히 한다. "분명히 히브리어 단어 '스올'은 다른 문맥에서 다른 어감을 나타내지만 지하세계라는 어감을 갖고 있다."[293] 그리고 스올은 의인과 악인과 구별 없이 모든 인간이 가는 곳이라는 합의에 대해 근래에 몇 학자들은 스올을 의롭지 않은 자들의 운명과 관계되는 곳이라고 주장한다.[294] 예를 들어 존스

---

of the Word Sheol as Shown by Parallels in Poetic Texts," *JETS* 4 (1961), 129-35 (132-33). 이에 대한 존스톤의 반론은 다음과 같다. 시 88편은 "깊은 곳"(6절)과 "죽은 영혼들"(10절)을 언급하며, 사 14의 "죽은 영혼들"은 몰락한 독재자를 맞이한다(Johnston, 74).

292 예, Bruce K. Waltke and C. Yu, *An Old Testament Theology: A Canonical and Thematic Approach* (Grand Rapids, MI: Zondervan, 2006), 966-969; Johannes Pedersen, *Israel: Its Life and Culture* (South Florida Studies in the History of Judaism 28; Atlanta: Scholars Press, 1991); John Gray, *I and II Kings* (London: SCM, 1970), 102.

293 Johnston, *Shades of Sheol*, 74-77. 지하세계의 존재들은 하나님과 분리돼 있다. 그들은 하나님을 기억할 수도, 찬양할 수도 없기에(시 6:6; 사 38:18; 욘 2:5) 스올은 "망각의 땅"으로 불린다(시 88:12). 이런 점에서 지하세계는 하나님을 잊은 악인들에게 해당되는 곳이며(시 9:17; 31:17; 55:15), 의인들이 (하나님의 기억에서 지워지면 안 되므로) 가기를 두려워하는 영역이기도 하다(시 16:10; 30:3; 49:15; 86:13). 또한 스올이 하나님께 알려졌고 하나님이 가실 수 있는 장소로 표현되는 이유는(암 9:2; 시 139:8; 욥 26:5; 잠 15:11) 스올이 하나님의 능력을 제한할 수 없기 때문이다(사 7:11; 욥 11:8). 스올에는 문이 있지만(사 38:10; 욘 2:6), 갇히면 다시 돌아갈 수 없다(욥 16:22). 스올은 어둠의 장소이며(욥 10:21; 시 88:6, 12; 참조. 143:3; 애 3:6; 시락서 22:11), 움직임이 없고 조용하며(시 94:17; 115:17) 동시에 스올의 존재들이 움직이는 본문도 있다(사 14:9 이하; 겔 32:21).

294 스올을 악인의 운명과 연관된다고 주장하는 대표적인 학자들은 다음과 같다. Johnston, *Shades*; Levenson, *Resurrection*; Levenson and Kevin J. Madigan, *The Power of God for Christians and Jews* (New Haven: Yale University Press, 2008); James Barr, *The Garden of Eden and the Hope of Immortality* (London: SCM, 1992); Cristian G. Rata, "Some Reflections on Life and Death from the Old Testament," *TTJ* 12.1 (2009), 8-24; Junia Pokrifka, "Life, Imagery of," in *Dictionary of the Old Testament: Wisdom, Poetry & Writings* (ed. Tremper Longman III and Peter Enns; Downers Grove: IVP, 2008), 431; Desmond Alexander, "The Old Testament View of Life after Death," *Themelios* 11 (1986), 44. 레벤슨(*Resurrection*, 71-72)이 언급하는 것처럼 만일 스올이 악인과 의인이 똑같이 가는 곳이라면, 아브라함과 모세와 욥도 스올에 있다면, 하나님의 정의에 대한 성경의 민

톤은 스올의 용례를 분석하여[295] 다음과 같이 종합한다. 구약에서 스올은 인생의 운명을 묘사할 때 사용되고 특별히 경건하지 않은 자들의 운명을 다루므로 스올에 가는 사람들은 악인들이다. 또한 의로운 사람들로 생각되는 개인들이 자신들이 스올에 가는 것으로 묘사하는 경우는, 그들이 겪는 시련, 질병, 낙담이 극심할 때이다. 그들은 생존 시에 스올에 가는 고통을 표현하지만, 그런 순간이 지나고 나면 스올을 언급하지 않는다. 즉, 의인들과 스올에 함께 나오는 본문은 의인들이 스올에 가 있다는 의미가 아니라, 그들의 고통을 스올의 저주와 연결시키는 장면을 묘사한다.[296] "스올은 [의인과 악인] 모두를 기다리고 있는 지하세계를 위해 사용되는 히브리 용어라고 규정될 수 없다. 스올은 거의 절대적으로 하나님의 심판을 위해 사용된다."[297]

우리가 이미 언급한 것처럼, 제2성전기 유대묵시 문헌에서 음부는 심판받은 악인들의 운명을 강조하기 위해 자주 사용되며, 심연(무저갱)과 한 본문에 함께 쓰이기도 한다. 사해 두루마리를 추가해 보면, 전쟁 두루마리에서 '키팀'과 맞서 싸우는 거룩한 백성들을 돕기 위해 하늘 군대가 내려올 때 반역자들은 스올에서 파멸되고 불타게 될 것이다(4QMa [4Q491] 8-10 i 15). 감사의 찬송에서 인생의 운명은 천상세계와 형벌의 장소와 연결되고 악인은 형벌의 장

음은 심각하게 흔들릴 수밖에 없다.

295 Johnston, *Shades*, 74-77; Pokrifka, "Imagery of Life," 436을 보라. 운명: 1) 모든 사람(2회): 시 89:48; 전 9:10; 2) 의인의 운명(7회): 창 37:35; 42:38; 44:29, 31; 욥 14:13; 시 88:3; 사 38:10; 3) 악인(25회): 민 16:30, 33; 왕상 2:6, 9; 욥 21:13; 24:19; 시 9:17; 31:17; 49:14(2회); 55:15; 141:7; 잠 5:5; 7:27; 9:18; 사 5:14; 14:11, 15; 28:15, 18; 겔 31:15-17; 32:21, 27. 악인들의 운명과 스올의 관계에 초점을 맞추면 다음과 같다: 악한 자들: 사 5:14; 시 9:17; 31:17; 141:7; 욥 21:13; 죄인들: 욥 24:19; 어리석은 부자: 시 49:14; 냉소하는 자: 사 28:15, 18; 부도덕한 자: 잠 5:5; 7:27; 9:18; 고라와 그 일당: 민 16:30, 33; 요압과 시므이: 왕상 2:6, 9; 바벨론 왕: 사 14:11, 15; 이집트인들 등: 겔 31:15-17; 32:18-32.

296 예, 야곱(창 37:35 외), 히스기야(사 38:10), 욥(욥 17:13-16), 시인(시 88:4). Johnston, *Shades*, 82-83.

297 Johnstone, *Shades*, 83. 또한 포크리프카(Pokrifka, "Imagery of Life," 436)는 스올은 "악인들만을 위한 장소이며, 이곳에서 의인들은 구속받는다"고 주장한다. 이 입장은 의인과 악인 모두 죽음 이후에 스올에 내려가지만 의인들은 그곳에 머물지 않고 구속받는다는 것으로 이해될 수 있다.

소에 가게 된다(1QHa 11 16-22; 19 10-14). 구체적으로는 악인의 운명은 스올이나 아바돈과 연결된다(1QHa 11 6-18). 전쟁 두루마리에 나타난 인물은 하늘의 존귀한 신분을 가지고 있지만 악인들은 스올의 불로 타게 된다(4Q491 8-10 1). 의인들은 이 스올에서 구원받아 천상세계로 올라간다(1QHa 11 19).

위의 배경 연구 내용을 정리해 보면, 음부는 지하세계를 가리키고 악인의 운명과 관계되는 영역이다. 그리고 음부에서 실제 형벌이 가해지기도 한다.[298] 이제 다시 우리의 관심으로 돌아와 예수께서 가버나움의 운명을 위해 사용한 이사야 14:13-15을 보자. 이사야 본문은 바벨론 왕(느부갓네살)의 운명으로 설명하는데, 구약 본문 역시 하늘과 음부를 수직적으로 배치해서 하늘에까지 올라가려고 할 만큼 교만한 바벨론이 스올에 떨어지게 될 운명을 강조한다.

> 네가 네 마음에 이르기를 내가 하늘에 올라 하나님의 뭇별 위에 나의 보좌를 높이리라 내가 북극(בירכתי צפון) 집회의 산 위에(בהר־מועד) 좌정하리라 14 가장 높은 구름에 올라 지극히 높은 자와 비기리라 하도다 15 그러나 이제 네가 음부 곧 구덩이의 맨 밑에(אל־ירכתי־בור) 빠지우리로다 (이사야 14:13)

이사야 14:13-15에서 하늘과 음부가 수직적인 구조로서 바벨론 왕의 몰락을 강조하는 점을 메리데스 클라인이 어원적으로 설명한 바 있다.[299] 바벨

298 하나의 예가 하늘법정의 결정에 따라 권세자들이 타오르는 불로 채워진 스올에 보내지는 장면에 나온다(에녹1서 58-69).

299 클라인(『하나님 나라의 도래』, 69-92)은 '짜폰'(צָפוֹן)과 '예레카'(יְרֵכָה)를 하늘로 이해하고 '야르케테 짜폰'(ירכתי צפון)을 '하르 모에드'(הר־מועד)와 함께 하늘을 가리키는 어구들과 동격 관계로 본다(시 48:2; 사 14:13; 겔 38:6, 15; 39:2). 바벨론 왕은 "야르케테 짜폰"이 상징하는 하늘에 오르기를 원했으나(14:13) '야르케테 보르'(ירכתי־בור)가 의미하는 음부로 떨어진다(14:15). 이로써 사 14:13은 수평적인 의미에서 땅 위의 동서남북의 한쪽을 가리키기보다, 수직적인 의미에서 우주의 수직적인 한 차원을 나타낸다. '야르케테 짜폰'은 하늘의 영역, 천상의 정점을 의미하며, '야르케테 보르'는 정반대인 지하의 영역을 의미한다. '하르 모에드'는 하늘에 있는 하나님의 왕적 임재의 장소로서 하늘회의가 열리며 재판을 담당한다(참조. 시 82:1). 바벨론 왕이 높은 산에 오르려고 열망했으나 깊은 구덩이로 떨어지고 '하르 모에드'(총회의 산)에 오르지 못하고 '야르케테 짜폰'(하늘의 높은 산)에 이르지 못한다. 바벨론 왕이 자신의 보좌 장소인 높은 산에 오르려고 열망했으나 깊은 구덩이로 떨어진다.

론 왕이 자신의 보좌 장소인 높은 산에 오르려고 열망했으나 깊은 구덩이로 떨어진다.

이제까지 관찰한 내용을 마태 본문과 연결해 보자. 놀란드가 말한 대로, 가버나움이 교만한 근거가 무엇인가를 찾는 연구는 합당한 결과를 얻기 힘들다.[300] 특권에도 불구하고 기대된 반응을 보이지 않는 것이 교만이다.[301] 가버나움은 예수께서 메시아의 일을 드러내고 하늘나라의 도래를 알리신 점에서 특권을 얻었으나 회개로 반응하지 않았다.[302] 즉 가버나움이 하늘나라의 현존을 경험한 특권을 누렸으나 반응을 보이지 않은 것 때문에 몰락한다.[303] 놀란드는 이 생애에서 힘 있고 오만한 자들이 던져지고 죽음으로 그들의 힘이 제거되고 낮아지게 되기 때문에, 음부에 내려가는 것 자체가 곧 심판을 뜻한다고 정확하게 지적한다.[304] 이는 마치 귀신들이 물에 던져짐으로써 무력하게 되는 것과 같다. 그러므로 하늘나라의 도래를 기대했으면서도 실제로 나라를 가지고 온 메시아의 사역에 회개로 반응하지 못한 가버나움, 나아가 이스라엘의 역설적 운명을 강조하기 위해 수사적으로 사용된다. 우주에서 가장 낮은 곳인 음부는 교만한 대상의 운명을 묘사하기에 가장 적절한 개념인 셈이다.

2.2. 하늘과 어린 아이들(마 11:25-30)[305]

11:20-24이 예수를 거부한 도시들에 대한 종말론적 운명을 설명한다면,

---

300 Nolland, *Matthew*, 468.

301 Nolland, *Matthew*, 468.

302 Hagner, *Matthew*, 2:315; David E. Garland, *Reading Matthew* (New York, NY: The Crossroad Pub. Co., 1995), 131.

303 Nolland, *Matthew*, 468.

304 Nolland, *Matthew*, 468.

305 본 단락의 논증은 필자의 학위논문인 Kang, "Heavenly Imagery and Symbolism," 184-193의 일부분을 편역하고 정리한 것임을 밝힘.

11:25-27은 정반대의 사람들인 제자들을 하늘과 연결한다. 흥미롭게도 마태복음에서 "계시하다"(ἀποκαλύπτω) 동사 다음에는 하늘 관련 장면이 나온다(10:26 → 10:32-33; 11:25 → 11:26-27; 16:17 → 16:18-19).[306] 11:25에서 ἀποκαλύπτω는 하늘에 감춰진 뜻을 전달하는 의미를 갖는다.[307] 11:26의 εὐδοκία는 3:17, 12:8, 17:5의 동사 εὐδοκέω와 연결되며, 세 본문에서 이 동사는 예수의 정체를 하나님의 아들로 드러내고 하늘 장면과 연결된다(마 3:16-17; 12:17; 17:2-5; 참고. 27:51; 사 42). εὐδοκία는 6:10과 18:14의 θέλημα("뜻")와 동의어다(참조. 엡 1:5, 9, 11).[308] 두 명사 εὐδοκία와 θέλημα는 히브리 단어 רצון를 번역한 용어로[309] "아버지…당신의 뜻(ὁ πατήρ...εὐδοκία ἐγένετο ἔμπροσθέν σου, 11:26), "하늘에 계시는 아버지의 뜻"(θέλημα ἔμπροσθεν τοῦ πατρὸς ὑμῶν τοῦ ἐν οὐρανοῖς, 18:14)으로 표현된다.[310] 랍비문헌에서 רצון는 '하나님의 기쁨', 더 구체적으로는 '하나님의 뜻'을 가리킨다.[311] 후기 유대교에서 이 단어는 법정(또는 궁정) 장면을 묘사할 때 사용되며 고대근동의 법정(또는 궁정) 언어에서 왔다는 사실이 중요하다.[312]

그리고 마태복음에서 전치사 ἔμπροσθέν(앞)이 계시적이고 법정적 장면에

---

306 Christopher C. Rowland, "Apocalyptic: The Disclosure of Heavenly Knowledge," in *The Cambridge History of Judaism 3: The Early Roman Period Cambridge* (ed. William Horbury, W. D. Davies and John Sturdy; Cambridge University Press, 2001), 777.

307 Rowland, "Apocalyptic: the Disclosure of Heavenly Knowledge," 777.

308 G. Schrenk, *TDNT* 2:743-745. 예, 엡 1:5 그 기쁘신 뜻대로(κατὰ τὴν εὐδοκίαν τοῦ θελήματος αὐτοῦ)…9 그 뜻의 비밀을 우리에게 알리신 것이요 그의 기뻐하심을 따라 그리스도 안에서 때가 찬 경륜을 위하여 예정하신 것이니(γνωρίσας ἡμῖν τὸ μυστήριον τοῦ θελήματος αὐτοῦ, κατὰ τὴν εὐδοκίαν αὐτοῦ ἣν προέθετο ἐν αὐτῷ) … 11 … 그의 뜻의 결정대로(κατὰ τὴν βουλὴν τοῦ θελήματος αὐτοῦ).

309 *TDNT* 2:743-44. 예, 시 40:8; 103:21. 구약의 !wcr 사용에 대해서는 *TDNT* 2:743을 보라. 70인역에는 명사 εὐδοκία는 10회 등장하고 거의 유대문헌이나 기독교 문헌에만 사용된다. 시락은 이 용어를 하나님의 은혜(시락서 4:12; 36:22; 50:22)와 하나님의 뜻(48:5)를 가리키는 의미로 발전시킨다. 또한 *EDNT* 2:75을 보라.

310 *Exod*. R. 46 (34:1); *Midr. Qob*. 5:11. 자세한 내용은 *TDNT* 2:745; Str-B, II, 118을 보라.

311 *TDNT* 2:745.

312 *TDNT* 2:745.

서 사용될 때 이는 하늘법정(또는 회의)에 대한 실마리를 제공한다.[313] ἔμπροσθέν의 이러한 역할은 구약과 제2성전기 묵시 문헌에서 하늘법정(의회)에서 하나님이 앉아 계시고 하늘회의 구성원들이 회의를 주재하는 하나님 앞에 서 있는 모습을 그린다. 슈렌크(G. Schrenk)는 마태복음 11:26의 ἔμπροσθέν σου(눅 10:21; 참조. 마 18:14)이 랍비문헌의 하늘 보좌 앞에 있는 하늘회의를 암시하는 "당신 앞"(דינפל)에 상응한다고 주장한다(*Ket.* 104a; *Ber.* 32b; Taan. 3, 8).[314] 이런 점에서 슈렌크가 마태와 누가가 ἔμπροσθέν σου을 사용한 것은 "보좌 앞의 회의"를 표현하기 위함이라고 주장한 것은 옳다.[315]

이제 11:26의 "이렇게 된 것이 아버지의 뜻이니이다"(ὅτι οὕτως εὐδοκία ἐγένετο ἔμπροσθέν σου)에서 εὐδοκία와 ἔμπροσθέν의 결합에 대해 살펴보자. 우리는 26절(눅 12:8; 참조. 눅 10:21)의 ὁ πατήρ...εὐδοκία ἐγένετο ἔμπροσθέν σου("아버지…당신의 뜻")와 18:14, θέλημα ἔμπροσθεν τοῦ πατρὸς ὑμῶν τοῦ ἐν οὐρανοῖς("하늘에 계시는 아버지의 뜻") 사이에 유사성이 있음을 볼 수 있다. 더 좁혀 보면 εὐδοκία... ἔμπροσθέν(11:26)와 θέλημα ἔμπροσθεν(18:14)은 "앞의 뜻"으로 번역되며, ἔμπροσθέν σου("당신 앞")과 ἔμπροσθεν τοῦ πατρὸς ὑμῶν τοῦ ἐν οὐρανοῖς("하늘에 계시는 너희 아버지 앞")은 평행을 이루는데, 18:14은 문자적으로 "하늘에 계시는 너희 아버지 '앞'의 뜻"으로 번역할 수 있다. "앞"이라는 전치사가 하늘법정(또는 회의)의 공간적 장면을 암시한다면 본문에서 가리키는 "아버지 앞의 뜻"은 하늘법정(회의)에서 선포된 하늘의 뜻이라고 말할 수 있다.[316]

---

313 Kang, "Heavenly Imagery and Symbolism"는 구약과 유대교와 마태복음에서 이 전치사가 어떤 역할을 하는지 자세히 설명함.

314 *TDNT* 2:747. Str-B, II, 119.

315 *TDNT* 2:747.

316 주의 기도에서 "당신의 뜻"(τὸ θέλημά σου)이 하늘(의 영역)에서(ἐν οὐρανῷ) 이루어진다고 했을 때의 "아버지의 뜻"은 11:26과 18:14의 "뜻"과 연결해서 이해할 수 있다.

〈표2〉 음부와 하늘(마 11:20-24, 25-30)

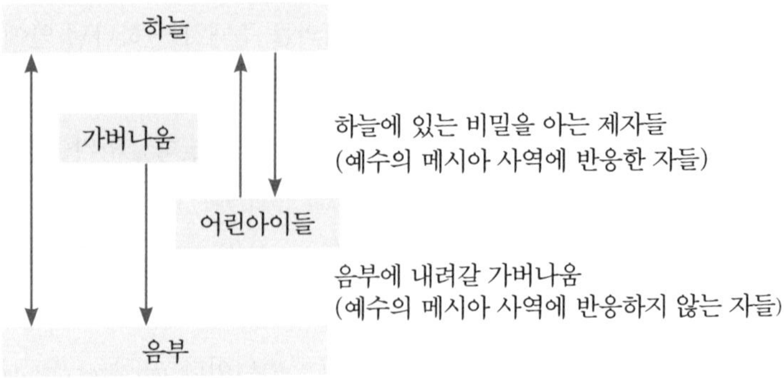

위의 논의를 정리해 보자. 마태복음 11:25-27은 하늘법정(회의) 장면을 암시한다. 사이먼 개더콜은 11:25-27을 하늘회의에 대한 묘사로 이해한다. "이것은 하나님 존전에서(ἔμπροσθέν) 하나님의 예정된(predestined) 뜻(εὐδοκία)으로 결정된 것이며, 두 구는 하늘궁정이나 하늘회의(법정)의 이미지를 떠올려 준다. 예수께서 천상에 있는 하나님의 결정을 알고 있다는 점에서 보면 마태복음 11:27(눅 10:22)은 유사한 맥락에서 해석될 수 있다."[317] 예수께서 이처럼 하나님의 예정된 목적 또는 뜻을 전달하는 것은(마 11:26) 예수의 선재성을 의미한다.[318]

따라서 11:26의 "당신 앞에 있는 뜻"(εὐδοκία...ἔμπροσθέν σου)은 하늘법정에 있는 하나님의 뜻(칙령)이며 하늘에 감추어졌으나 이제 선택된 제자들에게 드

317 Simon Gathercole, *The Preexistent Son: Recovering the Christologies of Matthew, Mark, and Luke* (Grand Rapids Mich.: W.B. Eerdmans Pub. Co., 2006), 280.

318 Gathercole, *The Preexistent Son*, 280. 퓌이에(A. Feuillet)와 슐라터(A. Schlatter)도 11:25-27이 천상의 존재들에 둘러 싸여 있는 보좌에 있는 예수를 묘사한다고 주장하며, 퓌이에는 본문이 고대근동의 법정 장면과 신의 보좌 앞에서 회의 중에 있는 천상 존재들의 회를 반영한다고 본다. Gathercole, The Preexistent Son, 280의 인용: Adolf Schlatter, *Der Evangelist Matthäus: Seine Sprache, sein Ziel, seine Selbständigkeit* (Stuttgart: Calver, 1948), 383; A. Feuillet, "Jésus et la sagesse divine d'après les Évangiles Synoptiques," *Revue Biblique* LXII (1955): 161-196 (177-78).

러난 묵시적 비밀이라고 할 수 있다. 역설적인 구원 계획은 하나님의 아들에 대한 지식을, 지혜롭고 슬기로운 자들에게는 숨기시고 어린아이들에게 계시하신 사실이다.[319] 이 사실은 하나님이 하늘에 감추신 뜻과 비밀이다. 이 아들은 하늘(법정 또는 회의)에 선재한 아들이요 하늘의 하나님 옆에 앉아 있었던 신적 지혜이기에 하늘의 뜻을 전하는 예수의 권위는 절대적이다.[320] 유대교의 현자들은 앞선 현자들에게서 권위를 받고 그들의 전통에 의존한 반면 예수는 천부에 의해 하늘에서 오는 절대적 권위를 얻었다(11:27; 참조. 28:18).[321] 예수는 하늘의 뜻을 전하는 종말론적 계시자로서[322] 하늘에 숨겨진 뜻은 선택받은 자들에게 전해졌다.[323] 그러므로 하나님의 아들인 예수께서 전하는 지식은 구원을 선사하며, 제자 공동체는 어린 아이들로서 이 지식을 알기에 구원의 공동체다.[324]

---

319 *TDNT* 2:747.

320 28:18의 *ἐδόθη μοι πᾶσα ἐξουσία*("모든 권세를 내게 주셨으니")와 같이 11:27의 *πάντα μοι παρεδόθη ὑπὸ τοῦ πατρός μου*("내 아버지께서 모든 것을 내게 주셨으니")는 천부께서 하늘에 선재했던 아들에게 하늘에 숨겨진 절대적(exclusive) 지식을 선언할 수 있는 "모든 권세" 주신 것을 표현한다(참조. 단 7:13-14). Celia Deutsch, *Lady Wisdom, Jesus, and the Sages: Metaphor and Social Context in Matthew's Gospel* (Valley forge, Pennsylvania: Trinity Press International, 1996), 107-108; idem, *Hidden Wisdom and the Easy Yoke: Wisdom, Torah and Discipleship in Matthew 11:25-30* (JSNTSup 18; Sheffield: JSOT Press, 1987), 33-34; A. Y. Collins and J. J. Collins, *King and Messiah as Son of God: Divine, Human, and Angelic* (Grand Rapids, Mich: W.B. Eerdmans Pub. Co, 2008), 141-42; France, Matthew, 445; Ulrich Luz, *Matthew 8-20* (trans. James E. Crouch; Minneapolis Minn.: Augsburg Fortress, 2001), 166, 169; Hamerton-Kelly, *Pre-Existence*, 69-70. 어떤 학자들은 *πάντα*를 28:18처럼 아버지가 아들에게 준 권위나 권세로 이해한다. 예를 들어 John P. Meier, *The Vision of Matthew: Christ, Church, and Morality in the First Gospel* (New York: Paulist Press, 1979), 79을 보라. 다른 학자들은 이 용어가 아버지에 대한 아들의 신적 지혜라고 주장한다(참조. 요 5:20; 7:16, 28-29; 8:19, 38; 12:49). 후자는 아버지가 아들에게 유일하고 절대적인 지혜를 주었다는 27절의 내용으로 지지를 받는다. 필자가 보기에 두 입장 모두 가능하다(Nolland, *Matthew*, 471을 보라).

321 Keener, *Matthew*, 346.

322 Macaskill, *Revealed Wisdom*, 235.

323 Luz, *The Theology of the Gospel of Matthew*, 99.

324 마 11:25-30에서 아버지에 대한 아들의 절대 지식과 제자들을 향한 계시는 유대의 신적 지혜 사상으로 설명된다(France, *Matthew*, 441). 프란스가 말한 것처럼(France, *Matthew*, 447

2.3. 요약: 음부의 가버나움과 하늘의 어린 아이들

이제까지의 논지를 정리하고 하늘나라와의 관계를 고찰해보자. 메시아인 예수의 행위는 다름 아닌 지혜의 행위다. 그러나 가버나움은 예수의 정체를 파악하는 것에 실패했다. 가버나움(과 이스라엘)은 예수를 알 수 있는 기적과 복음을 경험한 특권에도 불구하고 하늘에 높아지는 교만으로 예수의 정체를 아는 데 실패했다. 교만한 자들이 오르고자 하는 '하늘'의 정반대 개념인 낮은 '음부'가 그들의 운명이 될 것이다. 반면, 하늘은 낮은 자들의 신분을 높이는 점에서 음부와 정반대 개념이다. 예수는 하늘에 선재한 아들로서(에녹1서 84:2-3; 지혜서 9:4-12)[325] 성부의 뜻을 알고 있는 유일한 존재다(마 11:26).[326] 예수의 메시아적 행위와 선포를 경험하고도 아는 데 실패한 가버나움은 특권의 반대로 가장 낮게 되지만, 가장 낮은 자들로 여겨진 제자들은 하늘의 뜻을 깨달아 땅에서 하늘을 경험하게 됐다. 그러므로 마태복음 11:20-30은 가버나움과

---

n. 26.) 11:28-30은 기독론적 목적을 위해 시락서 51:23-26을 창조적으로 가져온다(예, 마 11:19; 23:34). 예수 벤 사락이 교육받지 못한 자들에게 쉼을 누리도록 초청한 것처럼(시락서 51:23), 예수는 수고하며 무거운 짐을 지고 있는 자들을 배움의 길로 초대해서 쉼을 약속한다(마 11:28). 이런 측면에서 예수는 현자 또는 지혜의 계시자로 이해될 수 있다. 그러나 "그녀의[지혜]의 멍에"(시락서 51:26)와 "나의 멍에"(마 11:29-30)에는 분명한 차이가 있다. 벤 시락이 약속하는 쉼은 지혜의 멍에를 메는 데서 오는 반면(Sir 51:26), 예수는 자신의 멍에가 쉼을 얻게 할 것이라고 선포하신다(마 11:29-30). 수고하고 무거운 짐을 지는 사람들에게 베푸는 예수의 쉼과 안식이 바로 본문이 약속하는 쉼이다. 시락은 지혜의 현자로서 지혜로 사람들을 초대하지만, 예수는 성육신한 지혜, 신적인 지혜다. Collins & Collins, *King and Messiah*, 142; Deutsch, *Hidden Wisdom*, 130-131; France, *Matthew*, 442-50; Keener, *Matthew*, 347; Luz, *Matthew*, 172; Meier, *Matthew*, 79-80; Suggs, *Wisdom*, 96; Witherington, *Jesus the Sage*, 227.

325 보캄이 주장한 대로 제2성전에서 하늘의 보좌를 공유하는 유일한 두 존재는 인자와 지혜다. 지혜는 하나님 자신의 지혜이며, 하나님의 신적 본질에 속한다. R. J. Bauckham, "The Throne of God and the Worship of Jesus," in J. R. Davila, C. C. Newman, and G. S. Lewis (eds), *The Jewish Roots of Christological Monotheism* (Leiden: Brill, 1999), 54-55: *Jesus and the God of Israel: God Crucified and Other Studies on the New Testament's Christology of Divine Identity* (Grand Rapids, Mich.: W.B. Eerdmans Pub. Co, 2009), 165-66.

326 Robert Hamerton-Kelly, *Pre-Existence, Wisdom, and the Son of Man: A Study of the Idea of Pre-Existence in the New Testament* (Cambridge: Cambridge University Press, 1973), 68; Macaskill, *Revealed Wisdom*, 235-36.

제자 공동체의 운명을 음부와 하늘의 수직적 구조로 설명함으로써, 하늘의 묵시적 지식이 계시돼 종말의 시간이 시작됐으니 선재한 아들에게 반응하도록 독자를 초대한다(11:28-30).[327] 하늘나라가 이미 도래했기 때문에 이 나라를 가지고 온 메시아에게 반응하지 않는 자들의 운명은 음부와 연결되고, 비록 모습이 작고 약하지만 반응하는 자들과 공동체의 신분은 하늘과 직결된다.

3. 음부와 교회(16:18-19; 18:18-19)[328]

마태복음에만 기록된 16:18-19은 베드로의 신앙고백에 대한 예수의 반응이며 음부의 역할을 보여준다. 18절에 있는 음부가 무엇을 의미하는지는 "음부의 문들"(πύλαι ᾅδου, 18절), "천국 열쇠"(19절), "메고 풀다"(19절)를 살핌으로써 파악할 수 있다.

먼저 음부의 문들에 대해 검토해 보자. 학자들은 음부의 문들(16:18)이 죽음의 권세인가 아니면 지하세계의 세력인가에 대해 논쟁한다. 첫 번째 입장은 이렇다. 음부는 죽음을 가리키는 은유이며, 음부의 문("스올의 문"[욥 17:16; 사 38:10]; "죽음의 문"[38:17; 시 9:13; 107:18])은 죽음의 가두는 권세인데, 죽음의 문 또는 죽음의 가두는 권세는 살아계시는 하나님의 교회를 이길 수 없다.[329] 첫 번째 입장을 지지하는 학자들은 음부는 악한 세력이 있는 영역이 아니라고 본다. 두 번째 입장에 따르면, 음부의 문들은 지하세계(음부)로 가는 출입구이고, 음부를 단순히 죽음의 동의어로 이해해서는 16:18의 의미를 정확히 파악

---

327 Macaskill, *Revealed Wisdom*, 231.

328 본 섹션의 논의는 Kang, "Heavenly Imagery and Symbolism," 204-211에 있는 내용의 일부를 요약하고 편역한 것이다.

329 France, *Matthew*, 624; Jack P. Lewis, "'The Gates of Hell Shall Not Prevail against It' (Matt 16:18): A Study of the History of Interpretation," *JETS* 38/3 (1995), 352, 366; A. H. McNeile, *The Gospel According to St. Matthew* (London: Macmillan, 1915), 242; F. V. Filson, *Matthew* (New York: Harper, 1960), 187.

할 수 없다.[330] 둘째 입장의 주장은 경건치 않은 자들이 머무는 공간인 음부의 세력은 교회를 이길 수 없다는 것이다. 이 견해에서 '문'은 도시 전체를 나타내는 환유어(metonym)로서, 성의 문이 무너지면 도시가 무너지는 것과 마찬가지다(예, 시 24:7).[331] 문을 얻었다는 것은 도성을 정복했다는 뜻이다.[332] 두 번째 입장이 16:18-19의 의미에 더 가깝다. 앞에서도 언급한 것처럼 마태복음 11:23에서 하늘과 음부는 서로 공간으로서 대조를 이루며, 음부를 '공간'으로 이해하는 것은 1세기 유대교 맥락에서 자연스럽다. 16:18의 음부는 하늘과 정반대의 공간으로서 불경건한 자들이 거하는 영역이며, 이곳의 힘이 교회를 이길 수 없다.[333] 왜냐하면 교회는 하늘에 연결되기 때문이다. 이 부분은 "열쇠"와 "매고 푸는" 표현으로 설명된다.

16:19의 "열쇠"는 열쇠를 쥐고 있는 사람의 권세를 상징한다.[334] 하늘의 문을 열 수 있는 권세는 하늘의 열쇠를 가진 사람에게 주어진다. 11:23에서 본 것처럼 하늘은 음부와 반대되는 장소이며 23:13에서는 지옥(게헨나)과 대조된다. 제2성전기 유대교에서 하늘의 문은 몇 가지 의미를 지닌다. 인간의 최후 운명은 하늘의 문에서 결정되므로(아브라함의 유언 10:15; 11:2 A; 스바냐의 묵

330 Nolland, *Matthew*, 674.

331 Joel Marcus, "The Gates of Hades and the Keys of the Kingdom (Matt 16:18-19)," *CBQ* 50 (1988): 443-55(445); Davies and Allison, *Matthew*, 2:633; Cooper, "Ps 24:7-10: Mythology and Exegesis," 43, 49; W. Carter, *Matthew and the Margins*, 335-36: 예, 솔로몬의 지혜서 16:13; 사 38:10; 에녹1서 18:16; 21:6; 22:1-14; 희년서 5:10; 22:22.

332 일반적으로 성벽으로 둘러싸인 성에서 가장 약한 곳이 성문이기 때문에 수비를 위해 성문을 강하게 만든다. 성문의 수비를 강화해도 성문이 무너지면 도성이 빼앗기기 때문에 문들은 도성의 힘을 대변한다.

333 음부의 권세가 교회를 공격하는가, 아니면 교회가 음부의 문을 공격하는가? 문이라는 용어 자체가 저항하는 태도를 의미하므로, 베드로와 교회(18:18)는 음부의 문에 갇힌 자들을 구출해서 하늘나라의 문을 열쇠로 연다. 설리반은 "교회는 공격하는 군대로, 사탄에 포위된 요새를 공격해서 취한다"고 주장한다(Louis E. Sullivan, "The Gates of Hell" [Mt. 16:18]," TS 10, 62-64). 놀란드는 베드로와 교회의 능동적인 역할을 강조한다(참조. 23:13-15, Nolland, *Matthew*, 675).

334 예, 사 22:22; 계 1:18; 3:7; 참조. 눅 11:52; 바룩3서 11:2; 에녹1서 9:2; 에녹3서 18:18; Livy 24.22.14; 24.23.1; 24.37.8. Davies and Allison, *Matthew*, 2:635; Keener, *Matthew*, 42; Nolland, *Matthew*, 677; Evans, *Matthew*, 315.

시록 3:6-9), 이 문은 하늘법정으로 기능한다. 악인들은 넓은 문들로 가고 이 문들은 최후심판의 장소로 연결된다(아브라함의 유언 11; 스바냐의 묵시록 3). 넓은 문들 안으로 들어가는 많은 영혼들은 하늘의 문 저편에서 형벌 받게 된다(아브라함의 유언 11-13). 〈바룩3서〉에서 하늘의 문들은 땅에서 하늘까지의 거리만큼이나 두꺼워서(바룩3서 2:5; 11:2), 이 문들을 열 수 있는 사람은 없다. 예를 들어, 〈바룩3서〉에서 천사 미가엘은 하늘나라의 열쇠를 쥐고 있으며 미가엘이 오기까지 하늘의 문들은 닫혀 있다(11:2). 미가엘은 닫힌 문을 열고 하늘에서 내려와 큰 그릇에 사람들의 기도를 담고 이 그릇을 들고 다섯째 하늘로 올라간다(11:3-9).[335] 하늘의 문들이 열렸다는 사실은 의인들의 간구에 하늘이 응답했다는 의미다(에녹1서 9:1-3a, 4-9; 바룩3서 2:2; 3:2; 4:2; 11:4-9). 이런 유대 묵시 배경에서 볼 때 마태복음은 하늘나라의 문을 열 수 있는 베드로의 권위를 강조하려고 열쇠를 사용한다.[336] 베드로가 하늘나라의 열쇠를 사용할 때 땅에서 베드로의 행위에 대해 하늘은 열린다.

베드로의 권위와 관련해서 우리는 "매다"(δέω)와 "풀다"(λύω)의 의미를 탐구할 필요가 있다(16:19). 랍비 문헌에서 "매고 풀다"는 랍비들의 할라카적 결정을 가리킨다(Str-B 1.741-46; 참조. 사 58:6; CD 13:9-10).[337] 랍비들은 무엇을 금지하고(אסר-매고, *j. Ber.* 6c) 허락하는(שׁרא-푸는, *j. Sanh.* 28a) 것을 선포할 때 "매고 풀다"를 사용하는데, 이러한 금지와 허락은 율법 학자들이 행한 판결이었다.[338] 율법 학자들은 율법을 해석하는 행위로 금지할 것과 허락할 것을 결정했다.[339]

---

335 Nolland, *Matthew*, 677.

336 Nolland, *Matthew*, 677.

337 Luz, *Matthew*, 2:365.

338 Dalman, *The Words of Jesus*, 214.

339 마태복음에 있는 매고 푸는 권위와 랍비 문헌에 나오는 평행적인 표현에 대해서는 다음의 자료를 보라. Keener, *Matthew*, 454, n. 25); "δέω," BDAG, 222; H. L. Strack and G. Stemberger, *Introduction to the Talmud and Midrash* (trans. Markus Bockmuehl; Edinburgh: T&T Clark, 1991); Evans, *Matthew*, 315; Marcus, "The Gates of Hades and the Keys of the Kingdom (Matt 16:18-19)," 450; Nolland, *Matthew*, 681; Hagner, *Matthew*, 2:473; Keener, *Matthew*, 454-55; J. Andrew Overman, *Matthew's Gospel*

랍비들은 땅 위에 있는 하나님의 회의에 대해 천상의 산헤드린이 반응하며 하나님은 천사들로 하늘궁정(또는 법정)을 구성한다고 믿었다(예, *j. Ber.* 14c; *j. R. h. S.* 58b; *j. Bikk.* 64c).[340] 이와 같이 랍비들은 하나님 또는 하늘법정(회의)이 랍비들의 법정(회의)에서 결정하고 재판한 사실을 인정한다고 믿었다(Str-B 1.741-46).[341] 또한 흥미롭게도 요세푸스의 〈유대전쟁사〉에는 알렉산더 얀내우스에게서 그의 아내 알렉산드리아에게로 정치권력이 이전하는 시점에서 바리새인들이 가진 정치적 권세를 가리킬 때 "매고 푸는" 표현이 사용된다(〈유대전쟁사〉 1:111이하.; 참조. 〈고대사〉 13:408-409).[342] "그리고 이제 바리새인들이 정부에서 그녀를 돕기 위해 합류했다. 이들은 다른 종파보다는 더 경건하게 보이는 유대 종파이며, 법을 더 정확하게 해석하는 것으로 보인다"는 표현(〈유대전쟁사〉 1:110)은 바리새인들의 율법 해석의 권위가 정치적 권위의 근거가 됨을 암시한다. 이러한 권위는 매고 푸는 것으로 표현된다. 이에 대해 오버만은 "매고 푸는" 표현은 "벌하거나 사면하는, 투옥하거나 출옥시키는 정치적이고 사법적인 권세"를 의미하고 그들의 "매고 푸는" 행위는 "정확하게 정치적이고 사법적인 결과를 도출하는" 것이었다고 주장한다.[343] 따라서 1세기 유대 토양에서 "매고 푼다"는 것은 단순히 가르치는 권세라기보다 정치적이고 사법적인 권위와 같은 결정권을 뜻한다.[344]

이러한 전반적인 배경을 고려하면, 16:19에서 베드로가 하늘나라의 열쇠로 "매고 푸는" 것은 그가 법을 해석함으로써 발휘하게 되는 결정권과 법적

and Formative Judaism: The Social World of the Matthean Community (Philadelphia: Fortress Press, 1990), 104.

340 Dalman, *The Words of Jesus*, 213.

341 Luz, *Matthew*, 2:365.

342 Overman, *Matthew's Gospel*, 105; idem, *Church and Community in Crisis: The Gospel According to Matthew* (Valley forge, PA: Trinity Press International, 1996), 243-44.

343 Overman, *Matthew's Gospel*, 106.

344 Overman, Matthew's Gospel, 106.

인 권위를 부여받았음을 의미한다.[345] 하늘은 베드로의 권위를 지지하는 근거가 되기에(참조. 10:32-33; 18:18)[346] 하나님의 뜻을 해석하는 권위는 바리새인들과 서기관들이 아니라 베드로에게 있다.[347] 바리새인들은 율법을 잘못 해석하고 잘못된 교리를 가르침으로써 하늘나라의 문에 들어갈 수 없게 막는 역할을 했지만(23:13),[348] 베드로는 사람들을 하늘나라에 들어가게 할 수 있는 권위를 갖는다.[349] 본문을 18:18-19과 연결해 보면, 하늘의 응답을 받는 권한은 베드로 개인에게 제한되지 않는다. 18:18에서 예수는 하늘이 교회를 지지한다고 밝힌다. 즉 하늘은 회당이나 산헤드린 공회가 아니라 교회를 지지하며, 구원을 결정하는 권위는 하나님의 선택받은 총회인 교회에 주어졌다.[350] 18장의 문맥에서 교회는 교회의 결정을 받아들이기를 거부하는 자를 출교시킬 권위를 가지며 하늘의 총회가 땅에서 교회가 내린 결정을 지지한다.

345 Overman, *Matthew's Gospel*, 105-106; Keener, *Matthew*, 455; Nolland, *Matthew*, 681.

346 여기서 시제와 관련해서 질문이 생길 수 있다. 베드로나 교회의 매고 푸는 행위가 하늘에서 인정받는 것인가, 아니면 베드로나 교회가 이미 하늘에서 결정된 것을 단순히 따른다는 의미인가? 만일 16:19의 미래 시제와 완료 분사를 문자적으로 번역하며 "하늘에서 매였던 것이 될 것이다"와 "하늘에서 풀렸던 것이 이뤄질 것이다"가 될 수 있다(참조. 눅 12:52; 히 2:13). 이 번역을 따르면, 11:25-27의 의미처럼 하나님이 예정하신 뜻이 강조되고, 하늘에서 이미 이루어진 뜻을 실행하는 충실한 청지기로서의 베드로가 강조된다. 프란스(France, *Matthew*, 627)는 베드로의 결정은 "이미 하늘에서 결정된 것으로" 알려질 것이라고 주장한다. 이 견해와 달리 놀란드(Nolland, *Matthew*, 680-81)는 완료 분사를 "될 것이다"(it shall be)로 해석하고 하늘과 땅의 베드로 사이의 상호적인 행위를 뜻한다고 이해한다(참조. 창 30:33; 43:9; 44:32). 두 번째 견해가 마태복음의 의도에 적합하다(Evans, *Matthew*, 315). 마태는 하늘 이미지를 땅의 행위에 대한 하늘의 반응을 보이려고 사용하기 때문이며, 둘째 입장이 16:18-19과 18:18-19에 있는 베드로와 교회의 권위를 설명하기에 더 적절해 보이기 때문이다.

347 Davies and Allison, *Matthew*, 2:639.

348 Luz, *Matthew*, 2:365; Davies and Allison, *Matthew*, 2:639.

349 Nolland, *Matthew*, 676-77, 681.

350 Overman, *Matthew's Gospel*, 104; Green, *Matthew, Poet of the Beatitudes*, 137; Sim, *Apocalyptic Eschatology*, 189.

〈표3〉 하늘과 음부(마16:18-19; 18:18-19)

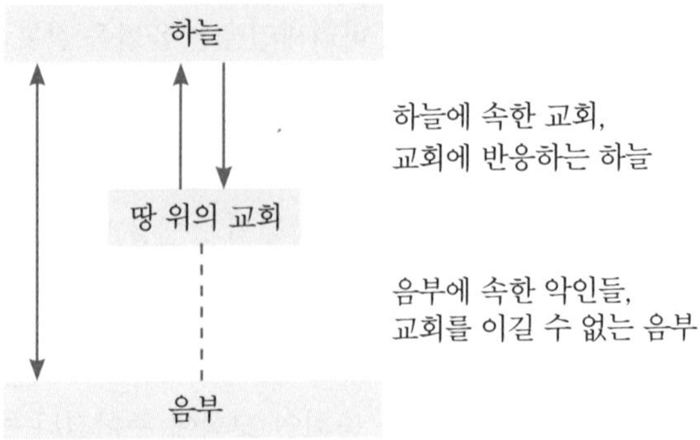

이와 같이 마태복음 16:18-19은 18:18-19과 함께 음부와 하늘 사이의 수직적 관계를 암시함으로써 교회의 실제 지위에 대해 가르친다. 마태복음의 첫 독자들에게 교회는 마치 음부의 세력에 잡아먹힐 것처럼 작고 약해 보였을 것이다. 그러나 베드로로 대표되는 교회는 음부의 권세를 이기며 위쪽인 하늘에 연결돼 있기에, 하늘을 여는 열쇠로 매고 풀 때 하늘(의회)은 교회의 결정을 지지한다. 교회는 하늘에 속했고 하늘나라로 사람들을 인도하는 권세를 부여 받았다. 놀란드는 이 점을 다음과 같이 설명한다. "교회는 음부의 문을 부셔 버릴 수 있고…하늘나라의 문을 열 수 있다. 이러한 이해에 따라 반석 위에 세워진 교회는 음부의 속박에서 백성을 구출하고 그들을 위해 하늘나라에 있는 미래를 열어 주는 비전을 갖고 있다."[351]

4. 요약과 결론

우리는 이제까지 마태복음에 명시적으로 나타난 음부(하데스)와 내포적 개

351 Nolland, *Matthew*, 675.

념인 심연(무저갱, 아뷔소스)의 역사적 배경을 탐구하고 이 개념이 사용된 마태복음 문맥을 살핌으로 우주의 가장 아래쪽 구조가 하늘나라의 도래를 위해 어떻게 사용되는지 분석했다. 주석 과정에서 물(바다) 아래에 있는 아뷔소스와 땅 아래에 있는 하데스의 구약과 제2성전기 유대교 배경을 간단하게 살펴보았다. 아뷔소스와 하데스는 하늘과 수직적 대조를 이루며, 둘은 모두 최후심판까지 갇히는 임시 장소다. 구약에서 아뷔소스는 악의 기원이나 괴물들의 거처로 묘사되고, 제2성전기에는 악한 천사들이 갇히는 감옥으로 기능이 확장된다. 제2성전기 묵시 문헌에는 하데스와 아뷔소스에 악인들과 귀신들이 갇히는 것으로 기록되지만, 하데스보다 아뷔소스가 악한 천사들이 갇히는 감옥으로서의 기능을 더 강하게 드러낸다. 음부는 하늘과 수직적으로 반대쪽에 있는 개념이며, 악인들의 운명과 관계된다는 점에서 구약과 제2성전기 유대교와 마태복음 사이에는 연속성이 존재한다. 마태복음은 우주의 가장 아래쪽에 있는 음부와 (내포된 개념인) 심연의 상징을 사용해서 하늘나라가 도래한 사실을 효과적으로 전달한다.

8:28-34에서 귀신들은 최후심판의 때가 아닌데 왜 예수께서 자신들을 찾아 (종말의 고통을 주려고) 왔는지 묻는다. 돼지 떼가 물에서 몰사한 사건은 귀신들이 물 아래에 갇힌 사실을 암시하며, 이는 사탄의 나라를 파멸시키는 하늘나라가 승리로 임했음을 의미한다(시작된 종말론).

마태복음은 음부가 사용된 11:20-24에 하늘이 핵심인 11:25-27을 연결함으로써 심판을 받을 도시인 가버나움과 구원의 공동체를 음부와 하늘의 수직적 구도로 대조한다. 예수는 메시아의 행위와 복음 선포로 하늘나라의 도래를 알렸으나 가장 큰 특권을 누린 가버나움이 회개로 반응하지 않았기 때문에 음부의 개념으로 충격적인 운명을 선포하신다. 반면 하늘에 숨겨진 계시를 선재한 아들을 통해 받은 제자들은 하늘나라의 현재적 도래를 이미 경험하는 구원 공동체다. 본문은 하늘나라의 도래에 반응하지 않는 결과가 최후심판임을 심각하게 경고하고 아들의 계시를 아는 것이 하늘나라를 땅에서 경험하는 복임을 알린다.

16:18-19(과 18:18-19)은 교회의 신분은 하늘과 연결돼 있기에 음부를 이기며, 사람들을 음부의 세력에서 구출하여 하늘나라로 인도하는 사명이 교회에 주어졌음을 설명한다. 이와 같이 (내포된) 심연과 음부는 하늘과 '수직적인' 관계로서, 하늘나라가 승리로 도래했음을 알리고(8:28-34), 시작된 하늘나라에 어떻게 반응해야 하는가를 경고와 격려로 가르치며(11:20-30), 하늘나라를 위한 교회의 신분과 사명을 강조한다(16:18-19; 18:18-19). 따라서 우리는 마태복음이 우주의 가장 아래에 있는 구조를 하늘나라의 도래라는 신학적 주제를 위해 수사적이고 시각적으로 사용한다고 결론지을 수 있다.

2부

하늘나라

7장

하늘나라의 개념[352]

마태는 "나라"(βασιλεία)를 다양한 표현으로 55회 사용한다. 이 중에서 "하늘나라"(ἡ βασιλεία τῶν οὐρανῶν)는 32회, "하나님 나라"(12:28; 19:24; 21:31, 43)는 4회, "아버지의 나라"(6:10, 33; 13:43; 25:34; 26:29)는 5회, 인자의 나라(13:41; 16:28)는 2회, 예수의 나라(20:21)는 1회 사용된다. 마태복음에 사용된 하늘나라의 배경과 관련해서, 데이빗 웬함과 크레이그 에반스는 하늘나라는 다니엘 2, 7장에 나오는 하나님의 나라를 배경으로 한다.[353] "이 여러 왕들의 시대에 하늘의 하나님이 한 나라를 세우시리니 이것은 영원히 망하지도 아니할 것이요 그 국권이 다른 백성에게로 돌아가지도 아니할 것이요 도리어 이 모든 나라를 쳐서 멸망시키고 영원히 설 것이라"(단 2:44). 페닝턴에 따르면, 13:10-15에서 설명하는 하늘나라의 감춰진 비밀의 내용은 다니엘 2:27-28에서 하늘

---

352 "하늘나라의 개념"은 필자의 『마태복음 주석 상/하』(부흥과개혁사, 2019) 서론에 수록된 내용임.

353 David Wenham, "The Kingdom of God and Daniel," *ExTimes* 98/55 (1987): 132-134; Craig A. Evans, "Daniel in the New Testament: Visions of God's Kingdom," in *The Book of Daniel: Composition and Reception, Volume 2*. (ed. John J. Collins and Peter W. Flint. Leiden: Brill, 2001), 490-527.

의 하나님이 비밀을 계시하실 내용과 비슷하다.[354] 하늘의 비밀을 어린아이들에게 계시하시는 내용(마 11:25-27; 단 2:21-23, 28-29), 나무와 왕국의 관련성(마 13:31-32; 단 4:10-27)도 두 본문에 유사하게 나오며,[355] 마태복음 24장에는 다니엘의 영향(마 24:13-15=단 9:24-27, 11:31, 12:1; 마 24:30 = 단 7:13; 마 25:31-32 = 단 7:9,14; 마 25:46 = 단 12:2)이 강하게 나타난다.[356] 이런 배경을 생각하면서 마태복음에서 하늘나라가 어떤 역할을 하는지 정리해 보면 다음과 같다.

첫째, 하늘나라는 영역의 개념을 포함한다. 하늘나라(ἡ βασιλεία τῶν οὐρανῶν)의 "나라"에 대해 어떤 사람들은 "통치" 혹은 "재위"로 주장하면서 영역 혹은 공간으로 이해하는 것을 반대한다. βασιλεία를 영토를 배제해버리고 "통치" 혹은 "재위"로만[357] 생각하는 것은 오래 전 독일 학자 구스타프 달만(Gustaf Dalman)이 주장한 논지에 뿌리를 내리고 있다.[358] 그러나 이런 접근은 지나친 이분법에 따른 것이다. 고대 사회에서 영역이 없는 나라를 기대했다는 말은 성립될 수 없으며, 하나님의 주권이 반영되는 영역에서 하나님의 백성이 자유를 누리며 살게 될 것을 기대했다는 표현이 더 적절하다.[359] "하나님의 행동하시는 지배는 특정한 장소나 사람들과 분리될 수 없다.…분명히 "통치"와 "영역" 둘 다 하나님의 나라라는 이해에 포함된다. "하나님의 나라"는 하나님이 활동적으로 지배하는 곳으로 지역이나 장소를 포함하며 그것은 천국,

---

354 Pennington, *Heaven and Earth*, 288.

355 Pennington, *Heaven and Earth*, 288.

356 Davies and Allison, *Matthew*, 3:332.

357 통치하지 않고 재위만 하는 왕도 존재한다. 예를 들어, 영국의 현재 (여)왕은 재위하지만 통치권을 갖고 있지 않다. 왕으로 재위하시는 하나님은 언제나 그의 피조 세계와 백성을 통치하신다.

358 달만은 하늘을 하나님을 지칭하는 대용어로 주장한 학자이기도 한데, 이 부분은 마태복음의 우주론에서 다뤄질 것이다. Gustaf Dalman, *Die Worte Jesu mit Berucksichtigung des nachkanonischen judischen Schrifttums und der aramaischen Sprache, Band I, Einleitung und wichtige Begriffe* (Leipzig J C Hmnchs'sche Buchhandlung, 1898, reprinted 1930); Gustaf Dalman, *The Words of Jesus* (trans. D. M. Kay; Edinburgh: T&T Clark, 1902).

359 오늘날에도 통치와 영역이 있어야 나라로 불린다. 쿠르드인들이 4천만 명에 이르지만 주권 국가로 인정받지 못하는 이유는 그들에게 영토가 없기 때문이다.

세계, 이스라엘 또는 예루살렘이다.…예수는 시간적이고 공간적인 용어로 하나님의 나라를 말하고 있다."[360] 구약에서 "나라"(מלכות, 말쿠트)는 통치와 재위를 의미하고(대상 26:31; 대하 3:2), 이런 특징은 신약에도 나타나지만(눅 1:33; 19:12; 계 17:12, 17, 18), 통치하는 권한은 영역을 다스리는 권한이기도 하다.[361] 성경이 묘사하는 "오는 나라"는 하나님의 주권이 실현되는 영역을 포함하고 있다.[362] "나라"가 집이나 도시나 땅과 같이 영역을 포함하고 있기 때문에 복음서 저자들은 "하나님 나라에 들어간다"는 표현을 사용한다(마 5:20; 7:7-8, 13-14, 7:21; 18:3; 19:23-24; 21:31; 25:10-11; 막 9:47; 10:15, 23-25; 눅 13:24, 25, 28; 18:17, 24-25; 참조. 계 3:8, 4:1).[363] 캐어드의 주장대로 헬라어의 '바실레아'(βασιλεία)는 주권, 통치, 영역을 포함하는 모호한 용어이므로[364] 이 가운데서 영역을 제외시키는 것은 옳지 않다. 유대계 학자인 데이빗 플러서 역시 하늘나라를 정의하면서 통치가 이뤄지는 영역의 의미를 다음과 같이 언급했다: "예수에게 있어서 하늘나라는 이미 도래한 하나님의 종말론적인 통치일 뿐 아니라 하나님이 원하시는 운동으로서, 이 운동은 지상에 있는 사람들 가운데 퍼져나간다. 하늘나라는 단순히 하나님의 왕권에 대한 내용일 뿐 아니라 그가 통치하는 영역, 점점 더 많은 사람들을 수용해서 팽창하는 영역, 어떤 사람이 들어가서 그 사람을 위한 유업을 얻게 될 영역, 큰 사람과 작은 사람이 함께 있는 영역이다. 이 때문에 예수는 열두 제자를 사람들을 낚는 어부들이 되도록, 모든 곳에 가서 치유하고 복음을 전하도록 부르셨다."[365] 하늘나라에 나타나는

---

360 P. J. 악트마이어 외, 소기천 외 옮김, 『새로운 신약성서개론』 (대한기독교서회, 2007), 262.

361 J. C. O'Neill, "The Kingdom of God," *NovT* 35/2 (1993): 130-141 (130).

362 대상 17:14; 대하 1:18, 2:1; 갈 4:26; 빌 3:20; 히 11:10, 16; 12:22; 13:14; 계 3:12; 21:2; 참조. 에녹1서 91:13; 93:7; 바룩2서 4:1-6, 40:1-4; 에스드라스2서(=에즈라4서) 7:26; 8:52; 10:54; 13:36; 단의 유언 5; lQSb 4:26. O'Neill, "The Kingdom of God," 133.

363 O'Neill, "The Kingdom of God," 131.

364 G. B. Carid, *New Testament Theology* (ed. L. D. Hurst; Oxford: Oxford University Press, 1999), 129.

365 David Flusser and R. S. Notley, *The Sage from Galilee: Rediscovering Jesus' Genius* (Grand Rapids, Mich.: Eerdmans, 2007), 81. 강조 표시는 원저자의 것임.

영역의 개념은 마태복음에도 중요하게 사용된다. 예를 들어, 마태복음 8:11과 26:29은 하늘나라를 영역으로 이해해야 하는 본문에 해당한다. "또 너희에게 이르노니 동서로부터 많은 사람이 이르러 아브라함과 이삭과 야곱과 함께 천국에 앉으려니와"(8:11). "그러나 너희에게 이르노니 내가 포도나무에서 난 것을 이제부터 내 아버지의 나라에서 새 것으로 너희와 함께 마시는 날까지 마시지 아니하리라 하시니라"(26:29).

둘째, 하늘나라는 하늘과 관련이 있는 나라이다. 말하자면, 하늘나라는 하늘에 속한, 하늘에서 온, 하늘의 특징을 가진 나라이다. 흔히 "하늘의 나라"(ἡ βασιλεία τῶν οὐρανῶν)와 "하나님의 나라"(ἡ βασιλεία τοῦ θεου)에서 소유격인 하늘과 하나님을 주격의 의미로 이해한다. 이 관점은 하늘을 하나님의 대용어로 전제한 다음 "하나님이 다스리시는 나라"로 정의한다. 그러나 우리는 이 소유격을 (1) 원천이나 기원의 소유격 또는 (2) 특질의 소유격으로 이해할 수도 있다.[366] 전자의 소유격에서는 하늘나라는 그 원천과 기원이 "하늘"인 나라가 되며, 이 나라는 땅에 기원한 나라와 대조된다. 후자의 소유격에서 "하늘의 나라"는 땅의 특징을 가진 나라와 대조된다.[367] 그러므로 하늘나라는 하늘에 있는 하나님 나라, 하늘에서 온 하나님 나라, 하늘처럼 다스려지는 하나님 나라라고 할 수 있다.[368] 하늘나라는 하늘에 기원을 둔 나라이고 하늘의 특징을 가진 나라이기에, 하늘나라와 땅의 나라, 그리고 하늘과 땅의 "영역"이 대조된다. 하늘나라는 하늘의 아버지께서 보내신 나라이며 땅의 영역과 대조되는 "영역"이 있는 나라다.[369] 다시 말해서, 독자들은 유대인들의 언어인 "하늘"을 하나님을 가리키는 대용어로 생각하기보다 공간적 의미도 담겨 있음을 알아야 하며 하늘나라의 개념에 민감할 필요가 있다. 이 주장은 위에서 살펴본 다니엘서와 마태복음의 관계로 지지받을 수 있다. 다니엘서에

366 Pennington, *Heaven and Earth*, 294.

367 Pennington, *Heaven and Earth*, 294-295.

368 Pennington, *Heaven and Earth*, 311.

369 Pennington, *Heaven and Earth*, 297.

반복해서 사용되는 하늘 관련 표현은 "하늘의 하나님"(2:18, 19, 37, 44), "하늘에 계시는 하나님"(2:28), "하늘의 주"(5:23), "하늘의 왕"(4:34) 등이다. 다니엘은 나라의 기원과 원천을 하늘에 둔 나라로 강조한다. 다니엘서에서 하늘의 하나님이 통치하시는 나라가 지상의 나라들을 제압하시는 본문은 마태복음에서 하늘나라와 땅의 나라 간의 관계를 설명해 줄 수 있는 배경의 역할을 한다. "하늘의 하나님이 나라와 권세와 능력과 영광을 왕에게 주셨고"(단 2:37). "하늘의 하나님이 한 나라를 세우시리니 이것은 영원히 망하지도 아니할 것이요…이 모든 나라를 쳐서 멸망시키고 영원히 설 것이라"(단 2:44; 참조. 4:37).[370] 다니엘 2-7장과 마태복음은 종말의 마지막에 인자가 구름을 타고 와서 통치할 영원한 나라를 고대한다(단 7:13-14; 마 24:30; 28:16-20).[371] 다니엘 2-7장과 마태복음을 연결해서 하늘나라의 개념을 정리해 보면, 하늘의 하나님은 종말의 나라를 인자를 통해 가지고 오실 것이며, 이 하늘나라는 지상의 나라들과 충돌하고 하늘의 하나님은 땅의 통치자들과 충돌하신다.[372]

셋째, 하늘나라는 마태복음의 주요 주제와 함께 등장한다. 세례 요한의 사역(3:2)과 예수의 사역(4:17)이 시작될 때, 예수께서 제자들을 파송하실 때(10:7) "하늘나라가 가까이 왔다"(ἤγγικεν γὰρ ἡ βασιλεία τῶν οὐρανῶν)는 선포가 나온다.[373] "하늘나라의 복음"(τὸ εὐαγγέλιον τῆς βασιλείας)은 마태복음의 구조에 있어서 중요한 위치에 배치된다.[374] 팔복의 첫 번째와 여덟 번째는 하늘나라를 언급함으로써 마음이 가난하고 핍박을 받는 자들은 이미 하늘나라에 속해 있는 복된 상태임을 강조한다. 구원론과 관련해서 예수는 하늘나라에 들어갈 것을 강조하신다(5:19-20; 7:21; 18:3; 21:31; 23:13).[375] 주의 기도와 산상설교는 하늘나라와

370 Pennington, *Heaven and Earth,* 292.

371 Pennington, *Heaven and Earth*, 292.

372 Pennington, *Heaven and Earth*, 292.

373 Pennington, *Heaven and Earth*, 280.

374 Pennington, *Heaven and Earth*, 280.

375 Pennington, *Heaven and Earth*, 280.

깊은 관련이 있다. 특히 하늘나라를 설명하기 위해 많은 비유가 사용된다(예, 20:1; 22:2; 25:1). 비유는 "하늘나라의 비밀"(τὰ μυστήρια τῆς βασιλείας τῶν οὐρανῶν)을 계시하기 위해 주어진다(13:11, 19, 24, 31, 33, 38, 41, 44, 45, 47, 52).

넷째, 마태복음의 하늘나라는 제자들, 즉 새 백성과 관련된 본문에 사용된다. "하늘나라"는 거의 절대적으로(32회 중 31회) 제자들에게 사용되며 예수를 믿음으로써 하나님의 가족이 된 자들을 통치하시는 것을 강조하는 표현이다. 이는 "하늘" 언어가 하나님의 자녀들을 위해 사용되는 논리와 비슷하다. 하늘나라는 또한 교회의 정체성 혹은 교회의 윤리와 관련이 있다(16:19; 18:1, 3, 4, 23; 19:14). 반면, "하나님 나라"는 종교 지도자들과 관련된 문맥(12:28; 19:24 [부자]; 21:31, 43)에 사용되는 점을 눈여겨볼 필요가 있다.[376] 따라서 독자들은 "하나님 나라 = 하늘나라"의 단순 공식으로 이 용어를 지나치기보다 마태복음의 독특한 용례를 기억해야 한다.

376 Robert Foster, Why on Earth Use "Kingdom of Heaven"?: Matthew's Terminology Revisited, NTS 48 (2002): 488; Robert L. Mowery, "From Lord to Father in Matthew 1-7," *CBQ* 59 (1997), 642-656 (650).

8장

구원과 하늘나라[377]

본 글은 마태가 하늘나라에 들어가는 방법과 대상을 어떻게 설명하는지 살펴보고자 한다. 말하자면, 구원론과 하늘나라의 관계를 분석하는 글이다. 마태복음의 구원론은 은혜와 행위 간의 관계를 각자의 신학적 입장에 따라 논증할 때 자주 언급하고 이해하기 난해한 주제다. 구원론을 마태복음의 중심이라고 주장하는 것은 지나친 면이 있으나 마태복음에 강조되는 주제들은 각각 고립되지 않고 연결되기 때문에 연구의 가치가 있다. 예를 들어, 우리가 마태복음에 나타난 기독론, 교회론, 종말론의 특징을 파악하기 위해서는 구원론을 탐구하지 않을 수 없다.[378] 구원론 연구를 위한 접근 방식과 관련해서, 어휘 연구로는 한계가 있으므로,[379] 우리는 마태복음의 구원론을 하늘나라에 들어가는 것(5:20; 7:21; 18:3; 19:23, 24[하나님 나라]; 21:31; 23:13), '의'(3:15; 5:6, 10, 20;

---

377 강대훈, "마태복음의 구원론에 대한 소고: 정훈택의 마태복음 구원론 이해를 사례 연구로", 『신약연구』 제15권 (2016. 12): 605-650의 내용을 약간 수정함.

378 간단한 예를 들어 보면, 예수(기독론)는 자기 백성을 그들의 죄에서 구원하기 위해 오셨고(구원론), 구원을 경험한 사람들은(교회론) 그를 임마누엘이라고 고백한다.

379 마태복음에 구원에 해당하는 명사형은 나오지 않고 동사형(σῴζω)은 다양한 경우에 사용되는데(1:21; 8:25, 9:21, 22[2회]; 10:22; 14:30; 16:25; 19:25; 24:13, 22; 27:40, 42[2회], 49), 이 용어는 신체적 고통에서의 구원(8:25; 9:21; 9:22)이나 종말론적 구원(10:22; 16:25; 24:13; 24:22)을 가리킨다.

6:1, 33; 21:32),[380] '직설법'(하나님의 선물)과 '명령법'(인간에 대한 하나님의 요구)의 관계[381] 등을 통해 분석할 수 있다.[382] 논의의 초점을 좁히기 위해서 하늘나라에 들어가는 신분과 신분에 합당한 삶이라는 관점에서, 비유적으로 말하자면 나무와 열매의 관계를 중심으로 분석할 것이다. 이는 은혜(긍휼 또는 선물)와 요구(행위 또는 명령) 간의 관계를 분석하는 작업이다. 이 목적을 위해 우리는 먼저 마태복음의 구원론 연구에 있어서 핵심 본문으로 다뤄지는 1:21을 분석한 다음에 구원론에 대한 세 가지 견해를 평가할 것이다. 이어서 논쟁이 되는 몇 본문을 간단하게 분석하고자 한다. 특별히 필자는 본 주제를 오랫동안 연구한 고 정훈택 교수(이하 정훈택)가 마태복음의 구원론을 어떻게 이해했는지 그의 자료 대부분을 분석할 것이다.

1. 마태복음 1:21과 관련된 구원론 이슈(구원의 주체, 방법, 범위)

논의의 편의를 위해 마태복음의 구원론 연구에 있어 중요 본문 중의 하나인 1:21에 초점을 맞추고자 한다. 1:21은 마태복음 구원론의 핵심 이슈인 구원의 주체, 방법, 범위를 내포한다. 이 구절에 대한 해석의 관점은 어떻게 구원을 받는지, 구원을 받는 대상은 누구인지, 구원을 베푸는 주체는 누구인지에 대한 해석자의 견해를 대변한다. 따라서 필자는 1:21에 초점을 맞춘 최근의 마태 구원론을 살펴보면서 마태복음 전체에 나타난 구원론과 관련된 이슈를 다룰 것이다. 먼저 1:21이 마태복음 전체에서 어떻게 중심축으로 역

380 이 용어는 공관복음서에서 눅 1:75 외에는 모두 마태복음에만 사용된다.

381 C. H. Talbert, "Indicative and Imperative in Matthean Soteriology," *Biblica* 82-4 (2001): 515-38.

382 마태복음의 구원론을 연구한 루마넨의 단행본은 이 분야를 가장 광범위하게 다룬 책이라고 할 수 있다. Petri Luomanen, *Entering the Kingdom of Heaven: A Study on the Structure of Matthew's View of Salvation* (WUNT 2.101; Tübingen: Mohr Siebeck, 1998). 그런데 최근에 마 1:21에 대한 몇 가지 글은 마태복음의 구원론에 대한 관심을 끌고 있다.

할을 하는지 분석하고 어떻게 구원을 받고 누가 구원을 받는지에 대해 분석할 것이다.

1.1. "예수" – 구원의 주체

마태는 1:21에서 '구원'이라는 용어를 사용하면서 예수의 사역을 자기 백성을 구원하는 것으로 규정한다. "예수"(Ἰησοῦς)는 하늘에서 온 천사가 알려준 메시아의 실제 이름이다.[383] 반면 "임마누엘"(Ἐμμανουήλ)을 부르는 주체는 복수형 동사(καλέσουσιν)로 표현되므로 이 칭호는 예수의 구원을 경험한 공동체(또는 백성)의 고백이다.[384] 말하자면, 예수는 자기 백성을 죄에서 구원하기 위해 오셨고(21절), 구원을 경험한 교회는 예수를 통한 임마누엘(="우리와 함께하시는 하나님")로 또는 예수를 임마누엘로 고백한다(23절). "예수"와 "임마누엘"의 의미는 구약에 근거한다. "예수"는 히브리어 "예수아"(=여호와는 구원이시다)의 헬라어 형태이며, 천사는 "예수"가 이스라엘을 구원하는 역할을 할 것임을 암시한다. 구약에서 구원자는 여호와(참조, 신 32:15; 삼상 10:19; 시 23:5; 사 12:2; 43:3, 11-12)인 반면[385] 천사는 태어날 아이가 "자기[386] 백성"을 구원할 것이라

383 마태는 "예수"를 다른 공관복음 저자들보다 더 많은 150회 사용하고 등장인물의 입에서 5회 사용된다(21:11; 26:69, 71; 27:17, 22). 예수라는 이름에 대한 리처드 보컴의 견해는 다음과 같다. "예슈아"는 AD 1세기 당시의 팔레스타인에서 일곱 번째로 인기가 높은, 즉 흔하게 사용된 이름이었다. 의미는 "주께서 구원하셨다"이지만, 이것을 미래적으로 "주께서 구원하실 것이다"로 이해할 수도 있다. 미래적 의미는 실제로 마태복음이 "예수"라는 이름을 설명하는 것이다("그가 자기 백성을 그들의 죄에서 구원할" 것이다, 1:21). 구약에서 예수/예슈아에 해당하는 여호수아는 이스라엘의 가나안 정복을 이끌었기 때문에 1세기에 팔레스타인 유대인이 아들의 이름을 예수/예슈아로 지을 때는 자신의 아들이 새 여호수아가 될 것을 기대했을 가능성도 있다(참조. 리처드 보컴, 박규태 옮김, 『예수과 그 목격자들』 [새물결플러스, 2015], 123-159).

384 프란스가 예수는 메시아의 실제 이름이며 임마누엘은 상징적 이름이라고 구분한 것은 적절하다(France, *Matthew*, 53).

385 J. G. van der Watt and D. S. du Toit, "Salvation," in *DJG*, 828.

386 "그의"는 마태의 고기독론을 드러낸다. 위에서 "그의(αὐτοῦ) 백성"에서 "그"는 예수를 가리킨다. 눅 1:77의 "그"는 하나님인 반면 마태는 예수(또는 인자)의 교회(16:18)와 나라(13:41; 16:28; 20:21)를 강조한다(R. H. Gundry, *Matthew: A Commentary on His Literary and*

고 한다. 그런데 마태는 1:21 이후 죄와 구원을 결합해 언급하지 않는다(참조. 눅 1:77; 약 5:15, 20).[387] 즉 1:21을 제외하고는 예수께서 죄 용서를 통해 구원한다는 표현이 마태복음에 나오지 않는다. 대신 마태는 죄 용서를 의미하는 동사 '아피에미'(ἀφίημι, 9:2, 5, 6; 12:31; 26:28)와 명사 '아페시스'(ἄφεσις, 26:28)를 사용해 예수의 구원하는 역할을 내포한다.[388] 다시 말해서, 마태는 예수의 이름에 담긴 구원의 의미를 드러내기 위해 구원이라는 단어를 사용했고("그가 자기 백성을 그들의 죄에서 구원할[σώσει] 자이심이라"[1:21]) 이후에는 "용서하다" 또는 "용서"를 구원을 의미하는 용어로 사용한다.[389] 그리고 1:21과 27:37에 있는 예수의 이름은 십자가와 죄 용서의 관계를 보여준다(참조. 27:37, 40, 42, 49).[390]

예수께서 처리하실 백성의 죄와 관련해서, 언약적 관점에서 죄는 하나님의 뜻을 거스르는 행위다.[391] 죄의 결과는 하나님과 인간을 분리시킨다. 분리는 포로나 속박 상태로 나타나지만(1:17),[392] 예수의 구원은 임마누엘의 복을

Theological Art [Grand Rapids, MI: Eerdmans, 1982], 23). 그리고 마태가 "그의 천사들"로 표현할 때도 "그"는 예수이고 "그의 천사들"은 예수의 신적 권위를 강조한다. 마태복음에서 인자가 "그의 천사들"을 보내는 것은 역사의 종말에 일어날 장면의 전형적인 표현으로(예, 13:39, 41, 49; 16:27; 24:31; 25:31), 인자의 권위를 강조하고 고기독론의 예라고 할 수 있다.

387 Boris Repschinski, "'For He Will Save His People from Their Sins'(Matthew 1:21): A Christology for Christian Jews," *CBQ* 68 (2006), 257.

388 Repschinski, "'For He Will Save His People…," 257.

389 Repschinski, "'For He Will Save His People…," 258.

390 Tucker S. Ferda, "The Soldiers' Inscription and the Angel's Word: The Significance of "Jesus" in Matthew's Titulus," *NovT* 55-3 (2013), 221-31(229).

391 Grant R. Osborne, *Matthew* (Grand Rapids, Mich.: Zondervan, 2010), 77; Stählin/Grundmann, TDNT 1:289-293(죄에 대한 유대적 개념은 토라에 나타난 하나님의 뜻을 어긴 것이다). 카터는 하나님의 뜻 뿐 아니라 하나님의 뜻을 전하는 메신저들을 거부한 것도 죄라고 주장한다(W. Carter, *Matthew and the Margins: A Sociopolitical and Religious Reading* [London: T&T Clark, 2000], 69). 하나님의 뜻을 거역함으로써 유배 상태가 된 이스라엘의 희망은 죄인들이 토라에 복종하는 데 있지 않고 죄의 문제를 하나님께서 해결하실 것이라는 데 있다(사 40:1-2; 렘 31:31-40; 겔 36:24-25, 28). N. T. Wright, *The New Testament and the People of God* (Minneapolis, MN: Fortress Press, 1992), 273.

392 1:17은 다윗의 아들과 아브라함의 아들이 포로 상태에 있는 백성을 구원하는 자임을 암시한다: 아브라함부터 다윗까지 → 다윗부터 바벨론까지 → 바벨론에서 그리스도까지. 스룹바벨을 중심으로 유대인들이 고국에 돌아왔으나 마태는 예수의 위치를 "바벨론에서" 안에 넣는다. 이

선사한다(1:23).[393] 구원자의 함께하심이 구원을 가능하게 만들고 구원받은 열매를 맺게 하므로 임마누엘은 구원하는 방식이면서 구원의 증거다.[394] 한편, 독자는 마태복음을 처음부터 끝까지 읽으면서 구원의 개념은 이스라엘 백성에게 속박에서 정치적 해방을 얻는 민족주의적 의미가 아니라[395] 메시아를 통해 (사탄의) 속박에서 자유를 주는 나라와 관련이 있음을 알 수 있다.[396] 죄용서를 통한 자유와 해방을 얻은 사람은[397] 언약 백성이 돼 하나님의 함께하심이 가져다주는 은혜를 누리며 의를 실현할 힘을 얻는다.

1.2. "자기 백성의 죄에서" – 구원의 방법

죄에서의 구원은 마태복음의 내러티브에서 그 의미가 점점 구체적으로 드러난다. 구원의 '대상'(백성의 범위)과 구원의 '방법'(예수의 죽음이나 피)이 제시

는 예수가 속한 14대가 포로 상태에 있음을 의미한다. 따라서 마태는 예수의 계보에 포로에 대해 언급함으로써(1:11-12, 17) 자기 백성을 다윗과의 영원한 언약을 성취할 자를 통해 포로 또는 속박에서 회복하실 하나님의 약속 안에 예수의 이야기를 넣는다. 포로에서 구원받는 주제는 2:15에서 다시 언급된다. 죄의 결과인 포로상태에 대해서는 D. W. Pao, "Old Testament in the Gospels," *DJG* (2010), 631-641(634); Wright, *The New Testament*, 273-279을 보라.

393 Repschinski, "'For He Will Save His People…," 257.

394 참조. W. D. Davies and D. C. Allison, *The Gospel According to Saint Matthew 1-7* (Edinburgh: T&T Clark, 1988), 210.

395 구원을 로마제국에서의 해방으로 이해하는 대표적인 학자는 W. 카터다. Carter, "Evoking Isaiah: Matthean Soteriology and an Intertextual Reading of Isaiah 7-9 and Matthew 1:23 and 4:15-16," *JBL* 119 (2000): 503-520; idem, *Matthew and the Margins: A Socio-Political and Religious Reading* (JSNTSup 204; Sheffield: Sheffield Academic Press, 2000), 69-70.

396 Davies and Allison, *Matthew 1-7*, 210; D. A. Hagner, *Matthew 1-13* (Dallas: Word, 1993), 19.

397 놀란드는, 유대인들에게 죄를 씻는 것은 의인들에게서 죄인들을 제거하는 것이나(솔로몬의 시편 17:22-25) 윤리적으로 새롭게 되는 것인데(예, 솔로몬의 시편 17:22-25; 에녹1서 10:21-22; 레위의 유언 18:9), 마태는 후자를 의미한다고 주장한다(Nolland, *Matthew*, 99). 반면 루츠에 따르면 유대인들은, 메시아가 와서 죄인들을 구원하는 것이 아니라 죄인들을 제거하거나(솔로몬의 시편 17.22-25) 심판하기(에녹1서 62:2; 69:27-29) 때문에 메시아의 시대는 죄가 없을 것으로 기대했다(Luz, *Matthew*, 1:95).

된다. 먼저 예루살렘과 온 유대와 요단강 부근 사람들이 요한에게 와서 "죄를" 자백한(3:5-6) 세례 장면은 죄 용서의 필요성을 암시한다. 그러나 세례 장면에서 이들이 죄를 용서받았다는 언급은 나오지 않는다. 구원(또는 용서)과 심판을 결정하는 주체는 요한이 아니라 예수이기 때문이다. 죄를 용서받을 대상은 혈통적인 이스라엘이 아니라 열매 맺는 백성이라는 사실(3:8-10)과 예수께서 알곡과 쭉정이를 분리할 심판자라는 사실은 새 백성(구원받는 대상)의 주제와 기독론(구원하는 예수)을 강조한다.[398] 예수라는 이름표가 붙은 십자가에서 예수는 "남"(자기 백성)을 구원하고 "자신"을 구원하지 않는다(참조. 26:28).[399]

9:6에서 예수는 땅에서 죄를 용서하는 권능을 보여주신다. 예수의 권위에 의존함으로써 믿음을 현재 경험해야 하는 것처럼, 마태는 죄 용서가 교회와 연결하여 독자들이 현재적 죄 용서를 경험할 것을 가르친다. 임마누엘의 공동체에 주어진 죄 용서의 권위는 공동체 강화(18장)에서 암시된다(18:15-20, 21-35).

20:28에서 인자인 예수는 "많은 사람들"(1:21의 "백성"을 암시)을 대신해서 자신의 목숨을[400] "많은 사람의 대속물"로서[401] 죄에서 구원할 것을 선언하신다. 20:28은 예수의 몸값을 이사야 53장에서 여호와의 종이 겪는 대속적 희생과 연결한다. 구체적으로 보면, 남을 대신해서 형벌을 받음으로써 구원하

398 Repschinski, "'For He Will Save His People…,'" 258-259.

399 Ferda, "The Soldiers' Inscriptio," 229. 유대인의 왕(1:17)인 예수(1:21)의 구원은 탄생 내러티브와 수난 내러티브(27:37, 42)에 공통적으로 함께 등장한다.

400 목숨(프쉬케)은 생명(참조. 2:20; 사 53:12 70인역) 또는 자아(참조. 딤전 2:6)를 가리킨다(Davies and Allison, *Matthew*, 3:95).

401 70인역에서 '뤼트론' 어군은 어떤 사람의 생명을 대신하는 대체물이나 대체자를 가리키며(예, 레 18:15; 25:24, 26, 51-52; 민 3:12, 46, 48, 49, 51; Procksch, *TDNT* 4:329-349; Shogren, "Redemption," *ABD* 5:654-57), 은유적으로는 하나님의 해방을 의미했다(Carter, *Matthew*, 405; Davies and Allison, *Matthew*, 3:95; Kertelge, *EDNT*, 2:365). '뤼트론'은 '덮는다'는 의미의 히브리 단어인 '코페르'(כֹּפֶר)에 상응해서 번역되며, 허물을 대신 덮어주는 대리적 선물을 의미했고 속죄와 연결됐다(출 21:30; 30:12; 민 35:31; 잠 6:35; 13:8; 욥 33:24; 36:18; 시 49:8; 잠 13:8; 21:18; 사 43:3; Nolland, *Matthew*, 825; Procksch, *TDNT* 4:329; Kertelge, *EDNT*, 2:365).

는 대속의 개념이 이사야 53:5-6에 나타난다. 이사야 53:10에 헬라어 '뤼트론'(λύτρον)에 해당하는 히브리어 단어가 나오지 않지만, 속건제(אָשָׁם)라는 용어가 대속의 개념을 전달한다(참조. 레 5:17-19).[402] 이사야는 종의 고난으로 수혜를 얻은 사람들을 "많은 사람들"로 표현하는데(53:11-12), "많은"을 뜻하는 히브리어 '라빔'(רַבִּים)은 마태복음 20:28, "많은 사람을 대신하는 몸값"(λύτρον ἀντὶ πολλῶν)의 '폴뤼스'(πολύς)에 대응하는 단어로(사 52:14, 15; 53:11, 12), 마태복음 20:28과 이사야 52-53장의 문맥에서 두 단어 모두 한 사람이 많은 사람을 대신해서 죽는 것을 의미한다.[403] 그리고 전치사 '안티'(ἀντί)는 '대신하는'의 의미로 사용되므로, 마태복음 20:28의 "많은 사람의"(ἀντὶ πολλῶν)라는 표현은 "많은 사람을 대신하는"에 가깝다.[404] 주의 종의 고난과 죽음은 대속적이고 인자는 많은 사람을 대신하는, 대속의 목적으로 자기 목숨을 지불하러 왔다.

마지막 만찬에서 예수는 자신의 죽음이 죄 용서를 가능하게 한다고 선언하시는데(26:28), 본문은 크게 세 가지를 알린다. 첫째, 포도주는 "언약의 피"(τὸ αἷμά τῆς διαθήκης)다. 언약의 피는 70인역 출애굽기 24:8의 "언약의 피"(τὸ αἷμα τῆς διαθήκης)와 연결되고(참조. 슥 9:11; 눅 22:20; 고전 11:25), "새"가 없으나 예레미야 31:31의 "새 언약" 개념을 암시한다(눅 22:20; 고전 11:25).[405] 출애굽기

---

402 BDB 80; France, *Matthew*, 762; Nolland, *Matthew*, 824; Davies and Allison, *Matthew*, 3:95; Walter C. Kaiser, "The Identity and Mission of the 'Servant of the Lord'," in *The Gospel According to Isaiah 53* (ed. D. L. Bock and M. Glaser; Grand Rapids, MI: Kregel Publications, 2012), 68. 또한 사 53장은 '주다'(נָתַן, 나단), '속량물'(כֹּפֶר), '생명'(נֶפֶשׁ) 또는 '목숨', '대신하는'(תַּחַת)과 같은 용어를 사용한다. '코페르'는 구약에서 대속물의 의미를 나타내기도 한다(출 21:30; 30:12; 민 35:31, 32; 욥 33:24; 36:18; 시 49:8; 잠 13:8; 21:18; 사 43:3). 스툴마허는 대속물의 구약 배경으로 사 43장을 제시한다. 여기서 속량물은 애굽, 구스, 스바이다. 여호와께서 이스라엘을 위해/대신하는 속량물을 마련하신다. P. Stuhlmacher, "Isaiah 53 in the Gospels and Acts," in *The Suffering Servant: Isaiah 53 in Jewish and Christian Sources* (ed. B. Janowski and P. Stuhlmacher; trans. D.P. Bailey; Grand Rapids, Mich.: Wm. B. Eerdmans, 2004), 16-29.

403 Nolland, *Matthew*, 824.

404 Büchsel, *TDNT* 4:343; Stanley E. Porter, *Idioms of the Greek New Testament* (Sheffield: Sheffield Academic Press, 1990), 144.

405 Craig A. Evans, *Matthew* (Cambridge: Cambridge University Press, 2012), 431; France, *Matthew*, 988. "모세가 그 피를 가지고 백성에게 뿌리며 이르되 이는 여호와께서 이 모든 말

24:8과 스가랴 9:11에 나온 언약의 피에 대한 암시는 예수의 죽음이 희생 제사이고 하나님과 그의 백성 사이의 언약적 관계를 인치는 것임을 의미한다.[406] 예수의 죽음을 통해 주어지는 죄 용서는 예레미야 선지자가 예언한 대로 새 언약이 가져 올 복이다(렘 31:31-34).[407] 예레미야 31장에서 새 언약은 하나님이 다시는 백성의 죄를 기억하지 않기 위한, 곧 죄 용서를 위한 것이기 때문에(렘 31:34), 예레미야 본문은 주의 만찬에서 언약과 죄 용서의 관계를 설명하는 근거가 된다.[408] 둘째, 피 흘림은 많은 사람을 위한 목적이다. 사람의 생명은 피에 있으므로 피는 생명을 상징한다(레 17:14; 참조. 11QTemple 53.6).[409] 그렇다면 예수의 피를 상징하는 포도주는 그의 생명을 가리킨다. 28절의 "많은 이를 위한"(περὶ πολλῶν)은 고난받는 종을 암시하는 표현이다. 소유격 "많은"(πολλῶν)은 20:28에서 이미 사용됐다. 혜택을 받는 대상은 이스라엘 백성에 제한되지 않는 "많은 사람"이다. 예수는 "너희"가 아니라 "많은"을 사용함으로써 제자들에게 국한되지 않는 구원의 대상을 알린다. 그리고 예수께서 십자가에 피를 쏟아붓는 것을 의미하기 위해[410] 사용된 '붓다' 또는 '흘리다'의 수동태 분사형(ἐκχυννόμενον)은 속죄 제사와 관련된 언어이며(참조. 레 4:7, 18,

---

씀에 대하여 너희와 세우신 언약의 피(*τὸ αἷμα τῆς διαθήκης*)니라"(출 24:8); "여호와의 말씀이니라 보라 날이 이르리니 내가 이스라엘 집과 유다 집에 새 언약(*διαθήκην καινήν*)을 맺으리라"(렘 31:31).

406 언약과 식사의 관계가 출 24:9-11에서 언약 체결 이후 모세와 백성의 대표들이 하나님과 먹고 마신 장면에서 나온 것과 같이, 열두 제자는 미래에 아버지 앞에서 먹고 마실 것을(26:29) 의미하는 주의 만찬에서 먹고 마신다. 언약의 피는 슥 9:11과도 관련이 있다(참조. 마 21:5). "또 너로 말할진대 네 언약의 피로 말미암아 내가 네 갇힌 자들을 물 없는 구덩이에서 놓았나니"(슥 9:11). 예수는 스가랴 9장에 예언된 왕으로서(9:9-10) 그가 흘리는 언약의 피는 종말의 해방과 소망을 선사하는 원인이다. Richard B. Hays, *Echoes of Scripture in the Gospels* (Waco, Texas: Baylor University Press, 2016), 134.

407 M. Knowles, *Jeremiah in Matthew's Gospel: The Rejected Prophet Motif in Matthaean Redaction* (JSNTSup 68; Sheffield: JSOT Press, 1993), 207-209; France, Matthew, 994.

408 Hays, *Echoes of Scripture in the Gospels*, 134.

409 Davies and Allison, *Matthew*, 3:473.

410 L. C. Boughton, "'Being Shed for You/Many': Time-Sense and Consequences in the Synoptic Cup Citations," *TynB* 48 (1997): 249-70.

25, 30, 34),[411] 이사야 53:12에도 사용된 동사다.[412] 이사야 53:12의 종처럼 예수는 유월절에 피를 흘렸다.[413] 셋째, 피는 죄 용서를 위한 것이다. 본문에는 마가복음에 없는 "죄 용서를 위해"가 있다.[414] 죄 용서를 위한 예수의 죽음은 이사야 53장의 고난받는 종이 백성의 죄를 대신해서 희생당하고 죽는 것과 연결된다(53:5-6, 8, 10, 11, 12).[415]

이처럼 마지막 만찬에는 여러 가지 이미지가 결합돼 나타난다. 많은 사람을 위한 예수의 대속적인 피 흘림은 이사야 53장에 있는 고난받는 종의 그림과 직접적으로 연결된다. 예수의 피 흘림이 죄 용서를 위한 언약의 피라는 사실은 예레미야 31장 31, 34절의 새 언약과 죄 용서와 연결되므로 고난받는 종의 죽음은 새 언약을 위한 것이다. 그런데 예수의 피 흘림은 "죄 용서"를 목적으로 한다. 죄 용서는 대속적 죽음의 결과이며 새 언약 백성을 만드는 방식이다. 주의 만찬은 유월절 식사로서 제자들과 이후의 크리스천 독자들에게 예수의 죽음이 갖는 의미와 이 죽음이 가져온 혜택(또는 은혜)을 기억하게 하는 은혜의 수단이다.[416]

1.3. "자기 백성": 구원의 대상과 범위

1:21의 "백성"은 구약의 관점에서 이스라엘을 가리키지만(예, 130:8),[417] 내

---

411 Evans, *Matthew*, 431; Davies and Allison, *Matthew*, 3:474.

412 France, *Matthew*, 994.

413 하나님이 유월절에 아들의 죽음에 초점을 맞추신 것을 고려하면, 예수의 죽음과 유월절 희생의 의미와 연결된다(Davies and Allison, *Matthew*, 3:474).

414 "죄 용서를 위한"(εἰς ἄφεσιν ἁμαρτιῶν, 막 1:4; 눅 3:3; 23:47), "그들 죄의 용서로"(ἐν ἀφέσει ἁμαρτιῶν αὐτῶν, 눅 1:77), "너희의 죄 사함을 위한"(εἰς ἄφεσιν τῶν ἁμαρτιῶν, 행 2:38), "죄 용서"(ἄφεσιν ἁμαρτιῶν, 행 5:31).

415 France, *Matthew*, 994.

416 Nolland, *Matthew*, 1076.

417 대부분의 학자들은 구원과 백성을 다루는 마 1:21의 구약 배경은 시 130:8(129:8 70인역)로 이해한다. 그러나 R. 브라운은 시 130:8을 인용 공식으로 보기에는 너무 암시적이고 1:21은 여러 구절의 혼합을 배경으로 한다고 주장한다(예, 삿 13:5; 시 28:9). R. E. Brown, *The Birth*

러티브가 전개되면서 또는 마태복음을 순서대로 처음부터 끝까지 읽는 독자에게 21-23절의 "백성"이나 "우리"는 모든 민족, 즉 유대인들과 이방인들로 구성된 교회라는 사실이 드러나게 된다(16:18).[418] 4:15-16에서 이사야 9:1-2을 인용한 의도, 기적 내러티브(8-9장)에서 '백부장'이 하늘나라의 잔치에 초대를 받는 장면(8:5-13),[419] 가다라 지방의 귀신들린 두 사람이 치유 받는 이야기(8:28-34)는 모두 '백성'에 이방인이 포함되는 것을 입증한다.[420] 마태는 안식일에 한 손 마른 사람이 치유 받은 사건에 대해, 이사야 42:1-3을 인용해서 이방 나라들도 일그러진 창조 질서가 회복되기를 기다린다고 평가한다(12:18-21). 예수를 "하나님의 아들"로 고백한 장소가 이방 지역인 가이사랴 빌립보였던 사실도 백성의 범위를 암시한다(16:13). 특히 십자가 사건을 기점으로 이스라엘 백성(27:25)은 예수를 배척한 반면, 이방인들은 예수를 "하나

---

of the Messiah: A Commentary on the Infancy Narratives in the Gospels of Matthew and Luke (New York: Doubleday, 1993), 152. 최근에 피오트로브스키는 시 130:8의 대안으로 겔 36:28-29; 37:23을 제시했다. N. G. Piotrowski, "'I Will Save My People from Their Sins': The Influence of Ezekiel 36:28B-29A; 37:23B on Matthew 1:21," *TynB* 64.1 (2013), 33-55. 그는 시 130:8은 마 1:21과 마태 전체의 이야기 사이의 관계를 설명하지 못하는 반면 겔 36:28-29은 37:23(또한 겔 34:11-31; 37:21-28)과 함께 죄(언약을 어김), 구원(포로에서의 해방, 다윗 언약의 성취), 임마누엘을 설명하는 배경이 된다고 주장한다. 그가 근거로 삼는 에스겔 본문에서 여호와는 죄에서 구원하시며, 죄에서의 구원은 포로에서 회복되고 다윗의 위가 회복되는 것으로 나타난다.

418 Ferda, "The Soldiers' Inscription," 228; Karl McDaniel, *Experiencing Irony in the First Gospel: Suspense, Surprise, and Curiosity* (T&T Clark, 2013), 97. 만일 70인역 시 129:8(καὶ αὐτὸς λυτρώσεται τὸν Ισραηλ ἐκ πασῶν τῶν ἀνομιῶν αὐτοῦ, "그가 이스라엘을 그의 모든 죄악에서 속량하시리로다", 한글성경 시 130:8)이 배경이라면 마태는 1:21의 "백성"(라오스)을 의도적으로 "이스라엘"을 대신함으로써 민족적 개념을 뛰어넘는 백성, 즉 예수의 구원을 얻은 유대인과 이방인 교회를 생각했을 것이다. 단어의 대체에 대해서는 다음의 글을 보라. Gundry, *Matthew*, 23; L. Novakovic, *Messiah, the Healer of the Sick: A Study of Jesus as the Son of David in the Gospel of Matthew* (Tübingen: Mohr Siebeck, 2003), 64-66.

419 8:11의 πολλοί.

420 맥다니엘(McDaniel, *Experiencing Irony in the First Gospel*)은 가다라 지방의 귀신들린 자들이 치유 받는 사건을 언급하지 않지만, 예수께서 갈릴리 호수를 건너 로마 군대가 주둔하던 곳으로 가서 둘을 치유하고 다시 호수를 건너오신 수고를 고려할 때, 이방인을 자기 백성에 포함시키는 의도가 명확히 드러난다.

님의 아들"로 고백하고 "자기 백성"에 포함된다(27:54).[421] 27:42에는 '구원하다'는 표현이 사용되는데(ἄλλους ἔσωσεν, "그가 다른 이들을 구원했다"), 예수는 자기 백성을 구원하기 위해 자신의 구원을 요청하지 않는다(16:25).[422] 따라서 십자가에서 벌어진 장면(27:37-43)은 다윗의 아들(1:1)인 예수께서 자기 백성을 구원하는 자(1:21)로 십자가에서 죽었음을 밝힌다. 부활하신 예수는 제자들을 모든 민족에게 보내면서 임마누엘을 약속하신다(28:19-20).[423] 이미 1:1의 "아브라함의 아들"과[424] 예수의 계보에 등장한 네 여자는 예수께서 구원하는 백성의 범위가 이방인들을 포함할 것을 암시했으며, 내러티브의 전개에 따라 점점 분명해지고, 이 백성은 마지막 장면의 "모든 민족" 중에서 반응하는 자들이 된다(28:20).

1.4. 요약

정리해 보면, 마태복음 1:21에서 시작해서 20:28, 26:28 등은 예수께서 어떤 방식으로 자기 백성을 구원하는지를 알려준다. 예수는 자신의 생명을 대속물(몸값)로 줌으로써(20:28) 백성을 구원하신다.[425] 구체적으로 죄 용서를 위

---

421 Ferda, "The Soldiers' Inscriptio," 228.

422 Repschinski, "'For He Will Save His People…," 264.

423 4:15-16과 28:19-20은 갈릴리와 이방 민족이라는 개념으로 서로 연결된다(McDaniel, *Experiencing Irony in the First Gospel*, 101).

424 구약과 제2성전기 유대교의 배경에서 '다윗의 아들'은 '하나님의 아들'과 같은 의미를 담고 있는 메시아적 칭호인 반면, '아브라함의 아들'은 그렇지 않다. 아브라함은 하나님 백성의 범위와 관련되므로 아브라함의 아들은 예수를 통해 부름 받게 될 백성의 범위를 암시한다. 독자는 마태복음 전체를 읽으면서 하나님의 새 백성은 이스라엘 중에서 예수께 반응하는 자들과 이방인들 중에서 예수께 반응하는 자들로 구성된다는 사실을 알게 될 것이다.

425 구원이 예수의 죽음을 통해 가능하다는 사실은 하늘나라의 복음과 연결함으로 설명할 수 있다. 26:13에서 예수는 향유를 부은 여자의 행위가 자신의 장례를 준비한 것이라면서 "온 세상에" "이 복음이 전파되는" 곳마다 여자가 행한 일이 기억될 것이라고 하신다. 여자가 행한 일은 예수의 죽음과 관련되므로, "이 복음"은 예수의 죽음과 직결된다(26:12). 예수는 이미 24:14에서 "이 하늘나라의 복음"이 온 세상에 전파될 것이라고 말씀하셨기에, 예수의 죽음이 하늘나라의 복음을 실현시켰으며 그의 죽음 자체가 복음이다. 이 맥락에서, 예수께서 가져오고 선

해 피를 쏟아(26:28) 백성을 구원할 것이기 때문에 "예수"라는 이름을 얻었다(1:21). 1:21은 백성에게는 "구원"이 필요하며, 죄에서 구원받는 백성은 이스라엘과 이방인들로 구성된 새 백성(내러티브가 전개되면서 교회로 드러남)인 사실을 암시한다. 따라서 마태복음의 내러티브는 토라가 아니라 예수(의 피)를 통해 구원이 많은 사람에게 주어지는 것을 알린다(20:28).

2. 마태복음의 구원론에 대한 견해

우리는 앞에서 구원을 받는 길(방법)에 대해 논의했다. 그러나 누가(또는 어떻게) 현재의 하늘나라에 들어가는가, 누가(또는 어떻게) 미래적 나라에 들어가는가에 대해서는 입장이 서로 다르다. 필자는 이 논의와 관련해 마태복음의 구원론을 세 가지 범주로 구분해서 분석하며, '은혜'를 '직설법'이라는 단어로, '행위'를 '명령법'이라는 단어로 자유롭게 사용할 것이다. 이어서 하늘나라에 들어가는 내용이 담긴 본문을 세 번째 견해의 입장에서 분석할 것이다.

2.1. 첫 번째 견해 – "행위로 하늘나라에 들어간다"

첫 번째 견해는 마태복음에는 직설법(또는 은혜)이 없다고 주장한다. 마태복음을 율법주의적으로 이해하는 막센은 하나님은 인간에게 요구하시고 인간이 요구를 충족시킬 때 인간과 관계하시는 분으로 규정한다.[426] 막센에 따르면, 마태의 목표는 하늘나라에 합당한 사람들로 인정받는 것이며, 오직 주어진 요구를 충족시킬 경우에만 이 목표에 이를 수 있다.[427] 마태는 이 목표

포하신 하늘나라의 복음(4:23; 9:35)은 토라가 아니라 아들의 죽음과 관련된다.

426 Willi Marxsen, *New Testament Foundations for Christian Ethics* (Philadelphia: Fortress, 2007), 247.

427 Marxsen, *New Testament Foundations*, 244.

에 사람들이 도달할 수 있다고 생각하기 때문에, 사람들이 윤리적 요구를 충족시키는 것이 가능하다고 생각했다.[428] 교회에는 좋은 사람들과 나쁜 사람들이 함께 거하며, 후자는 믿음이 적은 자들로 불린다.[429] 후자는 세례를 받고 제자가 됐기 때문에(28:19) '불신자들'로 불릴 수 없다.[430] 교회의 모든 구성원은 '신자들'이지만, 만일 그들의 행위가 충분하지 못하다면 그들은 '믿음이 작은 자들'로 불린다.[431] 막센은 유대 율법주의적 관점에서 극단적으로 마태의 구원론을 이해하기 때문에 직설법이 마태복음에 존재하지 않는다고 주장하며, 복음과 관련된 내러티브의 역할을 부정하고, 직설법과 명령법 사이의 관계를 고려하지 않는다.[432] 막센은 하나님과의 관계를 맺어주는 '선물'(직설법)을 인정하지 않지만, 마태는 명령법 이전에 은혜나 복음을 먼저 언급한다.[433] 의인들과 악인들이 섞여 있는 공동체에 대해 막센은 오해하고 있다. 마태복음에서 악인들은 참 제자가 아니며 종말론적 심판의 대상이기에 그들은 불신자들과 다름없다. 예수께 믿음이 작은 자들로 책망을 받는 대상은 나쁜 자들이 아니며, 신뢰심이 더 커져야 할 것을 요청받는 제자들이다.

블란톤은 1:21의 토라에 있는 하나님의 뜻을 어긴 것을 죄로 이해한다. 예수의 죄 용서나 죽음(9:2-8; 26:28)이 아니라, 토라에 순종하고 예수 운동에 속한 자들을 지원함으로써(10:5-15, 40-42; 23:34; 25:31-46) 구원받는다고 주장한다.[434] 그러나 구원의 필수 단계는 토라에 대한 순종이 아니라 예수다. 우리

---

428 Marxsen, *New Testament Foundations*, 244. "구원은 미래에 기대되는 것이며 현재적인 것은 아니다. 그러나 새 법을 통해 독자들은 구원을 얻기에 필요한 것을 행할 기회를 지금 얻었다. 독자들은 지금까지의 노력이 이 목표에 도달할 만큼 충분한지 알지 못하며, 누구도 알 수 없다. 이는 사람들이 (자신들이나 다른 사람을 위해서) 그것을 알려고 조차 하지 말아야 하는 이유다."(242)

429 Marxsen, *New Testament Foundations*, 242.

430 Marxsen, *New Testament Foundations*, 242.

431 Marxsen, *New Testament Foundations*, 242.

432 Luomanen, *Entering the Kingdom of Heaven*, 284-285.

433 막센에 대한 비판으로는 탈벗의 글을 참조하라.

434 Thomas R. Blanton, "Saved by Obedience: Matthew 1:21 in Light of Jesus Teaching on the Torah," *JBL* (2013): 393-413. 블란톤은 죄를 하나님과 인간 사이의 분리로 해석한 렙쉰

는 위에서 1:21과 연결된 본문을 분석하면서 예수의 대속적 죽음과 새 언약의 피가 구원의 방법인 사실을 확인했기 때문에 첫 번째 견해는 거부된다. 마태의 구원론은 윤리와 연결되지만, 윤리적 요구가 예수의 제자가 되는 전제 조건은 아니다. 블란톤의 주장처럼 이스라엘이 토라에 나타난 하나님의 뜻을 어겼기 때문에 예수께서 율법에 순종해서 자기 백성을 구원하는 방식을 택한 것이 아니다. 마태복음은 엄격하고 철저한 순종을 요구하지만 시작부터 예수(의 피)를 통해 구원받는 점을 명확히 밝힌다. 토라가 아니라 예수를 통해서만 구원과 종말론적 의가 가능하다. 하나님의 뜻을 가르쳐 주는 점에서 토라는 하나님의 말씀과 계시이지만, 종말론적인 의에 기여하지 못한다.[435] 예수께서 해석하신 관점에서만 하늘나라 백성에게 토라의 의미와 기능은 규범성을 지닌다. 예를 들어, 예수의 사역을 요약하는 4:23-25에서 예수는 요구(명령법) 이전에 복음(직설법)을 먼저 선언하시며, 이 본문에는 복음으로의 초대 외에 윤리적 명령은 나타나지 않는다.[436] 예수께서 가져오신 하늘나라의

스키(Repschinski, "'For He Will Save His People…")의 주장을 반대하면서 하나님은 이스라엘의 죄에 대해 멀리 가지 않고 오히려 심판을 목적으로 가까이 온다고 반박한다(397-398). 죄는 이스라엘의 하나님에게서 분리되는 것이 아니라 토라의 규례를 거절한 것으로 보는 쪽이 더 적절하다고 주장한다(400). 죄에 대한 블란톤의 정의는, 마태복음에서 '하나님의 뜻'을 지키지 않는 문제와 연결되므로(예, 7:21-24), 타당하다. 그러나 하나님의 뜻을 어긴 죄인이 토라에 순종할 경우에 구원해 준다는 주장은 설득력이 떨어진다. 토라에 순종해서 구원을 받는다는 것이 이방인들 뿐 아니라 토라의 멍에에 놓인(11:28-29) 유대인들에게 어떻게 복음이 될 수 있는가? 그리고 블란톤은 죄에서 구원을 얻는 세 가지 모델로 '토라의 가르침'(263절), '치유'(59절), '십자가 죽음'(2절)을 제시하고, 토라의 가르침을 통한 구원이 훨씬 많이 언급된다고 주장한다. 그러나 블란톤이 제시한 토라의 가르침에 대한 목록은 율법과 관련이 없거나 오히려 율법과 대조되는 본문이 포함됐고(예, 11:28-30), 토라의 가르침이 구원의 조건이라는 주장은 성립할 수 없다. 마태는 메시아의 죽음과 긍휼로 구원받은 자들에게 토라의 가르침은 하나님의 뜻으로서 여전히 중요하다는 점을 강조하는 것이지 토라의 가르침이 구원의 조건이기 때문에 열거하는 것은 아니다.

435 Roland Deines, "Not the Law but the Messiah: Law and Righteousness in the Gospel of Matthew - An Ongoing Debate," in John Nolland and Daniel M. Gurtner (eds), *Built Upon the Rock* (Grand Rapids, Mich.: Wm. B. Eerdmans Publishing, 2008), 82-83.

436 Charles E. Carlston and Craig A. Evans, *From Synagogue to Ecclesia: Matthew's Community at the Crossroads* (Tübingen: Mohr Siebeck, 2012), 479. 예수께서 메시아와 심판자로 나타나는 종말의 장면을 묘사할 때, "마태는 긍휼, 동정심, 은혜가 없다면 예수의 사역이나 교회의 설교는 '복음'이 될 수 없다는 것을 알고 있다"(475).

복음(4:23; 9:35)과 예수의 죽음을 핵심으로 두는 복음(24:14; 26:13)은 이스라엘 백성 뿐 아니라 토라를 알지 못하는 이방인들(1:1; 24:14; 26:13; 28:20)을 하늘나라에 들어가게 한다. 앞에서 언급한 것처럼, 토라는 하나님의 뜻이 무엇인지를 보여주는 예가 되고 하나님의 말씀과 계시라는 중요성을 갖지만 종말론적 의의 전제 조건은 아니다.[437] 열매를 맺을 수 있는 힘은 토라가 아니라 예수의 대속적 죽음을 통한 새 언약 관계에서 나온다.

2.2. 두 번째 견해 – "은혜로 하늘나라에 들어가서 행위로 머문다"

두 번째 견해는 마태복음의 구원론을 '언약적 신율주의'로 설명한다. 이 견해의 대표적인 학자는 루마넨이다.[438] 루마넨의 주장은 바울에 대한 새관점 개념을 마태복음에 적용한 것이라고 할 수 있다. 루마넨은 마태가 (최종적인) 구원을 어떻게 이해했는지에 집중함으로써 구원에 대한 마태의 입장을 분석한다. 루마넨은 하나님의 긍휼로 하늘나라에 들어가지만(20:1-16; 22:1-14), 하늘나라에 머물기 위해서는 하나님의 뜻에 순종해야 한다고 주장한다. 말하자면, 은혜로 구원에 들어가서(getting in), 순종으로 머물 수 있으나(staying in), 현재적 하늘나라에 들어가게 하는 은혜가 오는 세상에 들어가는 것을 보장하지는 않는다.[439] 직설법은 마태가 이해한 구원의 기본이며, 구원의 출발은

437 Deines, "Not the Law but the Messiah," 82.

438 루마넨(Luomanen, *Entering the Kingdom of Heaven*)은 무엇을 구원의 근거로 이해하느냐에 따라 크게 두 가지 범주로 구분한다. 첫째 범주는 '복음'과(이나) '행위'를 구원의 근거로 주장하는 것이다: 행위를 통한 구원, 은혜를 통한 구원, 행위와 은혜를 통한 구원. 두 번째 범주는 언약을 구원의 근거로 이해하는 것이다. 그는 유대의 언약적 신율주의의 관점에서 마태의 구원론을 분석한다. 마태의 구원론은 (1) 이스라엘의 선택과 (2) 불순종에는 형벌이 뒤따른다는 개념에 근거하며, 죄 용서와 순종을 통한 언약에 '머무는 것'이 최종적인 구원의 필수조건이다. 그러나 토라의 제자들과 관련된 전통적인 언약적 신율주의와 달리, 예수의 제자들로서 하늘나라에 들어가기를 원한다면 예수를 믿고 예수께 헌신함으로써, 세례를 통해 마태의 공동체에 들어감으로써 신앙생활을 시작해야 한다(282).

439 Luomanen, *Entering the Kingdom of Heaven*, 281.

하나님의 선택으로서 이 선택은 인간의 반응을 요청한다.[440] 그는 마태가 다른 신약 저자들보다 더 언약적 신율주의와 공통점을 갖고 있어서 순종을 통해 구원이 유지된다고 이해했다고 주장한다.[441]

몰랑에게 있어 사람의 종말론적 운명은 궁극적으로 윤리적 삶의 질과 관련된다.[442] 종말론적인 관점을 강조하는 마태에게는 윤리적 의가 최고로 중요하다.[443] 마태는 예수의 전체 이야기에서 은혜를 암묵적으로 표현할 뿐 윤리를 은혜에 기초해서 명시적으로 세워나가지 않는다.[444] 명령법은 직설법에 의존하지도 않는다.[445] 마태에게는 명령법의 성취가 직설법의 궁극적, 최종적인 표현을 위한 전제조건이다.[446] 직설법과 명령법이 서로 관련된다는 암시를 거의 주지 않는다.[447] 예수께서 공동체와 함께 거하시는 것이 마태의 윤리와 명시적으로 연결되지 않는다.[448] 우리는 세 번째 견해를 통해 두 번째 입장을 비판할 것이다.

---

440 Luomanen, *Entering the Kingdom of Heaven*, 285.

441 Luomanen, *Entering the Kingdom of Heaven*, 284-285.

442 Roger Mohrlang, *Matthew and Paul: A Comparison of Ethical Perspectives* (Cambridge: Cambridge University Press, 1980), 68. 탈벗의 분석에 따르면, 어떤 학자들은 마태복음의 구원론에서 직설법과 명령법 둘 다를 인정하지만, (1) 전자가 후자에 영향을 주지 않거나 (2) 전자와 후자의 관계가 자세히 설명되지 않는다고 주장한다. 탈벗은 몰랑을 첫 번째 입장의, 루츠를 두 번째 입장의 대표 학자로 제시한다.

443 Mohrlang, *Matthew and Paul*, 70.

444 Mohrlang, *Matthew and Paul*, 80.

445 Mohrlang, *Matthew and Paul*, 80.

446 Mohrlang, *Matthew and Paul*, 80-81. 몰랑의 논리를 따르면, 용서하라는 명령을 성취할 때 용서를 받는다는 직설법이 적용된다고 할 수 있다(예, 6:12-15; 18:23-35; 참조, 5:20; 7:13이하, 21이하).

447 Mohrlang, *Matthew and Paul*, 81.

448 Mohrlang, *Matthew and Paul*, 121. 몰랑에 따르면, 신적인 요구가 마태복음을 지배하고 은혜가 제자들의 순종을 이끌어내는 부분이 명시적으로 드러나지 않는다. 이에 대한 비판은 Talbert, "Indicative and Imperative," 516을 보라.

2.3. 세 번째 견해 - "은혜로 하늘나라에 들어가서 열매를 맺는다"

세 번째 견해는 행위로 (현재적) 하늘나라에 들어간다는(구원을 받는다는) 입장에 반대하며, 동시에 은혜로 들어간 하늘나라에서 순종이 없이는 머물 수 없다는 두 번째 견해에 반대한다. 즉 행위 구원을 부정하고 성도의 견인을 지지한다. 세 번째 견해의 대표적인 학자인 탈벗은 직설법과 명령법의 구도로 마태복음의 구원론을 설명한다. 그는 마태의 윤리를 언약적 신율주의가 아니라 "새 언약의 신앙"이라고 제안하면서, 직설법(하나님의 선물)이 명령법(인간에 대한 하나님의 요구) 보다 먼저 나오고 은혜(직설법)가 하나님의 뜻에 순종(명령법)할 수 있게 만든다고 주장한다.[449] 탈벗은 마태의 직설법이 명령법을 가능하게 하는 예를 제시한다. '계시'는 예수를 고백하게 하고(16:17) 풍성한 열매를 맺게 한다(13:23).[450] 제자들은 성부, 성자, 성령과 관계된 자들로서 그들이 부르는 '이름'에 하나님이 반응하고 응답하신다(6:9-13; 7:7-11; 10:19-20; 18:20).[451] 제자들이 예수를 따르고(4:20-22) 그와 함께 있다는 사실(9:15; 17:17-20; 18:20)은 제자들의 질적인 변혁을 일으키는 힘이다.[452] 신적 직설법이 제자의 존재를 가능하게 하고 시작부터 메시아의 잔치까지 가능하게 하므로 마태의 구원론은 시작부터 끝까지 은혜를 지향한다.[453] 제자들이 예수와 함께하면서

---

449 Talbert, "Indicative and Imperative in Matthean Soteriology," 515-38. 같은 내용의 글이 탈벗의 다른 책에도 실려 있다. C. H. Talbert, *Reading the Sermon on the Mount: Character Formation and Decision Making in Matthew 5-7* (Columbia, SC: University of South Carolina Press, 2004), 32-43; idem, *Matthew* (Grand Rapids, MI: Baker Academic, 2010), 9-27; idem, "Indicative and Imperative in Matthean Soteriology," in *Getting 'Saved': The Whole Story of Salvation in the New Testament* (ed. Charles H. Talbert and Jason A. Whitlark; Grand Rapids: Eerdmans, 2011), 95-118. 탈벗은 마태가 직설법을 위해 네 가지 방식을 사용한다고 제안한다. '내가 너희와(가운데) 함께 한다', '신적인 이름', '제자들에게 주어진 계시', '예수와 함께 함'이 제자들이 명령을 수행할 힘의 근거가 된다.

450 Talbert, "Indicative and Imperative," 534.

451 Talbert, "Indicative and Imperative," 534.

452 Talbert, *Matthew*, 23.

453 Talbert, *Matthew*, 26-27.

예수를 통해 계시를 받는다는 사실은 그들이 윤리적 명령에 순종할 수 있게 만든 근거다.[454] 탈벗의 주장과 같이, 제자들은 산상설교에 제시된 예수의 명령을 듣기 전에 땅의 소금과 빛이라는 선언을 들었고(5:13-14), 좋은 열매를 맺을 수 있는 좋은 나무들이다(7:17-18).[455] 예수는 윤리적 명령(예, "더 나은 의"를 행하라!) 이전에 존재론적인 인식을 알리셨다. 세 번째 입장은 1:21과 연결된 본문의 지지를 받으며, 하늘나라에 들어간다는 개념 역시 세 번째 견해를 입증할 수 있다.

3. 구원과 하늘나라

필자는 위의 세 번째 입장에서 하늘나라와 행위의 관계를 간단하게 살펴보려고 한다. 하늘나라에 들어간다는 표현은 5:20에 이어서 7:21, 18:3; 19:23-24; 23:13에 나오며, 이는 구원을 받는다는 것과 같은 의미다. 그러나 하늘나라에 들어가는 것과 관련된 명령은 이미 구원을 받은 제자들에게도 실천적인 의미를 지닌다. 교회에 던져진 예수의 말씀이나 명령은 선한 열매를 맺지 못하는 자들에게는 심각한 경고인 반면, 하늘나라에 들어간 자들에게는 성도의 견인을 위한 은혜의 수단이다.

3.1. "그 열매로 나무를 아느니라"(12:33)

5:20을 먼저 살펴보면, "왜냐하면"으로 시작하는 5:20은 17-19절의 이유를 가리키며, 제자들의 의가 서기관들과 바리새인들의 의보다 질적으로 나아야 하고 양적으로도 뛰어나야 하는 것은 21-48절에 여섯 가지 예로 나타

454 Talbert, *Matthew*, 22-23.

455 Talbert, *Matthew*, 23.

난다. 산상설교의 전체 구조를 고려할 때, 예수의 명령은 새 나라의 백성이라는 신분을 가진 사람들을 위한 지침이다. 이 구도는 팔복(5:3-10)의 전후 문맥에서도 드러난다. 말하자면, 팔복은 하늘나라에 들어가고 복음을 경험하기 위한 전제 조건이 아니라[456] 하늘나라의 복음에 해당한다.[457] 팔복에 이어서 "땅의 소금"과 "세상의 빛"은 새 백성의 신분이다. 하늘나라가 왔기 때문에, 예수의 제자들은 서기관들과 바리새인들의 의를 능가할 수 있다. 하늘나라의 새 백성이 된 제자들은 소금과 빛의 신분(직설법)으로 예수를 통해 토라에 나타난 하나님의 뜻을 배웠다. 따라서 제자들은 굳은 마음의 옛 사람들과 달리 더 나은 의를 행할 수 있는 신분이 됐고 하나님의 뜻을 이해할 수 있도록 배웠다. 새로운 신분의 제자들은 예수의 가르침을 배워 율법에 담긴 하나님의 뜻을 알고 실천해야 한다. 제자들은 하늘나라에 들어가기 위해서 예수의 계명을 지키는 것이 아니다. 하늘 아버지의 자녀이고 예수께서 성취하신 의를 깨달은 자들로서 지킨다.[458] 들어가기 위함이 아니라 들어간 자들로서 땅에서 하늘의 뜻을 이뤄 간다. 이 점에서 직설법은 명령법의 동기다. 제자들의 신분이 윤리적 명령의 이유다. 이 사실은 예수께서 더 나은 의를 위한 여섯 가지 예를 제시하시기 전에 제자들을 땅의 소금과 빛으로 규정하는 데서

---

456 Robert A. Guelich, "The Matthean Beatitudes: Entrance-Requirements or Eschatological Blessings?," *JBL* 95/3 (1976), 415-434; Talbert, *Reading the Sermon on the Mount*, 48.

457 하늘나라의 복음을 담고 있는 팔복은 산상설교 본론의 요구 이전에 나온다. 명령법 이전에 직설법이 먼저 나온다. 마태복음을 처음부터 읽는 독자라면 산상설교 앞에 있는 1-4장에서 무슨 이야기를 했는지 기억할 것이다. 구약에 나타난 약속의 성취로 태어나신 예수께서 하나님의 목적을 성취하기 위해 세례를 받으셨고 아들의 순종으로 광야의 시험을 이기셨다. 예수는 이방의 갈릴리에서 하늘나라의 복음을 선포하셨고, 마태는 "천국 복음을 전파하시며 백성 중의 모든 병과 모든 약한 것을 고치시니"로 예수의 사역을 소개한다. 예수께서 임마누엘("우리와 함께하시는 하나님")로 땅에 계시면서 산상설교를 전하고 계신다는 자체가 은혜이며 복음이다. 그러므로 예수를 통한 긍휼의 사역 가운데 산상설교가 포함된다는 사실을 기억하면서 산상설교의 윤리적 요구를 해석해야 한다.

458 크로우는 제자들과 천부의 관계가 존재론적으로는 예수와 천부의 관계와 같지는 않지만, 하나님을 아버지로 부르고 아버지의 뜻을 따르는 점에서는 아들 됨을 공유하기 때문에 예수께서 먼저 보여주신 대로 의로운 삶을 살도록 요구 받는다고 주장한다. Brandon D. Crowe, *The Obedient Son: Deuteronomy and Christology in the Gospel of Matthew* (Berlin: Walter de Gruyter, 2012), 174.

나타난다. 제자들은 존재론적으로 땅의 소금과 빛이기에, 서기관과 바리새인보다 더 나은 의를 실행할 수 있고 실행해야 하는 명령을 받는다.

7:21-23은 최후심판의 장면이며 공간적 배경은 하늘법정이다. 자기기만을 경고하기 위해 제시된 최후심판 장면을 보여준다. 재판장인 예수는 하늘법정에서 자기기만에 빠진 자들을 심판하실 것이다. 모든 사람은, 한 명의 예외도 없이, 종말의 재판장인 예수 앞에 서게 될 것이다. "하늘에 계신 내 아버지의 뜻"은 산상설교의 가르침 자체와 마태복음 전체의 내러티브에서 나타난다(예, 18:14). 자신들을 잘 알고 있으리라고 기대한 자들을 재판장은 불법을 행한 자들로 규정한다(22-23절). 그들은 재판장의 판결을 번복하려고 선지자의 언어, 귀신을 내어 쫓은 일, 재판장(예수)의 이름으로 기적을 행한 일 등을 근거로 의를 주장한다. 형벌이 아니라 하늘의 상을 받아야 한다고 생각한다(22절). 그러나 재판장은 그들을 전혀 알지 못한다. 이처럼 하늘나라는 "주여, 주여"라고 외친다고 들어가는 나라가 아니라(참조. 24:42, 44; 25:11, 19, 37, 44) 하늘에 계시는 아버지의 뜻대로 행하는 자들만 하늘나라에 들어갈 수 있다(7:21-22). 다시 말해서, 행함은 믿음 또는 참 제자 됨을 입증하는 것이므로 예수는 "열매로 그들을 알찌니"(7:16), "좋은 나무마다 아름다운 열매를 맺고 못된 나무가 나쁜 열매"를 맺는다(7:17)고 표현하신다.

18:1-14에서 하늘나라에서 누가 가장 큰 자인지를 묻는, 즉 예수께서 왕으로 통치할 하늘나라에서 자신들의 구체적인 서열을 알고 싶어 하는(참조. 20:26-28; 23:11-12) 제자들에게, 예수는 그들이 어린아이처럼 되지 않으면 하늘나라에 들어갈 수 없다고 하신다(18:3). 어린 아이의 특징을 따르는 것은 어린아이로 상징되는 낮은 사회적 지위를 받아들이는 것이다(18:4).[459] 4절은 1절의 질문에 대한 직접적인 대답이며, 10-14절은 간접적인 대답이기 때문에 4절의 의미는 10-14절을 통해 구체화된다. 3절에서 말한 돌이켜서 어린 아이처럼 된다는 의미는 자기를 낮추는 사람이 되는 것을 말한다. 예수는 3절에

---

459 France, *Matthew*, 679. 어린 아이처럼 자신을 낮추는 것은 수치를 겪는다는 의미와 같다 (France, *Matthew*, 679; Gundry, *Matthew*, 361).

서 하늘나라에서 누가 큰지에 대한 답을 주지 않고 누가 하늘나라에 들어갈 수 있는지(또는 없는지) 말씀하셨다.[460] 이제 하늘나라에서 큰 자에 대한 대답은 4절에 나온다. 그러나 하늘나라에 들어가는 원리(3절)는 하늘나라에서 큰 개념(4절)과 분리되지 않는다. 하늘나라에 들어가는 원칙이 하늘나라의 큰 자에게 적용되기 때문이다. 말하자면, 어린 아이처럼 되는 자가 하늘나라에 들어가고, 어린 아이처럼 되는 자가 하늘나라에서 큰 자다. 어린아이는 고대 사회에서 무엇을 결정하는 점에서 가장 낮으며, 사회적으로, 신체적으로 가장 작다. 어린 아이와 같은 자는 수직적으로 하나님께 전적으로 의존하는 사람이다. 어린 아이와 달리 자신의 것에 의존하는 자는 당연히 하늘나라에 들어갈 수 없다. '수직적인' 관점에서 하나님을 전적으로 의지하는 자는 '수평적인' 관점, 즉 사람들과의 관계에 자신을 낮추는 작은 자로 표현된다. 구원의 방식이 '삶의 방식'과 일치해야 하는 가르침이 18:4(1절의 질문에 대한 직접적 대답)과 18:12-13(간접적 대답)의 관계에서 나타난다. 낮아진 상태, 절대 의존의 상태는 하늘나라에 들어가는 조건이다. 즉 하나님의 힘으로만 구원을 받는다. 그런 사람은 고난받는 목자처럼 하늘나라에서 낮아져 타인을 회복하는 도구로 살아가게 된다. 한편, 예수께서 말씀하시는 대상은 "너희"인 제자들이며, 제자들은 이미 하늘나라에 들어가 있다. 왜냐하면 베드로에게 주신 약속(16:18)이나 17장에서 "아들들은 세를 면하리라"(26절)고 말씀하신 내용은 제자들의 신분이 하늘나라 안에 있고 하나님의 아들들임을 증명하기 때문이다. 또한 18장 이후 19:28에서 제자들은 종말론적인 하늘나라에서 "열두 보좌에" 앉을 것이라는 약속을 받는다. 따라서 문맥은 제자들의 구원이 박탈된다는 것을 지지하지 않는다. 예수의 말씀에 따르면, 하나님께 전적으로 의존해서 하늘나라에 들어간 제자는 낮은 자세로 살아야 하며, 사람과의 관계에서 자기를 낮추는 태도로 살아야 한다. 즉 이런 삶의 태도는 하늘나라의 약속을 받은 제자들에게 여전히 제자도의 원칙이다. 하늘나라에 들어갔다고 해서 어린 아

460 하늘나라에 들어가는 것은 영생에 들어가는 것(18:6), 구원받는 것과 같은 개념이면서, 순례 과정을 강조한다.

이의 태도를 버리는 삶은 상상하지 않는 것이다. 제자들은 오직 하늘 아버지께 의존함으로써 하늘나라에 들어가 있으며, 종말론적 나라에 들어갈 때까지 어린아이처럼 낮아지는 사람만이 하늘나라에 들어간다는 원칙을 잊지 말고, 이 원칙은 다른 사람이나 길을 헤매는 사람을 회복하기 위해 자신을 낮추는 삶으로(18:12-13) 나타나야 한다.

어떤 해석자는 18:21-35을 죄 용서를 받은 자들이 용서하지 않음으로써 이전에 받았던 용서를 박탈당해 종말론적 형벌에 처하게 되는 의미로 흔히 이해한다. 비유에서 예수는 몇 번을 용서해야 하는지 묻는 질문에 대해 얼마만큼의 죄를 용서 받았는지에 초점을 맞추는 비유를 주신다. 몇 번까지 용서해야 하는지를 묻는 제자는 자신이 천문학적 규모의 죄를 용서 받은 사실을 알아야 한다. 용서는 참으로 어려운 일이지만, 은혜에 대한 깊은 감사가 용서를 가능하게 만든다. 그런데 만 달란트(100,000,000 데나리온=250,000년의 임금)[461] 빚진 자가 백 데나리온 빚진 자를 용서하지 않는 것이 납득하기 어렵다는 사실은 독자로 하여금 과연 이 사람의 상태에 대해 의문을 갖게 된다. 누가 보아도 천문학적 규모의 빚을 탕감 받았으나 그에게는 감동이 없다. 이 사실을 하나님과 죄인 사이의 관계에 적용해 보면, 비유에서처럼 용서하지 않는 자는 그리스도의 희생을 통한 은혜를 경험했다고 할 수 없다. 그의 행동은 용서를 경험한 사람이라면 절대 할 수 없는 것이다(만 달란트 대 백 데나리온!). "예수는 참 제자는 결코 이 종이 행한 것처럼 행할 수 없다고 가르치신다. 이렇게 하는 자들은 자신들이 진정으로 용서를 받아들이지 못했음을 보여준다. 또는 하나님이 모두를 위해 베푸셨지만 다른 사람들을 용서하는 삶을 살지 못하는 자들은 하나님의 용서를 진정으로 받아들이지 않았음을 보여준다고 예수는 가르치신다."[462] 이 점에서 본 비유는 용서하지 않는 자에 대한 심판과 더

---

461 Keener, *Matthew*, 458-459. 또는 60만 배의 차이(Osborne, *Matthew*, 694-695).

462 C. L. Blomberg, *Matthew* (NAC 22; Nashville, TN: Broadman, 1992), 285; idem, "On Building and Breaking Barriers: Forgiveness, Salvation and Christian Counseling with Special Reference to Matthew 18:15-35," *JPC* 25-2 (2006), 142, 146; idem, *Interpreting the Parables* (Downers Grove and Leicester: IVP, 1990), 242.

불어 하늘나라의 제자가 받은 놀라운 은혜를 생각하게 한다.[463] 이 은혜를 경험하지 못한 사실은 형제의 너무나 작은 죄마저도 용서하지 못한 채 형벌의 장소로 보내지는 결과로 증명된다.

19:23-24에서 예수는 영생을 구하러 온 부자 청년이 떠난 사건으로 하늘나라에 합당한 제자도를 가르치신다. 부자 청년(20, 22절)은 "무슨 선한 것"을 행해야 영생을 얻을 수 있다고 생각하고, 무엇을 행해야 하는지 묻는다. 제자들은 그렇다면 누가 구원을 받을 수 있는지 묻는다(25절). 영생은 하늘나라에 들어가는 것이며(23-24절), 하늘나라에 들어가는 것은 구원을 받는 것이다(25절). 예수께서 청년에게 생명에 들어가려면 계명들을 지키라고 하셨을 때, 이는 계명을 지키는 행위로 영생을 얻는다는 의미가 아니다. 영생을 얻고 하늘나라에 들어가는 것은 하나님만이 하게 하시는 은혜다. 선하신 하나님만이 영생을 주실 수 있다. 누가 구원을 받을 수 있는지 묻는 제자들에게(25) 예수는 하늘나라에 들어가는 것은 하나님의 개입이 없이는 사실상 불가능하다고 말씀하신다(26절). 영생은 인간의 선행이 아니라 모든 것이 가능한 하나님께 어린 아이처럼 의존함으로써, 즉 은혜로 주어지는 것이며, "(하늘)나라는 인간이 가능하게 하는 것이 아니다. 이 나라에 들어가는 것은 오직 하나님의 기적을 통해다."[464] 그러나 하나님의 능력으로 하늘나라에 들어가지만, 하늘나라의 백성이 되려는 사람은 계명에 나타난 하나님의 뜻을 행해야 한다. 이는 행위로 구원받는다는 뜻이 아니다. 계명에 나타난 하나님의 뜻을 내팽개치고 하늘나라에 들어갈 수 없다는 의미다. 하늘나라에 들어간다고 해서 하나님의 뜻을 행해야 할 의무가 취소되거나 약화되지 않는다. 하나님의 뜻이 담긴 계명을 버리고 하늘나라의 문 안에 들어가서 살아간다는 것은 상상할 수 없다. 하늘나라 안에 은혜로 들어가게 됐다고 하면서 하나님의 뜻에 순종해야 한다는 원칙을 나라의 바깥에 던져버리는 행위는 정당화될 수 없다. 청

463 참조. Blomberg, "On building and breaking barriers," 143; Keener, *Matthew*, 461.

464 P. S. Minear, "The Needle's Eye: A Study in Form Criticism," *JBL* 61 (1942): 157-169(167).

년은 하늘에 있는 보화보다 현재 자신에게 있는 보화를 선택함으로써, 예수를 따르는 영생의 길을 포기한다. 결국 많은 소유가 그를 하늘나라에 들어가지 못하게 막아버렸다. 부자 청년은 하나님께 전적으로 의지하는 어린이들과 반대된다. 부자(예수를 따름보다 돈에 의존하는 자)가 하늘나라에 들어갈 수 없다는 원칙은 하늘나라에 하나님의 능력으로 들어간 제자들의 귀에 언제나 쟁쟁하게 들린다. 이 소리가 들리지 않고 (또는 들을 수 없고) 호소가 효력을 발휘할 수 없다면 하늘나라에 들어가지 못한 부자 청년의 운명에 처할 위험에 있는 것이다. 따라서 하늘나라에 들어간 사람에게 주어진 규범은 구원의 박탈이 아니라 성도를 이끄시기 위한 예수의 명령이다.[465] 은혜로 들어간 나라에서 행위에 대한 명령은 들어갈 때와 마찬가지로 강력하게 호소한다(참조. 엡 2:8-10). 하늘나라에 들어가 순례의 길을 걷는 사람에게는 합당한 삶이 수반돼야 하기에, 은혜로 하늘나라에 들어갈 때 좋은 열매를 맺어야 한다는 규범을 함께 가지고 들어간다. 즉 하늘나라에 들어가기 위한 '구원의 규범'은 하늘나라에 들어간 자들에게는 '삶의 규범'으로 기능한다.

24:45-25:30은 종말론과 구원론이 연결되는 비유들로서 재림을 깨어 준비하라는 교훈을 전달한다. 연속되는 비유들은 교회에는 의인과 악인이 섞여 있음을 내포하며(참조. 13:24-30, 36-43), 재림의 지연은[466] 각자의 신분을 드러내고 교회로 하여금 긴장해서 미래를 준비하도록 돕는 수단이다. 세 비유에서 첫 번째 비유는 재림이 생각한 것보다 빠를 수 있음을, 두 번째 비유는 재림이 생각보다 늦을 수 있음을, 세 번째 비유는 재림은 충분한 기회를 준 이후에 있을 것이라는 점(그래서 자신의 행위를 변명할 수 없음) 조직적으로 결합한다.

465 위의 개념은 앤서니 후크마가 성도의 견인 교리를 변호한 부분의 지지를 받는다. Hoekema, Anthony A., 『개혁주의 구원론』, 이용중 역 (부흥과개혁사, 2012), 336-358. 후크마는 견인을 위한 "수단에는 하나님의 말씀의 권면, 경고, 약속이 포함된다."라고 주장한다(348). 그는 배도에 대한 경고를 다음과 같이 설명한다. "하나님은 수단을 통해 자기 백성이 실족하지 않도록 지키시며, 이 수단에는 배도에 대한 경고가 포함된다. 신자들은 이런 종류의 경고에 주의를 기울임으로써 끝까지 인내한다."(349)

466 "재림의 지연"은 신자들의 생각과 달리 재림이 늦다는 의미다.

세 비유	신실한 종과 악한 종의 비유(24:45-51)	열 처녀 비유 (25:1-13)	달란트 비유 (25:14-30)
핵심 용어	a 신실한 b 현명한	b 현명한	a 신실한
등장 인물	주인-종(남자)	신랑-들러리(여자들)	주인-종들(남자들)
재림의 시기	종의 예상보다(48절) 주인이 일찍 온다(50절).	들러리들의 예상보다 신랑이 늦게 온다.	충분한 시간(기회)가 주어진 후에 온다 ("오랜 후에", 19절)

이 가운데서 달란트의 비유(25:14-30)를 살펴보면, 재림의 지연으로 의인의 신실함과 악인의 게으름과 무관심이 드러난다.[467] 한 달란트(노동자의 20년치 임금)를 받은 종은 주인과 신뢰의 관계가 전혀 없고 주인의 일에 무관심하다. 그는 충분한 기회가 주어졌는데도 불구하고 주인의 이기적이고 착취하는 행위의 희생자로 여긴다.[468] 예수의 성품을 오해한 사람은 비록 교회나 세상에서 하늘나라의 일을 맡을 때 하늘나라의 사업에 관심이 없으며 자신이 생각했던 것보다 사명이 너무 힘들다고 불평한다. 나쁜 제자는 재림에 대한 긴장감이 없을 뿐 아니라 처음부터 하나님과의 바른 관계를 맺지 못한 사람이다. 열매로 나무의 상태가 드러난 것이다(12:33).

25:31-46에서 염소들은 재판장을 "주"라고 불렀지만(25:44), 인자는 영원히 불타는 게헨나에 던져지는 운명을 겪는다. 여기서 소자의 정체에 대해서는 크게 네 가지 입장에서 논쟁이 진행된다: 1) 사회적 약자들, 2) 모든 기독교인 또는 제자들, 3) 기독교 선교사들이나 제자들(메신저들), 4) 유대계 기독교인 대부분의 마태 학자들은 첫 번째 견해를 지지한다. 예를 들어, 프란스는 궁핍한 사람을 돌본 양은 익명의 그리스도인이라고 주장한다.[469] 그러나 첫 번째 견해는 "내 형제들"(12:48-49; 28:10), "소자"(10:42; 18:6, 10, 14),[470] "작은

467 자세한 주해를 위해서는 강대훈, "마태복음 24:36-25:30 주해", 『개신논집』 16 (2016), 98-107을 보라.

468 Dan Otto Via, "Ethical Responsibility and Human Wholeness in Matthew 25:31-46," *HTR* 80 (1987), 79-100 (87).

469 France, *Matthew*, 959.

470 18:6에서 소자들은 예수를 믿는 자들로 표현되고, 18:10, 14의 소자는 교회와 관련된 자다.

자"(25:40)의 마태의 문학적 문맥을 간과한다. 마태가 사용하는 "내 형제들과 자매들"은 궁핍한 자 일반이 아니라 제자들이며(12:48-50; 28:10; 참조. 요 20:17; 롬 8:29; 히 2:11-12).[471] 천하에 복음이 전파되는 상황에서(24:14; 28:19-20) 복음을 전하는 전도자들(또는 제자들, 선교사들)은 열방에 파송되며 이들은 작은 자들로서 사람들 앞에 나타나게 된다. 사람들의 눈에는 소자로 보일지라도 전도자들을 영접하는 자들은 임마누엘을 영접한 것이다. 본문의 소자를 일차적으로는 예수나 교회와 관련된, 하늘나라 복음 전파의 과제를 수행하면서 낮아진 전도자들로 이해하는 것이 마태 신학에서 볼 때 적절하다.[472] 따라서 염소와 양의 운명을 다루는 구원론은 기독론과 연결된다.

3.2. 모호성

마태는 구원과 최후심판의 관계에 있어서 '모호성'이라는 문학 장치를 사용해서 독자들로 하여금 긴장을 유도한다.[473] 마태복음은 임마누엘을 복음서 전체의 주제로 강조하는 동시에[474] 역설적으로 임마누엘의 공동체가 혼합성

---

471 형벌을 받는 대상이 배척한 "소자, 내 형제 중에 지극히 작은 자 하나"(ἑνὶ τούτων τῶν ἀδελφῶν μου τῶν ἐλαχίστων)는 10:42의 "작은 자 중 하나"(ἕνα τῶν μικρῶν)와 동의어다. BDAG: 314; Graham N. Stanton, A Gospel for a New People: Studies in Matthew (Edinburgh: T&T Clark, 1992), 215; Luz, Matthew, 3:279; Nolland, Matthew, 1032; 참조. BDF60 (2); Hagner, Matthew, 2:744. 그리고 마넥은 μικρός와 ἐλάχιστος가 동의어임을 입증한다. Jindřich Mánek, "Mit Wem Identifiziert Sich Jesus? Eine Exegetische Rekonstruktion Ad Matt. 25:31-46," in *Christ and Spirit in the New Testament Studies in Honour of Charles Francis Digby Moule* (ed. Barnabas Lindars and Stephen S. Smalley; Cambridge: Cambridge University Press, 1973): 15 – 25 (22).

472 세 번째 견해를 지지하는 분석으로는 Kang, "Heavenly Imagery and Symbolism in Matthew's Gospel," 257-272을 보라.

473 모호성의 개념과 양과 염소의 비유(25:31-46)에 사용된 모호성의 의미에 대해서는 다음의 글을 보라. Christopher Rowland, "The Lamb and the Beast, the Sheep and the Goats: 'The Mystery of Salvation' in Revelation," in *A Vision for the Church: Studies in Early Christian Ecclesiology in Honour of J.P.M. Sweet* (Edinburgh: T&T Clark Ltd, 1997), 188-90.

474 Kupp, *Matthew's Emmanuel*.

을 심각한 문제로 인식하고 파루시아를 준비하도록 최후심판이라는 주제를 강조한다. 이 주제를 다섯 강화의 결론 부분에 다룬다. 모호성이란 이야기의 마지막을 의도적으로 모호하게 개방해 놓음으로써 독자로 하여금 자신의 영적 신분이나 상태를 심각하게 고민하게 만드는 기법이다. 김경식은 모호성과 비슷한 개념으로 "모순의 공존"이라는 용어를 사용해서 이 방식이 "최종 구원에 도달하도록 돕는 은혜의 수단"이라고 설명했다.[475] 예수의 비유를 듣는 독자 입장에서, 이야기가 시작할 때 구원이나 환영을 받는 대상에 자신들이 속할 것이라고 생각할 수 있다. 그러나 이야기가 전개되고 심판을 받는 장면에 이르러 형벌을 받는 자들의 모습이나 그들이 사용하는 언어에 독자들은 친숙함을 느낄 수 있다. 이렇게 함으로써 예수는 독자들, 혼합된 교회로 하여금 충격 속에서 자신들을 돌아보게 하신다. 종말론적 충격의 장면은 열매 외에는 나무를 평가할 것이 없음을 독자들에게 분명히 각인시킨다. 교회는 확신을 교육하는 것을 더 선호할 수 있고, 실제로 마태는 임마누엘의 주제로 확신을 강조한다. 그러나 마태복음의 특징이라고 할 수 있는 강화는 모호성의 문학 기법을 통해 충격적인 종말의 모습을 보여주면서 혼합된 교회를 경고하고 신앙을 심각하게 점검하도록 한다.

4. 정훈택의 마태복음 구원론 이해와 그의 구원론에 대한 평가

이제 우리는 위에서 탐구한 마태복음의 구원론을 염두에 두면서 정훈택의 마태복음 구원론 이해가 무엇인지를 살펴보려고 한다. 이를 위해 그가 여러 논문과 책에서 주장한 논리를 몇 가지 핵심 표현을 중심으로 정리할 것

475 김경식, "신약의 최후행위심판과 구원의 관계", 『신약연구』(2016), 88-130. "비유적으로 말하자면, 최종 구원의 보장을 다루는 본문은 당근의 역할을 하고 있으며, 반면에 경고 본문들과 최후행위심판본문들은 채찍의 역할을 하고 있다…둘 다 성도가 최종 구원에 이르도록 돕는 은혜의 수단이기 때문이다…신약의 최후행위심판 사상과 경고들은 성도들이 최종 구원에 도달하도록 지켜주는 은혜의 수단이며 복음이다"(127, 128).

이다.[476]

4.1. 구속사와 행위(또는 열매)의 역할

믿음과 행위 사이의 긴장은 예수의 가르침을 받는 독자들이 '이미 그러나 아직'의 긴장 기간에 살고 있기 때문에 생긴다고 이해한다. 정훈택에 따르면 역사를 구원과 연결시키는 마태는 구원 역사를 크게 세 단계로 구분한다.[477] 첫 번째 단계는 구약의 예언부터 세례 요한까지다(11:13). 여기서 요한은 두 시기의 교량 역할을 한다. 두 번째 단계는 세례 요한부터 예수의 활동한 하늘나라의 현재적 도래시기로, 예수의 오심으로 포로(1:17)가 회복과 안식의 상태가 된다(참조, 11:28-30).[478] 세 번째 단계는 부활하신 예수의 명령을 받은 제자들이 전하는 복음이 전하에 전파돼 인자가 재림하시는 시기로서, 동서에서 사람들이 하늘나라의 잔치에 앉음으로써 하늘나라가 완성된다(참조, 마 8:11). 예수께서 하늘나라를 가져 오시자 두 번째 단계에서 언약 백성이라고 믿었던 유대인들이 하늘나라에서 제외되는 충격적인 일이 벌어진다. 그들은 그 열매를 맺지 못했기 때문에 하늘나라는 그들에게서 다른 백성, 곧 열매를 맺을 수 있는, 하나님의 뜻을 성취할 수 있는 백성에게 주어진다. 두 번째 단계에서의 심판은 세 번째 단계에서 하늘나라의 복음에 반응하지 않는 자들이 받게 될 가혹한 심판의 패턴이 된다.[479] 이처럼 그는 마태의 구속사를

476 정훈택의 주장은 신학적 논쟁의 중심이 되기도 했다. 이제까지 진행된 정훈택의 구원론에 대한 비판은 사실상 박윤선의 신학(특히 공관복음 이해)에 대한 그의 비판적인 평가에 기인한다. 필자의 관심은 정훈택의 마태복음 구원론에 대한 이해에 집중하는 것이므로 그를 평가한 학자들이 보여 준 접근 방법의 정당성에 대해서는 논의하지 않는다.

477 정훈택은 구속사를 시간과 선교 관점에서 이스라엘 시대(선지자들을 통한 이스라엘 선교시기 [23:37; 21:33-40]), 이스라엘 시대와 교회시대의 '중간기' 혹은 '과도기'(예수와 제자를 통한 이스라엘 집의 잃어버린 양 선교시기[10:5; 15:24]), 교회와 제자들의 시대(제자들을 통한 세계 선교시기[8:29; 18:20])로 구분한다. 정훈택, 『열매로 알리라』(총신대 출판부, 2008), 101.

478 Eloff, "ἀπό…ἕως and Salvation History," in *Built Upon the Rock*, 107.

479 John P. Meier, "Salvation History in Matthew: In Search of a Starting Point," *CBQ* 37-2 (1975), 203-215 (214-15).

세 부분으로 나눈 다음 마태가 행위에 따르는 심판을 혼합된 교회를 향한 경고로 사용한다고 이해한다.

4.2. 믿음과 행위

4.2.1. 행위의 구원론적 의미

정훈택이 사용한 "행위의 구원론적 의미"는 행위로 구원을 얻는다는 뜻이 아니다. 그는 "행위의 구원론적 가치를 논하려는 것은 인간의 행위로 구원을 얻게 된다고 말하려는 것은 아니다."라고 분명히 밝힌다.[480] 이어서 "하나님의 구속사역은 인간의 응답을 요청한다."라고 주장한다(125).

그는 "행위의 구원론적인 의미"를 율법주의적 접근과 대조적인 개념으로 사용한다.[481] 정훈택은 본문은 율법론(구원에 들어가는 준비단계로 해석하는 논리)이 아니라 구원론에 가깝다고 주장한다.[482] 즉 산상설교와 같은 가르침을 복음에 들어가기 위한 전단계로, 즉 율법적으로 해석한 것에 반대하기 위한 개념으로 행위의 구원론적 의미라는 표현을 사용한다.[483] 정훈택은 예수를 믿

480 정훈택, "행위의 구원론적 의미(V): 신학적 근거(2)", 『신학지남』 248 (1996 가을), 123.

481 정훈택, "행위의 구원론적 의미(III): 행위에 관한 박윤선의 평가(2)", 『신학지남』 238 (1993 겨울), 92. 그는 한국 보수주의 신학계에 큰 영향을 끼친 박윤선의 신학을 염두에 두고 이 용어를 사용한다. 박윤선은 마태복음 7:21을 구원을 위한 "준비계단"으로 해석했고(박윤선, 『공관복음』, 237), 정훈택은 산상설교(예, 마 5:29-30)에 대한 박윤선의 "구원론보다 율법론을 취급하신다"(『공관복음』, 189)는 표현은 율법은 "계시가 끝난 이후에 사는 기독교인들에게는 실제적인 구속력이 없다"는 입장이라고 평가한다(92).

482 정훈택, "행위의 구원론적 의미(III)", 9.

483 박윤선은 산상설교의 구원론을 다루면서 "예수께서는 어떻게 구원을 얻는다고 가르치셨는가?"에 초점을 맞추었는데(『성경신학』, 1997), 정훈택은 박윤선의 팔복 이해에 나타난 문제를 지적한다. 박윤선에 따르면 팔복 중 앞의 네 복은 인간이 의에 이르는 길을("행위의 구원론적 의미(II), 128), 뒤의 네 복은 의롭게 된 기독교인의 실천을 다루기 때문에 팔복은 어떻게 기독교인이 되고 기독교인으로서 어떻게 살 것인가(즉 구원론)를 가르친다(『공관복음』, 177). 정훈택에 따르면, 박윤선은 산상설교를 "모든 사람들을 율법 아래 세워 놓고" 그들의 무능함을 깨달아 예수만 바라보게 하는 몽학선생의 역할을 하는 것으로 이해했다(『신학적 도약』, 64). 박윤선(『성경신학』, 144)은 바울서신을 복음서 해석의 도구로 삼았기에 산상설교를 계시의 완료 상태가 아니라고 보았다(『신학적 도약』, 170). 정훈택은 복음서를 희생하는 방식의 조화와 종

는 것은 하나님의 구원 선언(예수의 오심)에 대한 대답이며, 행함은 예수의 교훈에 대한 순종으로 본다.[484] 그는 아들에 대한 아버지의 뜻은 대속의 사명이며, 예수의 대속적 죽음은 하나님의 구원 방법으로 전제한 다음에, 믿음과 행위의 관계를 천국 개념과 연결하고 전자를 후자의 필요조건이라고 주장한다.[485] 회개한 자들인 제자들은 좋은 나무들로서 예수와 "특수한 개인적 관계를 맺었을 뿐 아니라 이를 통해 하나님과의 관계에 들어갔고 천국의 일꾼이 된 사람들"이다.[486] 나무가 심판을 받아 잘리는 이유는 열매가 없기 때문이 아니라 "열매를 맺지 못하는 나쁜 나무"이기 때문이다.[487] 제자라고 불린다고 해도 불법을 행하고 열매를 맺지 못하면, 이들은 삶을 통해 악한 자에게 속해 있음을 증명하며 천국과는 아무런 관계가 없어 심판을 피할 수 없다.[488]

4.2.2. 행위의 첨가와 믿음의 우선성

정훈택은 행위의 첨가와 관련해서 좋은 나무이고 하늘나라에 들어가 있는 사람이라면 자신의 신분을 입증하는 열매가 나와야 한다고 이해한다. 그는 행위의 첨가가 믿음을 통한 구원을 부정하지 않으며 구원도 행위를 필수적으로 그 증거로 나타내야 한다고 본다.[489] 그는 좋은 나무가 좋은 열매를 맺

합에 반대하면서 산상설교는 바울서신과 대립하지 않는다고 주장한다(『신학적 도약』, 71).

484 정훈택, 『열매로 알리라』, 363-430.

485 정훈택, 『열매로 알리라』, 102-110

486 정훈택, 『열매로 알리라』, 406.

487 정훈택, 『열매로 알리라』, 410.

488 정훈택, 『열매로 알리라』, 421-422. 그리고 이신칭의와 관련해서, 정훈택은 마태복음의 '믿음'을 바울의 '법정적 칭의론'의 관점에서 이해하는 점을 지적하고 마태복음의 믿음에 대한 이해 없이 바울의 이신칭의 신학으로 마태복음을 읽는 것은 루터신학의 영향이라고 주장한다(정훈택, 『열매로 알리라』, 3-9). 그가 치유 내러티브와 같은 본문에서 '믿음'은 법정적 칭의와 연결된 개념이 아니라 제자들이 가져야 하는 예수에 대한 인격적 신뢰며 깊어져야 한다고 논증한 것은 마태복음의 문맥에서 믿음을 탐구한 결과다.

489 불법을 자행하고…그렇게 함으로 결국은 그들이 좋은 나무가 아니요 천국과는 아무 상관없다는 것을 스스로 증명하게 된다면, 하나님의 심판과 형벌이 주어질 것이다. 행위는 하나님의 은혜의 결과요 증거로 혹은 그의 축복을 체험한 사람의 표적이나 특징으로 추가되고 있다. 이 첨가는 믿음으로 말미암는 구원을 부정하거나 배제, 제한하는 것이 아니다. 반대로 하나님의 구

을 수 있기 때문에(마 7:17-18), 예수께서 인간에 대한 선행을 요구하시기 이전에, 요구하시는 예수에 대한 믿음이 우선됨을 강조한다.[490] 정훈택은 좋은 나무는 마땅히 좋은 열매를 맺어야 한다는 논리에 따라 "행위는 천국에 속한 혹은 천국을 소유한 사실 즉 하나님의 은혜에 동참했다는 표식"이며, "바르게 살아야 할 이유"라고 언급한다.[491] 믿음의 우선성을 주장함으로써 행위와 믿음을 분리하지 않는다. 그는 예수를 믿는 것이 윤리적 책임에 선행하는 점을 그의 학위 논문에서 적절히 논증했다.[492] 믿음의 우선성에 대한 정훈택의 기여 중 하나는 마태복음에서 제자들에게 붙여진 '이름'(예, 아들 됨)을 윤리의 동기를 유발하고 윤리적 명령의 근거가 됨을 논증한 부분이다.[493] "'하나님의 아들 됨'은 예수 그리스도 안에서 주어지는 하나님의 축복이면서 동시에 거룩한 삶의 근거요 윤리의 동기가 되고 있다"(141). 정훈택의 주장대로 주의 기도에 나오는 윤리적 명령은 기도하는 자들이 하나님을 아버지로 부르는 복을 받았기에 마땅히 수행해야 하는 것이다.[494] 산상설교에는 윤리적 명령이 핵심을 이루지만 산상설교에도 명령법 이전에 직설법이 나오며, 행위 이전에 은혜가 먼저 언급된다. 산상설교의 명령 중에서 신뢰를 전제로 하는 내용은 하나님을 아버지로 부르는 자들에게 주어진다(예, 6:9-13, 25-33; 7:7-12).[495] 탈볏이

원도 행위를 배척하지 않는다. 오히려 그것을 필수적인 것으로 하나님의 뜻으로 승화시킨다. 정훈택, 『신학적 도약』, 179.

490 정훈택, "행위의 구원론적 의미(VI)": 신학적 근거(1)", 『신학지남』 (1996 여름), 123-152.

491 정훈택, "행위의 구원론적 의미(V)", 139. 열매가 없거나 있어도 나쁠 때 그 나무를 잘라 버리신다는 말씀(마 3:10; 7:19; 눅 3:9)을 우리는 행위구원이란 관점에서 이해해서는 안 된다. 심판이 언급된 것은 열매가 없어서가 아니라, 열매가 없으므로 혹은 나쁜 열매를 맺음으로써 나쁘고 무가치한 나무라는 것을 스스로 증거하기 때문이다…심판의 이유는…하나님의 구속을 거부하는 사람이라는 데 있다…하나님께서 보내신 예수를 거부하고 무슨 좋은 열매를 맺을 수 있겠는가? ("행위의 구원론적 의미(VI)", 180)

492 정훈택, 『열매로 알리라』, 406-410.

493 정훈택, "행위의 구원론적 의미(V)", 140-141, 149.

494 "아버지-우리의-하늘에 계시는"이라고 부를 수 있는 사람들은 하나님을 아버지로 부를 수 있는 신자들이므로, 주의 기도는 모두가 아니라 예수의 제자들(또는 천부의 뜻에 순종하는 자들)에게 주어졌다(Crowe, "The Obedient Son," 173).

495 Carlston and Evans, *From Synagogue to Ecclesia*, 479.

마태의 직설법을 위한 네 방식 중 하나로 제시한 '신적인 이름'(6:9-13; 10:40; 18:20; 19:26; 28:19-20)은 제자들이 명령을 수행할 힘의 근거가 된다고 주장한 것은 정확하다.[496] 팔복의 시작 역시 요구보다는 복을, 또는 복을 경험한 사람의 상태를 먼저 제시한다.[497] 말하자면, 산상설교의 명령은 하늘나라 아버지의 자녀가 되는 조건이나 하늘나라의 의를 얻는 조건이 아니다.[498] 거짓 행위는 하늘나라 아버지와의 관계, 즉 직설법의 문제가 있음을 드러낸다(7:21-23). 좋은 나무가 아니기에 좋은 열매가 맺히지 않는 것이다.

4.2.3. 마태복음 18:21-35과 25:31-46에 대한 해석

우리는 마태복음의 구원론에 대한 정훈택의 이해를 난해 본문에 대한 그의 주석을 통해 파악할 수 있다. 정훈택은 18:35에 대해 이렇게 주장한다. "형제를 진심으로 용서하지 않는 사람은 하나님의 용서를 진심으로 받아들이지 않는 사람이므로 결국 하나님의 용서가 없을 것이라는 말씀이다. 하나님의 용서를 아는 사람은 진심으로 형제를 용서해야 한다는 필연적 교훈이다."[499] 그는 본문에서 천국의 현재적 요소와 미래적 요소 사이에서 곤혹스런 문제가 존재할 수밖에 없다고 보면서[500] "용서를 경험한 종의 마음은-적어도 엄청난 하나님의 용서를 알고 감사한다면-다른 사람을 용서할 수 있도록 작동했어야 한다는 것이 임금의 논리였다."고 언급한다.[501] 25:31-46의 양과 염소의 비유가 "자주 행위구원의 관점에서 거론"되는 것에 반대하면서, 비유는 복

496 Talbert, "Indicative and Imperative," 521-534.

497 Carlston and Evans, *From Synagogue to Ecclesia*, 479.

498 David Wenham, "The Rock on Which to Build: Some Mainly Pauline Observations about the Sermon on the Mount," 198-200). "하나님 나라는 역사 안으로 들어온 하나님의 은혜이며, 이 은혜는 하나님 나라의 의를 만들어낸다. 하나님 나라의 은혜를 받을 때에만 의가 나올 수 있다"(199-200). 팔복을 이와 같은 구조로 이해하는 것은 첫 번째 네 복이 이사야 61:1-3의 '복음'을 암시한다는 점에서 지지를 받는다.

499 정훈택, 『쉬운주석 마태복음』 (도서출판 그리심, 2007), 250.

500 정훈택, 『신학적 도약』, 151.

501 정훈택, "행위의 구원론적 의미(V)", 145.

음이 온 세상에 전파된다는 상황에서 "복음이 전파되는 곳에는 무엇보다 먼저 예수에 대한 믿음이 요구되기 때문에 양과 염소의 비유도 이미 오셨고 또 오실 예수, 그리스도에 대한 믿음, 불신의 문제와 함께 다루어져야 한다."고 주장한다.[502] 그는 친절을 베풀지 못하는 염소의 문제는 결국 믿음의 문제이며, 이는 믿음 없는 행위를 입증한다고 이해한다.[503] 종말론은 기독론과 직결되기에, 예수는 종말론적 심판의 주체일 뿐 아니라 심판의 기준이 된다. 예수를 알지 못하는 사람은 구원을 받을 수 없고, 예수를 고백해도 예수께서 베푸신 긍휼을 열매로 드러내지 못한 사람은 예수를 아는 자임을 입증하지 못하기에 바깥 어둠에 쫓겨난다. 긍휼이라는 열매를 맺지 못하는 자는 긍휼의 열매를 맺을 힘이 없는 나무임을 증명할 뿐이다. 위의 두 본문에 대한 정훈택의 해석은 마태복음의 구원론에 대한 세 가지 범주 중에서 세 번째에 해당한다.

4.3. 정훈택의 믿음-행위 해석과 마태복음의 문학 기법인 '모호성'과의 관계

우리는 위에서 정훈택의 마태 구원론 이해에 나타나는 일관된 흐름을 분석하려고 시도했다. 마태복음은 구원의 교리를 정리한 교의학 서적이 아니며, 최후심판의 주제가 제기되는 본문에서는 구원의 확신보다는 긴장감을 의도한다. 정훈택은 바로 이 점을 파악했기 때문에 마태복음을 원래의 의도와 문맥에서 읽음으로써 예수께서 교회에 주신 강렬한 메시지를 그대로 살릴 것을 주장했다. 필자는 정훈택의 마태복음 해석이 마태복음 특유의 강조점인 '모호성'을 살리려고 노력했다고 평가한다.

---

502 정훈택, "행위의 구원론적 의미(VI)", 182.

503 정훈택, "행위의 구원론적 의미(VI)", 182.

5. 요약과 결론

우리는 이제까지 마태복음의 구원론 이슈를 다루고 이 이슈와 연결해서 정훈택의 마태 구원론 이해를 살펴보았다. 마태의 구원론은 크게 두 가지로 방향에서 분석할 수 있다. 첫째로는, 마태복음의 내러티브에서 1:21과 이 구절과 연결된 본문들에 나타난 구원론의 핵심 이슈를 분석했다. 예수의 이름에 담긴 의미처럼 예수는 구원의 권위를 갖고 오셨으며, 온 천하에 전파되는 복음에 반응하는 사람들(유대인과 이방인으로 구성된 교회)에 구원의 은혜가 주어지며, 죄에서의 구원(또는 용서)은 구원자이신 예수 자신의 대속적인 죽음(또는 피)으로 가능해진다. 둘째로는, 마태의 구원론에 대해서는 크게 세 가지 입장이 있다: (1) 행위, (2) 은혜-행위, (3) 은혜-구원의 열매. 마태는 은혜를 먼저 다루고 은혜에는 반드시 열매가 수반돼야 함을 '모호성'이라는 문학적 기법으로 '긴장감'을 불러일으키면서 강조하지만, 행위가 종말론적 구원을 보장한다고 말하지는 않는다. 이와 같은 마태의 구원론에 입각해 정훈택의 이해를 분석해 볼 때, 그는 마태복음의 구원론에 대한 세 가지 범주 가운데 세 번째인 입장이다. 그는 마태복음을 원래의 의도대로 읽을 수 있는 접근을 시도했고, 이 과정에서 몇 가지 독특한 표현이 나왔다(행위의 구원론적 의미, 행위의 첨가 등). 그는 마태복음의 믿음과 행위의 관계에 나타난 모호성을 강조함으로 예수의 가르침에 담긴 '긴장성'을 드러내고자 했다.

9장

복 있는 사람과 하늘나라[504]

산상설교의 팔복은 하늘나라의 복음을 경험한 사람들을 복으로 선언한 내용이다. 다시 말해서, 팔복은 하늘나라의 복음과 관련해 해석할 필요가 있다. 필자는 『마태복음 주석 상』(부흥과개혁사, 2019)에서 팔복과 하늘나라의 관계를 다루었고 팔복을 하늘나라 복음의 관점에서 해석했다. 여기서는 세 번째 복(마 5:5)과 하늘나라 복음의 관계를 파악하고자 한다. 구체적으로 이 글에서는 흔히 "온유한 자들"로 번역되는 '호이 프라에이스'(οἱ πραεῖς)가 '유순한', '온유한' 성품의 사람들이 아니라 하나님에 대해 '겸손한', '낮은' 자세를 가진 사람들이라는 사실을 여러 가지 각도에서 입증하고자 한다.[505] 한글 성경은 전부 '프라위스'(πραΰς: πραεῖς의 단수형)를 '온유한'(개역개정, 현대인, 천주교, 공동번역, 표준새번역, 새번역, 쉬운, 바른) 혹은 '유순한'(현대어)으로 번역한다. 영어성경

504 강대훈, "온유한 자는 복이 있나니- '호이 프라에이스'(οἱ πραεῖς)는 어떤 사람들인가?" 『신약연구』 16-2 (2017. 6): 7-37을 약간 수정한 내용이다.

505 사람의 성품이 '온유한' 것과 '겸손한' 것은 비슷한 의미라고 볼 수도 있다. 그럼에도 필자는 사람에 대한 성품과 하나님에 대한 태도를 구분할 목적으로 두 용어를 다른 의미로 사용한다. 필자는 일반적으로 '온유한'은 하나님보다는 다른 사람을 대하는 성품에 더 가까운 표현이라고 이해하고 '프라위스'의 개념을 하나님에 대한 태도와 연결시킨다. 만일 어떤 사람이 하나님 앞에 온유한 태도를 하나님 앞에 겸손한 태도와 같은 것으로 이해한다면 두 용어 중에서 어느 것을 사용하더라도 본 논문에서 강조하는 '하나님에 대한 태도'에 부합한다.

은 대부분 'meek'(NRSV, ESV, NIV, NIB, NKJV), 혹은 'gentle'(NASB, NJB)로 번역한다. 이 목적을 위해서, 본 논문은 먼저 팔복의 구조를 분석할 것이다. 첫 네 가지 복은 사람과 사람의 수평적인 관점이 아니라 하나님과 인간의 수직적인 관점에서 복된 상태와 관련이 있음을 입증함으로써 세 번째 복이 하나님에 대한 태도임을 밝힐 것이다. 둘째, 첫 번째 복과 세 번째 복의 관계를 비교해서 가난한 사람과 온유한 사람이 사실상 비슷한 의미라는 점을 주장할 것이다. 셋째, 세 번째 복의 구약 배경인 이사야 61:1-2, 시편 37:11, 모세의 온유를 언급한 민수기 12:3을 분석해서 '아나브'(עָנָו)의 의미가 하나님을 의지하는 측면에서의 겸손한 태도임을 강조할 것이다. 마지막으로, 구약의 땅 신학과 쿰란 공동체의 시편 37편 해석을 살핌으로써 땅을 유업으로 받을 것이라는 약속은 하나님을 신뢰하고 의존하는 사람을 위한 것임을 살펴볼 것이다. 본 연구는 '호이 프라에이스'를 그리스-로마의 관점보다는 유대적 관점에서 해석해야 할 정당성을 확보하고 왜 '호이 프라에이스'가 복된 자들인지 하늘나라 복음의 관점에서 해석하고자 한다.

1. 팔복의 구조와 세 번째 복의 의미

팔복의 구조를 분석하는 목적은 첫 네 가지 복이 사람에 대한 윤리적 성품보다는 하나님에 대한 자세 혹은 태도를 의미한다는 점을 밝히는 데 있다. 팔복은 하늘나라에 들어가는 전제 조건이 아니라 하늘나라의 복음에 해당한다.[506] 팔복 선언에는 하나님의 백성이 경험하는 핵심적인 복이 담겨있다.[507] 만일 누군가 5:3-12에 선언된 복에 포함된다면 그 사람은 하늘나라의 통치

506 Robert A. Guelich, "The Matthean Beatitudes: Entrance-Requirements or Eschatological Blessings?," *JBL* 95/3 (1976), 415-434; Charles H. Talbert, *Reading the Sermon on the Mount: Character Formation and Decision Making in Matthew 5-7* (Columbia, SC: University of South Carolina Press, 2004), 48.

507 Nolland, *Matthew*, 196.

안에 들어가 있다.[508] 하늘나라 백성으로서 수직적으로는 하나님과의 관계에서, 수평적으로는 사람들과의 관계에서 여덟 가지의 특성을 보인다면 그 사람은 복된 인생이라고 인정을 받는다(3-12절).

1.1. 온유한 사람들: 하나님에 대한 태도

온유한 자들이 하나님에 앞에서 겸손하고 자신을 낮춘다는 사실은 다음의 구조 분석으로 증명될 수 있다. 첫째, 팔복은 네 개씩(3-6절, 7-10절) 두 묶음으로 나눌 수 있다.[509] 앞의 묶음은 하나님에 대한 수직적 관계, 뒤의 묶음은 사람들에 대한 수평적 관계를 담고 있다. 흥미롭게도, 첫 번째 묶음에서 복된 사람의 상태를 표현하는 헬라어 단어는 모두 π로 시작한: πτωχοί('가난한'), πενθοῦντες('우는'), πραεῖς('온유한'), πεινῶντες('주린'). 앞의 넷과 뒤의 넷은 각각 36개의 단어로 구성된다. 첫 번째 묶음의 네 부류는 3절의 가난한 상태와 모두 연결되며, 7-9절의 네 부류는 하나님이 허락하신 경험을 통과하면

508 Nolland, *Matthew*, 99. E. Lohse, *Theological Ethics of the New Testament* (Minneapolis: Augsburg Fortress, 1991), 72: 산상설교는 팔복이라는 은혜의 약속들로 시작하고, 이 약속에 해당하는 백성을 위한 요구 사항이 이어진다.

509 5:3-12을 몇 개의 복으로 정의하는지는 오랜 논쟁점이다. 위에서 언급한 것처럼 본 논문은 여덟 개의 복으로 이해한다. 데이비스와 앨리슨은 숫자 '3'을 마태복음과 산상설교 구조의 기본으로 이해하고 아홉 개의 복이라고 주장한다: W. D. Davies and D. C. Allison, *The Gospel According to Saint Matthew 1-7* (Edinburgh: T&T Clark, 1991), 459. 그러나 베츠가 말한 것처럼 대부분의 현대 학자들(Tholuck, Zahn, Lohmeyer, Grundmann, Luz, Gnilka) 뿐만 아니라 고대 교회의 지도자들(예, 어거스틴)도 팔복의 구조를 더 선호했다. 필자는 위에서 논의하는 것과 같이 숫자 '4'가 대칭을 이루는 구조에 초점을 맞춘다: H. D. Betz, *The Sermon on the Mount* (Minneapolis, MN: Fortress Press, 1995), 108-109. 이 경우에 3절과 10절의 인클루지오 역할은 중요하다. 자세한 내용은 베츠의 글을 참조하라(*The Sermon on the Mount*, 105-106). 또한 인칭과 관련해서도 산상설교를 듣는 청중을 가리키는 인칭이 팔복에서는 3인칭으로, 11절 이후에는 2인칭으로 변한다. 11절부터 청중은 "너희"(2인칭)로 불리는 제자들이다. 11-12절은 10절의 연장이면서 제자의 신분이라는 점에서 13-16절과도 연결된다. 의를 위해서 핍박을 받는 제자들은 13-16절에서 땅의 소금과 세상의 빛으로 그 정체성이 규정된다.

서 형성된 성품을 가진 사람들을 묘사한다.[510] 이 점에서 세 번째 복에 해당하는 '온유한 자들'은 '가난한', '애통하는', '의에 주리고 목마른' 사람들의 경우처럼 (수평적 측면에서) 사람에 대해서가 아니라 (수직적 측면에서) 하나님과의 관계에서 해석돼야 한다.

둘째, 복을 네 개씩 나누면 앞의 네 번째 복과 뒤의 네 번째(팔복 중에서 여덟 번째) 복에 '의'가 나온다.[511] '의'는 팔복을 묶는 주제일 뿐만 아니라, 하늘나라의 의는 산상설교 전체의 주제라고 할 수 있다.[512] 여기서 의는 관계적인 개념으로서 사람들에 대한 하나님의 언약적 신실하심(네 번째 복의 의)과 하나님의 뜻에 대한 사람의 신실한 행위(여덟 번째 복의 의)를 각각 의미한다. 말하자면, 의는 수직적이고 수평적인 개념을 동시에 갖고 있으므로 팔복의 수직적이고 수평적인 관계를 반영하고 있다. 의를 위한 배고픔과 갈증이 나오고 의를 위해 핍박을 받는 내용이 따른다.[513]

셋째, 5:3-10의 팔복은 유배 상태의 고통을 배경으로 하고 팔복의 내용은 복음을 경험하고 있는 사람들에 대한 선언이다. 마음이 가난하고 애통한 것은 예수의 탄생 내러티브(1-2장)와 3-4장에서 묘사된 사람들의 마음 상태, 곧 포로 상태를 대변한다. 해방을 갈망하면서 광야의 요단강으로 나온 사람들과 흑암에 앉은 백성은 자신들이 포로 상태에 있는 것을 인식하고 하나님의 통치(사 52:7), 곧 포로의 종결을 갈망했다. 그러므로 팔복은 하늘나라의 복음을 경험한 사람들에게 구원사의 관점에서 그들이 참으로 복된 자들인 사실과 그 이유를 설명하고 있다. 특히 희년의 내용을 담고 있는 레위기 25장이 실현되

510 Nolland, *Matthew*, 197.

511 David Wenham, "The Rock on Which to Build: Some Mainly Pauline Observations about the Sermon on the Mount," in *Built Upon the Rock*, 198-200.

512 Wenham, "The Rock on Which to Build," 198-200.

513 팔복의 전반적인 배경인 이사야 61:1-3 역시 '의'를 다룬다(3절)(Guelich, "The Matthean Beatitudes," 428). "하나님 나라는 역사 안으로 들어온 하나님의 은혜이며, 이 은혜는 하나님 나라의 의를 만들어낸다. 하나님 나라의 은혜를 받을 때에만 의가 나올 수 있다"(Wenham, "The Rock on Which to Build," 198-200).

는 것을 선언한 본문인 이사야 61장(참조. 마 11:5; 눅 4:18-19)은 팔복과 밀접하게 연결된다.[514] 처음 네 복은 이사야 61:1-3의 시각에서 이해될 수 있으며, 우리는 아래의 표에서 둘의 관계를 볼 수 있다. 하늘나라가 왔고 심령이 가난한 사람들(사 61:1; 66:2)은 이미 하늘나라를 얻었다. 그래서 그들은 복되다. 천부께서는 애통하는 자들(사 61:2, 10)을 위로하시고 그들의 눈물을 닦아 주신다. 그래서 그들은 복되다. 이들은 하늘나라에 들어와 있는 신분이다. 아래에서 주장할 내용처럼, 하나님에 대해 온유한 자들(시 37:11; 사 61:1)은 하나님의 보상을 맛볼 것이기에 복되다. 다시 말해서, 첫 번째부터 세 번째까지의 복은 이사야 61:1-3의 예언이 성취된 것이라는 점에서 복이다. 세 번째 복에 해당하는 사람들은 하나님 앞에서 겸손한 사람들, 하나님을 의지하는 사람들이다.

	이사야 61(희년/복음)	마태복음 5(팔복)
첫째 복	1 주 여호와의 영이 내게 내리셨으니 이는 여호와께서 내게 기름을 부으사 가난한 자에게 아름다운 소식을 전하게 하려 하심이라 나를 보내사	3 "심령이 가난한 자"
둘째 복	2 여호와의 은혜의 해와 우리 하나님의 보복의 날을 선포하여 모든 슬픈 자를 위로하되 3 무릇 시온에서 슬퍼하는 자에게…그 슬픔을 대신하며…	4 "애통하는 자"
셋째 복	1 가난한 자 7 …그들의 땅에서 갑절이나 얻고 영원한 기쁨이 있으리라	5 "온유한 자"
넷째 복	3 …그들로 의의 나무 곧 여호와의 심으신 바 그 영광을 나타낼 자라… 10 …공의의 겉옷을 내게 더하심이…11 …주 여호와께서 공의와 찬송을…	6 "의에 주리고 목마른 자"
참조	10 내가 여호와로 말미암아 크게 기뻐하며	(참조) 12 기뻐하고 즐거워하라

514 이 연결은 여러 학자들에 의해 논증되고 있다. 루츠는 이사야 61장이 팔복의 형성에 영향을 끼친 것으로 이해한다(특히 61:1-2, 7): Luz, *Matthew*, 1:187; Nolland, *Matthew*, 199-203; D. A. Hagner, *Matthew 1-13* (WBC 33A; Dallas: Word, 1993), 92-94; Davies and Allison, *Matthew 1-7*, 474-39.

1.2. 첫 번째 복과 세 번째 복의 관계

마태복음 5:3의 '프토코스'(πτωχός), 5:5의 '프라위스'(πραΰς), 18:4의 '타페이노스'(ταπεινός)는[515] 같은 히브리어 단어인 '아나브'(עָנָו, 복수형은 '아나빔'[עֲנָוִים]) 에서 번역된 것으로서 서로 비슷한 의미다.[516] 특히 πτωχός의 복수형(πτωχοί)이 첫 번째 복의 배경이고 희년의 실현을 예고하는 이사야 61:1의 '가난한 자들'(עֲנָוִים)을 번역할 때 사용된 사실은 중요하다. '아나브'의 기본 의미는 '머리를 숙이다'이며, 이는 항복으로 머리를 떨구는 것 혹은 걱정과 고통으로 머리를 떨구는 것, 말하자면 "불쌍하게 되거나 곤경에 처하게 되는 것"이라고 할 수 있다.[517] 구체적으로, 구약에서 이 단어는 가난하고 궁핍한 사람들(시 14:21; 잠 14:21), 사회적으로 무력한, 특히 부자와 권력자에 의해 억압받는 불쌍한 사람들(암 2:7; 8:4; 사 11:4; 29:19; 32:7; 61:1; 사 11:4; 욥 24:4; 습 2:3), 불쌍하고 약하고 고통을 겪는 이스라엘(시 10:17; 22:27; 25:9; 34:3; 37:11; 69:33; 147:6; 149:4; 사 61:1), 겸손하고 낮아진 처지의 사람들(민 12:3-모세; 잠 3:34; 16:19)을 가리킬 때 사용된다.[518] 지혜문헌에서는 주로 가난하고 곤경에 처한 자들이 아무런 힘이 없기에 하나님을 향해 부르짖는 모습, 곧 하나님 앞에서 겸손한 상태를 표현할 때 사용된다(참조. 시 9:12, 18; 10:12, 17; 22:26; 25:9; 34:2; 37:11; 69:33; 76:9; 147:6; 149:4; 잠 3:34; 욥 24:4).[519] 이 단어는 "실제로 가난한 사람들 또는 연약하고 착취당하기 쉬운 사람들에게 적용된다(암 2:7; 사 11:4). 이런 사람들은 스스로 문제를 해결할 수 없기 때문에 도움을 위해 하나님을 바라보아야 한다. 이 단어는…하나님에 대한 겸손과 의존의 성품…을 지칭하기 위해 더욱 빈번하게 사용되는

515 마태는 18:4에서 하늘나라에서 큰 자는 어린 아이처럼 자신을 '낮추는' 사람이라고 표현할 때 타페이노스를 사용한다.

516 W. Grundmann, "ταπεινός," *Theological Dictionary of the New Testament* (ed. Gerhard Kittel; trans. Geoffrey W. Bromiley; Grand Rapids: Eerdmans, 1964-1976), 8:6.

517 Cleon Rogers, "Moses: Meek or Miserable?" *JETS* 29/3 (1986): 257-263 (259).

518 BDB 776.

519 Cleon Rogers, "Moses: Meek or Miserable?" 260.

것으로 보인다."[520] 그래서 이 용어에 해당하는 사람들은 하나님과의 관계에서 겸손하다(예, 습 2:3; 시 9:13, 22:27; 25:9).[521] 이런 개념을 첫 번째와 세 번째 복에 적용해 보면, "3절과 5절은 비슷한 의미로 평행을 이루며 가난한 자들(οἱ πτωχοί)과 온유한 자들(οἱ πραεῖς)은 같은 혹은 비슷한 상태를 의미하고 실제적인 차이는 없다."[522] 따라서 '프라위스'(5:5)는 하나님 앞에서 겸손하고 하나님을 의지하는 태도를 의미한다.

2. 구약 배경

그리스-로마 문화에서 온유는 친절하거가 신사적인 태도를 의미했으며(벧전 3:4),[523] 온유한 사람은 신적 속성을 반영하는 사람으로서 존경과 칭찬을 받았고 위대한 교사는 친절을 겸비한 사람이었다.[524] 그러나 우리는 세 번째 복의 '프라위스'를 유대적 배경에서 이해해야 한다는 점을 이사야 61:1, 시편 37:11, 민수기 12:3의 분석으로 확인할 것이다. 유대적 배경은 '아나빔'이 땅을 상속받는 내용을 종말론적으로 해석한 사해 두루마리에서도 나타나는데, 이 부분은 본 논문의 마지막 부분에서 다루고자 한다.

---

520 G. J. Wenham, *Numbers* (Downers Grove, IL: InterVarsity Press, 1981), 102.

521 D. J. A. Clines, ed. *The Dictionary of Classical Hebrew*, vol. 6 (Sheffield, England: Sheffield Academic Press, 1993-2011), 502.

522 Mark A. Powell, "Matthew's Beatitudes: Reversals and Rewards of the Kingdom," *CBQ* 58 (1996), 460-79 (466); Davies and Allison, *Matthew 1-7*, 449; Walter Grundmann, *Das Evangelium nach Matthäus* (Berlin: Evangelische Verlagsanstalt GmbH, 1971), 124.

523 Powell, "Matthew's Beatitudes," 466에서 재인용: Klaus Wengst, *Humility: Solidarity of the Humiliated* (Philadelphia: Fortress, 1988).

524 Grundmann, *Das Evangelium nach Matthäus*, 125에서 재인용. 온유함은 지혜자의 덕목이었고 이상적인 통치의 이념이었다. 플라톤은 온유를 신적 속성이며 소크라테스를 온유한 사람의 예로 생각했다(Plat. Crit. 120 e). 이 외에 헬라 세계에서 사용된 온유의 예로는 Davies and Allison, Matthew, 1:449를 보라: Lucian, *Somnium* 10; Ep. *Arist.* 257, 263; 필로, 〈모세의 생애〉 2.279; 요세푸스, 〈고대사〉 19.330.

2.1. 이사야 61:1

마태복음 5:5의 주요 배경은 시편 37:11이지만, 이사야 61:1-2은 첫 번째 네 개의 복 전체와 관련이 있고 "온유한 자들"이라는 용어가 61:1에서 온 것이기에 분석할 필요가 있다. 이미 우리는 위에서 첫 번째 복의 '가난한 자들'과 세 번째 복의 "온유한 자들" 모두 이사야 61:1의 "가난한 자들"(עֲנָוִים)을 암시한다는 점을 반복해서 언급했고, 뒤에서는 땅을 유업으로 받는 것(마 5:5b)을 분석하면서 다시 거론할 것이다. 61:1-2은 하나님의 통치가 실현될 때의 복을 예고하는 본문이고 예수의 사역을 통해 성취된 것이므로(예, 11:5), 온유한 자들로 번역된 대상은 이사야 61:1의 가난한 자들이다. 이들은 자신들의 능력이 아니라 예수를 통해 온 하나님의 통치 안에서 회복을 경험한다(예, 마 11:6).[525] 흥미롭게도, 이사야 61:7의 "그들이 땅을 소유할 것이다"(κληρονομήσουσιν τὴν γῆν)는 가난한, 겸손한 자들이 땅을 얻는 셋째 복과 깊이 연결된다.[526] "너희가 수치 대신에 보상을 배나 얻으며 능욕 대신에 몫으로 말미암아 즐거워할 것이라 그리하여 그들의 땅에서 갑절이나 얻고 영원한 기쁨이 있으리라"(61:7).[527] 이사야 61:1-2이 희년을 묘사하는 점을 고려할 때, 자신의 확신과 주장에 의존하지 않고 구원을 가져다주시는 하나님을 겸손히 의지하고 하나님의 도움을 갈망하는 사람은 종말론적 희년의 약속이 성취되는 것을 경험할 수 있다.

---

525 사 61-62은 하나님의 백성이 하나님의 도움으로 구원을 경험할 때 그들에게 있는 성품에 대해 말한다. John N. Oswalt, *The Book of Isaiah 40-66* (Grand Rapids, Mich.: Wm. B. Eerdmans, 1998), 562.

526 Nolland, *Matthew*, 201.

527 기름 부음 받은 자는 속박 가운데 있는 백성을 해방시켜서 그들의 이전 유업을 회복시킬 것이다. 하나님의 백성으로 인정을 받는 것은 땅의 권리를 회복하는 것으로 나타나며(사 61:7), 희년의 소망은 바벨론의 포로에서 돌아와서 땅의 유업을 회복하는 것에 반영되고 있다. Margaret Barker, "The Time Is Fulfilled: Jesus and the Jubilee," *SJT* 53 (2000): 22-32. 또한 사 61:1의 희년을 예수의 축귀 사역과 쿰란 공동체의 축귀와 연결한 연구로는 신현우, "예수의 광야 기도와 축귀 병행 설교", 『신약연구』 35 (2014), 371-390를 보라.

2.2. 시편 37:11

온유한 자들이 땅을 얻게 된다는 그림의 일차적인 배경은 시편 37:11(70인역 36:11)이다. 시편 37편은 히브리어 알파벳 패턴을 따르면서 세 가지 주제를 반복한다. 세 가지는 악한 자들이 성공하는 것 때문에 불평하거나 조바심을 느끼지 말 것(1, 7b), 의인은 결국 수치가 아니라 땅을 얻을 것이기 때문에 하나님을 신뢰하고 소망할 것(3, 7, 19, 22, 34), 악인이 곧 없어질 것이다(2, 10, 20).[528] 세 가지를 종합하는 주제이면서 시인이 반복해서 강조하는 것은 악인이 잘 되는 것과 비교해 조바심을 내지 말고 하나님을 신뢰하는 태도이다(3, 4, 5, 7, 34, 39절). "악인이 칼을 빼고 활을 당겨"(14절) 선한 사람들을 괴롭히며 하나님 앞에서 겸손히 하나님의 뜻을 묻지 않지만, 시인은 "여호와를 의뢰"하고(3절), "여호와를 기뻐"하고(4절), "네 길을 여호와께 맡"겨야 한다(5절). 악인의 성공에도 모든 유혹의 짐을 하나님께 맡기고 하나님을 신뢰하는(3절) 사람은 잠잠히 기다린다(7절; 참조. 시 62:1, 5).[529] 악인의 인생이 번영하는 이유로 하나님 앞에서 불평하는 행동은 사실상 하나님을 신뢰하지 않고 있음을 드러낸다. "여호와 앞에 잠잠하고 참고 기다리라 자기 길이 형통하며 악한 꾀를 이루는 자 때문에 불평하지 말지어다"(7절). 하나님에 대한 신뢰는 하나님이 활동하지 않는 것처럼 보이는 상황에서도 그의 목적과 섭리를 믿고 인내하는 것으로 표현된다. 그러므로 전체 흐름에서 11의 히브리어 단수형 '아나브'(עָנָו)는 하나님 앞에서 겸손한 태도, 하나님을 신뢰하는 성품, 자신의 무력함 때문에 오직 하나님의 개입과 긍휼에 의존하는 모습을 의미한다. 말하자면, '아나빔' 또는 '호이 프라에이스'(οἱ πραεῖς)는 자기 주장이나 자기 확신에 의존하는 사람들이 아니라 하나님의 의도를 신뢰하면서 인내하는 사람들이다.[530] 자신을 주장하고 믿는 사람은 현재의 성공을 자랑하겠지만 곧 땅에서 쫓겨날 것

528 H. J. Kraus, *Psalms 1-59* (Minneapolis, MN: Fortress Press, 1993), 402.

529 Kraus, *Psalms 1-59*, 402.

530 D. Kidner, *Psalms 1-72* (Downers Grove, IL: InterVarsity Press, 1973), 168.

이다. 그러나 하나님을 신뢰하는 사람은 그 땅에서 영원히 거할 것이다. 하나님의 뜻과 통치에 복종함으로써 하나님이 주실 복을 경험하게 될 것이다(11절; 사 58:4; 욥 22:26; 27:10).[531] 이와 같이 시편 37편의 '아나빔'은 온유한 성품의 사람들이 아니라 하나님을 겸손히 신뢰하는 사람들을 의미한다. 이는 하나님의 구원을 겸손한 자들을 높여주시는 것으로 표현하는 시편의 확신과도 자연스럽게 연결된다(시 147:6; 149:4; 참조. 22:26; 25:9; 37:11; 76:9; 참조. 마 5:5; 벧전 5:6).[532]

2.3. 민수기 12:3

민수기 12:3은 마태복음 5:5의 직접적인 구약 배경은 아니지만, 언어적인 측면에서 어떤 연결점은 있다. 무엇보다도 흔히 모세의 온유함을 사람들에 대한 성품으로 생각하고 세 번째 복과 연결시키는 경향이 있기에 이 본문을 분석할 필요가 있다. 개역개정에서 '온유한'으로 번역한 히브리어 단어는 '아나브'이다.[533] 70인역은 이 단어를 '프라위스'(πραΰς)로 번역한다. '아나브'와 '프라위스'는 모세의 어떤 특징을 묘사하는 것일까? 미리 결론을 내리자면, 이 용어는 모세의 '겸손' 혹은 하나님에 대한 '의존성'을 의미한다. 11장의 문맥을 고려하면, 이스라엘 백성은 음식과 물에 부족하다고 하나님께 불평했다(11:4 이하; 출 17:2-4). 모세는 백성을 이끄는 지도자로서 고개가 떨구어졌고 그의 마음은 비참해졌다(11:11). 그런데 이번에는 "구스 여자"를 취하는 문제로 친가족인 미리암과 아론의 비방을 받는다(12:1). 모세는 자기 백성에게서 끊임없이 공격받고 이제는 형제와 자매에게서 비난을 받는 안타까운

531 Kraus, *Psalms 1-59*, 402.

532 Joachim Gnilka, *Das Matthäusevangelium: Kommentar zu Kap. 1,1-13,58* (Freiburg im Breisgau, 1993), 123.

533 개역개정은 '아나브'를 명사로 번역한다: "이 사람 모세는 온유함이 지면의 모든 사람보다 더 하더라." 공동번역: "모세는 실상 매우 겸손한 사람이었다. 땅 위에 사는 사람 가운데 그만큼 겸손한 사람은 없었다." 반면 표준새번역 '아나브'를 '겸손한'으로 적절히 번역한다: "모세로 말하자면 땅 위에 사는 모든 사람 가운데서 가장 겸손한 사람이다."

처지가 이른 것이다. 로저스는 '아나브'를 '비참한' 혹은 '불쌍한'으로 번역하면서 곤경에 처한 모세는 지면에서 가장 비참하고 불쌍한 상태, 아무런 대답을 할 수 없을 정도로 무력한 상태가 된 것으로 적절히 해석한다.[534] 사람들의 눈에는 모세가 불쌍할 정도로 낮아졌기에, 밀그롬은 명의 사람일 뿐이었다는 뜻이라고 옳게 표현한다.[535] 이는 출애굽기 11:3에서 애굽 사람들의 시각에는 크게 보였던 모세는 자신을 그렇게 보지 않았다는 의미와 유사하다.[536] "여호와께서 그 백성으로 애굽 사람의 은혜를 받게 하셨고 또 그 사람 모세는 애굽 땅에 있는 바로의 신하와 백성의 눈에 아주 위대하게 보였더라." 요약하면, 모세는 사람의 눈에는 미천하고 불쌍해 보였을 수 있고 스스로도 그렇게 생각했을 것이다.

그러나 불쌍하고 낮아진 모세의 태도는 하나님을 향해서는 겸손하고 하나님을 의지하는 태도가 된다. 사실상 하나님을 의존하는 것과 하나님 앞에서 겸손한 것은 같은 의미이다. 이런 태도는 '아나브'의 용례와 일치한다.[537] 이 단어는 실제적인 가난뿐만 아니라 연약하고 침해당하기 쉬운 사람에게 적용되기도 하며(예, 암 2:7; 사 11:4), 이런 상태에 처한 사람들은 스스로 문제를 해결할 능력이 없으므로 하나님께 도움을 요청한다.[538] 밀그롬은 시편 22:27(히브리/70인역은 22:27; 영어/개역개정 22:26)을 예로 들면서 "겸손한(또는 가난한) 자들"

---

534 Rogers, "Moses: Meek or Miserable?" 262. 또한 R. Dennis Cole, *Numbers* (NAC 3B; Nashville: B&H Publishing Group, 2000), 202을 보라. 모세는 형제와 자매의 공격에 아무런 대답을 못한다. 모세가 지도력의 의심을 받았을 때 침묵한 것은 그의 온유함이 아니라 겸손함을 반영한다(Wenham, *Numbers*, 126). 하나님은 모세를 공격하는 말을 들으시고 모세를 대신해서 대답하신다(12:2, 3-12).

535 Jacob Milgrom, *Numbers* (New York, NY: The Jewish Publication Society, 1989), 94; Wenham, 126.

536 Milgrom, *Numbers*, 94; Wenham, *Numbers*, 126.

537 Wenham, *Numbers*, 126; Cole, *Numbers*, 202('의존성'). 예를 들어, 밀그롬은 12:3을 "모세는 땅 위의 어떤 사람보다 훨씬 더, 매우 겸손한(humble) 사람이었다"로 번역한다. Milgrom, *Numbers*, 126: 시편에서 아나빔은 겸손한 자들로서 그들이 하나님께 의존하기 때문에 하나님은 겸손한 그들을 구원하시고 높아진다(시 147:6; 149:4; 참조. 22:26; 25:9; 37:11; 76:9; 참조. 벧전 5:6).

538 Wenham, *Numbers*, 126.

과 "여호와를 찾는 자들"은 비슷한 의미의 평행이므로, '아나브'의 의미는 '독실한'(devout), '신뢰하는'(trusting)이라고 주장한다.[539] 이 단어는 "또한 약하고 착취당하는 자들에게 적용된다(암 2:7; 사 11:4). 그러나 절대로 '유순한'을 의미하지는 않는다."[540] 밀그롬의 해설처럼 하나님께 의존하고 하나님 앞에서 겸손한 사람은 하나님이 맡기실 수 있는, 신뢰하시는 사람이다.[541] 흥미롭게도, 하나님은 당신을 겸손히 의지하는 모세를 "나의 종 모세"로 부르시고 하나님의 집, 곧 재산을 맡기신다(민 12:7).[542] 모세는 스스로 자신을 주장한 사람이 아니라 하나님을 향한 신뢰심 때문에 하나님에게서 인정을 받았다.[543] '겸손한' 태도는 신뢰할 수 있는, 무엇을 맡길 수 있는 덕목이므로(시 25:9; 37:11), 모세에게 하나님의 재산을 맡기신 것은 겸손한 자가 땅을 유업으로 받는 약속과 관련이 있다.[544]

우리가 살펴본 대로, 지도자의 무거운 짐을 지고 가는 모세는 지상의 누구보다도 낮고 불쌍한 처지에 놓였으나 하나님을 겸손히 의재했다. 그러므로 모세의 상태를 묘사하는 '아나브'(70인역: '프라위스')는 '유순한' 보다는 '겸손한' 혹은 '의존하는/신뢰하는' 등의 의미로 사용되고 있다.

539 Milgrom, *Numbers*, 94.

540 Milgrom, *Numbers*, 94.

541 모세는 호렙산의 불타는 떨기나무에 나타나신 하나님을 처음으로 만났을 때 인간의 한계를 절감했다. "모세가 하나님께 아뢰되 내가 누구이기에 바로에게 가며 이스라엘 자손을 애굽에서 인도하여 내리이까"(출 3:11). 자신의 한계를 알고 있는 모세에게 하나님은 "내가 반드시 너와 함께 있으리라"(3:12)고 약속하셨고, 모세는 이 하나님께 의존해서 믿음으로 순종한다. 하나님은 땅의 누구보다도 겸손히 하나님께 의존한 모세를 사용하셨다. 이 논리를 위해서는 Cole, *Numbers*, 202을 보라.

542 Wenham, *Numbers*, 126.

543 Wenham, *Numbers*, 126.

544 P. J. Budd, *Numbers* (WBC 5; Dallas: Word, 1998), 136.

3. 예수의 온유

예수를 '프라위스'(πραΰς)로 묘사할 때 우리는 그를 온유한 성품의 소유자로 이해해야 하는가? 마태복음 11:29은 예수의 마음이 온유한(프라위스) 것을 강조하는 내용인가? 21:5에는 동일한 형용사인 '프라위스'(πραΰς)가 사용되는데, 왜 11:29의 '온유한'이 아니라 '겸손한'으로 번역할까? 동일한 용어를 다르게 번역하기 때문에, 현대의 독자는 5:5의 온유와 11:29의 온유를 연결하기 쉽고, 반면 21:5은 앞의 두 구절과는 다른 의미로 생각할 여지가 생긴다. 여기서 우리는 마태가 11:29과 21:5에서 '프라위스'(πραΰς)를 사용하는 목적이 예수의 온유한 성품이 아니라 그의 메시아적 사역을 강조하기 위함임을 탐구하고자 한다.

3.1. 마태복음 11:29

"나는 마음이 온유하고 겸손하니 나의 멍에를 메고 내게 배우라 그리하면 너희 마음이 쉼을 얻으리니." 예수는 자신에 대해 "나는 마음이 온유하고 겸손하다"(πραΰς εἰμι καὶ ταπεινὸς τῇ καρδίᾳ)라고 표현하신다. 멍에는 두 마리의 짐승이 함께 주인의 지시를 따라 일을 하도록 목에 설치하는 도구였다.[545] 은유적으로는 순종, 섬김 등을 의미한다.[546] 예수의 멍에는 토라의 멍에(와 시락서 51:26의 지혜의 멍에)처럼 '배움'의 멍에를 뜻한다.[547] 제자도는 배움의 연속이기에 예수의 멍에를 메고 그를 배우는 것은 제자의 삶을 뜻한다.[548] 바리새인들과 서기관들의 멍에(23:4)는 사람을 무겁게 만들지만 예수의 멍에는 사람에게 안식을 선사한다. 바리새인들과 서기관들의 가르침이 아니라 예수의 가르침

545 Davies and Allison, *Matthew 8-18*, 289; Nolland, *Matthew*, 477.

546 Nolland, *Matthew*, 477.

547 France, *Matthew*, 449.

548 France, *Matthew*, 449.

을 선택하는 것이 쉼을 얻는 길이다. 예수의 멍에를 메야 하는 이유가 쉼이며(28절), 29절은 다시 한 번 쉼을 얻게 되는 이유를 예수의 온유와 겸손으로 설명한다. 예수의 성품을 나타내는 '온유한'(πραΰς, 프라위스)에 대해 우리가 5:5에서 분석한 개념, 곧 '겸손한', '의존하는' 등이 타당하다면 '프라위스'(πραΰς)는 '겸손한'으로 번역하는 '타페이노스'(ταπεινός)와 비슷하다. 18:4에서 어린아이처럼 낮추는 상태를 표현할 때는 이 형용사의 동사형이 사용된다. '낮춘다'(ταπεινόω, 타페이노오)는 '겸손하다' 혹은 '수치를 겪는다' 등의 의미인데, 낮아져 수치를 겪는 처지에 초점을 맞추고 있다.[549] '타페이노오'는 70인역에서 대부분 히브리어 동사 '아나'(ענה)를 번역한 동사다. '아나'는 '절하다'(='고개를 숙이다'), '고통을 겪다'의 의미이며, 문맥에 따라 '낮아지다'(사 25:5; 31:4), '고통을 당하다'(출 10:3; 시 116:10; 119:67, 107; 사 53:7; 슥 10:2), '곤욕을 당하다'(사 58:5) 등의 뜻으로 사용된다.[550] 전반적으로 우리는 이 동사를 '겸손하게 되다'(또는 '수치를 겪다'), '낮아지다', '고통을 겪다' 등으로 이해할 수 있다.[551] 흥미롭게도, 이 동사의 명사형은 이사야 53:8에서 고난의 종이 겪는 '곤욕'(ταπείνωσις)으로 묘사된다. 덧붙여서, 구약의 몇 본문에는 '온유한'(πραΰς)과 '겸손한'(ταπεινός)이 함께 등장한다(사 26:6; 습 3:12; 참조. 16:19; 고후 10:1; 골 3:12; 엡 4:2).[552] 이사야 26:6, "발이 그것을 밟으리니 곧 빈궁한 자의 발과 곤핍한 자의 걸음이리로다"(καὶ πατήσουσιν αὐτοὺς πόδες πραέων καὶ ταπεινῶν)에서, '프라위스'(πραΰς)와 '타페이노스'(ταπεινός)는 "가난한 자들(=온유한 자들)과 낮은 자들"을 가리키고 있다. 그러므로 예수의 '프라위스'와 '타페이노스' 상태는 그의 유순한 성품이 아니라 낮고 겸손한 상태에 가깝다.[553] 수치의 자리까지 낮아지고 겸손한 예수의 모습은 고난받고 십자가에 달리는 그의 삶에서 선명하게 나타난다. 예수

---

549 France, *Matthew*, 679.

550 BDB 776.

551 BDB 776.

552 Luz, *Matthew*, 2:173.

553 Luz, *Matthew*, 2:174.

는 십자가에 목숨을 던지기까지 자신을 낮추심으로써 그를 따르는 자들을 하나님과의 새로운 관계에 들어가게 하시기 때문에, 예수를 만나는 사람은 영혼의 안식을 누린다.

우리가 해석한 예수의 낮아짐과 겸손은 30절(사역: "이는 내 멍에는 좋고 내 짐은 가볍기 때문이다.")과도 자연스럽게 연결된다. 예수는 자신을 따르는 제자에게 멍에를 제거하는 것이 아니라 딱 맞는, 적합한 멍에, 곧 그의 긍휼이 담긴 멍에로 짐을 쉽게 만든다.[554] 자신을 낮춰서 종말의 구원을 가지고 온 예수를 따르는 사람들은 쉼을 얻는다. 예수의 가르침에 순종하는 것은 그를 따르는 자들에게 '유용한'(χρηστός), '좋은' 것이다. 흔히 '쉬운'으로 번역되는 형용사 '크레스토스'(χρηστός)는 신약에 7회 사용되고 다양한 의미('불편하지 않는', '편리한', '좋은', '괜찮은', '친절한' 등)로 사용되며[555] '쉬운'으로 번역하는 것은 분문의 흐름에는 맞지 않다. 이 용어는 짐을 편하게 지고 가기에 잘 만들어진, 매우 '적절한', '유용한' 상태를 말한다.[556] 말하자면, 예수의 멍에는 좋은 멍에이며, 인자한 주인의 배려를 반영한다.[557] 예수의 가르침에 순종하는 것은 그를 따르는 자들에게 유용한, 좋은 것이다. 하나님의 자애와 긍휼은 예수의 사역을 통해 나타났다(참조. 눅 6:35). 멍에의 이런 특징은 29절에 나온 것처럼 예수의 낮아짐과 겸손과 일치한다. 또한 멍에를 도구로 생각해 보면, 예수의 멍에는 친절하고 긍휼히 여기는 것이어서 무거운 짐을 지우는 자들이 강제로 멍에를 메게 하는 것과 달리 예수는 낮아짐과 겸손으로 친밀한 관계와 기쁨

---

554 France, *Matthew*, 449.

555 BDAG, 1090.

556 Nolland, *Matthew*, 478.

557 Weiss, "χρηστός," *TDNT*, 9:485-492. 눅 5:39에서 묵은 포도주가 '좋다'고 표현할 때도 이 용어가 등장한다. 크레스토스는 히브리어의 '토브'(טוֹב='좋은': 70인역 시 24:8; 33:9; 51:11; 68:17; 85:5; 99:5; 105:1; 106:1; 108:21; 111:5; 118:39, 68; 135:1; 144:9; 렘 24:2, 3, 5; 40:11; 51:17; 나 1:7), '야카르'(יָקָר='소중한': 70인역 겔 27:22; 28:13). 70인역에서 크레스토스는 대부분 어떤 목적을 이루기에 '적합한', '유용한' 상태를 뜻한다. 70인역에서 높은 위치와 권세와 부를 가진 사람이 수혜를 베풀기 위해 이런 것을 사용하는 사람은 '크레스토스'로 불린다. 예를 들어, 누가복음 6:35에서 하나님은 은혜를 모르는 자와 악한 자에게도 인자하신(χρηστός) 분이다.

의 나라로 초대한다.[558] 이 개념을 28-29절과 연결해 보면, 예수를 따르는 사람은 예수의 멍에를 지는 사람이며 낮고 겸손한 선생인 예수와의 관계에 들어가므로 쉼을 누리게 된다.[559] 그러므로 28절의 '프라위스'를 '낮아진', '겸손한'으로 이해하는 것이 옳다.

3.2. 마태복음 21:5

마태복음 21:5은 스가랴 9:9과 이사야 62:11의 결합인데, 마태는 히브리 본문이나 헬라어 본문의 용어를 예언적 메시지의 핵심을 전달할 목적으로 조절한다.[560] 구약 성경에서 나귀를 타고 예루살렘에 입성하는 인물은 열왕기상 1장의 솔로몬 왕과 스가랴 9:9에 나오는 시온의 왕이다.[561] 두 인물은 왕으로서 이스라엘의 수도인 예루살렘에 입성하며, 왕이 입성할 때 즐거운 축하가 이어진다.[562] 5절에서 나귀를 타고 오는 왕에 대한 내용은 직접적으로 스가랴 9:9의 인용이다. 스가랴 9:9은 종말론적이며, 선지자는 새로운 왕의 언어를 BC 8세기의 선지자들(사 9:6-7; 11:1-5; 미 5:2-4), 새해의 절기(시 72:1-11; 89:38-45), 유다에게 주어진 약속(창 49:10-11)에서 가지고 온다.[563] 스가랴 9:9에서는 새로운 왕은 하나님과의 언약에 신실하고 백성을 정의롭게 통치하기 때문에, 그는 공의(צַדִּיק, 차디크)로 다스리는 왕으로 표현되고(참조. 삼하 23:1-7)

---

558 Zmijewski, "χρηστός," *EDNT*, 3:474.

559 France, *Matthew* (1985), 204.

560 Evans, *Matthew*, 358.

561 Brent Kinman, "Jesus' Royal Entry into Jerusalem," in *Key Events in the Life of the Historical Jesus*, 396-402.

562 Kinman, "Jesus' Royal Entry into Jerusalem," 396-402.

563 R. L. Smith, *Micah–Malachi* (WBC 32; Dallas: Word, 1998), 255; J. G. Baldwin, *Haggai, Zechariah and Malachi* (Downers Grove, IL: InterVarsity Press, 1972), 179. 또한 히브리 시의 평행법은 스가랴 9:9에서처럼 창세기 49:11에도 분명하게 나타나고 두 본문의 언어는 본질적으로 동일하다:

공의로운 왕의 통치는 평화를 가져다 줄 것이다(시 72:1-7).[564] 메시아와 나귀의 연결은 창세기 49:10-11에 나오는 왕에 대한 신탁을 암시하며, 솔로몬이 다윗의 노새를 타고 왕이 되는 모습을 떠올린다(왕상 1:38-40). 주제 측면에서 본문은 스가랴 9:9 뿐 아니라 이사야 62:11과도 비슷하다.[565] 특히 새로운 왕이 군사적 힘을 상징하는 말이 아니라 나귀를 탄 모습은 왕의 겸손을 상징한다.[566] 스가랴 9에서 왕이 예루살렘에 입성하는 장면은 다윗이 압살롬의 반란을 제압한 후에 왕의 성, 곧 예루살렘에 들어가는 것에 근거한다. 다윗은 병거와 말들을 준비하고 호위병 50명을 앞세웠던 압살롬(삼하 15:1)과 대조적으로 나귀를 탄 겸손의 왕이었다(삼하 19-20장). 페르시아 시대에 아하수에로 왕은 말을 탔으나(에 6:8), 스가랴 9:10은 하나님이 "에브라임의 병거와 예루살렘의 말을" 끊어버리실 것을 예언하면서(참조. 사 2:7; 31:1; 미 5:10; 학 2:22) 이스라엘의 왕은 나귀를 타고 평화의 임무를 수행할 것을 예고한다.[567] 또한 스가랴 9:9의 히브리어 본문에서 새로운 왕을 묘사하는 용어인 '아니'('겸손한' 혹은 '가난한')는 '아나브'와 혼용되며[568] 하나님 앞에서 겸손하고 낮은 태도를 의미한다.[569] 이 단어는 메시아의 태도가 오만하거나 자랑하는 것이 아니라 겸손하고 낮은 것을 암시한다. 스미스는 왕의 겸손한 모습은 이사야 53:4에 묘사된 여호와의 종이 고난을 받는 것(동사 '아나'가 사용됨, "고난받는다…")과 모세의 겸손('아나브')과 연관성이 있다고 이해한다.[570]

---

564 France, *Matthew*, 773.

565 Daniel J. Harrington, *The Gospel of Matthew* (Collegeville, Minnesota, Michael Glazier/ Liturgical Press, 1991), 293; France, Matthew, 777; C. L. Blomberg, *Matthew* (NAC 22; Nashville, TN: Broadman, 1992), 311. 21:5의 "시온의 딸"은 예루살렘 백성을 가리킨다. 그런데 21:5에는 스가랴 9:9의 "크게 기뻐할지어다" 대신 이사야 62:11의 "시온에게 이르라"는 내용이 들어 있다.

566 Smith, *Micah–Malachi*, 256.

567 Baldwin, Haggai, *Zechariah and Malachi*, 179.

568 Holladay 6408; Smith, *Micah–Malachi*, 256.

569 Holladay 6408.

570 Smith, *Micah–Malachi*, 256.

정리해 보면, 마태는 이스라엘의 백성에게 오고 계시는 예수는 메시아-왕으로서 군마가 아니라 겸손과 평화의 통치를 상징하는 나귀를 타셨다고 묘사한다. 예수의 겸손은 11:7에서 이스라엘 백성이 기대한 메시아의 모습과 다르다. 그러나 그는 겸손한 왕으로서 모든 사람을 낮아져 섬기기 때문에 고통 중에 있는 사람들의 소망이 되신다. 예를 들어, 예수께서 성전에 들어가실 때 맹인과 다리를 저는 사람은 겸손하신 예수의 정체를 파악하고 왕의 지위를 의미하는 다윗의 아들로 예수를 부를 것이다(21:9).

4. 과연 온유한 자가 땅을 상속받는가?

이제 우리는 '온유한' 사람들이 복된 이유가 되는 마태복음 5:5b을 분석함으로써 땅은 성품이 온유하고 유순한 사람들이 아니라 현재 땅을 소유하지 못한 가난한, 곧 겸손한(=하나님을 전적으로 의존하는) 사람들의 몫이 된다는 점을 논증할 것이다.

첫째, "그들이 땅을 기업으로 받을 것이기 때문이다"(ὅτι αὐτοὶ κληρονομήσουσιν τὴν γῆν)의 배경이 되는 시편 37:11, 넓게는 37편에서 땅은 하나님을 신뢰하고 기다리는 사람들에게 주어진다. 시편 37편의 어디에도 마음이 유순한 자들이 땅을 얻는다는 암시는 없다. 자신의 기대와 다른 현실이 펼쳐진다고 할지라도 하나님을 의지하면서 하나님의 개입과 때를 겸손히 기다리는 사람이 땅을 얻는다. 하나님을 의지하는 자들이 땅을 얻게 된다는 사실은, 아래 세 번째 부분의 쿰란 공동체의 예에서 볼 수 있듯이, 제2성전기를 거치면서 종말론적인 구원을 얻는 의미로 발전한다(4QPsa).

둘째, 구약의 핵심 주제인 땅의 신학에서 땅의 소유주인 하나님(레 25)을 겸손히 의존하는 사람들이 땅을 유업으로 얻는다. 긍정적인 차원에서, 선물로서의 땅을 얻게 될 것이라는 약속은 아브라함의 언약을 떠올린다(창 15:7; 참조. 28:4). 땅은 이스라엘을 이집트에서 해방시키신 하나님이 주시는 선물이며

(출 15:13, 17), 이 땅을 얻게 될 소망은 또한 출애굽과 약속의 땅에 들어가는 준비 과정에도 나타난다(출 23:30; 신 4:1).[571] 하나님의 가족인 이스라엘이 하나님이 할당해 주신 땅에서 살고 있다는 것은 하나님의 가족에 속했음을 증명하는 표시였으며,[572] 땅을 유업으로 표현하는 것은 하나님과 이스라엘을 친족 관계로 설정하는 것이고[573] 이스라엘은 하나님의 자녀이기에 땅을 상속 받는다.[574] 특히 소유주이신 하나님에게서 땅을 선물로 받는 것은 희년의 실현을 의미한다. 희년은 땅을 원소유주에게 돌려주고 종들을 놓아 주라는 명령을 통해 이스라엘의 정체를 위한 두 가지 원리를 제공한다.[575] 첫째, 땅은 여호와께 속한 것이다(레 25:23). 둘째, 이스라엘 백성은 여호와의 종들로서 이집트의 속박에서 해방된 신분이므로 서로에게 (적어도 장기적으로) 종속되지 않는다.[576] 그리고 레위기 25:18-19에 따르면 땅은 하나님의 계명에 순종한 여부를 점검하는 기준으로서, 순종하는 백성은 땅에서 풍족히 누리고 안전하게 거할 수 있다.[577] 이스라엘의 역사에서 땅은 선물과 목표인 동시에 유혹이었

---

571 Evans, *Matthew*, 106.

572 Wright, 3:1026.

573 Wright, 3:1026.

574 땅을 상속 받는 것과 입양 모티프의 관계에 대해서는 손석태, 『구약신학』(서울: CLC, 2006), 306-310을 보라: "입양아는 그의 양부모의 이름을 갖게 될 뿐만 아니라 양부모의 법적인 상속자가 되는 것이다. 여호와의 아들인 이스라엘도 여호와의 후사, 곧 여호와의 상속의 백성이 되는 것이다(신 4:20, 21)…여호와께서는 땅과 거기에 속한 모든 것들의 주인이시다(레 25:23; 시 24:1). 이제 온 땅의 주인이신 그 여호와께서 가장 좋은 몫을 그의 백성에게 주려고 하신 것이다(레 20:24)…이스라엘에게 땅은 여호와께서 이스라엘을 아들로 삼고 그의 상속자에게 주신 '유산'이다…[렘 3:19은] 땅이 그의 아들에게 준 유업인 것을 보여 주고 있다(신 4:37, 38)…이스라엘의 여호와의 아들됨에 대한 가시적 표지가 여호와께서 이스라엘에게 유산으로 주신 땅의 소유인 것이다"(308-309). 여기서 제5계명의 정신이 반영된다. "네 부모를 공경하라 그리하면 네 하나님 여호와가 네게 준 땅에서 네 생명이 길리라"(출 20:12).

575 이스라엘은 땅의 소유주가 아니라 하나님에게서 빌려 사용하고 있는 셈이다. 임시적으로 땅을 소유하고 있는 사람이 경제적 궁핍으로 타인에게 팔아야 할 때는 먼저 가장 가까운 친족에게 살 수 있는 기회가 주어지지만 친족 역시 희년까지 그 땅을 경작할 수 있다. 희년에는 원래의 주인에게 돌려주어야 한다.

576 *DJG*, 450-452.

577 Nobuyoshi Kiuchi, *Leviticus* (AOTC 3; Downers Grove, Ill.: Apollos, 2007), 458.

기 때문에[578] 땅은 하나님과 이스라엘의 관계를 가늠하는 잣대의 역할을 했다(참조. 레 26:40-45).[579] 땅의 소유와 이스라엘의 운명의 관계 때문에 땅의 회복은 이스라엘의 선지자적 상상에서 중요한 역할을 했다.[580] 에스겔은 이스라엘의 회복을 땅이 열두 지파에게 돌아가는 것으로 묘사했다(겔 48:1-29).[581] 땅에서 쫓겨나는 것은 하나님의 심판이며 하나님과의 언약적 관계가 회복되는 것은 땅으로 돌아가는 그림으로 상징된다.[582] 땅을 회복하는 그림은 이사야의 예언에 포함되는데(61:7; 참조. 사 60:21), '온유한'의 배경이 되는 이사야 61장은 희년이 기름 부음 받은 자를 통해 실현되는 것을 강조한다.

그러므로 이스라엘의 회복, 곧 하나님의 통치가 실현되는 하나님 나라의 구현은 땅을 회복하는 것으로 입증된다.[583] 하늘나라의 회복은 오직 하나님의 힘으로 오는 것이며 이 나라를 유업으로 얻는 길은 하나님을 겸손히 의존하는 것이다. 역사적으로 이스라엘이 오직 하나님의 은혜로 땅을 선물로 되찾았던 것처럼,[584] 눈에 보이는 현실에도 불구하고 겸손히 하나님의 섭리를 믿

578 Charles H. H. Scobie, *The Ways of Our God: An Approach to Biblical Theology* (Grand Rapids, Mich.: Eerdmans, 2003), 545-546. 땅의 도전에 실패하면 땅을 상실한다. 스코비는 땅은 세 가지 측면에서 도전이 된다고 설명한다. 1) 땅은 하나님이 주신 선물이라는 사실을 망각할 위험과 하나님보다 자신을 의존할 위험은 언제나 도사리고 있다(신 8:11-18; 참조. 6:10-11; 9:4-5). 2) 땅의 신들에 의해 미혹될 위험과 하나님이 아니라 이 신들을 예배할 위험이 있다(신 11:16-17; 참조. 6:14). 3) 땅에서 하나님의 계명에 일치한 삶을 살지 못할 위험이 있다. 땅을 선물로 받으면 구체적인 삶이 뒤따라야 한다(신 12:1). 이런 점에서 시 37은 신뢰와 순종을 땅을 유지할 수 있는 조건으로 제시한다.

579 Wright, 3:1026.

580 Green and Perrin, *DJG*, 450.

581 Green and Perrin, *DJG*, 450.

582 C. J. H. Wright, "Year of Jubilee," *ABD*, 3:1026.

583 구원사의 관점에서 세 번째 복은 문자적인 의미의 땅을 얻는 것이 아니라 하늘나라의 도래를 통한 회복을 뜻한다. 이제 하나님이 아브라함에게 약속하신 땅(마 3:9; 4:13-16; 8:11-12; 9:35; 10:18; 21:43; 24:14; 25:32; 참조. 롬 4: 13)은 선교의 영역이 되고 온유한 사람들에게 주어진다. 궁극적으로는 종말에, 온유한 사람, 하나님의 뜻을 믿고 기다리는 사람이 실제로 존재하는 새 땅에 들어가게 된다.

584 Wenham, *Numbers*, 102. 시편은 하나님이 겸손한 자들을 높이실 것을 약속한다(시 147:6; 149:4; 참조. 22:26; 25:9; 37:11; 76:9).

는 사람은 하나님의 개입을 경험하게 된다.[585] 팔복이 포함된 산상설교의 전후 문맥을 고려하면, 예수를 통해 하늘나라가 도래했기 때문에 겸손하고 힘없는 사람들은 복을 경험할 수 있다. 한 걸음 더 나아가 보면, 우리는 이사야 61:1의 '아나브'를 세 번째 복과 연결했는데, 땅을 얻게 되는 복(61:7)은 기름 부음 받은 자의 사역으로 가능해진다. 61:1-3의 기름 부음 받은 자, 즉 구원을 가져다주는 중개자는 '종-메시아'라고 할 수 있다.[586] 하나님 앞에서 낮아져 그에게 인생을 맡기는 사람은, 고난받는 종-메시아의 삶 또는 공로 때문에, 언약 관계에 들어가는 복과 언약 관계에서 오는 복을 경험하게 된다. 이들은 미래에는 이사야 65-66장의 내용처럼 땅에 대한 종말론적 약속이 실현되는 것을 경험할 것이다.

셋째, 마태복음 5:5의 구약 배경인 시편 37편은 쿰란 문헌의 페샤림(주석서들) 중 하나에서 가난한 자들이 종말론적 신원으로서의 땅을 얻게 될 소망의 내용으로 해석된다(4Q171). 쿰란 공동체의 시편 37편 해석 중 일부 내용은 다음과 같다(4Q171 1-2 ii 4-11).[587]

> [여호와] 앞에 침묵하고 그 안에서 소망하고 풍요로운 자, 음모들을 [짜고 있는] 누군가 때문에 짜증내지 말라. (i 25) 그리고 여호와 안에서 소망하는 자들

585 베츠에 따르면 땅을 얻는 것은 종말론적 의미이기도 하지만 현재의 선교와도 관련될 수 있다. 후기의 기독교적 해석은 땅을 얻는 것의 종말론적 의미에서 세상을 향한 사명을 배제하지 않았다(디다케 9.4). 제자들에게는 땅과 세상은 하나님이 주신 사명의 장소이다(5:13-16; 28:18-20; 참조. 3:9; 4:13-16; 8:11-12; 9:35; 10:18; 21:43; 24:14; 25:32). 현재는 땅이 의인들의 소유가 아니지만 다가오는 나라에서 하나님은 불의를 교정하실 것이다(참조. 6:10). Betz, *The Sermon on the Mount*, 128-129.

586 Claus Westermann, *Isaiah 40-66* (trans. D. M. G. Stalker; London: SCM Press, 1969), 366. 이사야 61장의 기름 부음 받은 자는 42:1의 종과 연결되며, 이사야 61장은 42:1-4와 49:1-6과 여러 표현에서 비슷하다. 오스왈츠(Oswalt, *The Book of Isaiah 40-66*, 562)는 근거로 본문과 42:1-9, 49:1-9, 50:4-9, 52:13-53:12의 서로 비슷한 표현들(예, '영'-42:1; 1인칭 연설-49; 50; '눈을 뜨는 것'-42:7; '갇힌 자'-49:9 등)과 문맥에 나타나는 전반적인 어조와 역할 면에서 유사한 점을 근거로 든다.

587 참조. Florentino García Martínez, *The Dead Sea Scrolls Translated: The Qumran Texts in English* (Grand Rapids, Eerdmans Publishing Co., 1996), 204.

은 땅을 상속받을 것이다. 이것의 해석은 그들이 그의 뜻을 실행하는 그의 선택 받은 회중에 대한 것이다. 잠시 후면 악인들은 더 이상 존재하지 않을 것이다. 내가 그의 장소를 볼 것이지만 그는 더 이상 그곳에 없을 것이다. 이것의 해석은 40년의 끝에 모든 악인들에 대한 것이다. 왜냐하면 그들은 삼켜질 것이고 땅에는 악인이 발견되지 않을 것이다. 그리고 가난한 자들은 땅을 상속 받을 것이고 평화를 풍성히 즐길 것이다. [시 37:11] 이것의 해석은 곤경의 시기를 견디어 벨리알의 모든 올무에서 구출된 가난한 자들의 회중에 대한 것이다. 그 뒤에 그들은 땅의 모든 것을 즐길 것이고 육체의 온갖 화려함으로 살지게 될 것이다. 의로운 사람에 대적하는 사악한 계획들과 [그를 대적하며 이를] 가는 일이 있지만, 여호와는 그의 날이 오고 있음을 알기 때문에 그를 비웃으신다. (사역)

쿰란 공동체는 가난한 자들이 "땅의 모든 것을 즐길 것이고 육체의 온갖 화려함으로 살게 될" 것이라고 말함으로써 땅의 회복을 하나님의 신원하심으로 이해했다.[588] 특히 쿰란 공동체가 시편 37:11과 관련해서 가난한 자들을 "곤경의 시기를 견디어 벨리알의 모든 올무에서 구출" 된 회중으로 이해한 것은 희년의 종말론적 성취를 반영한다.[589] 쿰란 문헌에 반영된 공동체(와 이스라엘 백성)는 궁핍했고 억압당하고 있었기 때문에 그들은 희년의 법이 실현됨으로써 땅을 되찾게 될 것을 소망했던 것이다. 구체적으로 말해서 그들은 이사야가 61장에서 예고한 대로 가난한 자들이 땅을 얻게 될 것이라는 종말론적 소망, 곧 종말론적 희년이 실현될 것을 고대했다(61:1, 7).[590] 이처럼 가난

588 Hagner, *Matthew 1-13*, 92-93. 말하자면, 그들은 메시아의 시대에 가난한 자신들이 아브라함의 언약으로 주어진 땅을 되찾아 풍족함을 누릴 것이라고 믿었다.

589 희년을 벨리알에게서 해방되는 것으로 표현하는 것은 희년과 축귀의 관계를 강조한다. 11QMelch은 속박에서의 해방을 선언함으로써 동일한 표현을 담고 있는 사 61(과 레 25:10)의 희년을 여러 번 암시하고 있는데, 다가오는 멜기세덱이 기름 부음 받은 자로서 '벨리알'에게서 자기 백성을 구출하고 사 52:7을 성취할 것으로 소망한다. Barker, "The Time Is Fulfilled," 22-32 .

590 쿰란 문헌에서 신 15; 사 61:1-2; 시 82, 110; 단 9:25 등은 희년의 해석으로 사용되며, 희년은

하고 억압받던 백성에게는 여호와의 날에 땅을 유업으로 얻는 것이다(ii 4-11).

세 번째 복의 배경인 시편 37편, 이 시편의 종말론적 해석을 고려할 때, 유순한 사람들이 아니라 가난한 사람들, 곧 하나님 앞에서 겸손한 자들이 땅의 회복, 종말론적 희년을 경험한다. 쿰란 공동체의 관점에서, 시편 37:11에서 유업으로 얻게 될 땅은 언약 백성에게 약속된 이스라엘의 땅이며, 유배에서 귀환한 뒤에 얻게 될 땅이라고 볼 수 있다. 또한 세 번째 복을 팔복과 산상설교 전체의 구도에서 보면, 하늘나라는 특정 지역(혹은 땅)이 아니라 지구의 어디서든지 구현될 수 있는 나라이므로, 땅을 얻고 풍성히 소산을 누리는 것은 하늘나라에 들어가는 감격과 같다. 이들은 새 하늘과 새 땅에서 영원한 땅을 상속받게 될 것이다(사 65:17; 66:22). 이 점에서 세 번째 복은 가난한 자들이 하늘나라를 소유한다는 첫 번째 복 선언과 자연스럽게 연결된다.

5. 요약과 결론

우리는 이제까지 세 번째 복(마 5:5)에 해당하는 '호이 프라에이스'(οἱ πραεῖς)는 온유하고 친절하고 유순한 성품의 사람들이 아니라 하나님과의 관계에서 겸손한, 낮은 태도라는 사실을 여러 가지 각도에서 입증했다.

첫째, 팔복의 구조를 분석해 보면, 첫 번째 네 개의 복에 해당하는 태도는 하나님과의 수직적인 관계와, 다음 네 가지는 사람들과의 수평적인 관계와 관련이 있다. 또한 첫 번째 네 복은 포로 상태의 고통을 배경으로 하며 이사야 61:1-3(희년)의 실현과 관련이 깊기 때문에, '호이 프라에이스'는 마음이 가난하고, 애통하고, 의에 주리고 목마른 사람들처럼 자신이나 세상의 무엇

주로 사 61의 사용을 통해 종말론적 사건으로 재해석되고 종말에 악인에게는 형벌이, 의인에게는 복이 주어질 것이라는 신앙이 희년의 종말론적 실현에 반영된다. John Sietze Bergsma, *The Jubilee from Leviticus to Qumran: A History of Interpretation* (Leiden/Boston: Brill, 2007), 15-16. 또한 쿰란 문헌에 사용된 사 61과 희년의 관계에 대해서는 Barker, "The Time Is Fulfilled," 22-32을 보라.

이 아니라 하나님만 의지하고 그 분 앞에 겸손히 자신을 낮추는 사람들이다. 네 부류의 사람들은 사실상 하나님 앞에서 비슷한 태도를 지니고 있다. 특히 첫 번째 복에서 마음이 가난한 사람들이 하늘나라를 얻는 것과 세 번째 복에서 땅이라는 은유를 통한 종말론적 회복을 경험하는 것은 밀접하게 연결된다. 그러므로 흔히 '온유한'으로 번역하는 '프라위스'(πραΰς)는 사람에 대한 성품이 아니라 하나님에 대한 태도로 이해돼야 한다.

둘째, 흔히 '온유한'으로 번역하는 '프라위스'는 그리스-로마 문화의 온유한 상태가 아니라 구약과 유대적 배경에서 온 것으로 겸손하거나, 낮거나, 억압당하거나, 고통을 겪는 상태에 가깝다. 이는 이사야 61:1, 시편 37:11, 민수기 12:3의 '아나브'(70인역 '프라위스')가 사용된 문맥을 통해 입증된다. 특히 모세는 온유한 성품이 아니라 비참하고 미천하게 보일 정도로 낮아져 하나님을 의존한 점에서 다른 사람들보다 뛰어났다.

셋째, 마태복음 11:29과 21:5에서 '프라위스'로 묘사되는 예수의 특징은 온유함이 아니라 하나님의 뜻에 순종하기 위해 수난과 죽음에 이르기까지 자신을 낮추는 겸손이다. 고난받는 종으로 하늘나라를 가지고 온 겸손하고 낮추는 메시아 안에서 누구든지 쉼을 얻을 수 있다(사 53:4).

넷째, 구약의 땅 혹은 희년 신학과 쿰란 공동체의 시편 37편 해석(4QPsa)에 따르면, '아나빔' 혹은 '아나브'의 사람들은 온유한 성품을 가진 사람이 아니라 소유(땅)가 없어서 가난하지만 하나님을 겸손히 신뢰하는 자들이며 이들은 땅을 유업으로 얻는 것으로 표현되는 종말론적 회복을 경험할 수 있다. 특히 쿰란 문헌의 기록(4Q171)에 따르면 종말론적 소망은 땅을 유업으로 받는 것으로 표현되고 이때 복을 경험하는 대상은 유순한 사람이 아니라 현재 가난한 상태로 묘사되는 공동체를 가리킨다. 땅에 들어가고 땅에서 쫓겨나는 것은 이스라엘의 회복과 멸망(또는 포로)을 상징하므로, 하늘나라에 들어가는 복을 경험하는 사람은 자신을 겸손히 낮춘다. 이런 점에서 세 번째 복은 마태복음 18:3-4에서 하늘나라에는 어린아이처럼 자기를 낮추는 사람이 하늘나라에 들어가게 된다는 내용과 언어와 의미 측면에서 연결된다.

이 모든 결과를 고려해 보면, '온유한 자들'이 아니라 '겸손한 자들', '낮추는 자들'이 '호이 프라에이스'의 번역으로 적합하다. 그리고 '겸손한', '낮추는'의 의미인 '프라위스'(πραΰς: 5:5; 11:29; 21:5)는 비슷한 뜻인 5:3의 '가난한'(πτωχός), 18:4의 '타페이노스'(ταπεινός)와 더불어 수난과 십자가의 메시아 개념을 이해하는 것뿐만 아니라 그를 따르는 하늘나라 백성의 삶을 정의하는 점에서 매우 중요한 역할을 한다.

10장

예수의 기적과 하늘나라[591]

마태복음 8-9장은 예수의 기적을 통해 하늘나라가 어떤 성격의 나라이고 어떻게 확장되는지 설명한다. 본 글의 목적은 8-9장의 구조와 주제(특히 9:18-34)에 대한 새로운 제안을 하는 것이다. 이 제안을 근거로 예수의 기적과 하늘나라가 어떤 관계인지 파악할 수 있다. 선행 연구와 관련해 H. J. 헬트는 8:1-9:34의 아홉가지 기적이 교육을 목적으로 배열됐고 그 순서는 기독론, 제자도, 믿음이라고 주장했다.[592] 헬트 이후에도 마태의 기적 내러티브를 분석한 학자들은 비슷한 견해를 보여 왔다. 그러나 필자는 기적 이야기들을 세 개로 묶을 경우 세 번째 묶음(9:18-34)의 주제는 믿음이 아니라 "다윗의 아들"을 통한 하늘나라 복음의 실현 또는 경험이라는 견해를 제시할 것이다.

591 강대훈, "마태의 기적 내러티브(마 8:1-9:34) 구조와 주제에 대한 연구", 『신약연구』 제15권 제2호 (2016. 6): 275-306을 약간 수정한 글이다.

592 H. J. Held, "Matthew as Interpreter of the Miracle Stories," in *Tradition and Interpretation in Matthew* (ed. G. Bornkamm, G. Barth and H. J. Held; Philadelphia: Westminster, 1963), 165-299. 헬트의 연구 이후에 킹스베리(Kingsbury)를 비롯한 여러 학자들이 세 가지 주제를 수용해 왔다.

1. 기적 내러티브(마 8-9)와 하늘나라 복음의 관계

기적 내러티브의 세 번째 묶음인 9:18-34이 하늘나라의 복음과 관련이 있다는 점을 주장하기 위해서는 더 넓은 문맥인 8-9장이 하늘나라 복음에 대한 것임을 논증하는 작업이 필요하다. 하늘나라의 복음을 '가르침'과 '치유'로 요약하는 4:23과 9:35은 5-9장을 감싸는 수미쌍관(인클루지오)의 역할을 한다. 다시 말해서, 하늘나라의 복음을 보여주는 예수의 활동은 5-7장의 산상설교와 8-9장의 치유로 구성된다. 따라서 독자는 하늘나라의 '복음'이라는 관점에서 산상설교(5-7장)와 기적 내러티브(8-9장)를 이해해야 한다.[593]

A 4:23: 가르치고(B) 모든 병과 약한 것을 치유(C) → 하늘나라 복음의 전파

B 5-7장: 산상설교

C 8-9장: 치유

A′ 9:35: 가르치고(B) 모든 병과 약한 것을 치유(C) → 하늘나라 복음의 전파

또한 마태는 예수께서 갈릴리에서 하늘나라가 가까이 왔다고 전파하면서 제자들을 부르시고 '치유'를 행하신 장면을 이미 강조했었다(4:17-25). 그러므로 대부분 치유로 구성된 8-9장의 기적 이야기들은 하늘나라의 복음과 관련된다.[594] 뿐만 아니라, 8-9장은 하늘나라의 복음을 전하기 위해 제자들을 부

---

593 4:23과 9:35을 기준으로 5-9장을 분석하는 것은 마태 학자들의 일반적인 견해다. 이들 중 일부만 언급하면 다음과 같다. France, *Matthew*, 137, 149-150; Nolland, *Matthew*, 406; Keener, *Matthew*, 155; Luz, *Matthew*, 2:76.

594 문학적으로도 하늘나라의 도래를 축약한 4:17-23의 핵심 용어들이 8-9장 전체에 사용되고 있다. W. C. Carter, *Matthew and the Margins: A Socio-Political and Religious Reading* (JSNTSup 204; Sheffield: Sheffield Academic Press, 2000), 583: 예수(4:17; 7:28; 8:4, 10, 13, 14, 18, 20, 22, 34; 9:2, 4, 9, 10, 15, 19, 22, 23, 27, 28, 30, 35); 전파하다(4:17, 23; 9:35); 나라(4:17, 23; 8:11, 12; 9:35); 걷다(4:18; 9:5); 바다(4:18; 8:24, 26, 27, 32); 보다(4:18, 21; 8:4, 14, 18, 34; 9:2, 4, 8, 9, 11, 22, 23, 30, 36); 용서하다(4:20, 22; 8:15, 22; 9:2, 5, 6); 따르다(4:20, 22, 25; 8:1, 10, 19, 22, 23; 9:9, 19, 27); 부르다(4:21; 9:13).

르고 사도들로 파송하는 10장과 문학적으로나 신학적으로 연결된다. 예를 들어, 8-9장에서 메시아의 권위로 기적과 치유를 행하신 예수는 10장에서 제자들에게 이 권위를 위임하신다. 하늘나라의 회복은 예수를 통해 성취되고(5-9장) 제자들을 통해도 실현된다(10장). 9:37-38에 따르면 8-9장에 설명된 치유는 하늘나라 도래의 결과로 일어난 회복, 곧 추수 행위였다(마 11:5-6; 사 29:18 이하; 35:5 이하; 61:1). 예수께서 치유의 권위를 제자들에게 부여하기 때문에(10:1), 종말론적 회복(8-9장)을 상징하는 치유가 사도들을 통해도 현재 일어난다(10장). 이와 같이, 문학적 구조를 고려할 때, 8-9장의 기적 이야기들은 하늘나라 복음의 도래라는 관점에서 읽을 필요가 있다.

2. 8-9장의 구조에 대한 학자들의 견해

이제까지 8-9장의 구조에 대한 다양한 시도가 있어 왔다. 여기서 우리의 목표 가운데 하나는 8-9장의 구조에 대한 학자들의 의견을 살펴본 다음, 하나의 틀을 제안하고 이 제안에 기초해서 막간(8:18-22; 9:9-17)의 배치와 각 묶음의 주제가 어떻게 관련되는지 살피는 것이다. 8:1-9:34은 열 개의 기적으로 이뤄져 있는데 샌드위치 구조인 9:18-26을 한 묶음 또는 한 사건으로 읽으면 아홉 개의 기적이라고 할 수 있다(8:1-4, 5-13, 14-15, 23-27, 28-34; 9:1-8, 18-26[x2], 27-31, 32-34).[595] 이 가운데 8:23-27은 (제자들만 경험한) 광풍을 잠잠하게 만드신 기적이며, 나머지는 치유와 축귀의 장면이다.[596] 축귀 역시 넓게는 치유에 해당한다.

---

595 열 개의 기적과 출애굽의 기적(출 7-12)을 연결하는 시도가 있지만 전자는 회복시키는 기적이라면 후자는 심판과 관련되고 기적의 내용에서도 유사성이 없다.

596 기적이 이처럼 축귀와 치유에 집중되는 점은 마태가 하늘나라의 구원을 개인이 경험한 내용에 초점을 맞추기 때문이다. J. P. Heil, "Significant Aspects of the Healing Miracles in Matthew," *CBQ* 41 (1979), 274-287(282).

2.1. 헬트(H. J. Held)

헬트는 기적 이야기들을 기독론, 제자도, 믿음의 관점에서 해석했다. 그의 논증은 이후 학자들의 주석과 논문에 지대한 영향을 끼쳤다.[597] 8-9장의 구조와 주제에 대해서는 상세히 전개하지 않았지만 그의 분석을 대략 다음과 같이 정리해 볼 수 있다:[598] A 8:2-17("하나님의 종"에 초점을 맞춤) / B 8:18-9:17("회중의 주"이신 그리스도) / C 9:18-31("믿음"의 주제) / D 9:32-34(결론).

2.2. 부르거(C. Burger)

부르거는 마태복음 8-9장은 네 개의 하부 구조로 구성되며 각 단락의 주제는 기독론, 제자도, 예수의 제자들과 이스라엘(유대교)의 분리, 믿음이라고 주장한다: A 8:1-17(기독론) / B 8:18-34(제자도) / C 9:1-17(예수와 그의 제자들이 이스라엘[유대교]에서 분리) / D 9:18-34(믿음).[599] 그는 특히 기적을 포함하지 않는 8:18-22과 9:9-17은 교회에 대한 마태의 이해를 반영하는 것이라고 보면서 8-9장을 그리스도의 교회라는 주제 아래 재구성된 것으로 이해한다. 그는 8-9장을 교회와 유대 공동체 사이의 충돌이라는 맥락에서 교회 설립의 신화로 이해하고 기독론보다는 교회론에 초점을 맞춘다.

2.3. 킹스베리(J. D. Kingsbury)

킹스베리는 8-9장의 구조를 기독론, 제자도, 이스라엘과 예수(와 그의 제자들)의 분리, 믿음을 주제로 분석한다: A 8:1-17(기독론)/B 8:18-24(제자도/C 9:1-

---

597 Held, "Matthew as Interpreter of the Miracle Stories," 165-299.

598 Held, "Matthew as Interpreter of the Miracle Stories," 248-249.

599 Christoph Burger, "Jesu Taten nach Matthäus 8 and 9," *ZThK* 70 (1973), 272-287.

17(이스라엘에서 예수와 제자들이 분리)/D 9:18-34(믿음).[600] 킹스베리의 분석에 따르면, 기독론적인 관점에서, 예수는 8-9장에서 메시아, 하나님의 아들로 나타난다. 예수는 이스라엘 가운데 거하시며(8:1, 10, 18; 9:8, 33), 치유 사역을 행하시며(8:16-17), 제자들을 모으시며(8:18-22; 9:9), 제자도와 관련된 이슈를 다루신다(9:1-17; 참조. 8:23-27). 제자도의 관점에서, 교회는 비용을 지불해야 하고 헌신해야 하며 이스라엘과 구분돼야 한다(8:18-22, 23-27; 9:1-17). 실천적인 측면에서, 기적 이야기들은 그리스도인들로 하여금 하나님의 아들에게 나아가도록 하며, 시련과 어려움에 있는 신자들을 위해 신적인 권위를 사용하실 예수께 도움을 요청하도록 돕는 기능을 한다.

2.4. 톰슨(W. G. Thompson)

톰슨은 8-9장을 기독론(8:1-17), 제자도(8:18-9:17), 믿음(9:18-31)의 주제로 세 부분으로 나누며 9:32-34을 결론으로 이해한다.[601] 그는 각 묶음에 나타난 핵심 용어들이 서로 연결되고 9:18-34는 언어와 주제 측면에서 8:1-9:17과 관련된다고 주장한다: A 8:1-17(기독론) / B 8:18-9:17(제자도) / C 9:18-31(믿음) / D 9:32-34(결론).[602]

2.5. 블레더(E. J. Vledder)

블레더는 8-9장을 세 묶음으로 나누고 각 묶음의 결론을 8:16-17, 9:9-13, 9:33b-35으로 제시한다.[603] i. 시작: 첫 번째 기적 이야기들(8:1-17) - 서

600 Jack D. Kingsbury, "Observations on the 'Miracle Chapters' of Matthew 8-9," *CBQ* 40 (1978), 559-573(568, 572).

601 W. G. Thompson, "Reflections on the Composition of Mt 8.1-9.34," *CBQ* 33 (1971), 365-388. 9:32-34에 나타난 기적은 믿음에 대한 반응이다.

602 Thompson, "Reflections on the Composition of Mt 8.1-9.34," 379-388.

603 E. J. Vledder, *Conflict in the Miracle Stories: A Socio-Exegetical Study of Matthew 8 and 9*

론: 무리가 예수를 따름(8:1), a. 나병환자의 치유(8:2-4), b. 백부장 하인의 치유(8:5-13), c. 베드로 장모의 치유(8:14-15), 결론: 예언의 성취로서의 치유와 축귀(8:16-17). ii. 중간: 두 번째 기적 이야기들(8:18-9:13) - 서론: 제자가 되려는 자들에 대한 반응(8:18-22), a. 폭풍을 잠잠하게 하심(8:23-27), b. 귀신들린 자들의 치유(8:28-9:1), c. 중풍병자의 치유(9:2-8), 결론: 마태의 부르심과 바리새인들과의 논쟁(9:9-13). iii. 결론: 세 번째 기적 이야기들(9:14-35) - 서론: 요한의 제자들과 논쟁(9:14-17), a. 죽은 소녀의 소생과 혈루증 여인의 치유(9:18-26), b. 맹인들의 치유(9:27-31), c. 말 못하는 자의 치유(9:32-33a). 결론: 무리와 바리새인들의 반응, 예수의 동정심(9:33b-35).

2.6. 탈벗(C. H. Talbert)

탈벗은 예수의 권위가 그의 사역에 나타난 것으로 이해하면서 다음과 같은 구조를 주장한다.[604] A 첫 번째 세 가지 기적(8:2-17): a. 나병환자의 치유(8:2-4); b. 중풍병자(백부장의 하인)의 치유(9:5-13); c. 열병과 다른 질병의 치유(8:14-16); d. 이사야적 해석(8:17). B 두 번째 세 가지 기적(8:18-9:17): '틀': 제자도의 비용(8:18-22); a. 첫 번째 기적: 폭풍을 잠잠하게 하심(8:23-27); b. 두 번째 기적: 귀신들린 두 명의 회복(8:28-9:1); c. 세 번째 기적: 중풍병자의 치유(9:2-8); '틀': 제자도의 비용(9:9-17). C 세 번째 세 가지 기적(9:18-34): a 죽은 소녀의 소생과 혈루증 여자의 치유(9:18-26); b 두 명의 맹인 치유(9:27-31); c 귀신들려 말 못하는 자의 치유(9:32-34). 탈벗은 세 개의 큰 구조로 분석하지만 구조의 의미에 대해서는 자세히 설명하지 않는다. 탈벗은 '틀'의 주제를 제자도의 비용으로 제시하고 있기 때문에, 제자도를 주제로 아홉 개의 기적을 이해하는 것 같다.

(JSNTSup 152; Sheffield: Sheffield Academic Press, 1997), 172-173.

604 Charles H. Talbert, *Matthew* (Grand Rapids, Mich.: Baker Academic, 2010), 111.

2.7. 프란스(R. T. France)

프란스는 공관복음서의 병행 본문과 마태복음 8-9장의 기적 내러티브를 비교하면서 두 개의 '막간'을 마태의 특징과 의도로 이해한다.[605] 제자도에 대한 내용을 담고 있는 두 막간(8:17-22; 9:9-17)은 의도적으로 아홉 개의 이야기를 세 그룹으로 구성되며, 이 특징은 아홉 개의 비유가 세 개의 비유로 묶이고 해설이 뒤따르는 13장에도 나타난다.[606] 본 연구는 프란스의 분석을 적극 수용한다.

2.8. 루츠(Ulich Luz)

루츠는 헬트의 주장에 서 있는 학자들의 이해에 대해 새로운 시각을 제시한 학자 중 한 명으로 '임마누엘'의 주제를 강조한다.[607] 루츠는 마태복음 전체의 기적 중 절반을 차지하고 있는 8-9장의 기적 내러티브는 마태복음에 나타난 예수의 이야기 전체를 담고 있으며, 메시아가 행한 긍휼의 행위들이 제자들과 교회에 미친 영향에 초점을 맞춰 기적 이야기들을 해석해야 한다고 주장한다.[608] 루츠에 따르면, 제자도에 대한 내용인 8:18-22은 8:1-17의 기적으로 인한 결과이며, 9:9-13은 9:2-8의 결과라고 할 수 있다.[609] 8-9장에

605 France, *Matthew*, 301-302. 8-9장의 기적 묶음은 마가복음과 누가복음의 병행 본문과 다음과 같이 비교된다: 마 8:1-4(=막 1:40-45=눅 5:12-16); 마 8:5-13(8:11-12)=눅 7:1-10(13:28-29); 마 8:14-16(=막 1:29-34=눅 4:38-41); 마 8:17(인용공식); 마 8:18-22; 마 8:23-27(=막 4:35-41=눅 8:22-25); 마 8:28-34(=막 5:1-20=눅 8:26-39); 마 9:1-8(=막 2:1-12=눅 5:17-26); 마 9:9-17(=막 2:14-22=눅 5:27-38); 마 9:18-26(=막 5:21-43=눅 8:40-56); 마 9:27-31[참조. 20:29-34]=막 10:46-52=눅 18:35-43); 마 9:32-34[참조. 12:22-24]=막 3:22=눅 11:14-15).

606 France, *Matthew*, 301-302.

607 Ulich Luz, "The Miracle Stories of Matthew 8-9," in *Studies in Matthew* (ed. U. Luz; trans. R. Selle; Grand Rapids, Mich.: Wm. B. Eerdmans, 2005), 221-242.

608 Luz, *Matthew*, 2:52-58.

609 Luz, *Matthew*, 2:53.

서 메시아가 보여준 기적들은 단순히 상징적인 이야기들이 아니라 제자들과 교회가 실제로 경험한 '임마누엘'에 대한 기록이다. 기적 내러티브의 초점은 기독론, 특히 임마누엘로서, 치유, (폭풍에서의) 보호, 시력의 회복, 죄 용서, 생명을 선물로 되돌려 받는 것은 모두 "우리와 함께하시는 하나님"(임마누엘)이신 그리스도의 긍휼과 권위로 경험되는 것이다.[610]

2.9. 데이비스와 앨리슨(W. D. Davies and D. C. Allison)

데이비스와 앨리슨은 8:16-22과 9:9-17을 막간이나 요약으로 이해하고 세 사건을 포함하는 세 개의 묶음(8:1-15; 8:23-9:8; 9:18-34)을 배치한다:[611] 기적 1-2-3(8:1-15), 8:16-22, 기적 1-2-3(8:23-9:8), 9:9-17, 기적 1-2-3(9:18-34). 이들의 연구는 프란스의 주장과 마찬가지로 필자의 분석에 통찰력을 제공한다.

3. 기적 내러티브의 구조와 주제별 접근

3.1. 8-9장의 구조에 대한 제안

필자는 8:16-22과 9:9-17을 8-9장의 구조와 주제를 파악하기 위한 핵심인 '막간'으로 이해하고 열 개의 기적을 세 개씩 묶는다(8:1-15; 8:23-9:8; 9:18-

---

610 Luz, *Matthew*, 2:57-58. 예수께서 행하신 기적들은 하나님이 통치하시는 나라에서는 아픔과 고통이 지배하는 이 세상의 종결 또는 이 세상과 충돌하시는 임마누엘이신 그리스도를 가리키고 있다. 메시아가 온 이스라엘, 다시 말해서 하늘나라를 기다린 세상(또는 사탄)의 나라는 고통과 아픔의 영역이었기에, 예수는 치유를 통해 하나님의 자비로운 행위를 보여 주셨다. 다윗의 아들이 무너뜨린 것은 자연의 능력이 아니라 인간의 고통, 두려움, 위협, 보지 못함이었고 악의 세력(9:34; 12:22-30)이었다.

611 W. D. Davies and D. C. Allison, *Matthew 8-18* (ICC; Edinburgh: T. & T. Clark, 1991), 6. 비슷한 견해가 건드리의 분석에도 나타난다. Gundry, Matthew, 137.

34). 기본적으로 이 구조는 데이비스와 앨리슨, 프란스가 제시한 틀과 비슷하며, E. 웨인라이트의 표를 반영한다.[612] 첫 번째 묶음과 두 번째 묶음, 두 번째 묶음과 세 번째 묶음 사이에는 각각 막간 또는 연결고리(8:16-22; 9:9-17)가 있다. 막간은 앞의 주제를 제시하고 뒤의 주제를 예고한다.[613]

기적 i (8:1-15)	(1) 8:1-4	나병환자의 치유	기독론
	(2) 8:5-13	백부장의 종의 치유	
	(3) 8:14-15	베드로 장모의 치유	
막간 i (8:16-22)	(a) 8:16-17	구약 인용(사 53:4)/고난의 종	
	(b) 8:18-22	"나를 따르라"	제자도
기적 ii (8:23-9:8)	(1) 8:23-27	광풍을 잠잠하게 하심	
	(2) 8:28-34	귀신들린 자들의 치유	
	(3) 9:1-8	중풍병자의 치유/용서	
막간 ii (9:9-17)	(a) 9:9-13	구약 인용(호 6:6)/"나를 따르라"	
	(b) 9:14-17	새 포도주와 새 부대	다윗의 아들을 통한 하늘나라 복음의 경험
기적 iii (9:18-34)	(1) 9:18-26	지도자의 딸의 소생	
	(2) 9:27-31	두 맹인의 치유	
	(3) 9:32-34	귀신들린 사람의 치유	

3.2. 막간과 주제

3.2.1. 첫 번째 막간(8:16-22)

8:1-15은 예수의 권위에 초점을 맞춘다. 첫 번째 막간인 8:16-22은 두 개의 하위 본문으로 구성된다(16-17, 18-22절). 16-17절은 첫 번째 기적 묶음(8:1-

612 E. Wainwright, "The Matthean Jesus and the Healing of Women," in *The Gospel of Matthew in Current Study: Studies in Memory of William G. Thompson* (ed. David E. Aune; Grand Rapids, Mich.: Wm. B. Eerdmans Pub. Co., 2001), 74-95(82). 웨인라이트가 표의 구성에 대해 설명을 상세히 하지 않는 것은 아쉬운 점이다.

613 Davies and Allison, *Matthew*, 2:6.

15)의 치유를 기독론적 관점에서 해석하는 결론이다.[614] 8:18-22은 제자도의 관점에서 다음에 나오는 기적 묶음의 주제를 예고한다.

3.2.1.1. 치유와 종의 사역(8:16-17)

예수는 치유하시는 절대적인 권위(예, 하나님만이 행하시는 나병을 치유하심)를 가졌으나 고난의 종으로서 치유하신다(8:16-17).[615] 8:17은 1-15절의 치유뿐만 아니라 16절에 요약된 예수의 모든 치유 행위를 구원사의 관점에서 해석한다. 마태는 치유에 대한 요약에 이어서 "이는 이사야 선지자를 통해 말씀되어진 것이 성취되기 위함이니"(4:14; 12:17)라는 성취공식(1:22; 2:15, 17, 23; 13:14, 35; 21:4; 27:9)을 사용해 이사야 53:4a의 성취로 치유를 해석한다.[616] 이사야 53:4의 70인역은 "이 사람이 '우리의 죄들을'(τὰς ἁμαρτίας ἡμῶν) 지고 우리 때문에 고통을 겪으신다."로 번역하면서 죄를 언급하는 반면, 맛소라 본문에서 종은 죄가 아니라 신체적 질병을 제거한다. 따라서 마태는 70인역 본문보다는 맛소라 본문을 사용한다. 앞의 치유 내러티브에서 마태는 예수의 권위와 능력을 강조했는데, 이제 정반대로 약한 것을 취하고 질병을 짊어진 고난의 종을 제시한다.[617] 예수는 고난의 종으로서 자신을 구원하기 위해서는 권위를 사용하지 않으시고 약한 자들을 치유하기 위해 권위를 사용하신다. 고난의 종으로서 치유하셨다.[618] 그러므로 마태의 성취 인용 공식은 예수의 치유 사역을 '구속사적인 고난'의 관점에서 해석해야 함을 암시한다.[619]

---

614 Held, "Matthew as Interpreter of the Miracle Stories," 170.

615 8:1-17의 주제는 치유를 행하신 예수의 정체, 곧 기독론이다(Held, "Matthew as Interpreter of the Miracle Stories," 172).

616 8:17의 "고난의 종"(사 53:4a)에 대한 자세한 설명은 강대훈, 『마태복음(상)』에 있다.

617 8:17의 인용이 고난의 종을 묘사한다는 사실은 아래에서 논증할 것이다.

618 Davies and Allison, *Matthew 8-18*, 59.

619 Davies and Allison, *Matthew 8-18*, 39.

3.2.1.2. 제자도의 비용(8:18-22)

8:17에서 예수는 종으로 묘사됐는데, 8:18-22의 두 장면에서[620] 예수의 고난이 암시되며, 명령하는 예수의 권위와 예수를 따르는 제자가 지불해야 하는 비용이 주제로 제시된다.[621] 18절을 분기점으로 무리와 제자들이 분리된다. "나를 따르라"는 명령은 제자로의 부르심을 의미한다(23절).[622] 서기관은 '따르다'라는 용어를 사용하고 예수를 선생으로 부르면서 어디든지 따라가겠다고 말했지만(8:19), 거처가 없이 고되게 순회하는 예수의 삶을 실제로는 따르지 못한다(20절).[623] 제자 중 한 명이 아버지의 장례를 먼저 치르게 허락해 달라고 한다(21절).[624] 예수는 그에게 죽은 사람들에게 장례를 맡기고 "나를 따르라"(ἀκολούθει μοι)고 명령하신다(22절). 당시에 매장 행위는 어떤 경건 행위보다 더 높은 가치였지만,[625] 매장 행위보다 급하고 중요한 일은 하

---

620 마 8:18은 막 4:35과 병행구절이지만, 마태는 마가와 달리 곧바로 광풍이 잠잠하게 된 장면으로 넘어가지 않고 제자도에 관한 내용을 다룬다(19-22절).

621 사랑을 베푸는 종의 삶은 희생적인 삶이다. 예수의 희생이 인자로서 땅에서 고난받고 십자가에 죽는 수준이었으므로 그가 베푸는 사랑과 긍휼은 그만큼 위대하고 커서 사람들을 치유하는 결과로 이어질 수 있다.

622 Luz, "The Miracle Stories of Matthew 8-9," 221-242; Held, "Matthew as Interpreter of the Miracle Stories," 202.

623 예수는 심지어 짐승도 쉴 곳이 있지만 인자는 그런 곳도 없이 순회하는 인생임을 강조하신다. 순회하는 것은 예수의 특징이었고, 태어나면서부터 이런 여정을 보내셨다(2:13-14; 12:14-15; 14:12-13; 15:12-14, 21; 16:1-5). J. D. Kingsbury, "On Following Jesus: The 'Eager' Scribe and the 'Reluctant' Disciple (Matthew 8.18-22)," *NTS* 34 (1988), 45-59(50); Carter, *Matthew and the Margins*, 208.

624 본문의 장례는 첫 번째 장례가 아니라, 1차 매장 이후 남은 뼈를 모아서 가족 묘(동굴)에 있는 조상들의 뼈와 합치는 두 번째 매장으로 보인다. 이것은 임종을 지켜보게 해 달라는 요청이 아니다. 두 번째 매장을 완료함으로써 아버지의 장례 절차를 마친 후 예수를 따르겠다는 요청이다. 이런 문화의 배경에서, 죽은 자들은 이미 동굴에 있는 조상들의 뼈들을 가리킨다. "가족 묘에 있는 다른 뼈들이 네 아버지의 뼈를 다시 매장하도록 두어라." B. R. McCane, "'Let the Dead Bury Their Own Dead': Secondary Burial and Matt 8:21-22," *HTR* 83 (1990): 32, 40, 41.

625 Evans, *Matthew*, 194의 연구에 따르면 구약은 나실인이 자신의 부모를 매장하는 것을 허락하지 않는 반면(민 6:6-7; 레 21:11), 후기 랍비 전통은 친족을 매장하는 것은 나실인도 실행해야 하는 의무로 이해했다(토비트 4:3; 6:15); Gundry, *Matthew*, 153: 창 50:5-6; 토비트 4:3; 6:14; Str-B 1,487-489.

늘나라의 복음을 통해 사람을 살리는 것이다.[626] 그는 결국 예수를 따르지 못한다. 반면, 제자들은 예수를 위해 전적으로 헌신했으므로 예수를 따라 배를 탔다(23절). 제자들이 배에 오른 동작을 "배를 탔다"가 아니라 '제자도'를 강조하기 위해 "그를 따랐다"(ἠκολούθησαν αὐτῷ)로 표현한다.[627] "제자도는 따름을 의미하며, 결국 제자도는 이스라엘에서 분리되어 배에 들어가는 것을 의미한다."[628] 따라서 본문은 제자도의 특징인 제자의 '비용(또는 희생)'과 '보상'을 암시한다.[629]

3.2.2. 두 번째 막간(9:9-17)

학자들은 일반적으로 8:18-22에 이어서 나오는 8:23-9:8의 주제를 '제자도'로 인식한다.[630] "나를 따르라"는 명령은 제자도를 주제로 다루는 8:18-22과 마태를 제자로 부르는 9:9-13을 감싸고 있다.[631] 예수를 따른 제자들은 예수를 따르지 못한 앞의 두 인물(서기관과 제자 중 한 명)과 대조된다.[632]

---

626 위의 장면은 예수께서 향유를 부은 여자의 행위를 칭찬하신 부분과 연결된다. 당시에 매장이 어떤 경건 행위보다 더 가치 있는 일이었기 때문에, 여자가 예수의 장례를 준비한 것은 제자들이 말한 가난한 자를 돕는 행위보다 더 높았다(26:6-13).

627 G. Bornkamm, "The Stilling of the Storm in Matthew," in Tradition and Interpretation in *Matthew*, 54.

628 Luz, "The Miracle Stories of Matthew 8-9," 230.

629 Bornkamm, "The Stilling of the Storm in Matthew," 54-55.

630 제자도가 핵심이라고 해서 다른 주제를 약화시킬 필요는 없다: 예, 예수의 권위(9:6, 8); 권위와 긍휼의 연결(8:28-34; 9:1-8, 9-10, 13-14).

631 8:23에서 예수께서 배에 오르신 장면은 18절에서 제자들에게 건너편으로 갈 것을 명령하신 내용과 연결되고 제자 공동체는 예수와 함께 배를 타는 것으로 상징화된다. Davies and Allison, *Matthew 8-18*, 70; G. Bornkamm, "The Stilling of the Storm in Matthew," in G. Bornkamm, G. Barth and H.J. Held, *Tradition and Interpretation in Matthew* (Philadelphia: Westminster, 1963), 52-57(54-55).

632 예수는 8:23-9:8의 세 가지 기적을 통해 제자들이 따르고 있는 선생의 정체를 깨닫도록 의도하신다. 예수를 따른 제자들은 예수의 정체에 대해 그가 누구이기에 바람과 바다를 순종시키는지 묻는다(8:27). 귀신들을 꾸짖으신 것처럼 바다의 광풍을 꾸짖으신 예수는 실제로 다음 장면에서 귀신들을 꾸짖어 바다 아래에 가두신다(8:23-34). 광풍을 잠잠하게 하신 사건은 8-9장에서 유일하게 자연에 대해 기적을 행하신 것이며 기적을 목격한 사람들 중 제자들 외에 외부인은 없다. 예수는 오직 하나님만 하실 수 있는 일을 행하심으로써 제자들에게 자신이 어떤 신

8:22 "나를 따르라"(ἀκολούθει μοι)

8:23-27 바람과 바다의 세력을 제압: 그는 누구신가?(8:27)

8:28-34 귀신들의 세력을 제압

9:1-8 죄를 제압: 죄용서의 권세를 받은 사람들(9:8)

9:9 "나를 따르라"(ἀκολούθει μοι)

3.2.2.1. 예수와 죄인들의 식사(9:9-13)

9:9-13은 예수께서 죄인인 마태를 부르시고 그의 친구들과 함께 식사를 나눈 사건이다(=막 2:23-17; 눅 5:27-32). 예수를 따르는 삶이 높은 수준의 희생을 요구하는 것이지만(8:18-22) 근본적으로 제자의 삶은 긍휼을 얻은 것이며 긍휼을 베푸는 삶이다. 제자들에게 요구되는 더 나은 의(5:20)는 예수처럼 희생하는 것인 동시에 예수처럼 자비를 베푸는 행위다(호 6:6).[633]

분으로서 기적을 행하시는지 보여 주신다. 또한 이방 지역에서 축귀 사역은 제자들이 선교해야 할 범위를 알려 준다. 다음 장면에서 제자들은 "인자"라는 예수의 자기 칭호가 어떤 의미인지 배우며 인자께서 행하신 죄 용서의 권세를 부여 받는다(9:8). 이와 같이 본 단락에서는 예수의 신적 권위 내지 하나님으로서 행하시는 능력을 통해 제자들에게 자신의 신분을 알리신다. 왜냐하면 제자도에서 무엇보다 중요한 요건은 자신들이 따르는 대상에 대한 분명한 인식이기 때문이다.

633 마태는 제사법을 주신 하나님의 동기가 긍휼에 있음을 가르치기 위해 '헤세드'(חֶסֶד)를 '긍휼'(ἔλεος)로 번역한 70인역 호 6:6을 인용한다. 헤세드에는 하나님을 향한 충성과 인간 상호 간의 긍휼을 내포하고 있으나, 헬라어 '엘레오스'는 후자에 좀 더 강조점을 두기 때문에, 마태의 70인역 인용은 긍휼의 마음으로 세리들과 죄인들을 대하는 쪽에 무게가 실린다. '헤세드'는 일반적으로 강한 쪽에서 약한 (필요한) 쪽을 위해서 베푸는 사랑의 개념으로 사용되지만, 호세아서에는 하나님이 이스라엘을 위해서가 아니라 이스라엘이 하나님을 위해 행해야 하는 지속적 사랑이다(호 2:19; 4:1; 6:4, 6; 10:12; 12:7). 하나님께 보여야 하는 인간의 '헤세드'는 호세아 초반부에 서술된 이스라엘을 향한 하나님의 긍휼과 연결된다. 도움이 절실한 사람을 향한 하나님의 '헤세드'가 하나님과 인간의 관계를 가능하게 하고 헤세드에 기초한 인간의 돌봄은 도움이 필요한 타인과의 관계를 가능하게 만든다. 인간의 사랑, 친절, 긍휼은 궁극적으로 하나님이 베푸시는 사랑, 친절, 긍휼에 기초한다. 바리새인들은 제사에 몰입했으나 하나님의 긍휼에 의존하지 않았으며 세리와 같은 사람들을 향한 긍휼을 베푸는 데서도 실패했다. K. D. Sakenfeld, "Love," *ABD* 4:375-381(356).

3.2.2.2. 새 포도주와 새 부대(9:14-17)

9:14-17은 두 번째 막간(9:9-17)의 두 번째 부분으로서 세 번째 기적 묶음(9:18-34)의 의미를 예고하는 역할을 한다.[634] 9-15절에서 결혼은 전형적인 종말론적 구원을 상징하는 그림이다. 예수는 하늘나라의 기쁨을 하나님의 아들인 자신의 혼인 잔치임을 암시하신다. 예수의 구원 사역은 지금 잔치로 표현된다. 예수의 권위를 인정하는 자들은 하나님이 지금 베푸시는 잔치에 참여하게 된다. 그러나 신랑이 빼앗길 날이 이르면,[635] 슬픔으로 금식하게 된다. 이는 이사야 53:8의 이미지와 연결되는 것으로 예수의 수난과 죽음을 암시한다. 그렇다면 마태는 8:17에 이어 여기서도 예수께서 가져 오신 잔치와 같은 하늘나라는 메시아의 고난을 통해 베풀어지는 것임을 암시한다. 세례 요한 때까지는 하나님의 통치를 위한 기다림과 준비, 곧 금식의 시기였다.[636] 그러나 이제 예수께서 오심으로서 준비(금식)의 시대가 끝나고 기쁨의 시대가 왔다.[637] 예수께서 세리들과 죄인들과 함께 식사를 하시는 장면은 새로운 시대, 하늘나라의 도래를 보여주는 장면이다. 죄인들이 하나님의 은혜로 용서를 경험하고 하나님의 잔치에 초대를 받는 것은 하늘나라의 통치가 이 세상에 실현되고 있다는 증거다. 16-17절의 두 비유는 새로운 것과 헌 것이 서로 맞지 않는다는 사실을 드러내는 것에 머물지 않고 헌 옷이 해어지는 것(16절)과 헌 부대가 터지는 것(17절), 즉 손실과 파괴를 경고한다.[638] 예수의 행위에 대해 적대적으로 반응하거나 관심을 두지 않는 옛 시대의 사람들은 하늘나라의 새로운 것을 얻지 못하고 무너지는 것을 경험할 것이다.

---

634 Davies and Allison, *Matthew 8-18*, 116-117.

635 잔치에서 손님이 나가는 것이 아니라 신랑이 제거된다. 신랑이 고난을 받아서 땅에서 사라지는 것은 잔치의 의미가 퇴색된다는 뜻이 아니다. 잔치를 즐기는 자들을 위해 신랑이 희생을 당하는 것이므로 예수를 따르는 자들은 예수의 희생을 생각하면서 슬퍼하게 될 것이다.

636 Evans, *Matthew*, 205.

637 Evans, *Matthew*, 205.

638 손실의 위험에 비유의 초점이 맞춰져 있다. Alistair Kee, "The Old Coat and the New Wine," *NovT* 12 (1970): 13-21(19-20).

9:14-15의 잔치와 금식에 대한 내용이 준비(금식)의 시대가 끝나고 하늘나라의 통치가 임한 복음의 시대가 실현되고 있다는 사실을 비유로서 알려주는 것이라면, 이 주제와 연결된 9:18-34은 새로운 시대의 기쁨을 경험하는 사람들의 이야기다. 새 옷감과 새 포도주가 낡은 옷과 낡은 부대에 적합하지 않는 것(9:16-17)은 예수의 메시아적 행위에 대한 사람들의 비웃음(9:24)과 적대적인 반응(9:34)으로 나타난다.[639] 예수께서 가져 오신 하늘나라의 복음에 반응하는 자들은 9:18-34에 묘사된 사람들의 회복과 환희로 표현되는 반면, 비웃음과 적대적인 반응을 보인 사람들은 복음을 맛보지 못한 채 심판으로 귀결될 것이다.

4. 세 번째 기적 이야기들의 주제(9:18-34)

8-9장의 구조를 주제별로 분석하는 학자들은 9:18-34의 주제를 주로 '믿음'이라고 주장해 왔다. 예를 들어, 위에서 살펴 본 것과 같이 헬트와 톰슨은 9:18-31의 주제를 믿음으로, 부르거와 킹스베리는 9:18-34의 주제를 믿음으로 규정했다. 그러나 믿음은 8-9장 전체에서 강조하는 주제이며(8:10, 26; 9:2; 참조. 15:28; 17:20; 21:21; 23:23), 9:18-34에 국한된 특징으로 볼 수 없다. 우리는 9:18-34은 메시아의 사역을 통해 온 하늘나라의 혜택을 경험하는 사람들에 대한 그림이라는 사실을 먼저 치유하는 메시아의 정체에 대한 분석을 통해 입증할 것이다. 이어서 이 단락이 하늘나라의 복음을 묘사하고 있다는 것을 다른 본문들과의 비교를 통해 살펴보고자 한다.

639 Kee, "The Old Coat and the New Wine," 20.

4.1. 다윗의 아들을 통한 하늘나라 복음의 실현

두 맹인이 부른 다윗의 아들(9:27)은 약속된 메시아에 대한 칭호이므로, 그가 어떤 메시아로서 하늘나라의 회복을 시작했는지는 중요하다. 마태는 다른 공관복음서보다 다윗의 아들 칭호를 더 자주 사용한다(1:1; 9:27; 12:23; 15:22; 20:30, 31; 21:9, 15; 22:42-43; 참조. 22:45). 특히 이 칭호가 땅에서 행한 예수의 치유와 관련된 점은 의미가 있다.[640] 우리는 먼저 다윗의 아들의 기원에 대한 논쟁을 통해 치유를 행하신 예수의 정체와 치유 행위의 의미를 정리할 것이다. 이어서 이 칭호가 마태복음 전체 문맥에서 사용된 것을 간단히 검토함으로써 9:18-34에 나타난 예수의 치유 행위를 하늘나라의 도래라는 관점에서 평가할 것이다.

4.1.1. 다윗의 아들의 기원에 대한 논쟁

4.1.1.1. 종말론적 목자

첫 번째 견해는 다윗의 아들 칭호를 다윗 계통의 종말론적 목자와 치유를 연결한다(겔 34, 37; 참조. 미 2-5, 슥 9-14).[641] 에스겔 34장은 악한 지도자들(=목자

640 "다윗의 아들"은 메시아를 부르는 유대인들의 방식이다(참조. 솔로몬의 시편 17). 마태복음에만 있는 내용(1:1; 9:27; 21:9, 15), 마가복음의 병행 본문(20:30, 31; 22:42-43)에도 나오지만 마태복음에 추가된 것으로(12:23; 15:22; 21:9, 15) 구분하면, '다윗의 아들'은 마태복음에 강조된다고 할 수 있다. 이 칭호는 예수 자신뿐만 아니라 제자들도 사용하지 않은 것이다. 마태는 마가가 다윗의 아들을 3(4)회 사용하는 문맥에서 동일한 칭호를 유지하며, 그 외에 6회를 추가하는데 이 중 4회는 예수의 치유 사역에 등장한다(9:27[두 맹인의 치유], 12:23[귀신들려 보지 못하고 말하지 못하는 자의 치유], 15:22[수로보니게 여인의 딸 치유], 20:30-31[길가에서 치유를 간구한 두 맹인]). 따라서 다윗의 아들은 낮은 자들을 향한 긍휼과 동정심을 묘사할 때 사용되는 칭호다. 이 칭호의 의미에 대해서는 다음의 글을 보라. Charles E. Carlston and Craig A. Evans, *From Synagogue to Ecclesia: Matthew's Community at the Crossroads* (Tübingen: Mohr Siebeck, 2012), 22-24; G. Stanton, "Messianism and Christology: Mark, Matthew, Luke and Acts," in *Redemption and Resistance: The Messianic Hopes of Jesus and Christians in Antiquity* (ed. M. Bockmuehl and J. C. Paget; London: T&T Clark, 2007), 78-96; 같은 내용이 M. Bockmuehl and D. Lincicum, eds., *Studies in Matthew and Early Christianity* (WUNT 309; Mohr Siebeck, 2013), 237-260에 수록됨.

641 Y. S. Chae, *Jesus as the Eschatological Davidic Shepherd Studies in the Old Testament,*

들)에 대한 비판으로 시작한다. 왕을 비롯한 이스라엘의 지도자들은 그들에게 부여된 책임을 수행하지 않았다. 그들의 임무 중 하나는 치료였다(34:4). 고대 근동에서 목자는 왕을 가리키는 메타포였으므로, 이스라엘은 '목자-왕'인 다윗의 아들을 기다렸다(겔 34:23-24). 목자-왕인 다윗의 아들은 메시아적 인물로서 '목자', '종', '다윗', '왕'이 에스겔 34장에 등장한다.[642] 제2성전기 유대 문헌 중에서 4Q521(메시아의 묵시록)에는 목자가 와서 아픈 자들을 치유할 것이라는 내용이 나온다. "그는 포로들을 해방시킬 것이며, 맹인들을 볼 수 있게 만들 것이며, 짓밟힌 자들을 일으킬 것이다. 그가 오면 아픈 자들을 치유하고, 죽은 자들을 살리고, 가난한 자들에게 기쁜 소식을 선언할 것이다…거룩한 자들을 인도하고 그들을 목양할 것이다"(4Q521 2 ii 8, 11-13). 이 본문은 이사야 26:19, 42:7, 61:1에 기인하고, 아픈 자들의 치유와 목양의 연결은 에스겔 34장을 반영한다.[643] 에스겔 34장과 마태복음의 치유 장면에 나오는 다윗의 아들을 연결해 보면, 마태복음 9:36은 에스겔 34:5의 암시라고 볼 수 있

Second Temple Judaism, and in the Gospel of Matthew (WUNT II/216; Tübingen: Mohr Siebeck, 2006). 치유하는 목자의 이미지에 대해서는 340-369을 보라. 채영삼은 구약과 제2성전기에 나타난 다윗-목자 전승의 방식에 따라서 예수를 종말론적 다윗 계통의 목자와 종말론적 교사-왕의 그림으로 이해한다. 이를 위해 그는 특히 겔 34, 37, 미 2-5, 슥 9-14을 분석한다. 그의 논지를 위해서는 다음의 글을 보라. 채영삼, "마태복음 2:6의 구약 인용과 마태의 목자-기독론", 『신약연구』 제8권(2009), 5-37; "예수의 권세와 열방, 가르침과 임재: 마태복음 28:16-20의 배경 전승과 종말의 다윗 목자-교사", 『신약연구』 제33권(2014), 32-74. 에스겔 34장의 다윗 계통의 목자와 치유하는 다윗의 아들을 연결하는 학자들은 다음과 같다: John Paul Heil, "Ezekiel 34 and the Narrative Strategy of the Shepherd and Sheep Metaphor in Matthew," *CBQ* 55-4 (1993), 698-708; W. Baxter, "Healing and the 'Son of David': Matthew's Warrant," *NovT* 48 (2006), 36-50.

642 "내가 친히 내 양의 목자가 되어"(15절); "내가 한 목자를 그들 위에 세워 먹이게 하리니 그는 내 종 다윗이라 그가 그들을 먹이고 그들의 목자가 될지라"(23절); "내 종 다윗은 그들 중에 왕이 되리라"(24절).

643 Baxter, "Healing and the 'Son of David'," 46. 백스터는 솔로몬 전승을 몇 가지 이유로 반대한다(47-50). 만일 귀신을 쫓아내고 병을 치유하는 사람을 솔로몬으로 생각했다면, 예수의 치유 행위에 대해서 솔로몬을 지칭하는 표현이 나와야 하지만 유대인들과 헤롯은 예수를 선지자 중 한 명으로 이해한다(참조. 마 16:13-14; 14:1-2). 다윗은 선지자로 생각됐으나 솔로몬은 그렇게 불린 적이 없다. 예수는 솔로몬과 자신을 비교할 때 기적을 행하는 능력자가 아니라 지혜를 소재로 삼으신다(12:42). 시편 110편에서 '다윗의 아들'과 '주'의 관계는 예수와 하나님 간의 유일한 관계를 보여주며, 솔로몬에게 그와 같은 관계가 적용된 적이 없다.

다(참조. 민 27:17).[644] 9:35과 9:36이 연결되는 점에서,[645] 8-9장에서 치유를 행하신 예수의 메시아적 행위와 목자 없는 양과 같은 사람들을 회복하시는 사역이 자연스럽게 결합된다. 한편, 이사야 53:4a를 인용한 마태복음 8:17의 예와 같이 학자들은 '종'와 '목자'가 서로 배타적이지 않다고 주장하고 있다. 예를 들어, '목자', '종', '다윗의 아들'이 모두 에스겔 34:23에 등장하므로(노바코비치의 견해) 이 개념들은 서로 배타적이지 않다.[646] 그럼에도 백스터는 예수의 치유 행위와 다윗의 아들이 연결된 것을 명확히 설명해 줄 수 있는 하나의 본문을 선택하라면 에스겔 34장이 가장 선명하다고 주장한다.[647]

4.1.1.2. 치유자 솔로몬

치유하는 다윗의 아들을 '솔로몬-치유자'에서 찾는 학자들은 다윗의 아들인 솔로몬이 아버지와 같은 치유자(구체적으로는 귀신을 축출하는 자)로 묘사된 부분에 관심을 둔다. 다윗의 아들이 메시아로서 치유를 행할 것이라는 전승은 구약과 제2성전기 유대교 모두에 없다. 반면, 구약에서 다윗의 아들은 솔로몬을 가리켰고(삼하 13:1의 압살롬은 예외),[648] 솔로몬은 유대 전통에서 치유자, 축귀자 등으로 알려지게 된다(솔로몬의 시편 17:21; 요세푸스, 〈고대사〉 8:45-49; L.A.B 60.3; b. Git. 68a-b).[649] 특히 메시아적 역할을 하는 솔로몬(다윗의 아들)은 솔로몬

644 Baxter, "Healing and the 'Son of David'," 44-45. 추가적으로, 다윗의 아들이 산 위에서 양 떼를 먹이듯이 예수는 산 위에서 오천 명을 먹이신다(겔 34:13-15; 마 15:29-38).

645 마 9:36은 겔 34:5과 유사하다: "목자가 없으므로 그것들이 흩어지고 흩어져서 모든 들짐승의 밥이 됐도다"(겔 34:5).

646 Baxter, "Healing and the 'Son of David'," 49.

647 Baxter, "Healing and the 'Son of David'," 50.

648 Davies and Allison, *Matthew 1-7*, 157.

649 Dennis C. Duling, "Solomon, Exorcism, and the Son of David," *HTR* 68 (1975): 235-52(242); idem, "The Therapeutic Son of David: An Element in Matthew's Christological Apologetic," *NTS* 24 (1978), 392-410; J. M. Gibbs, "Purpose and Pattern in Matthew's Use of the Title 'Son of David'," *NTS* 10 (1964): 446-464; B.D. Chilton, "Jesus Ben David: Reflections on the *Davidsohnfrage*," *JSNT* 14 (1982), 88-112(97); K. Berger, "Die koniglichen Messiastraditionen des Neuen Testaments," NTS 20 (1973) 1-44;

시편(BC 1세기 중엽)과 연결된다(17:4, 21-32; 18:6, 8). 메시아의 주요 역할은 하나님에게서 배워서 이방인들과 이스라엘을 의와 거룩함으로 가르치는 일이다(17:24-26).[650] 특히 17:32에서 다윗 계통의 왕에 대한 기대는 "주 메시아"("그들의 왕이 주 메시아…")라는 칭호로 나타난다.[651] 다윗이 기적을 행하는 왕으로 사울의 악령을 음악을 연주해서 쫓아낸 것처럼(삼상 16:14-23; 위-필로 60; 요세푸스, 〈고대사〉 6:166-168), 솔로몬에 관한 전승은 귀신을 축출하고 기적을 행할 것이라는 기대로 확장된다(지혜서 7:15-22; 요세푸스, 〈고대사〉 8:2, 5, 45-49; 솔로몬의 유언 5:10; 9:5-6; 13:3-4; 16:1-3; 18:11; 11QPsApa).[652] 〈솔로몬의 유언〉에서 귀신들은 어린이들을 죽이고(솔로몬의 유언 9:5-6; 13:3; 참조. 마 9:18-19, 23-26) 상처를 곪게 만들며(솔로몬의 유언 9:6), 눈을 멀게 하고(솔로몬의 유언 13:4; 18:7; 참조. 마 9:27-31), 마비시키는(솔로몬의 유언 18:11; 참조. 마 9:2-8) 원인이다.[653] 솔로몬은 하나님에게서 권세(엑수시아)를 받아 귀신들을 결박해서 하나님께 영광을 돌린다(솔로몬의 유언 1:14; 5:1, 6; 13:7).[654] 요세푸스는 하나님이 솔로몬에게 귀신들을 축출하는 능력을 배우게 하셨다고 기록한다(〈고대사〉 8:45; 참조. 지혜서 7:20-21).[655] 만일 유대 문헌의 솔로몬과 마태복음의 다윗의 아들 사이에 어떤 연결점이 있다면, 두

R.V. Egmond, "The Messianic 'Son of David' in Matthew," *JGRChJ* 3 (2006), 41-71(55); Harrington, *Matthew*, 291; Carter, *Matthew and the Margins*, 227; Davies and Allison, *Matthew 1-7*, 157; idem, *Matthew 8-18*, 135-136.

650 Egmond, "The Messianic 'Son of David in Matthew," 47.

651 솔로몬 시편의 저자는 하나님의 권능이 다윗의 아들을 통해 군사적 행위로 나타나 불의의 세력이 제거될 것이며, 다윗의 아들은 백성에게 하나님의 뜻을 가르칠 것이라고 기대한다(참조. 시 2; 삼하 7; 사 11). Kenneth Atkinson, *An Intertextual Study of the Psalms of Solomon* (Lewiston, NY: Edwin Mellen Press, 2001), 377.

652 Carter, *Matthew and the Margins*, 227; K. Berger, "Die koniglichen Messiastraditionen des Neuen Testaments," *NTS* 20 (1973) 1-44(6-8); Duling, "Solomon, Exorcism, and the Son of David," 242.

653 Carter, *Matthew and the Margins*, 228.

654 C.A. Evans, "Inaugurating the Kingdom of God and Defeating the Kingdom of Satan," *BBR* 15.1 (2005), 49-75(74).

655 엘레아자르는 베스파시아누스 앞에서 귀신들린 사람들을 치유할 때, 솔로몬을 언급하면서 주문을 외웠다(〈고대사〉 8:46-47). 이 사건으로 모든 사람들이 솔로몬의 능력을 알았으며, 하나님이 솔로몬을 사랑하시고 부여하신 능력의 광대함을 모르는 사람이 없었다(〈고대사〉 8:49).

맹인이 예수께 치유를 간구하면서 다윗의 아들이라고 부른 것을 이런 배경에서 이해할 수 있다.[656] "솔로몬 왕이여, 다윗의 아들이여, 나를 불쌍히 여기소서"(솔로몬의 유언 20:1); "주여 불쌍히 여기소서"(요세푸스, 〈고대사〉 9:64).[657] 다윗의 아들인 예수는 사회에서 어둠에 앉은 자들, 곧 긍휼을 필요로 하는 자들을 치유하신다.

4.1.1.3. 종–목자

세 번째 견해는 첫 번째 견해와 연결되는 것으로 '종'과 '목자'의 그림을 다윗의 아들과 연결한다. 노바코비치는 유대교의 메시아사상과 치유의 관계를 관찰하면서 신약 이전에 치유하는 메시아 개념이 없었다고 본다.[658] 치유하는 다윗의 아들은 이사야 본문을 미드라쉬적으로 적용한 개념이며, 메시아는 여호와의 종으로 묘사되며(시 89:39; 겔 34:23; 사 52:13), 마태는 여호와의 종인 메시아를 치유 장면과 연결한다(마 8:17[사 53:4]; 11:2-6; 12:15-21[사 42:1-4]).

> 오게 될 다윗 계통의 왕에게 적용된 목자의 메타포와 이사야 53:4a에 대한 마태의 메시아적인 이해 배후에 있는 종의 개념이 결합되는 근거는 에스겔 34:23에서 발견될 수 있다. 이 구절은 세 가지 용어를 함께 연결하고 있다.[659]

목자는 여호와의 종으로서 치유를 행한다. 맹인이나 이방인이 예수를 다윗의 아들로 외쳤을 때는 다윗의 아들인 솔로몬의 치유에 대한 전승을 알고

---

656 Duling, "Solomon, Exorcism, and the Son of David," 251.

657 Davies and Allison, *Matthew 19-28*, 107, 135.

658 Lidija Novakovic, *Messiah, the Healer of the Sick: A Study of Jesus as the Son of David in the Gospel of Matthew* (WUNT II/170; Tübingen: Mohr Siebeck, 2003); idem, "Matthew's Atomistic Use of Scripture: Messianic Interpretation of Isaiah 53.4 in Matthew 8.17," in *Biblical Interpretation in Early Christian Gospels 2: The Gospel of Matthew* (ed. Thomas R. Hatina; London: T&T Clark International, 2008), 147-162.

659 Novakovic, *Messiah, the Healer of the Sick*, 131-132.

있었을 것이다. 마태는 이들이 다윗의 아들이라고 외치는 것을 '목자'-'여호와의 종'으로서의 치유 행위로 해석한다. 솔로몬 시편 17:38-40에서 솔로몬은 약한 자들을 강하게 만드는(38절) 목자로 표현된다. "신실하고 의롭게 주의 양무리를 목양하며, 그들 중 누구도 그들의 초장에서 넘어지지 않도록 할 것이다"(솔로몬의 시편 17:40).[660] 17:38-40에서 다윗의 아들에게 기대된 모습은 (이사야 53장에서 사람들의 질고를 지는 종의 이미지보다는) 치유자의 이미지에 더 가깝기에 솔로몬, 즉 다윗의 아들을 긍휼의[661] 목자와 치료자로 묘사하는 것은 에스겔 34:23-24에 더 가깝다.[662] 에스겔 34장의 다윗은 상처 입은 양떼를 돌보는 목자다(34:4). 그런데 이 본문에서 에스겔은 다윗을 "나의 종 다윗"으로 묘사하기 때문에 다윗 계통의 메시아는 이사야 53장의 종과도 관련이 있다.[663] '종', '다윗의 아들', '목자'의 용어를 함께 고려하면, 마태는 에스겔 34장, 이사야 53:4a, 솔로몬의 시편에 있는 다윗 계통의 메시아를 기초로 예수를 치유하는 목자의 역할을 수행하는 다윗 계통의 메시아로 묘사한다(마 9:36; 15:24; 미 5:1; 삼하 5:2).[664]

4.1.1.4. 요약: 치유하는 '다윗의 아들', '목자', '여호와의 종'

목자와 종의 이미지를 배타적으로 보지 않고 '다윗', '종', '목자'를 함께 연결해서 다윗의 아들과 치유 행위의 관계를 결합하는 것이 중요하다(예, 겔 34; 사 53). 치유하는 목자의 모습은 종말론적 다윗 계통의 메시아에게 기대된 사역이다. 그는 목자와 종으로서 메시아에게 기대된 치유를 실행한다. 여기서 우리가 고려해야 할 점은 다음과 같다. 첫째, 노바코비치가 에스겔 34장의

660 R. B. Wright, "Psalms of Solomon," in *OTP* 2:639-370.

661 "…그는 자신 앞에 비참하게 서 있는 열방을 긍휼히 여길 것이다. 그는 자신의 입에서 나오는 말씀으로 땅을 영원히 칠 것이다. 그는 지혜와 행복으로 주의 백성에게 복을 베풀 것이다…"(솔로몬의 시편 17:34-35).

662 Novakovic, "Matthew's Atomistic Use of Scripture," 160.

663 Novakovic, "Matthew's Atomistic Use of Scripture," 161.

664 Novakovic, "Matthew's Atomistic Use of Scripture," 161.

관점에서 '다윗 계통의 왕'-'종'-'다윗 계통의 메시아'를 연결함으로써 치유 사역은 단지 긍휼의 행위일 뿐만 아니라 메시아적 행위라고 주장한 것은 타당하다. 그러나 솔로몬 전승을 배제할 필요는 없다. 첫 번째와 세 번째 견해를 지지하는 학자들은 치유자 솔로몬의 전승 없이도 에스겔 34장의 회복하는 목자의 그림으로 다윗의 아들을 이해할 수 있다고 주장한다. 그러나 정반대의 접근도 가능하다. 다윗의 아들인 치유자 솔로몬의 전승만으로도 다윗의 아들의 치유 사역을 이해할 수 있으며, 맹인의 치유가 하나의 예다. 예수를 다윗의 아들로 부르는 사람들이 치유자 솔로몬 전승에 의존했을 가능성이 높다. "다윗의 아들"을 부르며 치유를 받은 사건은 목자-종의 관점에서 이해됐을 것이다. 둘째, 노바코비치는 마태가 이사야 53장의 문맥을 따르지 않고 이사야 53:4a만을 인용함으로 메시아의 구속사적인 고난을 배제했다고 주장하지만 우리는 이사야 53장의 문맥과 "다윗의 아들"이 사용된 마태복음 전체 문맥을 동시에 고려해야 한다. 예컨대, 마태복음 26:31에는 고난받는 목자의 그림이 사용된다(=슥 13:7=사 53:4b; 참조. 마 18:12-13). 12:18-21에서 예수께서 여호와의 종으로서 순종을 통해 하나님의 뜻을 이루실 것이라는 예고는 세례 장면에서 언급된 것이다(3:17; 사 42:1). 위협을 무릅쓰고 한 생명을 회복시키는 종과 구덩이에 빠진 양을 살리는 목자의 그림은 자연스럽게 연결된다.[665]

4.1.2. 하늘나라의 회복을 실행하는 다윗의 아들

이제 우리는 다윗의 아들 칭호가 마태복음의 내러티브에서 어떤 위치에 있는지 간단히 검토함으로써 세 번째 기적 이야기들의 묶음이 메시아를 통한 하늘나라 회복과 관련이 있음을 주장하려고 한다. 말하자면, 다윗의 아들이 '종'으로서 치유하는 행위를 마태복음의 내러티브에서 분석해야 하고, 다윗의 아들과 치유의 관계도 마태복음 전체 문맥에서 접근해야 한다. 마태는 예

665 Peter Stuhlmacher, "Isaiah 53 in the Gospels and Acts," 157. 마태는 예수의 고난을 여호와의 종으로 겪는 고난으로 이해한다(참조. 16:21-23; 17:22-23; 20:17-19, 28; 26:26-28, 45, 54; 27:14[사 53:7]; 27:19[사 53:11]).

수의 탄생 내러티브(1-2장), 복음서의 본론(8-20장), 마지막 부분(21-28장)에서, 다윗의 아들 칭호를 각각 이스라엘의 참 메시아(1:1-25), 눈멀고 아픈 백성을 치유하는 긍휼과 은혜의 '종'-'왕', 교회를 돕고 함께하는 세상의 주(22:41-46)로 묘사한다.[666] 특히 마태는 예수의 공적 사역을 묘사할 때마다 끝 부분에 예수를 다윗의 아들로 묘사하는데(9:27; 20:30-31; 21:9, 15), 이는 이스라엘의 메시아는 백성 중 아픈 자들을 치료하는 종-메시아(8:1-9:31; 8:17), 성전에서 다리와 눈의 장애를 가진 자들을 치료하는 은혜로운 왕(21:1-15)임을 강조한다.[667] 루츠에 따르면, 마태가 8-20장에서 치유하는 메시아를 다윗의 아들로 칭한 것은 아프고 영적으로 눈이 먼 상태에 있는 이스라엘 백성을 구원하는 메시아적 행위를 강조하기 위함이다.[668] 다윗의 아들에 대한 반응과 관련해서, 다윗의 아들을 인정한 내용을 담고 있는 네 본문(2:3; 9:27-28; 12:23; 21:9, 15)에서 유대 지도자들은 적대적인 반응을 보이지만[669] 비유대인들(2:1-12[다윗의 고향인 베들레헴에서 태어난 유대인의 왕]; 15:21-28), 맹인들(9:27-31; 20:29-34), 어린이들(21:15)은 예수를 다윗의 아들로 고백한다.[670] 예수는 다윗의 아들로서(마 1:1; 삼하 7:12-13) 치유의 기적을 행하며(9:27-31, 32-34; 12:22-24) 궁핍하고 억울한 자들을 구원하는 일(시 72:1-4, 12-14)을 통해 하늘나라의 복음을 가지고 오셨다.[671] 인자로서 자신의 목숨을 많은 사람을 대신하는 몸값으로 드린다(20:28; 26:28).[672] 이와 같이 마태는 예상하지 않은 방식으로 약속을 성취하신 하나님의 신실하심을 강조하기 위해 '다윗의 아들' 칭호를 사용한다.[673] 그래서 마태는 예수

666 Luz, *Matthew*, 2:48.

667 Luz, *Matthew*, 2:48.

668 Luz, *Matthew*, 2:48.

669 Stanton, "Messianism and Christology," 86.

670 Carlston and Evans, *From Synagogue to Ecclesia*, 22.

671 Carter, *Matthew and the Margins*, 228.

672 Carlston and Evans, *From Synagogue to Ecclesia*, 22.

673 Carlston and Evans, *From Synagogue to Ecclesia*, 22-23. 계보의 '다윗의 아들'는 구원사적인 의미를 가진다.

의 지상 사역 기간에 해당하는 9:18-34의 중간 위치에서 '다윗의 아들' 칭호를 맹인의 치유에 사용함으로써 기대된 메시아, 치유하는 다윗의 아들을 통해 하늘나라의 회복이 경험되고 있다는 사실을 강조한다.

4.2. 9:18-34과 다른 본문과의 관계

9:18-34을 마태복음의 다른 본문과 비교하는 작업은 이 단락이 하늘나라가 도래했고 그 나라의 복음을 경험하는 것을 주제로 다룬다는 논지를 뒷받침한다. 필자는 먼저 9:18-34이 8-9장의 치유 내러티브에서 어떤 위치에 있는지를 파악한 다음, 유사한 내용을 담고 있는 11:5, 12:15-32과 비교할 것이다.

4.2.1. 9:18-34과 8:1-9:17(또는 8-9장)의 관계

9:18-34은 5-7장('가르침')과 함께 하늘나라 복음을 표현하는 8-9장('기적의 행위')에 나타난 기적 이야기들의 절정이며[674] 하늘나라의 복음을 요약한다. 루츠에 따르면 9:18-34은 언어와 내용에 있어서 앞의 기적 이야기들 전체와 연결된다.[675] 믿음에 대한 강조(9:22, 28-29)는 8:10, 13에 언급된 것이다.[676] 톰슨의 관찰에 따르면,[677] 혈루증을 앓는 여자가 예수의 옷에 손을 대기만 해도 구원을 얻게 될 것이라는 믿음으로 나와서 "즉시" 구원을 받은 것(9:21-22)은 나병환자가 주의 능력을 믿고 나와서 "즉시" 깨끗하게(구원을 받게) 된 모습과 비슷하다(8:2-3). 백부장(8:8, 13)과 지도자(9:18, 25)는 예수의 능력을 믿었으며, 예수는 그들의 간청에 응답해 주신다. 치유가 믿음의 결과라는 사실은 나병

---

674 W. R. G. Loader, "Son of David, Blindness and Duality in Matthew," *CBQ* 44 (1982): 570-585. 마태는 8-9장의 마지막 부분인 9:33에 놀라는 반응을 배치함으로써 본 단락을 8-9장 전체의 절정으로 묘사한다(Davies and Allison, Matthew 8-18, 138-139).

675 Luz, "The Miracle Stories of Matthew 8-9," 228.

676 Luz, "The Miracle Stories of Matthew 8-9," 228.

677 Thompson, "Reflections on the Composition of Mt 8.1-9.34," 383-384.

환자(8:2)와 백부장의 하인(8:13)의 치유에서 표현된다. 혈루증 앓던 여자(9:22)와 두 맹인(9:28-29)의 치유에서도 나타난다. 예수는 부정한 나병환자와 맹인들의 환부에 손을 대서 치료하신다(8:3; 9:29-30). 베드로의 장모와 죽은 소녀는 예수의 행동만으로 일어난다(8:15; 9:25). 맹인이 예수께 간청하는 장면(9:27)은 영적인 시력이 좋지 않은 제자들의 모습(8:18-27; 9:9)과 연결된다.[678] 9:28의 "주"는 8:2-25에 나오는 다섯 번의 "주"를 떠올린다.[679] 마태가 9:19에서 제자들을 의도적으로 언급한 것은 8:19-27과 9:8-14에서 제자도에 초점을 맞춘 점과 연결된다.[680] 이와 같이 9:18-34은 믿음이라는 주제에 국한하지 않고 8:1-9:17에 나타난 주제들, 요약하자면 하늘나라가 온 표시를 요약하고 반복하는 역할을 한다.

4.2.2. 9:18-34과 11:5의 관계

11:5에서 예수는 이사야서의 언어(사 26:19; 29:18-19, 35:5-6, 61:1-2)를 사용해 하늘나라가 도래한(11:12) 증거를 제시하신다. 맹인이 눈을 뜨고(사 29:18하; 35:5하), 못 걷는 사람이 걸으며(참조. 사 35:6), 못 듣는 자가 들으며(참조. 사 29:18상; 35:5하; 42:18상), 죽은 자가 살아나며(참조. 사 26:19), 가난한 자에게 복음이 전파된다(참조. 사 61:1; 29:10 70인역). 이와 같이, 11:5은 8-9장을 요약하는 내용으로서 하늘나라의 복음과 관련된다. 특히 11:5의 "맹인들이 보며…듣지 못하는 사람들이 들으며, 죽은 자들이 일어나며"는 9:18-34에 묘사된 기적들이다. 9:32의 '코포스'(κωφός)는 '말을 하지 못하는'의 뜻이지만, 듣지 못하기 때문에 말하지 못하는 사람을 가리키는 용어이므로(12:22; 15:30-31; 사 29:18; 35:5; 42:18-19; 43:8)[681] '못 듣고 말하지 못하는 사람'으로 번역할 수 있고 11:5의 "못

---

678 Luz, "The Miracle Stories of Matthew 8-9," 228.

679 Luz, "The Miracle Stories of Matthew 8-9," 228.

680 Luz, "The Miracle Stories of Matthew 8-9," 228.

681 듣지 못하고 말하지 못하는 사람의 치유는 하나님의 통치가 종말에 실현되는 증거로 알려져 있었다(사 35:5-6). "…못 듣는 사람의 귀가 열릴 것이며…말 못하는 자의 혀는 노래하리니"(35:5, 6).

듣는 자가 들으며"와 자연스럽게 연결된다.[682] 9:18-34을 한 묶음으로 읽으면, 이사야가 예언한 종말론적 회복(26:19; 35:5-6; 61:1-2)은 예수의 메시아적 활동인 죽은 자가 살아난 것(9:18-26), 맹인이 빛을 본 것(9:27-31), 못 듣는 사람과 말 못하는 사람이 듣게 된 것(9:32-34)으로 성취됐다. 9:18-26에서 죽은 소녀가 살아난 사건(9:23-26)은 죽은 자가 살아날 것이라는 이사야 26:19의 예언한 예언의 성취다. 마태복음 9:27-34은 이사야 35:5-6과 29:18의 성취다. 그래서 9:18-34은 자연스럽게 9:35의 "…천국 복음을 전파하시며 모든 병과 모든 약한 것을 고치시니라"로 연결된다.

4.2.3. 9:27과 8:17의 관계와 9:27-34과 12:15-32의 관계

여기서 9:27("다윗의 아들")과 8:17("여호와의 종"), 9:27-34과 12:15-32을 비교하는 목적은 9:18-34에 나타난 예수의 치유 행위가 약한 자들을 위한 고난받는 '종'의 종말론적 회복임을 주장하는 것이다. 마태는 8:1-16의 치유를 이사야 53:4a에 표현된 종의 사역으로 해석했다(8:17). '종'(8:17)이면서 '다윗의 아들'(9:27)이라는 신분은 9:18-34에 나타난 메시아적 행위의 근거가 된다. 마태는 종의 고난과 사람들의 죄를 언급하지 않은 본문을 사용하지만 우리를 대신해서 여호와의 종이 대신 고난을 겪는다는 이사야 53:4a의 구속사적 고난의 의미를 알고 있었다.[683] 병의 치유는 육체적인 병의 치유 그 이상의 의미를 내포하기 때문에 마태는 독자들이 병과 죄를 엄격하게 구분해서 8-9장을 읽도록 유도하지 않는다(예, 9:1-9). 예수의 메시아적 행위에는 고난받는 종으로서 자신의 고난과 죽음을 통해 치유하신다는 사실이 내포된다.[684] 마

682 BDAG, 580; Davies and Allison, *Matthew 8-18*, 139; Luz, *Matthew*, 2:50.

683 Otto Betz, "Jesus and Isaiah 53," in *Jesus and the Suffering Servant: Isaiah 53 and Christian Origins* (ed. W. H. Bellinger, Jr and W. R. Farmer; Eugene, Oregon: Wipf & Stock, 1998), 70-87.

684 Michael J. Wilkins, "Isaiah 53 in Biblical Theology," in *The Gospel According to Isaiah 53: Encountering the Suffering Servant in Jewish and Christian Theology* (ed. D. L. Bock and M. Glaster; Grand Rapids, Mich.: Kregel, 2012), 109-132 (122).

태가 이사야 53장을 어떻게 사용하는지를 파악하기 위해서는 8:17을 고립적으로 이해하는 것이 아니라 마태복음을 전체로 읽으면서 본문의 위치를 이해할 필요가 있다. 말하자면, 이 단계에서는 죄를 위한 종의 고난이 언급되지 않는 것은 내러티브의 흐름과 관련이 있다. 8:17은 종의 지상 사역에 대한 해설에 해당하며(참조. 11:4-6[사 53:4]; 12:15-21[사 42:1-4]),[685] 탄생 내러티브의 죄에서 해방시킬 것이라는 선언(1:21)에서 시작해서 대리적 죽음을 향해 가는(20:28; 26:27-28) 과정에 포함된 메시아적 사역이다. 모든 질병과 죽음은 궁극적으로 인간의 실존에 죄가 들어온 사실에 근거를 두며, 하늘나라를 시작하신 예수의 사역은 죽음과 고통의 순환을 제거하기 시작했다.[686] 따라서 메시아의 고난을 전제로 예수의 정체를 설명하는 마태는 8:17에서 이사야 53장의 문맥을 고려해 53:4a를 사용했다.

덧붙여서, 9:27-34은 12:15-32과 비슷하다. 마태는 예수께서 한 손 마른 자를 안식일에 치유하신 사건(12:10-13)에 대해 이사야 42:1-4을 인용함으로써(12:17-21) 예수께서 여호와의 종으로 치유를 행한 것으로 해석한다. 치유에 대한 해설 이후 사람들이 귀신들려 눈이 멀고 말을 못하는 사람을 예수께 데려오는데, '귀신 들림', '맹인', '다윗의 아들', '말을 못함'(12:22-32)은 9:27-33의 용어들과 병행 관계다. 예수의 치유에 대한 반응으로 무리는 "다윗의 자손이 아니냐"라고 외치는 반면(9:27), 바리새인들은 9:33에서의 적대적 반응과 마찬가지로 "이가 귀신의 왕 바알세불을 힘입지 않고는 귀신을 쫓아내지 못하느니라"(12:24)고 비난한다. 두 본문의 병행적인 방식은 9:27-34을 해석할 때 몇 가지 도움을 제공한다. 첫째, 예수의 치유는 종의 사역이다(마 8:1[사

685 예, 예수의 탄생 내러티브: "신적인 나사렛 사람"(마 1:18-23=사 7:14; 마 22:23=사 53:2); 예수의 세례: "의로운 아들"(마 3:15=사 53:11; 마 3:17=사 42:1); 예수의 지상 사역: "치유하는 종"(마 8:17=사 53:4; 12:15-24=사 42:1-4); 예수의 수난: 대속의 "몸값"(마 20:28=사 53:10-12; 마 26:24=사 53); 예수의 부활과 매장: "주"(마 27:57-60=사 53:9; 마 28:1-17=참조. 사 53:10). Michael J. Wilkins, "Isaiah 53 in Biblical Theology," in *The Gospel According to Isaiah 53*, 109-132.

686 Wilkins, "Isaiah 53 in Biblical Theology," 122.

53:4a]; 12:18-21[사 42:1-3]). 둘째, 바리새인들에 대한 예수의 반응은(12:2)은 이사야 42:1과 61:1(참조. 사 44:3; 59:21)과 직접적으로 연결되고 귀신을 쫓아내는 것이 하나님 나라의 도래임을 상징한다.[687] 셋째, 치유 행위는 양떼를 모으는 종의 종말론적 역할이다(마 12:30; 사 49:5, 25).[688] 이사야 53장의 종은 초기 유대교와 신약에서 여호와의 종에 대한 이사야 40-66장 전체의 맥락에서 이해돼야 한다. 이 점을 고려하면 마태복음 12장에 인용된 이사야 42:1-4에 대한 메시아적 이해와 이사야 53장에 대한 메시아적 이해(8:17)는 서로 연결된다.[689] 이처럼 종으로서의 사역은 메시아의 수난 예고와 수난뿐만 아니라 치유와 같은 예수의 이야기 전체를 포함한다.[690]

4.2.4. 요약

우리는 다른 본문과의 관계를 관찰함으로써 9:18-34은 하늘나라의 회복이 경험되는 것을 묘사하는 8-9장 전체를 요약하고 있다고 주장했다. 이어서 하늘나라의 복음을 가리키는 11:5은 9:18-34을 요약하고 있기 때문에 후자 역시 하늘나라의 복음에 대한 내용이라고 할 수 있다. 9:27과 8:17의 관계와 9:27-34과 12:15-32의 관계는 다윗의 아들인 예수는 '종-목자'로서 자신의 고난을 통해 하늘나라의 회복을 베풀고 있음을 보여준다. 따라서 9:18-34은 믿음을 주제로 다루기보다는 '다윗의 아들을 통한' 종말론적 회복, 곧 하늘나라의 복음이 지금 치유 사건들을 통해 실현되고 경험되고 있음을 보여준다.

---

687 Adrian M. Leske, "Isaiah and Matthew: The Prophetic Influence in the First Gospel," in *Jesus and the Suffering Servant:*, 152-169 (154); Otto Betz, "Jesus and Isaiah 53," 81.

688 Leske, "Isaiah and Matthew," 155.

689 Peter Stuhlmacher, "Isaiah 53 in the Gospels and Acts," in *The Suffering Servant*, 147-162 (158).

690 Stuhlmacher, "Isaiah 53 in the Gospels and Acts," 158. 수난뿐만 아니라 임마누엘이신 예수(1:21; 28:20)의 탄생과 부활 사이에서 일어난 사건들은 하나님이 백성을 구원하기 위해 임명하신 종을 통한 하늘나라 복음의 행위(4:23; 9:35)였고 사 41:1-4, 52:7, 52:13-53:12, 61:1-2의 관점에서 메시아적 성취를 입증하는 것이다.

5. 요약과 결론

우리는 마태복음 8-9장의 구조와 주제에 대해 학자들의 주장을 검토하고, 역사적 배경을 분석하고(예, '다윗의 아들'), 8-9장과 마태복음 전체 문맥과의 관계를 문학적으로 접근함으로써 다음과 같은 결론을 도출했다. 첫째, 기적 내러티브는 세 개의 묶음(기적 i: 8:1-15; 기적 ii: 8:23-9:8; 기적 iii: 9:18-34)과 두 개의 막간(i: 8:16-17/8:18-22; ii: 9:9-13/9:14-17)으로 구성된다. 각 막간에서 첫 번째 본문(8:16-17; 9:9-13)은 앞의 기적 묶음의 주제와, 두 번째 본문(8:18-22; 9:14-17)은 이어지는 기적 묶음의 주제와 관련이 있다. 이 논리에 따라서 8:1-17, 8:18-9:13, 9:14-34은 각각 한 가지 주제에 초점을 맞춘다고 볼 수 있다. 둘째, 본 논문은 대부분의 학자들은 세 번째 기적 묶음의 주제를 '믿음'으로 이해하는 것에 반대하면서 믿음은 기적 내러티브 전체에 흐르고 있는 개념이고 '하늘나라 복음의 경험'이 본 단락의 주제라고 주장했다. 두 번째 막간의 두 번째 본문인 9:14-17의 새 포도주와 새 옷감은 예수께서 가져 오신 하늘나라의 복음(9:18-34)과 연결된다. 마태는 9:18-34의 초점을 믿음보다 목자와 여호와의 종인 다윗의 아들을 통한 종말론적 회복에 맞춘다. 그가 가져온 하늘나라의 복음은 9:18-34에 집약적으로 표현된다. 9:18-34은 하늘나라의 복음이 선포되고 있는 증거로 제시하는 11:5에 요약된다. 종의 치유 행위를 해설하는 12:15-32과의 관계를 분석하면, 9:18-34은 예수께서 여호와의 종으로서 하늘나라를 시작하셨다는 사실을 보여준다. 이처럼 8-9장의 기적 이야기들은 치밀하게 구성된 내러티브로 (1) 예수의 정체가 무엇이며(메시아의 권위는 긍휼을 베푸는 목적으로 병들고 갇힌 자들을 위해 사용됨), (2) 예수를 따르는 자들의 가치관이 어떠해야 하며(제자들은 예수의 정체를 정확하게 파악해야 하고 높은 수준의 제자도와 긍휼의 제자도를 동시에 가져야 함), (3) 하늘나라 복음이 어떻게 경험되고('다윗의 아들' 예수의 기적을 통한 '하늘나라의 복음'을 경험) 복음의 성격(죽음과 고통의 순환이 제거되기 시작함)이 무엇인지 강조한다.

11장

지옥과 하늘나라[691]

본 장은 최후 형벌의 장소인 게헨나의[692] 역할을 본문 주해를 통해 검토하는 것을 목적으로 한다. 복음서에서 마태복음은 하늘이나 하늘 관련 언어뿐 아니라 게헨나도 가장 빈번히 사용한다. 필자는 다른 논문에서 마태복음에 나타난 하데스(최후심판 이전까지 죽은 악인들이 갇히는 장소)의 개념과 하늘나라와의 관계를 검토한 바 있다.[693] 하데스의 경우와 마찬가지로 최후형벌의 장

691 강대훈, "마태복음의 게헨나 연구". 『신약연구』 제14호(2015. 3): 8-40.

692 '게헨나'(Gehenna)는 헬라어 '게엔나'(γέεννα)의 라틴어(와 영어식) 발음이며, 영어 성경은 주로 'hell'로 번역한다. 어떤 경우에는 hell로 번역하지 않고 gehenna로 표기한다. 본 논문에서는 '게엔나'보다는 일반적으로 통용되는 발음인 '게헨나'(라틴어와 영어 발음)를 사용한다.

693 본 논문은 본서의 6장에 해당하는 필자의 "마태복음에 나타난 '하데스'와 '아뷔소스'의 개념과 하늘나라와의 관계에 대한 연구" 『신약연구』 13(2014), 177-212에 이어지는 성격을 띠고 있다. 필자는 악인들이 최후심판까지 갇혀서 기다리고 있는 음부(하데스)는 하늘과 '수직적으로' 대조되는 영역으로서 하늘나라의 주제와 관련됨을 논증했다. 이런 종류의 연구는 우주론을 마태복음에 적용한 것으로, 마태복음의 우주론이란 마태복음의 신학을 위해 우주의 구조가 어떻게 사용되는지 연구하는 것이다. 최후(또는 종말론적) 형벌의 장소는 최후심판까지 갇히는 우주의 영역인 하데스나 아뷔소스와는 다른 개념이다. 필자와 같은 입장에서 음부와 지옥의 차이, 중간 상태와 우주적 부활/심판의 차이에 대해 자세히 논증한 글로는 성종현, "죽은 자의 중간상태와 부활의 몸", 『신약논단』 제19권 (2012년), 457-492 (478); "인간의 본질과 죽음 그리고 영혼과 육체의 분리-신약성서의 개인적·내세적 종말론의 논쟁점을 중심으로-", 『신약논단』 44-1 (2012), 59-86(77)을 보라.

소가 마태복음의 내러티브에서 차지하는 역할을 다룬 학술적인 연구는 간과돼 왔다. 최근에 킴 파파이오아누가 공관복음에 나타난 하데스와 게헨나에 대해 이 용어의 역사적 배경과 공관복음서에서의 용례(예, 게헨나 형벌의 기간 등)를 적절히 연구했다.[694] 그러나 그의 연구는 게헨나와 하데스의 기원과 공관복음에 묘사된 특징에 집중했으나, 마태복음의 내러티브에 드러난 주제와의 관계에 중심을 둔 연구는 아니다. 필자는 파파이오아누의 연구에서 통찰력을 얻은 한편, 최후형벌의 장소가 마태복음의 주제와 어떻게 연결되는지, 즉 내러티브와 강화에서 무슨 목적으로 게헨나와 관련 이미지가 사용되는지를 주해 작업을 통해 논증할 것이다. 이 목적을 위해 게헨나의 역사적 배경을 관찰한 다음, 최후 형벌의 장소가 사용되는 용례를 세 범주로 구분해서 분석할 것이다.[695] 먼저 마태복음에만 등장하는 게헨나 본문을 관찰하고, 병행 본문에도 있는 게헨나 본문을 검토하고, 그 다음에는 마태복음의 특징인 "울며 이를 갈게 될 곳"을 연구하되 이 표현만 나오는 본문과 "바깥 어두운 곳"이 결합된 본문을 구분할 것이다. 이렇게 하여 최후 형벌 장소가 마태복음의 핵심 주제와 어떤 관계를 갖는지 종합적으로 검토할 것이다.

1. 최후 형벌의 장소인 게헨나의 역사적 배경

마태복음에 등장하는 게헨나와, 이와 관련된 표현인 "울며 이를 갈게 될 곳", "바깥 어두운 곳"의 역사적 배경을 분석하기 위해 우리는 구약과 제2성

---

694 K. G. Papaioannou, *The Geography of Hell in the Teaching of Jesus: Gehena, Hades, the Abyss, the Outer Darkness Where There Is Weeping and Gnashing of Teeth Paperback?* (Eugene, OR: Pickwick Publications, 2013); idem, "Places of Punishment in the Synoptic Gospels," (unpublished dissertation; Durham University, 2004). 게헨나의 특징을 연구한 파이오아누는 게헨나가 형벌이 가해지는 장소가 아니라 멸절 또는 멸망의 장소라고 주장하지만, 필자는 형벌의 지속성을 게헨나 이미지의 주요 특징으로 이해한다(예, 마 18:34).

695 세 개로 범주화하는 것은 파파이오아누의 연구에서 도움을 얻은 방식이다.

전기 유대 묵시 문헌을 중심으로 살필 것이다.

1.1. 구약의 게헨나

헬라어 게엔나(γέεννα)는 아람어 '게힌남'(גֵּיהִנָּם)[696] 또는 히브리어 '게-힌놈'(גֵּי־הִנֹּם)에서 온 것으로 70인역에는 나오지 않는다. 게힌놈은 "힌놈의 골짜기"(수 15:8; 18:16)나 "힌놈의 아들의 골짜기"(גֵּי בֶן־הִנֹּם, 수 15:8; 18:16; 느 11:30), "힌놈의 아들들의 골짜기"(גֵּי בְנֵי־הִנֹּם, 왕하 23:10)의 축약어다. '게힌놈'은 구약에 열세 번 나오며, 사용 목적에 따라 분류해 보면 다음과 같다. 첫째, 구약에서 게힌놈은 예루살렘 남쪽과 남서쪽에 걸쳐 있었던 깊은 골짜기를 가리킨 지명이었다. 이곳은 유다와 베냐민 지파의 경계선 역할을 했으며(수 15:8; 18:16), 포로기 이후에는 유다의 북쪽 경계였다(느 11:30).[697] 둘째, 게힌놈은 바벨론 포로 전에 우상숭배의 장소로 (특히 유다 왕들인 아하스와 므낫세의 치하에서) 사용됐다. 이곳에서 자식을 몰렉에게 바치는 일도 벌어졌다(왕하 16:3; 21:6; 대하 28:3; 33:6; 렘 19:56; 32:35).[698] 요시야의 개혁 이후 힌놈 골짜기는 동물 사체나 범

696 *b. 'Erub.* 19a.

697 D. F. Watson, "Gehenna," *ABD*, 2:926-928; Joachim Jeremias, "γέεννα," 1:657-658. 처음에는 예루살렘 남쪽의 지명이었던 게힌놈은 아하스와 므낫세 치하에서 몰록에게 제물을 바친(왕하 16:3; 21:6) 악명 높은 장소로 인식됐다. "골짜기"(렘 2:23; 31:40)로도 불렸고 "그 골짜기 문"(שַׁעַר הַגַּיְא, 대하 26:9; 느 2:13, 15; 3:13)으로도 표현됐다. R. H. Charles, *Hebrew, Jewish, and Christian Eschatology from Pre-Prophetic Times till the Close of the New Testament Canon* (London: Adam and Charles Black, 1913), 161.

698 구체적으로 보면, 유다의 아하스 왕은 "힌놈의 아들 골짜기에서 분향하고 여호와께서 이스라엘 자손 앞에서 쫓아내신 이방 사람들의 가증한 일을 본받아 그의 자녀들을 불사르"게 했다(대하 28:3). 므낫세 왕은 "힌놈의 아들 골짜기에서 그의 아들들을 불 가운데로 지나가게 하며 또 점치며 사술과 요술을 행하며 신접한 자와 박수를 신임하여 여호와 보시기에 악을 많이 행하여 여호와를 진노하게 하였"다(대하 33:6). 렘 32:35은 "힌놈의 아들의 골짜기에 바알의 산당을 건축하였으며 자기들의 아들들과 딸들을 몰렉 앞으로 지나가게" 한 행위를 상기시킨다. 요시야 왕은 우상숭배에 사용된 모든 집기를 성전에서 끌어내어 게힌놈에 인접한 "기드론 밭에서" 불태우게 했으며(왕하 23:4), "힌놈의 아들 골짜기의 도벳을 더럽게 하여 어떤 사람도 몰록에게 드리기 위하여 자기의 자녀를 불로 지나가지 못하게" 했다(23:10). '도벳'(תֹּפֶת)은 힌놈의 골짜기에 있는 장소로서 이곳에 자녀를 제물로 바치고(왕하 23:10; 렘 7:31) 시체가 매장

죄자의 시체와 같이 온갖 부정한 것들을 버리는 무서운 곳,[699] 쓰레기 소각장으로 불이 꺼지지 않는 곳으로 알려졌다(참조. 사 66:24; 막 9:43-48).[700] 셋째, 게힌놈은 하나님의 심판이 집행될 곳으로 발전된다(렘 7:30-33; 19:1-13; 32:34-35; 참조. 사 31:9; 66:24). 예레미야 선지자는 게힌놈을 하나님의 심판이 집행될 장소로 묘사한다(렘 7:29-34).[701] 이와 같이, 처음에는 예루살렘 아래쪽의 깊은 골짜기를 지칭한 지명이었던 게힌놈은 유다 왕들이 우상을 바치던 장소로 사용됐고, 이후 이곳에 동물이나 사람의 시체가 버려졌다. 그래서 선지자들은 힌놈의 골짜기를 하나님이 미래의 심판을 집행할 장소로 사용했다. 이처럼 게헨나는 제2성전기 유대교에서 미래적-우주적 심판을 지칭하는 장소로 그 개념이 발전했다.

됐다(렘 7:32; 19:11; *BDB* 1075).

699 S. P. Salmond, *The Christian Doctrine of the Immortality* (Edinburgh: T &T Clark, 1987), 355.

700 요시야 왕은 그곳을 죽은 사람의 뼈로 가득 채워서(23:12), 더 이상 우상을 숭배하는 장소로 사용되지 못하게 했다(참조. 대하 34:1-7). 그러나 소각장에 대한 고고학적 흔적은 아직 발견되지는 않았고, 예수 당시에도 힌놈의 골짜기에 쓰레기 소각장이 있었다는 역사적 기록은 아직까지 존재하지 않는다.

701 성전에 우상을 두고(렘 7:30) 힌놈의 골짜기(31절)에서 자녀들을 불에 태운 것에 대해 하나님은 전쟁을 통해 배교한 유대 백성을 심판하신다. 힌놈의 골짜기는 '죽음(또는 살육)의 골짜기'가 돼, 이곳에서 "백성의 시체가 공중의 새와 땅의 짐승의 밥이 될 것이나 그것을 쫓을 자가 없을 것"이다(33절). 렘 19:1-15은 힌놈의 골짜기가 시체가 널려질 죽음의 골짜기가 될 것을 더 자세히 묘사한다. 배교한 유다와 예루살렘 거민이 바알을 위해 산당을 짓거나 자기 아들들을 바알에게 번제로 불살랐고(19:3-5), 이로 인해 그들은 칼로 심판 받을 것이다(7절). 본문은 전쟁에서의 패배를 암시한다. 렘 31:40의 "시체와 재의 모든 골짜기"도 게힌놈을 가리킨다. 사 66:24이 묘사하는 장소는 게힌놈에서 벌어질 참혹함을 가리킨다. 하나님은 전쟁으로 배교한 유다 백성과 불신 이방인들을 멸망시키시고 의인들을 예루살렘에서 보호하실 것이지만(66:22), 악인들의 운명을 "내게 패역한 자들의 시체들"이 되고 "그 벌레가 죽지 아니하며 그 불이 꺼지지 아니하여 모든 혈육에게 가증함이 되리라"고 선언하신다. 그리고 사 30:33의 '도벳'은 불의 이미지로 묘사되는데, 이는 게힌놈을 가리키는 것으로 보인다(참조. 사 37:36). 전쟁에서 죽은 시체가 던져질 장소인 골짜기는 겔 39:11-16에서 "하몬곡의 골짜기"로 언급된다.

1.2. 제2성전기 유대 문헌의 게헨나

유대 묵시 문헌에서 최후 형벌의 장소는 악인의 운명과 짝을 이루며, 종말에 의인이 상을 받는 장소와 대조된다. 제2성전기에는 천상 세계와 형벌의 장소에 대한 관심, 죽음 이후 최후심판 사이에 거하는 장소에 대한 관심 또한 커졌다. 이 시기에 형벌의 장소는 여러 가지로 표현되는데,[702] 우리는 마태복음의 용어를 고려해서 게헨나에 초점을 맞추어 살펴볼 것이다.

1.2.1. 구약 위경

제2성전기 위경에 기록된 최후 형벌의 장소는 우주적인 특징을 지닌다.[703] 먼저 AD 70년 이전의 문헌을 중심으로 최후 형벌의 장소를 살펴보자.[704] 〈에녹1서〉에는 '게헨나'라는 어휘는 나오지 않는다. 에녹1서의 첫 번째 책인 〈파수꾼의 책〉(에녹1서 1-36, BC 2세기 중엽)에 사용되는 '골짜기'는 힌놈의 골짜기를 연상하게 한다(26:4; 27:1-3). 예컨대, 27:2에 '저주 받은 골짜기'가 언급되는데, R. H. 찰스는 이 문구를 게헨나로 이해한다(27:1-3).[705] 이 골짜기에서 받

702 예, 하늘의 아래층(레위의 유언 3:1-2; 바룩3서 3:1-8; 4:3; 에녹1서 7:1-4; 10:1-3; 18:1-9), 땅의 아래쪽(에녹1서 63:6-10; 103:7; 희년서 7:29; 22:22; 시빌의 신탁 4:43; 아브라함의 묵시록 31:3) 등.

703 본 논문에서 사용하는 '우주적' 영역은 현재 땅에 사는 사람들이 지각하는 곳(예, 내핵과 외핵이 있는 지구의 중심 영역 등)이 아닌, 초월적인 영역을 의미한다.

704 악인이 죽은 이후 최후 형벌의 장소에 들어가는 시점과 관련하여, 예루살렘의 멸망(AD 70년)을 기준으로 보면, 초기 전통은 최후심판 이후에 가는 것으로, 후기 전통은 죽음 즉시 보내지는 것으로 묘사한다(예, 제3바룩, 에즈라4서, 에녹2서). Bauckham, *The Fate of the Dead: Studies on the Jewish and Christian Apocalypse* (Leiden: Brill, 1998), 1.

705 Charles, *Eschatology*, 162. "그때 내가 말했다. '왜 이 땅은 복을 받고 나무들로 가득한데 저 골짜기는 저주를 받는가요?' 그때 나와 함께 한 천사들 중 한 명인 사리엘이 대답했다. '저주 받은 이 골짜기는 영원히 저주 받은 자들을 위한 것이다. 저주 받은 모든 자들은 입으로 하나님에 대해 나쁜 말을 했고 하나님의 영광에 반하는 것을 심하게 말한 자들로서 이곳에 소집될 것이다. 마지막 날에, 영원히 의로운 자들 앞에서 의로운 심판을 받는 날에 이곳에 그들이 소집될 것이고 이곳은 (그들의) 거주지가 될 것이다.'" 이 번역은 G. W. E. Nickelsburg and J. C. VanderKam, *1 Enoch: A New Translation* (Minn. MN: Augsburg Fortress, 2004)에 따른 것이다.

는 형벌은 최후심판의 결과다.

〈에녹1서〉의 세 번째 책이면서 가장 늦게 기록된 에녹의 비유(에녹1서 37-71, BC 또는 AD 1세기)의 두 번째 비유(에녹1서 45-57)에 해당하는 54:1-6에는 반역한 천사들이 형벌을 받는 장소로 '골짜기'가 그려진다. 불이 타오르는 골짜기에 아자젤의 천사 무리가 심판의 날에 불타오르는 용광로에 던져질 것이다.[706] 불타오르는 골짜기에 대한 그림은 게힌놈에서 온 것으로 보이며, 천사들의 등장은 최후 형벌의 장소가 우주적인 영역임을 암시한다.[707]

〈모세의 유언〉(AD 1세기 초기)은 죄 없이 고난받은 자들이 거할 하늘과 대조되는 영역으로 게헨나를 언급한다. 9장과 10장에서 신원을 위한 탁소의 부르짖음(9:5-7)에 대한 반응으로 천사가 등장해서 제사장과 같은 역할을 한다(10:2). 하나님은 거룩한 처소에서 나와 탁소의 아들들이 죽은 것에 대해 분노하신다(10:3). 하나님은 이스라엘을 높은 곳에 올리시고 별들이 거하는 하늘에 이르게 하신다(10:9-10; 참조. 단 12:1-3). 천상 세계에서 즐기고 있는 이스라엘은 의인들을 억압한 이유로 게헨나에서 형벌을 받는 자들을 높은 곳에서 쳐다본다(참조. 에녹1서 104:2-6).[708]

AD 70년 이후의 유대 묵시 문헌 중에서 〈에녹2서〉(AD 1세기 후반)는 일곱

---

706 그런데 54:5의 "완전한 심판의 아뷔소스(무저갱)"와 56:3의 "골짜기의 아뷔소스에 있는 틈"이 최후 형벌의 장소인지 불명확하다. '아뷔소스'는 최후심판 때까지 악한 천사들이 갇히는 장소를 암시하는 것으로 보인다. 그래서 필자는 두 구절의 '아뷔소스'를 '지옥'으로 규정하는 입장(O. Böcher, "γέεννα," *EDNT*, 1:239-240)에는 동의하지 않는다. 아자젤이 보내진 형벌의 장소와 관련하여, 지옥에 있는 아자젤의 운명은 종말론적 심판의 결과에 따른 것으로, 아자젤이 현재 지옥에 있다고 볼 필요는 없다는 보캄의 관찰은 옳다. Bauckham, "The Tongue Set on Fire by Hell," 121.

707 "그리고 나는 돌이켜 땅의 다른 부분을 보았고, 거기에 불이 타오르는 깊은 골짜기를 보았다… 그리고 미가엘과 라파엘과 가브리엘과 프누엘이 그 큰 날에 그들을 붙잡아 그날 불타오는 용광로에 집어 던질 것이며, 영들의 주께서 그들에 대한 복수를 실행할 것이다. 이는 사탄의 종들이 되고 땅에 거하는 자들을 방황의 길로 이끈 그들의 불의 때문이다"(에녹1서 54:1, 6).

708 찰스(Charles, APOT, 2:42-44)는 라틴어 구인 "in terram"(땅에서)을 "게(헨나)"로 번역한다. 대조적으로, 에인절은 이 표현을 은유적으로 이해하여 이스라엘의 원수들이 죽어 땅에 묻히는 것이라고 주장한다. Andrew Angel, *Chaos and the Son of Man: The Hebrew Chaoskampf Tradition in the Period 515 B.C.E. to 200 CE* (London: T & T Clark, 2006), 122-123.

하늘을 묘사하는데(에녹2서 3-22), 셋째 하늘에는 낙원과 (지옥이라는 이름이 주어지지 않은) 형벌의 장소가 있다(8:1J; 10:1; 참조. 40:12J; 42:3J). 낙원은 의인들을 위해 준비된 거주지다(9:1). 10장에는 에녹이 본 무서운 장소가 나온다. 그곳에는 빛이 없고 검은 색깔의 불꽃이 영원히 타오르며 불의 강이 이곳저곳에 흐른다(10:2J). 이토록 무서운 장소는 악인을 위해 '준비된' 곳으로, 땅에서 배고프고 헐벗은 자들을 멸시한 자들이 영원히 거할 처소다(10:4, 6J). 에녹이 본 장소는 현재 악인들이 갇혀 있는 곳이 아니라 종말에 영원히 형벌 받을 처소이므로, 이 장소는 임시적으로 갇히는 스올(하데스)이 아니라 지옥이다.[709] 40-42장에도 낙원(42:3-5)과 지옥(40:12-42:2)이 대조되며, '지옥'이 사용되고 무저갱에 포함된 것으로 묘사된다(40:12J; 42:1J).[710] 〈에즈라4서〉(에스드라스2서 3-14, AD 1세기 후반) 2:29과 7:36에 게헨나가 언급된다.[711] 의인들은 하늘 예루살렘(7:26; 참조. 8:52; 10:27, 42, 44, 54; 13:36)에 있는 하늘 낙원(7:47, 51; 8:1-3; 9:14-15)에 들어가지만, 악인들은 고통의 장소, 즉 악인들이 종말론적 형벌을 받는 곳인 게헨나의 용광로(7:36)에 던져질 것이다. 보캄은 에녹2서의 장면과 같이 에즈라4서에서도 죽은 악인들은 현재 지옥에 있는 것이 아니라 미래에 지옥에서 받게 될 형벌을 예상하기 때문에 생기는 고통을 호소하고 있다고 주장한다.[712] 죽은 자들의 중간 상태를 묘사하는 7:75-101을 보면, 지극히 높은 분의 법을 무시하고 두려워하지 않은 이유로 심판을 받을 악인들의 죽은 영혼들이 자유의 칠 일을 보내면서 의인들이 받을 상과 자신들이 게헨나에서 받을 형벌을 알고 계속해서 유랑한다(7:80, 93).[713] 〈아브라함의 묵시록〉(AD 1-2세

709 Bauckham, "Early Jewish Visions of Hell," 54.

710 악인들이 고통당하는 시점이 현재인지 종말인지에 대한 보캄의 주장에 따르면 악인들은 현재 지옥에서 끝이 없이 고통당하는 것이 아니라 자신들이 앞으로 저주받고 미래의 형벌을 맛보게 될 것을 내다본다. Bauckham, "Early Jewish Visions of Hell," 54.

711 대부분의 학자들은 에즈라4서, 제2바룩, 아브라함의 묵시록의 기록 시기를 예루살렘의 몰락 이후로 추정한다.

712 Bauckham, "Early Jewish Visions of Hell," 55.

713 Bauckham, "Early Jewish Visions of Hell," 55.

기) 15:6은 불타는 게헨나를 묘사한다. 〈제2바룩〉(AD 2세기 초) 59:10은 게헨나를 언급하고, 85:13은 심판과 불을 함께 다룬다. 이사야의 승천기(AD 1세기 후반에서 3세기 초)에는 게헨나의 고통이 표현되는데(1:3), 메시야가 오면 벨리알과 천사들과 악인들이 게헨나의 고통을 겪게 되고 마치 창조되지 않은 존재처럼 될 것이다(4:14, 18). 〈에녹3서〉는 게헨나를 두 차례 기록한다(44:3; 48D:8). 〈시빌의 신탁〉(BC 30년-AD 250년)에도 최후 형벌의 장소로 게헨나가 사용된다(1:104; 2:292; 4:186).

1.2.2. 사해 두루마리, 요세푸스, 필로, 랍비 문헌

사해 두루마리는 스올, 아바돈과 같이 악인의 운명을 가리키는 장소를 사용한다(예, 악인이 불타는 장소인 스올[4QMa[4Q491] 8-10 i 15]). 사해 두루마리는 구약 위경과 달리 '게헨나'라는 용어를 언급하지는 않지만 악인들이 던져질 최후 형벌의 장소를 다양한 표현으로 나타낸다. 특히 어두운 장소의 불에서 악인들이 영원히 수치를 당한다는 장면은 지옥의 형벌을 의미하는 것으로 보인다(1QS iv 12-13).[714]

요세푸스와 필로는 형벌의 장소로 게헨나를 사용하지는 않는다. 그러나 요세푸스의 경우 유대 군인들이 패해서 쫓겨 도망한 곳을 실로암 아래에 있는 골짜기로 기록한다(〈유대전쟁사〉 6:161). 전쟁의 기근으로 죽은 자들은 예루살렘 성벽 아래에 있는 골짜기에 던져졌는데, 이 골짜기는 실로암에 연결되고 게헨나를 지칭하는 것으로 보인다(〈유대전쟁사〉 5:505).[715]

미쉬나에도 게헨나가 언급되고(*m. Qidd.* 4:14; *m. 'Ed.* 2:10; *m. ʾAbot* 1:5; 5:19; 5:20), 바벨로니아 탈무드에는 이보다 더 자주 사용된다.[716] 랍비 문헌에 따르

---

714 M. G. Abegg, Jr, "Retribution," in *Encyclopedia of the Dead Sea Scrolls* (ed. L. H. Schiffman and J. C. VanderKam; Oxford: Oxford University Press, 2000), 769.

715 Papaioannou, "Places of Punishment," 42.

716 토세프타(*t. Ber.* 6.15), 탈무드(*b. Rosû. Hasû.* 16b-17a; b. Ber. 28b). 자세한 자료는 J. Lunde, "Hell," in *DJG*, 310; *ABD*, 2:928을 보라.

면 AD 1세기와 2세기 초 무렵에 게헨나는 죽음과 부활 사이에 악한 영혼들에게 형벌을 가하기 위한 '중간 장소'와 악한 자들의 몸과 영혼이 결합한 상태에서 최후 심판을 받을 장소 둘 다로 이해됐다(*Midr. Tehillim* 31.3).[717] 게헨나는 악인을 위해 준비된 장소이며(*b. 'Erub.* 19a; *b. Yebam.* 63b; b. Ḥag. 15a), 불로 형벌이 가해질 것이다(*b. Šabb.* 39a; *b. B. Bat* 84a).[718]

1.3. 게헨나의 특징적인 이미지: 불, 어둠, 울음

게헨나의 배경을 종합해 보면, 구약에서 게힌놈은 예루살렘 아래쪽에 있는 골짜기 이름이었으나 우상 숭배와 하나님의 형벌이 가해지는 장소로 알려진다. 게헨나에서 우상에게 자녀를 불태워 바쳤기에, 불의 이미지와 연결되며, 시체를 던지고 태우는 곳으로 불이 꺼지지 않는 장소로 인식됐다. 제2성전기의 유대 문헌에는 게헨나가 지상의 특정 지역을 넘어 최후 형벌이 가해질 우주적인 장소로 묘사된다. 유대 묵시 문헌에서 '불'은 하나님의 형벌을 묘사하는 대표적인 이미지일 뿐 아니라 게헨나와 밀접하게 연결된다.[719] 악인들이 지옥에서 받는 형벌이 그려질 때 불의 이미지가 흔히 따라온다.[720] 게헨나의 불은 항상 하나님의 심판을 나타내는 이미지다.[721] 악인들과 타락한 천사들은 최후심판 때까지 갇혀 있는 하데스와 아뷔소스에 있고, 최후심판 이후에 최후 형벌의 장소, 곧 게헨나로 상징화된 지옥에 보내질 것이다.

---

717 *ABD*, 2:928.

718 *DJG*, 310.

719 Martha Himmelfarb, *Tours of Hell: An apocalyptic form in Jewish and Christian Literature* (Philadelphia, PA: Fortress Press, 1985), 108-110. "그가 라파엘에게 말씀하셨다. '라파엘아 가서 아사셀의 손과 발을 묶어 흑암에 던져 넣어라. 그리고 두다엘에 있는 광야에 구멍을 만들어 그를 그곳에 던져라. 그리고 날카롭고 비쭉비쭉한 돌들을 그에게 달아라. 그를 흑암으로 덮어 버리고 지극히 긴 시간 동안 그곳에 머물게 만들어라. 그의 얼굴을 덮어서 빛을 보지 못하게 해 버려라. 큰 심판의 날에 활활 타는 큰 불로 보내 버려라'"(에녹1서 10:4-6 사역).

720 Bauckham, "The Tongue Set on Fire by Hell," 126.

721 Bauckham, "The Tongue Set on Fire by Hell," 120.

'불'과 더불어 '어둠'도[722] 게헨나(와 스올)의 특징이다. 예를 들어, 〈에녹1서〉에서 천사 라파엘이 악한 천사 아자젤의 손발을 묶어 어둠에 던지라는 명령을 받는다(에녹1서 10:4). 사해 두루마리의 공동체 규율 문서에는 하나님의 영원한 저주를 받게 될 형벌의 장소가 바깥 어두운 곳으로 묘사된다(1QS iv 12-13).[723] 이처럼 불과 어둠은 지옥의 무서운 분위기를 표현하기에 적절한 소재로 함께 등장한다.[724] 그리고 하늘에는 눈물이 없으므로(5:4; 계 21:4), 슬피 우는 것은 의인들을 위해 상이 준비된 곳의 반대편인 지옥을 묘사하는 장면이다(에녹1서 108:3; 에녹2서 40:12).[725] 지옥에 던져진 자들이 이를 가는 것은 분노를 의미한다(욥 16:9; 시 34:16; 36:12; 111:10; 애 2:16; 행 7:54).[726] 이와 같이, 구약과 제2성전기 유대교에서 묵시적인 이미지인 불, 어둠과 같은 게헨나의 이미지는 우주적 영역인 종말의 지옥을 묘사하기 위해 자주 사용됐다.

2. 마태복음의 게헨나

마태복음에서 최후 형벌의 장소는 주로 게헨나와 관련 이미지로 표현된다. 이는 위의 배경 연구에서 본 게헨나 이미지와 유사하다. 최후심판 이후의 장소인 게헨나는 신약에서 12회, 공관복음서에 11회(모두 예수의 입에서 나옴), 야고보서에 1회(마 5:22, 29, 30; 10:28; 18:9; 23:15, 33; 막 9:43, 45, 47; 눅 12:5; 약 3:6) 등장

722 '흑암': 지혜서 17:21; 토비트 14:10; 에녹1서 46:6; 63:6; 108:14; 솔로몬의 시편 14:4, 9; 15:10; 에스드라스 2서 7:93; 참조. 벧후 2:17; 유 13; 마 8:12; 22:13; 25:30.

723 아벡(Abegg, "Retribution," 769)은 사해 두루마리에 나오는 '어두운 곳'을 최후심판이 집행되는 곳으로 이해한다(4Q491 8-10 I 15; 4Q418 69 ii 7; 4Q525 21 i); 바깥 어두운 곳: 에녹1서 10:4-6; 62:11; 63:6, 11; 92:5; 108:14; 에녹2서 25:4-5; 26:3; 시빌의 신탁 2:291-92; Ex. Rab. 14:3.

724 에녹1서 103:7-8; 108:14; 시빌의 신탁 4:43; 에녹2서 10:2; 1QS ii 8; vi 13.

725 W. D. Davies and D. C. Allison, *The Gospel According to Saint Matthew 8-18* (Edinburgh: T&T Clark, 1988), 31.

726 Davies and Allison, *Matthew*, 2:31.

하며, 마태복음에 가장 많이 사용된다(7회). 게헨나가 사용되지 않아도 이것을 가리키는 '불'의 이미지인 "불의 지옥"(τὴν γέενναν τοῦ πυρός, 5:22; 18:9), "불의 용광로"(τὴν κάμινον τοῦ πυρός, 13:42, 50), "영원한 불"(τὸ πῦρ τὸ αἰώνιον, 18:8; 25:41)이 최후심판의 문맥에서 사용된다. 문맥에 따라서 '불'(3:10; 7:19; 13:30, 40) 자체도 최후심판을 암시한다.[727] 영생에 들어가지 못하고 던져지는 '영원한 불'(18:8)과 악인들과 마귀와 그 천사들을 위해 준비된 '영영한 불'(25:41)도 게헨나의 이미지이며 최후 형벌의 장소를 상징한다.

이제 연구의 목적을 위해서 최후심판을[728] 가리키는 형벌의 장소가 마태복음 전체에서 어떻게 사용됐는지 도식화하면 다음과 같다. 마태복음에만 나오는 내용(A-'게헨나': 5:22; 23:15, 33; C-'울며 이를 갈게 될 곳': 8:12; 13:42, 50; 22:13; 24:51; 25:30)과 병행 본문에도 사용된 내용(B-마 5:29-30; 18:8-9=막 9:43-48; 마 10:28=눅 12:5)으로 구분된다. 울며 이를 갈게 될 곳은 "바깥 어두운 곳"과 함께(8:12[=눅 13:28]; 22:13; 25:30) 또는 없이(마 13:42, 13:50; 24:51) 사용된다. 우리는 이 표의 구도에 근거해서 최후 형벌의 장소가 사용된 목적을 탐구할 것이다.

727 아름다운 열매를 맺지 못하는 나무는 종말에 '불'에 던져지며(7:19; 참조. 3:10), 하나님은 쭉정이를 '꺼지지 않는 불'에 태우실 것이다(3:12). 가라지가 불에 태워지는 식의 심판이 세상 끝에 일어나며(13:40), 악인들은 '풀무 불'(13:42, 50)에 던져질 것이다.

728 '최후심판'은 공관복음에 모두 등장하는 주제이지만 마태복음에서 특히 강조된다. 몇 가지 근거를 들자면, 첫째, 다른 복음서와 비교해서 마태복음의 구조에서 가장 독특한 점은 다섯 개의 강화(5-7, 10, 13, 18, 24-25장)이며, 각 강화는 최후심판에 대한 내용으로 끝난다(7:21-27; 10:40-42; 13:47-50; 18:23-35; 25:31-46). 둘째, 마태는 최후심판을 암시하고 경고하는 표현을 즐겨 사용하며 반복한다: "심판"(5:21, 22; 10:15; 11:22, 24; 12:18, 20, 36, 41; 23:23, 33), "심판의 날"(10:15; 11:22, 24; 12:36), "바깥 어두운 데"(8:12; 22:13; 25:30), "거기서 울며 이를 갈게 될 것이다"(8:12; 13:30, 41, 50; 22:13; 24:51; 25:30). 셋째, 마태복음의 비유 중 많은 부분이 최후심판을 주제로 다룬다(7:24-27; 11:16-17; 12:43-45; 13:24-30, 37-43, 47-50; 18:23-35; 20:1-16; 22:11-14; 24:42-25:30). 복음서 중 마태복음에만 최후심판의 장면을 상세히 담은 본문이 (비유로) 등장한다(7:21-23; 13:36-43; 25:31-46). 넷째, 마태는 인자가 미래에 올 것을 묘사하면서 최후심판을 강조한다(10:23; 13:41; 16:27-28; 19:28; 24:27, 37, 39, 44; 25:31). 마지막으로, 마태는 이미 사용한 표현을 뒤에 다시 사용함으로써 독자들에게 심판 주제를 상기시킨다(3:10b=7:19; 7:22-23=25:11-12; 10:15=11:22, 24; 10:39=16:25; 13:12=25:29; 13:42=13:50; 19:28=25:31; 19:30=20:16; 24:42=25:10).

<table>
<tr><td colspan="2" rowspan="2">A
마태복음</td><td>마 5:22(게헨나의 불)</td></tr>
<tr><td>마 23:15, 33(게헨나)</td></tr>
<tr><td rowspan="3">B
마태복음의
병행 본문</td><td rowspan="2">마가복음
9:43-48</td><td>마 5:29, 30(게헨나)</td></tr>
<tr><td>마 18:8(영원한 불), 9(게헨나의 불)</td></tr>
<tr><td>누가복음
12:5</td><td>마 10:28(게헨나)</td></tr>
<tr><td colspan="2" rowspan="4">C
마태복음</td><td>마 13:42(풀무 불/거기서)</td></tr>
<tr><td>마 13:50(풀무 불/거기서)</td></tr>
<tr><td>마 24:51(거기서)</td></tr>
<tr><td>마 8:12(눅 13:28); 22:13; 25:30(바깥 어두운 데/거기서)</td></tr>
</table>

3. 마태복음에만 있는 본문에 사용된 게헨나(마 5:22; 23:15, 33)

앞에서 살펴 본 게헨나의 배경 연구를 고려하면서, 지옥으로 번역한 게헨나를 담고 있는 본문 중 마태복음에만 나오는 구절을 분석해 보자.

3.1. 마태복음 5:22

22절은 "그러나 나는…을 말한다"(ἐγὼ δὲ λέγω ὑμῖν ὅτι)로 시작한다. 예수는 분노와 살인을 연결하면서 하나님이 요구하시는 것은 기록된 법 이상임을 가르치신다. 예수는 행위와 형벌을 세 가지로 설명한다. 형제에게 욕설을 내뱉는 행위는 화가 난 마음에서 나온 것이므로 심판의 대상이 된다(참조. 12:34).[729] 그런데 본문의 핵심 가운데 하나는 "형제"다. "형제"(ἀδελφός, 아델포스)는 마태복음의 특징적인 용어 가운데 하나이며(5:23, 24, 47; 7:3, 4, 5; 12:49-50;

729 어떤 사본에는 22절에 "이유 없이"가 포함된다(א D L W Θ 1424). 이 독법은 이유가 있어서 분노하는 행위, 즉 정의를 위한 분노를 정당하다는 논리를 펴기 위해 "이유 없이"를 첨가한 것으로 보인다. D. A. Black, "Jesus on Anger: The Text of Matthew 5:22a Revisited," *NovT* (1988), 1-8.

18:15, 21, 35; 23:8; 25:40; 28:10), 본문에서는 문자적인 가족이 아니라 신앙 공동체의 동료 내지 동료 제자를 가리킨다(예, 18:15-20).[730] 그런데 분노를 살인과 동등하게 취급하는 본문이 구약 자체에는 선명하게 나오지 않는다. 데일 앨리슨의 연구에 따르면 5:21-24은 창세기 4장의 가인과 아벨의 이야기와 유사하다.[731] 5:21-24은 분노로 인한 살인에 대해 다루며, 창세기 4:5 역시 가인의 분노를 언급한다(마 18:22; 23:35).[732] 두 본문에서 핵심 용어는 "형제"(아델포스)로서(마 5:21-24에 4회; 창 4:2-11에 7회), 두 본문 모두 형제간의 관계를 배경으로 설정한다.[733] 두 본문에서 한쪽 형제는 제단에 제물을 바치러 갔지만(마 5:23-24; 창 5:3-5) 다른 쪽 형제에게 분노의 마음을 품었고, 형제에게 욕을 하거나 살인을 저질렀다(가인).[734] 이런 병행 본문을 고려하면, 5:21-26은 특히 그리스도인 형제에 대한 분노를 다룬다.[735] 인류의 첫 살인은 형제 사이에 벌어졌고 분노에 기인했다.

마음의 분노는 형제에게 "라가"(ῥακά)와 "모레"(μωρέ)라는 욕설을 하는 것으로 표현된다. 22절에서 "라가"는 아람어 단어 "레카"에서 온 것으로 "텅빈 머리"(한글의 속어 "골빈놈")라는 뜻인데, 해할 의도가 없는 표현이며 가정에서도 사용됐다.[736] 개역개정에서 "미련한 놈"으로 번역한 "모로스"의[737] 호격인 "모레"는 "멍청이" 또는 "제정신이 아닌 놈"이라고 무시하는 표현이다. 예레

730 France, *Matthew*, 200; Dale C. Allison, *The Sermon on the Mount: Inspiring the Moral Imagination* (New York: The Crossroad Pub. Co., 1999), 65.

731 Dale C. Allison, "Murder and Anger, Cain and Abel (Matt. 5:21-25)," in *Studies in Matthew* (Grand Rapids, Mich.: Baker Academic, 200), 65-78; Eavns, *Matthew*, 123; Don Garlington, "Yoo Fool! - Matthew 5:22," *BBR* 20.1 (2010), 61-84.

732 Allison, "Murder and Anger, Cain and Abel (Matt. 5:21-25)," 69; Witherington, *Matthew*, 130: 지혜서는 가인이 지혜를 떠난 결과로 분노로 살인을 저질렀다고 기록한다(지혜서 10:3).

733 Allison, "Murder and Anger, Cain and Abel (Matt. 5:21-25)," 69.

734 Allison, "Murder and Anger, Cain and Abel (Matt. 5:21-25)," 69.

735 Allison, *The Sermon on the Mount*, 65.

736 Luz, *Matthew*, 1:235.

737 Jeremias, "ῥακά," 975.

미아스는 "모로스"가 "라가"보다는 강한 뉘앙스를 갖고 있지만 라가와 함께 이것도 당시에는 그렇게 심한 욕은 아니었다고 관찰한다.[738] 마태복음에서 "모로스"는 구약에서 하늘나라에서 제외될 사람에게 주어지는 표현이기 때문에(7:26; 23:17; 25:2, 3, 8) 그리스도인 형제에게는 모욕적인 말이다.[739] 예를 들어 보자. "어리석은"(모로스) 사람은 모래 위에 집을 지을 정도로 멍청하다(7:26).[740] "어리석은" 처녀들은 신랑의 도착을 준비하지 못한 채 결혼 잔치에서 쫓겨나는 황당한 결과를 맞이한다(25:1-13).[741] "어리석은" 사람은 위선자이면서 성경을 잘못 해석해서 사람들을 엉뚱한 길로 인도하는 불의한 자다(23:16, 19, 24; 참조. 15:14; 눅 6:39). 바리새인들은 "어리석은" 자들로서 그 마음의 분노로 지혜로운 자들, 선지자들을 죽인 그들의 조상들과 같은데(23:29-36; 참조. 21:33-46; 막 12:1-12), 이와 같이 형제에게 멍청하다고 욕하는 것이 사회에서는 흔히 사용할 수 있었다고 해도, 신앙의 형제 또는 교회의 가족에게 하나님의 자리에 앉아서 믿지 않는 사람 취급하는 것(예, "지옥에 떨어질 놈!")이므로 심각한 죄다. 예수는 형제에게 이렇게 욕을 하는 사람이 도리어 심판을 받아 지옥에 떨어질 것이라고 경고하신다.

(a) "형제에게 노하는 자마다" → (a′) "심판을 받게 되고"
(b) "형제를 대하여 라가라 하는 자는" → (b′) "공회에 잡혀가게 되고"
(c) "미련한 놈이라 하는 자는" → (c′) "지옥 불에 들어가게 되리라."

형제(와 자매)를 "깡통"이나 "멍청이"라고 표현하는 사람은 각각 산헤드린과 불의 게헨나에서 형벌을 받게 된다. 22절의 세 가지 행위(마음의 분노 → 깡통 → 멍청이)와 행위에 대한 형벌(지역 법정 → 고등 법정 → 하늘 법정)이 각각 약한

---

738 Luz, *Matthew*, 1:235.

739 Don Garlington, "Yoo Fool! - Matthew 5:22," *BBR* 20.1 (2010), 61-84.

740 Garlington, "Yoo Fool! - Matthew 5:22," 68-71.

741 Garlington, "Yoo Fool! - Matthew 5:22," 78-81.

것에서 강한 것으로 강화되는 것처럼 보이기 때문에, 21-22절의 죄와 형벌에 대해 여러 학자들은 죄는 "화" → "깡통" → "바보"로 증가하고, 형벌도 "심판" → "공회" → "지옥 불"로 증가한다고 이해한다. 그러나 이는 증가하는 방식이라기보다는 동일한 심판에 대한 다른 표현이다.[742] 21절의 "누구든지 살인하면 심판을 받게 되리라"는 22절의 "형제에게 노하는 자마다 심판을 받게 되고"와 평행을 이룬다.[743]

21절: 누구든지 살인하면

"심판을 받게 되리라"(ἔνοχος ἔσται τῇ κρίσει)

22절: 형제에게 노하는 자마다

"심판을 받게 되고"(ἔνοχος ἔσται τῇ κρίσει)

21, 22절에 각각 나오는 심판은 같은 의미로 사용되는데, 21절의 심판은 살인 행위를 재판하는 땅의 법정에 의한 심판을 의미한다. 반면, 22절의 심판은 하늘법정에서 주어질 최후심판을 의미한다.[744] 마음의 분노를 범법 행위로 재판하는 법정은 없기 때문이다. 오직 사람의 마음을 아시는 하나님만이 행하시는 재판과 심판이다. 공회에 잡혀가는 것(b′)과 지옥 불에 들어가는 것(c′)은 앞에 나오는 심판을 받게 되는 것(a′)과 같은 의미의 다른 표현이다.[745] "심판"은 21절에서 살인-심판, 22절에서 분노-심판으로 표현되므로 결국 살인과 분노가 같은 심판을 받을 대상임을 암시한다. "산헤드린"은 인간-땅의 심판을, "불의 게헨나"는 하나님-종말론적(또는 하늘법정의) 심판을 뜻한다. 22절에 나오는 마음의 분노는 분노가 구체적으로 드러나 욕설을 하는 것과 같다. 이는 살인에 해당하므로 인간 법정이 아니라 하늘법정이 부과하는 형벌

742 Davies and Allison, *Matthew*, 1:515; Nolland, *Matthew*, 230.

743 Nolland, *Matthew*, 229.

744 Craig S. Keener, "Matthew 5:22 and the Heavenly Court," *ExpTim* 99 (1987), 46.

745 Nolland, *Matthew*, 231; Davies and Allison, *Matthew*, 1:516.

로서 게헨나의 불에 던져질 죄다. 다시 말해서, 예수는 과장법을 사용해서 형제에 대한 분노를 살인에 대한 형벌과 같이 평가하고 분노가 게헨나의 형벌에 해당한다고 해석하신다. 형제에 대한 분노는 타인의 생명을 부당하게 빼앗는 살인과 다르지 않다. 게헨나의 형벌은 죄로 인정하지 않고 넘길 수 있는 문제의 심각성을 강조해서, 종교적 위선을 벗어나 "더 나은 의"를 추구하도록 사용된다.[746] 예수께서 강조하시는 "더 나은 의"는 주관적인 판단으로 작게 여길 수 있는 죄를 심각하게 인식하는 데서 출발해야 한다.

3.2. 마태복음 23:15, 33

23:15, 33이 포함된 23:13-33은 일곱 화에 대한 내용이다. 일곱 화는 예수에게 반대하는 자들의 문제와 운명을 알리는 절정이라고 할 수 있다.[747] 일곱 화는 일차적으로 바리새인과 서기관의 운명에 대한 선포이며, 예수를 따르는 것을 정당화하는 내용이다.

3.2.1. 둘째 화의 게헨나(23:15)

일곱 화는 첫째-둘째, 셋째-넷째, 다섯째-여섯째가 쌍으로 묶여 있기 때문에, 우리는 첫째와 둘째 화를 함께 읽으면서 둘째 화에 나오는 게헨나의 사용 목적을 분석할 것이다. 첫째 화(23:13)와 둘째 화(23:15)에서 서기관들과 바리새인들의 위선과 하늘나라에 들어가는 것이 서로 연결된다. 13절에 나타나는 첫 번째 화는 위선적인 바리새인들과 서기관들의 열정이 어떤 결과를 낳는가를 보여준다. 위선적인 이들은 하늘나라의 문 안으로 들어가지 못할 뿐만 아니라 들어가려 하는 자도 막는다. 서기관들과 바리새인들이 "바다와

746 분노의 죄로 게헨나의 형벌을 받는다는 표현은 행위구원론적 주장을 뒷받침하는 근거가 되지 못하며 예수께서 사용하신 과장법이다. 여기서 과장법은 긴장감을 줄이지 않고 높일 의도로 사용됐다.

747 Davies and Allison, *Matthew*, 3:307-308을 보라.

육지"를 두루 다닌다는 표현은 이방인 한 사람의 개종을 위해 애쓰는 이들의 행위를 강조하려고 사용한 수사적 과장법이다. 바다와 육지를 건너는 것(마카베오1서 8:23, 32; 에녹1서 97:7. *m. Šabb.* 11:5)은 그들의 선교 행위가 전 영역에 이르렀다는 사실을 강조하는 표현이다.[748] 그런데 이렇게 애써서 개종자 한 사람을 얻어냈으나 실제 결과는 하늘나라의 아들(8:12; 13:38)이 아니라 게헨나의 아들로 만들어 버리는 것이다. 게헨나의 자식은 "악한 자의 아들들"(13:38)이며, "하늘나라의 아들들"(13:38)과 대조를 이룬다. 바리새인들과 서기관들이 바다와 육지를 두루 다니면서 개종시킨 사람을 자신들보다 더 게헨나의 자식이 되게 한다는 표현은 그들이 게헨나의 자식들인 점을 전제하는 것이다.

13절과 15절은 위선과 하늘나라 사이의 관계를 알려 주는 점에서 서로 쌍을 이룬다. 바다와 육지를 건너서 선교하지만 결과는 이미 13절에서 언급한 것처럼 하늘나라의 문을 닫아 버리는 것이다. 이는 하늘나라의 문을 열 수 있는 열쇠를 받은 베드로와 교회의 권위와 대조된다(16:18-19). 하늘나라에 들어가지 못하는 것(13절)과 지옥 자식에 되게 하는 것(15절)은 같은 의미라고 할 수 있다. 열심히 개종을 위해 노력하지만 결과가 기대했던 것과 정반대라는 점에서 13절과 15절은 연결된다. 율법학자인 서기관과 율법 준수에 헌신한 바리새인들은 신학과 신앙의 공식적인 대표자들이었다.[749] 이들은 자신들이 바른 방향을 향한다고 확신했기 때문에 하나님의 올바른 뜻을 전하는 자들을 배척하고, 이를 참된 열정이라고 믿었다. 그들의 가르침과 삶은 도리어 사람들을 하늘나라의 문으로 향하지 못하게 막았다.[750]

---

748 Davies and Allison, *Matthew*, 3:288.

749 Meier, *The Vision of Matthew*, 163.

750 13절에서 하늘나라의 문을 닫는 것은 위선의 정의가 아니라 위선이 빚어낼 충격적인 결과다. 15절은 선교 자체가 위선적인 것이 아니라 위선적인 이들의 열정이 얼마나 심각한 결과를 빚어내는지 강조한다.

3.2.2. 일곱째 화의 게헨나(23:33)

일곱 번째 화(23:29-36)는 무덤이라는 내용으로 여섯 번째 화(23:27-28)와 연결되고 동시에 화 전체의 결론 역할을 한다. 서기관들과 바리새인들은 회칠한 무덤 같아서 겉으로는 옳게 보이지만 속에는 외식과 불법이 가득한데도(23:27-28), "선지자들의 무덤을 만들고 의인들의 비석을" 꾸미면서(23:29)[751] 자신들은 조상들과 다를 뿐 아니라 선지자들의 피를 흘리는 범죄 행위에 참여하지 않았을 것이라고 생각한다(30절).[752] 그러나 예수는 그들이 하나님이 보내신 선지자를 죽임으로써 조상들의 분량을 채운다고 하신다(32절). "너희가 너희 조상의 분량을 채우라"(32절)는 그들이 하지 말아야 할 죄를 행하라는 역설적인 명령으로서, 구약에는 이러한 명령 다음에 심판의 선언이 뒤따르는데(예, 사 8:10; 렘 7:21; 암 4:4; 나 3:14) 33절의 "어찌 피하겠느냐"가 바로 그것이다.[753] 이들이 어떤 점에서 조상들의 분량을 채우는지 34-35절에 나타난다. 예수는 서기관들과 바리새인들이 조상들의 대열에 합류한 "뱀들"과 "독사의 새끼들"이며, "지옥의 판결"을 피할 수 없을 것이라고 선언하신다(33절).[754]

일곱 번째 화에서 바리새인들과 서기관들이 이러한 심판을 받는 이유는 역시 위선이다. 이들은 예수께서 보내신 선지자들과 지혜 있는 자들과 서기관들을 죽이거나 십자가에 못 박거나 회당에서 채찍질하고 따라다니면서 박해할 것이다(34절).[755] 이들이 비석을 세울수록 역설적으로 조상들과 연계되

---

751 거룩한 사람들이나 순교자들의 무덤을 존중하는 행위는 다른 문화처럼 유대의 특징이었다(〈유대전쟁사〉 4:532; 〈고대사〉 16:182; 마카베오1서 13:27-30). France, *Matthew*, 877을 보라.

752 "밖에서 보면 무덤은 아름답지만 무덤 내부는 깨끗하지 않은 뼈들로 가득 차 있다…밖에서 보면 서기관들과 바리새인들은 아름답지만 그들의 내면은 썩었다. 이들은 사람들에게 의롭게 보이기를 원하지만(참조. 6:5, 16, 18), 자신들이 돌보는 무덤처럼 겉모습이 내면과 일치하지 않는다. 바로 그 안에 그들의 '위선'이 있다." Luz, *Matthew*, 3:130.

753 Luz, *Matthew*, 3:133 n. 149-150; BDF §366.

754 23:33은 하늘나라의 도래를 알리며 회개를 요구한 세례 요한의 메시지를 연결되는데(3:7), 3:7보다는 더 비관적인 의미를 전달한다. 23:33의 "뱀들아 독사의 새끼들아", "지옥의 판결"은 3:7, 12의 "독사의 자식들아", "꺼지지 않는 불"과 서로 유사하다.

755 29-31절에서는 선지자들과 의인들을 보내신 주체가 하나님이었으나, 34절에서는 "선지자들과 지혜 있는 자들과 서기관들을" 보내는 주체가 예수다. "내가 보낸다!" 예수께서 보내신

어 있음을 드러내게 된다. 이들에게 주어질 하나님의 최종 대답은 심판이며, 심판의 장소는 게헨나다(참조. 5:22, 29-30; 18:9). 서기관들과 바리새인들은 자신들이 개종시킨 자들을 게헨나로 인도했고, 바로 그 장소에 합류한다.

정리해 보면, 게헨나는 23:33과 23:15을 연결하는 역할을 한다. 즉 개종을 시킨 자는 개종자와 같은 운명에 처하게 될 것이다. 이들의 문제는 위선이다. 7:23과 13:41에 있는 "불법"을 행하는 자들이다(참조. 23:28; 24:12). 하나님의 뜻을 제대로 알지 못할 뿐만 아니라 예수의 권위를 알지 못하면서 선생의 자리에 앉아 옳고 그름을 판단하는 서기관들과 바리새인들은 하늘나라에 들어갈 수 없고(참조. 5:20) 다른 사람들을 들어가지 못하게 만든다.

3.2.3. 화와 위선

게헨나와 외식의 결합은 마태복음의 핵심을 드러낼 수 있기에 중요하다. 23:15, 33에 나오는 게헨나는 공관복음의 병행 본문 없이 마태복음에만 등장하고 '외식'과 연결된다.[756] 구약과 유대 배경에서 외식하는 자는 실제(또는 내면의) 모습과 겉으로 드러난 모습이 다른 사람을 가리킨다.[757] 마태복음에서

이들이 받을 박해가 미래형인 것을 고려하면(예, "박해할 것이다"[διώξετε]), 선지자들(참조. 10:41), 지혜자들, 서기관들(예, 13:52)은 예수의 부활 이후에 보냄 받을 사람들로 보인다. 선지자, 지혜자, 서기관은 구약에서 하나님이 가르치신 뜻을 백성에게 전달하는 일을 맡은 자들이다. 예수께서 보내실 자들도 같은 맥락에서 활동할 것이기에 구약의 용어가 사용된다(France, *Matthew*, 879). 이들은 예수의 보냄을 받아 하나님의 뜻을 가르치지만 예수를 거절한 자들에게서 예수처럼 취급 받게 될 것이다.

756 "외식하는 자"로 번역하는 '휘포크리테스'(ὑποκριτής) 어군은 마태복음에 모두 복수형으로 13회 등장한다(막-2회, 눅-5회, 요-없음; 6:2, 5, 16; 7:5; 15:7; 22:18; 23:13, 15, 23, 25, 27, 29; 24:51. 23:14을 포함하면 14회가 된다.

757 '휘포크리테스'(ὑποκριτής)은 헬라와 유대 문맥 모두에 등장한다. 헬라에서 외식은 꿈, 신탁, 수수께끼 등을 해석하는 것이나, 어떤 사람을 흉내 내거나 극장에서 연기하는 것을 의미했다(R. H. Smith, "Hypocrite," *DJG*, 352). 연극이 질문과 대답으로 구성된 연설과 유사하고 연기자의 역할이 서사나 신화를 해석하는 것과 관련됐기에, '외식하다'는 '연기하다'의 뜻이며 중립적 의미였다(Wilckens, *TDNT* 8:562-63; *DJG*, 352). 그러나 70인역에서 휘포크리테스는 부정적인 의미로 사용된다. 예를 들어 욥 34:30; 36:13의 ὑποκριτής는 히브리어 '하네프'(חָנֵף '경건하지 않은')를 번역한 단어인데, 70인역은 '하네프'를 경건하지 않거나 불법적인 사람을 가리키는 어휘로 번역한다(*DJG*, 353: ἀσεβής['경건하지 못한']: 70인역 욥 8:13; 15:34;

이 어군은 전부 예수의 입에서 나온 것이며, 부정적인 의미로 사용된다. 마태복음에 사용된 외식의 용례를 보면 외식은 진짜 모습과 드러내는 모습 사이의 '모순' 또는 '불일치'를 의미한다.[758] 이것을 범주화해 보자. 첫째, 외식은 동기가 불순한 태도다(6:2, 5, 16; 7:5; 22:18; 23:25, 27).[759] 외식은 하나님이 아니라 사람들의 칭찬을 받으려고 행동하는 태도다. 둘째, 외식은 자기기만이다. 외식하는 자들은 열심히 하나님을 섬긴다고 착각해서 다른 사람들을 가르쳐서 파멸에 이르게 만든다(23:13). 셋째, 외식은 가르치기만 하고 행하지 않는 태도다(23:23, 29).[760] 바리새인들과 서기관들은 모세의 자리에 앉아서 행위를 재판하고 율법에 따라 순종할 것을 가르치고 설교했지만 자신들은 실행하지 않았다.

사 33:14; 잠 11:9; παράνομος['경건하지 못한']: 욥 17:8; 20:5; ἄνομος['경건하지 않은' 또는 '무법의']: 사 9:16; 10:6; 32:6; 33:14). 베이티는 팔레스타인에도 극장이 있었기 때문에 예수와 청중이 헬라적인 휘포크라테스에 익숙했을 것이라고 주장하지만(R. A. Batey, "Jesus and the Theatre," *NTS* 30 [1984], 563-74), 제2성전기 유대인들은 휘포크리스테스 어군을 '하는 체 하는' 또는 '속일 의도로 연기하는' 의미로 은유적이고도 부정적으로 사용했다(마카베오2서 5:25; 6:21-28; 마카베오4서 6:15-23; 시락서 1:28-29; 솔로몬의 시편 4:5-6; 〈유대전쟁사〉 1:471, 516, 520; 참조. 〈유대전쟁사〉 1:318; 2:587; 〈고대사〉 2:160; DJG, 352; Luz, *Matthew*, 1:300, n. 38). 그러므로 구약과 유대문헌에서 '외식'은 중립적이라기보다는 경건하지 않거나 불의한 사람을 가리킬 때 사용된다(Wilckens, *TDNT* 8:562-63; F. W. Young, "Hypocrisy," *IDB* 2:668-69).

758 루츠는 윤리를 다루는 문맥에서 사용될 때는 헬라와 유대 문헌 모두에서 ὑποκριτής는 부정적인 의미를 나타내기 때문에 이 단어를 위선(hypocrisy)으로 번역하는 것이 적합하다고 이해하며, 마태복음에 등장하는 '휘포크리테스'의 문제를 '모순'으로 이해한다(Luz, Matthew, 1:299, 300 n. 38; idem, *Matthew*, 3:115).

759 Christopher Tuckett, "Matthew and Hypocrisy," in *Jesus, Matthew's Gospel and Early Christianity: Studies in Memory of Graham N. Stanton* (ed. D. M. Gurtner, J. Willitts, and R. A. Burridge; London: T&T Clark, 2011), 159. Tuckett은 6장과 23장의 위선을 행위 배후에 있는 불순한 동기(6장)와 가르치고도 행하지 않는 것(23장)으로 구분한다. 그러나 각 장에 묘사된 위선자들의 특징을 장에 따라 획일적으로 구분할 필요는 없다.

760 Tuckett, "Matthew and Hypocrisy," 155-156.

3.3. 요약

예수는 5:22에서 작게 여기는 죄의 심각성을 강조하려고 게헨나를 사용하신다. 23:15, 33에는 위선과 게헨나가 연결된다. 마태복음에만 나오는 본문에 사용된 게헨나 용어는 하늘나라의 제자가 가져야 할 더 나은 의를 강조한다. 하늘나라 제자의 의는 작은 죄를 큰 심판에 해당하는 것으로 여기며 위선적인 바리새인들과 서기관들의 의보다 더 큰 것이다.[761]

4. 마태복음의 병행 본문에 사용된 게헨나(마 10:28; 18:8-9)

4.1. 마태복음 10:28(=눅 12:5)

게헨나가 사용된 10:28의 넓은 문맥인 10:5-42은 마태복음의 두 번째 강화인 '선교 강화'이며, 24-33절은 선교 상황에서 제자들이 겪게 될 핍박에 대한 내용이다. "몸은 죽여도 영혼은 능히 죽이지 못하는 자들"은 예수의 파송을 받은 제자들을 핍박해서 죽이기까지 하는 자들이다. 즉 본문은 선교 현장에서 순교자들이 나올 것을 암시한다. 그러나 핍박자들은 영혼을 죽일 수는 없고, 오직 하나님만이 몸과 영혼 모두를 멸하실 수 있다. 본문은 내세와 관련하여 몇 가지 흥미로운 사실을 제공한다(참조. 눅 12:4-5).[762] 인간은 몸(σῶμα)과 영혼 또는 목숨(ψυχή)으로 구성되며, 최후의 형벌에 던져질 자는 영혼과 몸

761 양용의, "'그러나 나는 너희에게 말한다'-마태복음 5:21-48의 대조적 교훈들에 나타난 예수와 율법", 『신약연구』 5 (2006), 16: "예수께서 제자들에게 기대하시는 더 나은 의는…서기관들과 바리새인들의 율법주의적 자기 의보다 질적으로 더 우월하고…서기관들과 바리새인들의 결의론적인 의보다 양적으로 더 우월하다."

762 마 10:28의 병행 구절인 눅 12:5은 여섯 화(11:37-54)에 이어 나오는 외식하는 바리새인에 대해 경고하는 본문(12:1-12)에 포함된다. 눅 12:4-5는 하나님의 권세와 핍박자들의 권세 사이의 차이를 죽인 후에 지옥에 던질 수 있는 여부로 묘사하며, 본문에는 영혼이 언급되지 않는다.

이 함께(또는 한 존재로) 게헨나의 심판을 받게 된다. 핍박자나 사탄은 몸이 죽은 이후의 영혼에 대해서는 어떤 권세를 발휘할 수 없으므로, 제자들은 영혼을 몸과 함께 멸하실 능력을 가진 하나님을 두려워해야 한다. 10:28은 같은 문맥에 있는 10:32-33로 이어지는데, 후자는 종말론적인 하늘법정에서 진행될 최후심판 장면이다. 하나님은 재판장으로서 판결에 따라 (악인의) 몸과 영혼을 게헨나에 던지도록 명하신다(참조. 3:10-12; 13:37-43). 그러므로 마태복음 10:28의 게헨나는 종말론적인 문맥에서 이해돼야 한다. 핍박자들의 권세와 하나님의 권세를 비교해서 제자들이 죽음의 순간에서도 담대함을 유지하도록 할 목적으로 게헨나가 사용된다.

4.2. 마태복음 5:29-30, 18:8-9(=막 9:43-48)

5:29-30과 18:8-9은 몸의 일부가 실족하게 만든다면 차라리 그것 없이 게헨나의 형벌을 피하는 것이 낫다는 경고가 된다(5:29-30).[763] 두 본문은 5:21-22의 경우처럼 그냥 넘기기 쉬운 죄가 얼마나 심각한지를 형벌의 구체적인 묘사로 강조한다. 5:29-30의 '실족시키다'(σκανδαλίζω)라는 단어는 마태복음에 자주 등장하는 것으로(11:6; 13:21, 41, 53; 15:12; 16:23; 17:27; 18:6-7, 8-9; 24:10; 26:31-33), 하나님의 뜻이나 구원의 길에서 어떤 사람을 벗어나게 만드는 무엇(예, 13:21; 18:6; 24:10; 26:31-33), 하나님의 구원 목적을 방해하는 존재(σκάνδαλον, 예, 13:41; 16:23; 18:7)를 뜻한다.[764]

18:8-9은 5:29-30에 발을 찍어 내버리는 내용을 추가하고 5:29의 '지옥'을 '영원한 불'로 묘사한다. 18:8의 "영원한 불에"(18:8)는 "생명에"와 대조를

763 5:29-30과 18:8-9은 유사하며 병행 본문인 막 9:43-47에 확대된다. 마가는 이 본문을 큰 자에 대한 논쟁(9:33-37)과 요한이 제자들을 따르지 않는 사람들에게 귀신을 내쫓는 것을 금지했다는 전도 보고(38-41절)에 이어서 배치한다. 반면 마태는 5:29-30을 마음에 품은 음욕이 밖으로 드러나지 않는다고 해도 간음의 죄에 해당한다는 내용(5:27-28) 다음에 놓는다.

764 France, *Matthew*, 205. 5:29-30과 18:8-9에 나오는 실족의 결과는 게헨나에 던져지는 것, 즉 구원을 얻지 못하는 것이다.

이룬다. 8절의 "생명"에 "영원"이 붙지 않았지만 정관사가 붙은 생명은 영생을 의미한다.[765] 그리고 영원한 불은 종말론적 형벌의 장소를 가리킨다.[766] 이와 같이, 본문은 소자 중 하나를 실족시키면 겪게 될 형벌(18:6-7)과 연결되므로 본문에서 말하는 죄는 소자를 실족시키는 것이다. 소자 하나를 넘어지게 하는 일은 별로 중요하지 않게 넘길 수 있으나, 예수는 그런 일이 얼마나 심각한 죄에 해당하는가를 게헨나의 이미지로 경고하신다.[767]

4.3. 요약

누가복음 12:5의 병행 본문인 10:28은 최후심판 이후의 결과를 묘사하며, 제자들이 목숨의 위협을 받을지라도 담대해야 할 이유를 언급한다. 마가복음 9:43-48의 병행 본문인 5:29-30과 18:8-9 중에서, 전자는 간음에 대한 교훈(5:27-30)에 속한 것으로 예수는 마음속의 음란한 계획이 곧 간음이며 그 결과가 얼마나 심각한지를 게헨나의 장면으로 가르치고 경고하신다. 18:8-9은 소자를 실족하게 만드는 것과 같이 대수롭지 않다고 생각할 수 있는 행위에 해당하는 형벌의 심각성을 언급한다. 세 본문은 모두 하늘나라의 제자가 세상과 공동체에서 가져야 할 더 나은 의를 최후에 받게 될 형벌의 그림으로 강조한다.

---

765 예를 들어, 19:16에서 부자 청년이 "영생을"(ζωὴν αἰώνιον) 얻으려면 무슨 선한 일을 해야 하는지 묻자 예수는 "영생을 얻는 것"을 "그 생명에 들어가는 것"(εἰς τὴν ζωὴν εἰσελθεῖν, 17절), "영생을 상속받는 것"(ζωὴν αἰώνιον κληρονομήσει, 29절)으로 표현한다.

766 "영원한 불에"는 25:41에서 악인들이 던져질 장소를 표현할 때 사용된다. 25:41의 "영원한 불에"는 25:46의 "영원한 형벌"과 평행을 이루고 있고 반대 개념은 "영생으로"이기에 "영원한 불"은 종말론적 심판을 의미한다. 18:8-9에 있는 '아이오니오스'(αἰώνιος)가 종말의 운명을 묘사하는 본문인 25:41, 46에도 사용된 것을 고려하면 18:8-9의 게헨나는 최후 형벌의 장소라고 할 수 있다. 종합해 보면, 몸의 일부를 잃는 아픔을 겪는 것이 게헨나에서 몸 전체가 불타는 형벌보다 낫다.

767 18:6-9에 각 절마다 한 번씩, 전체 네 번 사용되는 σκανδαλίζω에 상응하는 형벌이 바로 게헨나의 불에 던져지는 것이다.

5. 울며 이를 갈게 될 곳(마 13:42, 13:50; 24:51; 8:12; 22:13; 25:30)

이제 우리는 마태복음의 특징인 "울며 이를 갈게 될 곳"에 초점을 맞추어 이러한 표현이 어떤 목적으로 최후 형벌을 묘사하기 위해 사용됐는가를 분석하려고 한다.

5.1. "울며 이를 갈게 될 곳"(마 13:42, 13:50; 24:51)

5.1.1. 마태복음 13:42

하늘나라 비유 강화(13:1-52)에서 "거기서 울며 이를 갈게 되리라"라고 하시는 예수의 선포는 42절과 50절에 나오며, 이 구절은 해설 부분에 포함된다. 그러므로 이 표현의 의미를 파악하려면 두 비유의 해설을 분석해야 한다. 마태복음 13:24-43은 우주적(또는 최후) 심판에서 일어날 인류의 최종 운명을 주제로 다룬다.[768] 악한 자들은 형벌을 받고 의인들은 신원 받을 것이다. 가라지 비유에 대한 해설에서 예수는 일곱 개의 핵심 사항을 최후심판 장면을 설명하려고 사용하신다(13:37-39). 42절에 있는 악인의 운명과 43절에 있는 의인의 운명이 대조된다. 강조점은 장소에 있다. 의인들이 해처럼 빛나게 될 보상을 받게 될 장소인 하늘의 영역과 반대되는 장소는 울면서 이를 갈게 될 곳이며 '풀무 불'이 있는 곳이다(42상; 참조. 단 3:6, 15, 17, 20, 23, 26; 에즈라 4서 7:36). 위에서 언급한 것처럼 풀무 불은 게헨나에 대한 다른 표현이다. 형벌의 시기와 관련하여, 41절에서 천사들이 법정적인 역할을 하는 것은 마태복음에서 최후심판을 의미한다(16:27; 24:31; 25:31-32). 인자의 천사들은 "모든 넘어지게 하는 것"과 "불법을 행하는 자들"을 모을 것이기 때문에(13:41; 참조.

768 최후심판의 주제는 묵시적 표현으로 강조된다(13:39, 49; 24:3; 28:20): 인자의 법정적 역할, 하나님의 중개자들인 천사들, 큰 분리, 불의 심판. 인자의 종말론적 역할은 단 7:13-14에서 온 것으로, 하늘법정과 심판의 주제가 연결된다. 인자가 자기의 천사들을 보낼 것이라는 장면은 인자가 하늘법정의 종말론적 재판장으로 서게 될 것을 의미한다.

에녹1서 46:5; 53:3-5; 63:1) 악인들과 의인들이 각각 정해진 장소로 보내지는 때는 최후심판(예, 세상 끝[39, 40절], 추수하는 천사들[39절], 불법을 행하는 자들을 거두는 장면[41절] 등) 직후다.

그렇다면 인자의 천사들은 누구를 형벌의 장소에 던지는가? 이들은 "모든 넘어지게 하는 것과 불법을 행한 자들"13:41)로서, 7:21-23에서 하늘법정에서 재판장이 심판할 "불법을 행하는 자들"(7:23)을 상기시킨다. 주의 이름을 부르는 자가 불법을 행하는 사람으로 심판 받는 것처럼(7:23), 인자가 천사들을 보내 의인과 악인을 분리시킬 때 하나님의 자녀들 속에 뒤섞여 불법을 행하는 자들은 불의 게헨나에 던져질 것이다. 13:38은 분명히 밭을 교회가 아니라 세상으로 정의하지만, 가라지 비유와 해석에서 밭의 모습이 세상에만 엄격하게 적용되기보다는 혼합된 교회의 특성도 내포한다.[769]

5.1.2. 마태복음 13:50

13:47-48은 그물 비유이고 49-50절은 비유에 대한 해설이다.[770] 13:36-43 경우와 마찬가지로 13:47-50은 최후심판을 강조할 목적으로 유대 묵시 이미지와 모티프를 사용한다(세상의 끝, 인자의 법정적 역할, 악인과 의인의 분리, 악인의 불심판). 13:47-50은 하늘법정에서 선언된 최후 평결의 결과를 반영한다. 13:36-43과 47-50절 사이의 유사성을 고려할 때 의인들에게서 악인들을 분

769 왜냐하면 가라지 비유의 해설은 교회의 혼합성을 직접 언급하지는 않지만, 원수(마귀)가 가라지(악한 자의 아들들)를 곡식(천국의 아들들) 가운데 뿌렸기 때문에, 즉 사탄의 방해로 하늘나라의 백성 가운데 사탄의 사람들이 섞이게 됐기 때문에, 교회 안에 악한 자들이 섞여 있음을 암시한다고 볼 수도 있다. 다음의 학자들은 본 비유와 해설이 세상의 문제가 교회에도 있음을 암시한다고 이해한다. W.F. Smith, "The Mixed State of the Church in Matthew's Gospel," *JBL* 82 (1963), 153; Luz, *The Theology of the Gospel of Matthew*, 89; Robert K. McIver, "The Parable of the Weeds among the Wheat (Matt 13:24-30, 36-43) and the Relationship between the Kingdom and the church as Portrayed in the Gospel of Matthew," *JBL* 114/4 (1995), 646.

770 13:47에서 그물을 던져 "각종 물고기"를 모으는 모습은 파루시아까지 인자의 명령에 따른 사역 기간에 일어난 일을 묘사한다. "각종 물고기"는 의인들과 악인들을 모두 포함하며 세상 끝에서 갈리기 전까지 함께 한 그물에 속한다(48-49절).

리시킬 천사들을 보내는 주체는 인자다(49절, 참조. 41절). 천사들이 악인들을 풀무불에 던질 때(50a절; 참조. 42a절), 이들은 울며 이를 갈게 될 것이다(13:42b; 50b; 8:12; 13:50; 22:13; 24:51; 25:30). 그물 비유에서 쫓겨나 울며 이를 갈게 될 대상은 누구인가? 인자의 명령을 받은 천사들이 갈라내기 전까지는 이들은 한 그물에서 최후심판 때까지 의인들과 함께 섞여 있으므로 의인들의 공동체 안에 있는 악인들이다. 이 점에서 13:47-50은 교회의 혼합된 실존을 보여준다.[771] 교회는 의인들만으로 구성된 공동체가 아니다. 안타깝게도 세상의 끝에 있을 최종 분리까지는 악인들이 공존한다. 그러므로 슬피 울며 이를 갈게 될 자들은 교회 안에 속해 있는 자들이다.

5.1.3. 마태복음 24:51

또 다른 "거기서 슬피 울며 이를 갈리라"는 표현은 '악한 종에 대한 비유'(24:45-51; 참조. 눅 12:42-46)의 마지막 구절에 나온다. 세 가지 비유로 구성된 24:45-25:30은 주인이 올 때를 깨어서 기다릴 것을 공통 주제로 다룬다.[772] 주인을 대신해서 동료 종들과 집을 책임 맡은 종들이 주인이 올 때까지 책임을 수행해야 하는 시기는 주인의 부재 기간이다. 이 기간은 교회가 예수의 명령을 받은 이후부터 예수의 재림 때까지다. 주인이 올 때까지 때를 따라 양식을 공급하는 충성되고 지혜 있는(45절; 25:2, 4, 8, 9) 종은 주인이 올 때 복을 받지만(45-46절), 악한 종은 이 기간이 길다고[773] 생각했기 때문에 동료들을 때리고

---

771 혼합된 교회에 대한 개념은 마태복음에 나타난 교회의 특징이다(참조. 7:21-23; 18:15-20, 23-35; 22:11-14; 25:31-46). 본 비유와 해석(13:47-50; 참조. 24-30, 36-43절)과 다른 본문(18:15-20, 23-35; 22:11-14; 25:31-46)은 교회가 선인과 악인으로 섞인 것을 암시한다.

772 이어지는 25:31-46은 주인이 와서 최후의 재판을 수행하는 우주적 심판 장면이다. 그리고 24:50의 "날"(ἡμέρα)과 "시간"(ὥρα)은 각각 36절에서 오직 아버지만 아시는 "날"과 "시간"이므로, 본 비유는 예상하지 못한 때 파루시아가 임하는 것을 강조한다(France, *Matthew*, 945; Nolland, Matthew, 999). 45절의 "주인"(ὁ κύριος)은 종과 주인의 관계에 해당하는 비유어지만, 예수를 의미하는 42절의 "주"(ὁ κύριος)와 44절의 "인자"(ὁ υἱὸς τοῦ ἀνθρώπου)에 이어서 나오므로 독자는 "주인"을 "주"이신 "예수"와 "인자"로 자연스럽게 생각하게 된다.

773 종말론적 본문(마 24:48=눅 12:45; 마 25:5; 히 10:37)과 비종말론적 본문(눅 1:21)에 나오는 '크로니조'(χρονίζω)은 상당히 오래 걸린다는 의미로서 종은 주인의 성품상 오래 머물다 올 것

술친구들과 먹고 마시며 지냈다(49절). 그러나 주인이 생각하지 않은 날에 돌아와서 종을 "엄히 때리고 외식하는 자가 받는 벌에" 처하게 할 것이다(50-51절). 이로 인해 종은 "거기서 슬피 울며 이를 갈"게 될 것이다(51하; 8:12; 13:42, 50; 22:13; 15:30). 여기서 두 가지 부분을 생각해 보자. 종의 정체는 무엇인가? 종은 주인이 맡긴 일을 책임졌으므로 공동체의 내부자다. 24-25장 전체 맥락에서 보아도 파루시아를 준비하도록 사명을 받은 자는 내부자다. 주인의 뜻을 알면서도 이 뜻을 고의로 실행하지 않았으므로 위선자(참조. 눅 12:46)인데도 불구하고,[774] '나의 주인'이라며 '나의'를 강조해서 주인과 주인의 계획을 잘 아는 것처럼 표현한다. 그러나 바리새인들과 서기관들이 이스라엘 백성에 속하고 그들의 지도자라고 해도 위선에 대해 심판을 받게 되는 것처럼(23장), 교회 안에 속해 있고 교회의 일을 맡았다고 해서 구원을 보장 받는 것은 아니다.

5.2. "울며 이를 갈게 될 곳" + "바깥 어두운 곳"(마 8:12; 22:13; 25:30)

5.2.1. 마태복음 8:12

8-9장의 두 번째 기적 사건을 다루는 8:5-13에 포함된 11-12절에서 많은 사람들이 동서에서 와서 잔치에 참여할 것이지만 본 나라의 자손들은 잔치에 참여하지 못하고 통곡하게 될 것이다(8:12).[775] 11절의 "동서로부터 많은 사람"은 단순히 이방인들이나 흩어진 유대인들이 아니라 종말론적인 새 백성을 하나님이 모으는 것을 의미한다(8:10; 사 56:3-8). 이스라엘의 족장들과 함께하는 식사와 동서에서 온 자들의 결합(8:11)은 종말론적인 메시아의 연회를 의미한다(참조. 사 25:6-8; 시 107:1-9; 겔 39:17-20; 에녹1서 62:14; 바룩2서 29:4). 메

이라고 확신했다. BDAG 1092; *EDNT* 3:487.

774 I. H. Johnes, *The Matthean Parables: A Literary and Historical Commentary* (SNT 80; Leiden: Brill, 1995), 440-41. 또한 Tuckett이 가르치고도 행하지 않는 것을 위선으로 정의한 부분은 여기에도 적용할 수 있다("Matthew and Hypocrisy," 155-156).

775 마 8-9장 이해의 핵심은 예수의 권위(8:10; 9:2, 22, 29)에 대한 올바른 반응이며, 8:11-12은 이러한 반응에 따른 종말론적 운명을 강조한다.

시아의 잔치가 열리는 장소는 하늘의 세계로(11절),[776] 하늘에서 의인들이 기쁨을 누리는 소재는 예수의 청중에게는 친숙한 그림이다.[777] 반면, "바깥 어두운 데"와 울며 이를 갈게 될 곳(13:42, 50; 22:13; 24:51; 25:30)은 하늘 잔치의 반대편이며(22:13) 하늘법정의 판결을 받아 던져질 최후 형벌의 장소를 가리킨다(25:30). 잔치가 열릴 하늘의 영역(8:11; 참조. 26:29)은 어두운 곳(8:12)과 대조를 이룬다. 종말론적인 천상의 잔치에 참여하지 못하는 장면은 예복을 입지 않은 사람이 잔치에서 쫓겨나는 그림과 유사하다(22:1-14). 메시아의 하늘 잔치는 최후심판 이후에 하늘에서 펼쳐질 것이다. 그런데 종말의 하늘나라 잔치에서 쫓겨나는 비극적인 운명을 겪을 사람들은 마땅히 메시아의 잔치에 참여할 줄로 생각한 자들이다. 결론적으로, 8:5-12에서 예수는 백부장의 믿음을 계기로 구속사를 설명하시는데, 백부장과 같이 예수의 권위를 인정하는 자들, 곧 많은 이방인들이 하늘의 잔치를 즐길 것이다. 이스라엘 백성 중에서 예수의 권위를 인정하지 않는 자들은 게헨나의 고통을 겪을 것이다. 그러므로 구속사의 관점에서 8:12에 나타난 최후 형벌의 장소는 하나님의 백성이라고 확신하더라도 예수의 권위를 인정하지 않는 자들을 경고하고 백부장과 같은 자들을 격려할 목적으로 사용된다.

5.2.2. 마태복음 22:13

22:13은 혼인 잔치 비유에 속한다(22:1-14; 참조. 눅 14:16-24; 도마복음 64).[778] 연회 자리가 손님들로 찼을 때(10절하), 즉 손님들이 잔치를 즐기기 직전에,

---

776 11절의 하늘나라와 26:29의 '내 아버지의 나라'는 종말론적인 나라이며, 분명히 영역의 개념이 함축돼 있다. '나라'의 공간적 특징을 주장한 글로는 다음을 보라. D. C. Allison, *Constructing Jesus: Memory, Imagination and History* (Grand Rapids, Mich: Baker Academic, 2010).

777 아브라함의 묵시록에서 의인들은 낙원에서 먹고 쉬지만 불의한 자들은 고통 받는 아뷔스에 던져질 것이다(아브라함의 묵시록 21:3-6). 흥미롭게도, 에녹1서 62:14-16에서 의인들은 영광과 생명의 옷을 입고 종말론적이고 천상의 잔치에 인자와 함께 참여하지만, 악인들은 '어두운 곳'에 던져질 것이다.

778 이 비유는 연속되는 세 비유(21:28-22:14)의 마지막에 해당하고 구원 역사를 설명하는 점에서 풍유적인 특징을 지닌다.

왕이 등장해서 평결을 내린다(11-14절). 비극적이면서 충격적인 장면이 벌어진다. 예복을 입지 않은 자가 잔치가 배설된 연회장에서 쫓겨난다.[779] 예복을 입지 않은 자의 "손발을 묶"(22:13)는 장면은 심판이 얼마나 무서운가를 묘사하는데,[780] 그는 "바깥 어두운 데에" 던져지고 "거기서 슬피 울며 이를 갈게 되리라"(13:42, 50; 24:51; 25:30; 참조. 8:12)는 저주를 받는다. 13절의 '사환들' 또는 '종들'은 3-8절의 사환들과 달리 하늘법정에서 하나님의 평결에 따라 심판을 집행할 천사들이다(참조. 13:41, 49; 18:34). 최후 재판의 결과로 의인들은 아들의 혼인 잔치를 즐길 것이지만, 하나님의 천사들은 악인들 또는 거짓 제자들을 의인들에게서 분리시킬 것이다(참조. 13:43). 혼인 잔치 비유의 핵심은 최후심판과 하나님의 새 백성에 대한 것이다. 이와 같이 예수는 비유를 통해 종말의 연회에서 자리를 차지할 것이라고 확신하면서 합당한 열매로 신분을 입증하지 못하는 자들에 대해 경고한다.[781] 혼합된 교회를 향한 경고는 "청함을 받은 자는 많되 택함을 입은 자는 적으니라"(22:14)는 말씀에도 나타난다(참조. 에즈라4서 7:47, 50-51; 8:1-3). 예수는 교회가 혼합된 상태임을 알림으로써 긴장하도록 의도한다.

5.2.3. 마태복음 25:30

달란트 비유로 알려져 있는 25:14-30은 파루시아까지 제자들 또는 교회가 가져야 할 태도를 가르치는 세 비유(24:45-51; 25:1-13, 14-30) 중 세 번째(마지막)에 해당한다. 세 비유에는 크게 두 종류의 제자가 등장하는데, 달란트 비유도 마찬가지다. 다섯 달란트와 두 달란트를 받은 종들은 착하고 충성된 종들로서 각각 다섯 달란트와 두 달란트를 남기지만, 한 달란트 받은 자는 악하

---

779 예복-심판(습 1:7-10; 아브라함의 묵시록 13:14; 에녹1서 10:4a; b. Šabb. 153a; Eccles. Rab. 9.8.1 [Qoh. 9:8])과 예복-보상(에녹1서 62:14-16; 스바냐의 묵시록 8:1-3; 에녹2서 22:8-10; 에즈라4서 2:44; 아브라함의 유언 20:10-14 A)에 대한 소재는 구약, 유대 묵시, 랍비 전통을 반영한다.

780 이는 에녹1서 10:4에서 지극히 높은 자가 라파엘에게 아사엘을 묶도록 명령하는 것과 비슷하다.

781 이 문장이 행위로 구원을 얻는다(하늘나라에 들어간다)는 것을 의미하지는 않는다.

고 게으른 종으로 받은 것을 그대로 갖고 있다. 파루시아 전까지 교회는 착한 종들과 악한 종들로 혼합돼 있으며, 두 종류의 종이 보여주는 태도의 차이는 인자의 오심에 대한 인식의 차이다.[782] 나쁜 제자는 파루시아에 대한 긴장감이 없을 뿐 아니라 주인과의 바른 관계가 형성돼 있지 않다. 그의 악하고 게으른 삶은 자신의 신앙 고백과 전혀 맞지 않는다. 따라서 달란트 비유는 파루시아에는 선한 제자와 나쁜 제자가 분리될 것을 보여준다. 나쁜 제자는 신앙고백을 해서 일을 맡았으나 그의 고백을 합당한 삶으로 증명하지 못했고 하늘나라에 무익하므로 심판받게 될 것이다(30절).[783] 다시 말해서, 인자의 오심을 확신하고 인자를 아는 제자는 책임을 적극 수행하지만, 종의 악함은 하늘에 계시는 아버지의 뜻을 행하지(12:50) 않는 태도로 판명난다.[784]

---

782 필자는 재림과 분리의 관계를 다음의 분석으로 설명한다. 주인이 멀리 떠나 다시 올 때까지의 과정에 있을 일을 알리는 세 비유는 24:45-25:30에 있는데, 세 비유를 감싸는 24:45과 25:31절은 인자의 오심을 언급하며, 세 비유와 함께 교차대구법을 이룬다. 이 분석에 따르면 세 비유는 인자의 오심과 중심으로 구성되며(A-A′), 첫 번째와 두 번째 비유는 주인과 종의 관계를 모티프로 사용한다(B-B′). 두 번째 비유는 인자가 올 때 펼쳐질 혼인잔치를 모티프로 사용한다(X, 참조. 22:10-14). 이처럼 세 비유는 인자의 오심, 주인과 종의 관계, 혼인 잔치를 서로 연결한다.

A 24:44 "…생각하지 않은 때에 인자가 오리라"

B 24:45-51 주인과 종(24:51 "…거기서 슬피 울며 이를 갈리라")

X 25:1-13 신랑과 처녀(25:10 "혼인 잔치에 들어가고 문은 닫힌지라"

B′ 25:14-30 주인과 종(25:30 "…거기서 슬피 울며 이를 갈리라")

A′ 25:31 "인자가 자기 영광으로 모든 천사와 함께 올 때에…"

783 France, *Matthew*, 957; Keener, *Matthew*, 602.

784 본문에 위선이라는 용어는 나오지 않지만 종으로서 주인의 일을 맡고 그의 뜻을 알았으나 행하지 않았으므로 외식하는 자라고 할 수 있다(24:51).

5.3. 요약

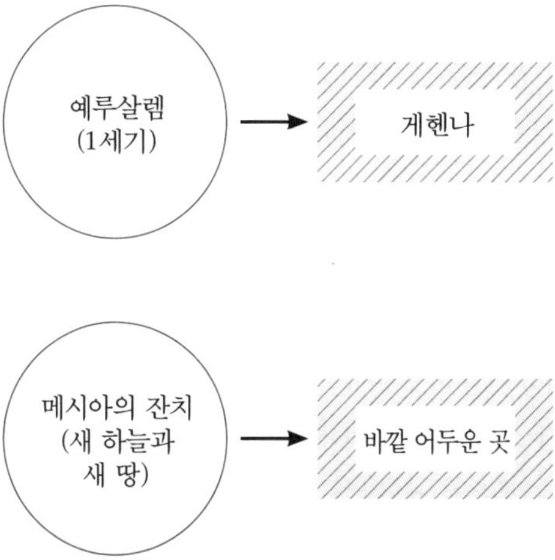

종말에 악인들이
가게 될 형벌의 장소

*게헨나: 유대인들이 알고 있는 실제 장소(예루살렘의 남서쪽)인 게헨나(게힌놈)를 최후심판의 은유(메타포)로 사용하여 죄를 가볍게 여기는 행위와 위선적인 행위를 경고한다.

*바깥 어두운 곳: 최후심판의 결과인 형벌의 장소는 울며 이를 갈게 될 곳인데, "바깥 어두운 곳"은 메시아(또는 아들의 혼인)의 잔치가 벌어질 밝고 아름다운 하늘과 대조를 이룬다.

여섯 본문에서 "슬피 울며 이를 가는 것"은 최후심판에서 충격적인 분리가 일어날 때 예상하지 못한 결과에 대한 반응이다.[785] 그리고 울며 이를 갈게 될 곳만 있는 본문(13:42, 13:50; 24:51)과 여기에 "바깥 어두운 곳"이 붙은 본문(마 8:12; 22:13; 25:30)의 차이를 보면, 바깥 어두운 곳은 잔치가 열리는 장소와 반대 개념으로 붙여진 것이다.[786] 8:12을 제외하면 모두 교회의 혼합된 상태를 암시한다. 마태는 교회가 최후심판 때에 분리를 경험하게 될 것을 독자들에게 경고로 알리며 교회 상태를 직시하도록 돕는다.

---

785 이런 운명을 경험할 자들의 정체는 다음과 같다: (1) 세상에서 의인들 속에 들어가 불법을 행하는 자들(13:42), (2) 교회 안에서 의인들 속에 섞여 있는 악한 자들(13:50), (3) 예수의 뜻을 알고 예수를 '나의 주'라고 하면서도 예수의 다시 오심에 대해 긴장하지 않고 사명에 책임성이 없는 교회의 내부자(24:51), (4) 메시아의 잔치를 즐길 하나님의 백성이라고 생각하지만 예수의 권위를 거부한 이스라엘 백성(8:12), (5) 교회 안에 있으나 행함으로 신앙을 증명하지 못하는 자(22:13), (6) 교회에 속했고 책임을 맡았으나 예수의 다시 오심에 대한 긴장감도, 예수와의 인격적인 관계성도 없어 게으르고 악하게 시간을 보낸 자(25:30).

786 Luz, Matthew, 2:11.

6. 요약과 결론

우리는 이제까지 게헨나와 관련 이미지의 역사적 배경을 탐구했으며, 형벌의 장소가 마태복음에 사용된 용례를 세 가지로 구분해서 연구했다. 마태는 우주적-종말론적인 형벌의 장소를 위해 게헨나를 은유로 사용한다. 마태복음에 사용된 최후 형벌의 장소를 세 가지 범주로 나눠서 분석한 결과는 다음과 같다. 첫째, 마태복음에만 나오는 '게헨나' 본문(5:22; 25:15, 33). 게헨나는 가볍게 넘길 수 있는 죄의 심각성이나(5:22) 바리새인들과 서기관들의 위선이 얼마나 심각한 결과를 초래하는가를(23:15, 33) 지적하기 위해 사용됐다. 이런 경고는 하늘나라 제자의 의가 서기관과 바리새인의 의보다 더 나아야 함을 강조하기 위함이다. 둘째, 공관복음서 중 병행 본문에 사용된 '게헨나' 본문(5:29-30; 10:28; 18:8-9). 게헨나는 핍박하는 세상에서 제자들이 하나님을 더 두려워하도록 가르칠 목적으로(10:28=눅 12:5), 마음속에 있는 (간음) 죄의 심각성(5:29-30=막 9:43-48)과 소자를 무시하는 행위에 주어질 심각한 심판을 강조하기 위해(18:8-9=막 9:43-48) 사용된다. 이 용례는 세상과 공동체에 속한 하늘나라의 제자에게 요구되는 더 나은 의를 강조하기 위함이다. 셋째, 울며 이를 갈게 될 곳(8:12; 13:42, 50; 22:13; 24:51; 25:30). 슬피 울며 이를 갈게 될 곳은 최후 심판에서 벌어질 예상 밖의 결과를 보여준다. "바깥 어두운 곳"이 붙은 세 본문은 모두 하늘나라의 잔치가 벌어지는 '밝은' '안쪽'의 이미지와 대조되는 어두운 게헨나를 묘사한다. 이렇게 함으로써 마태는 구속 역사의 특징과 의인들과 악인들로 혼합된 교회의 특징을 보여주고 삶이 수반된 제자도를 강조한다. 이 표현이 사용된 여섯 본문 모두에서 하늘나라에 속했다고 확신하는 자들이 비극적 운명을 맞는다. 이들 중에는 심지어 주의 일까지 맡은 자들도 포함된다. 결론적으로, 마태는 누가 하늘나라에 들어가지 못할 것인가를 설명하고, 하늘나라의 제자들에게 더 나은 의를 강조하기 위해 우주의 종말론적인 장소인 게헨나와 이 장소와 관련된 이미지를 사용한다. 우리는 마태가 교회론을 위해 우주론을 사용한다고 결론내릴 수 있다.

12장

요약 및 종합

: 마태복음의 하늘과 하늘나라

우리는 이제까지 마태복음에 사용된 하늘과 하늘나라의 용어와 주제를 살펴보았다. 분석한 결과를 본서의 순서가 아니라 주제를 중심으로 다음과 같이 요약하고 종합할 수 있다. 하늘과 하늘나라가 마태복음의 내러티브(서사)에서 어떤 역할을 하는지 검토하는 내용은 복음서를 전체로 읽으면서 두 개념의 의미를 파악하게 돕는 시도다. 앞에서 여러 차례 언급했듯이 마태복음에서 "하늘"은 사건이 일어나는 공간적 배경으로 기능하기 때문에, 내러티브와 하늘의 관계는 사건들과 하늘의 언어를 연결하면서 복음서를 읽도록 도울 것이다. 특히 "하늘나라"가 마태복음의 흐름에서 어떻게 사용되는지 파악하는 것은 사실상 마태복음의 전체를 이해하는 방법과 같다. 마태복음은 "하늘나라의 복음"이기 때문이다. 마태복음 전체에서 하늘나라가 어떻게 사용되는지 분석하는 작업은 한 권의 주석을 집필해야 가능하다. 여기서는 매우 간결하게 이 부분을 정리할 것이다.

A. 하늘

1. 마태복음의 주제와 하늘

1.1. 연구 종합: 마태복음은 구약과 유대교의 하늘 이미지와 상징성을 어떻게 사용하는가?

구약과 제2성전기 유대교에 사용된 하늘의 언어를 마태복음에 적용해 얻은 결과는 다음과 같다. 첫째, 하늘회의(법정/궁정)의 그림은 하늘과 땅의 상호관계를 알리며, 하늘의 뜻을 전하며, 복음서에 등장하는 인물들의 정체성을 밝히며, 최후심판을 강조한다. 마태가 반복해서 사용하는 전치사 "앞"(ἔμπροσθέν)은 하늘회의를 암시하는 표시다(10:32, 33; 11:26, 18:14; 25:32). 하늘회의는 땅의 교회나 공동체와 연결되고 땅의 행위에 대해 반응한다(16:18-19; 18:18-20). 하늘에서 들린 음성은 하늘의 뜻에 순종한 아들/종에 대한 하늘의 반응이다(마 3:17; 17:5; 참조. 12:18-21; 27:54; 사 42:1-4). 하늘은 인생의 운명을 선포하는 법정이면서 의인들의 보상이 마련되고 있는 곳이다. 인자는 최후심판에서 하늘법정을 주재할 것이며(16:27-28; 25:31-32; 26:64) 하늘회의는 종말론적 전쟁을 위한 군대 역할을 할 것이다(24:29-31).

둘째, 마태복음은 유대 묵시전통의 중심 주제인 인생의 '운명'과 '장소'의 관계를 핵심적인 요소로 사용한다. 하늘의 뜻을 따르는 의인들은 하늘에서 상을 받고(5:11-12; 6:1-18) 천상의 존재로 변형될 것이다(13:43; 17:2; 참조. 22:11-14). 예수의 권위를 믿은 자들은 하늘잔치를 즐기게 될 것이다(8:11; 22:11-14). 예수를 위해 모든 것을 버린 자들은 하늘보좌들에 앉을 것이다(19:28). 하늘(엄밀히 말하면 새 하늘과 새 땅)에서 의인들이 누리게 될 지고의 행복은 바깥 어두운 곳에서 슬피 울게 될 악인들의 운명과 뚜렷이 대조된다(8:12; 13:42, 50; 22:13; 24:51; 25:30). 하늘법정과 최후심판의 관계는 마태의 다섯 강화의 마지막에 모두 등장하며 양과 염소의 비유(25:31-46)에서 절정에 이른다.

셋째, 성전의 하늘 상징성을 적용해 보면(9:1-8; 26:64; 27:51-53), 인자와 하늘법정의 권위는 대제사장과 유대법정의 권위 위에 있다. 성전 휘장이 찢어지고 벌어진 일련의 사건은 하늘의 궁창이 열려 하나님이 아들의 죽음에 반응하여 하늘에서 회복을 위해 내려오시는 것을 상징한다(27:51하-53).

넷째, 구약과 유대 묵시전승에 나타나는 "하늘의 열림"과 "앞에 서다"와 "앞"은 마태의 "하늘과 땅의 관계"를 이해하는 열쇠가 된다. 그리고 내러티브 접근이라는 관점에서 보면, 하늘은 사건이 벌어지고(예, 하늘법정), 주인공들(예, 세례요한, 예수, 베드로, 제자들 또는 교회)의 신분을 계시하고, 하늘의 관점을 전해주는 공간적 배경의 역할을 한다. 특히 마태복음에만 있는 본문에서 하늘은 하늘법정과 의인들의 운명을 위한 영역으로서 중요하게 사용된다. 그러므로 우리는 다음과 같이 결론을 내릴 수 있다. 하늘은 마태복음의 내러티브와 강화를 이해하는 데 본질적인 요소이며, 분명 저자와 독자들의 공동 언어다.

다섯째, 하늘은 수직적으로 음부와 대척점에 있다. 하나님의 아들을 통해 하나님의 뜻을 깨닫고 그 뜻에 순종하는 제자들은 혹은 교회는 하늘에 속해 있는 반면 하늘의 뜻을 실현하러 온 아들을 수용하지 못하는 자들은 음부의 영역에 속한다. 마태는 독자들이 (또는 제자들이) 스스로 땅에서 작게 여길 수 있는 시각을 극복하고 하늘의 정체성을 갖도록 한다.

마지막으로, 하늘은 추상적인 개념이나 비공간적 개념이 아니라 하나님이 천사들과 믿음의 조상들과 함께 거하시는 소망의 공간이다. 땅이 영역이듯이 하늘도 영역이다. 하늘은 의로운 삶을 산 신자들을 위한 보상이 쌓여 있는 곳이다. 하늘은 땅에 거하는 교회와 개별 신자들의 호소와 결심에 반응하시는 하나님이 아버지로 계시는 곳이다. 하나님은 땅에 사는 자녀들이 좁은 길을 가는 여정에서 겪는 문제로 염려하지 않기를 바라시며 그들의 희생을 보시고 응답하시는 아버지이시다. 마태복음에서 전개하지는 않지만 새로운 세계가 열릴 때(19:28) 하늘은 새 하늘로 변해 새 하늘과 새 땅이 될 것이다. 하나님의 자녀는 새 하늘과 새 땅을 소망하며 땅에서 살아가야 한다. 하늘을 소망하는 것은 아버지와 함께 거하기를 소망하는 것이다. "이미 그러나 아직"의 기간에 죽어서 하늘에 있는 자들은 새로운 세상, 곧 새 하늘과 새 땅에서 예수 그리스도와 주의 만찬을 직접 맛볼 것이다. 많은 사람이 죽어서 가게 될 "하늘"에 관심을 두고 있을지라도, 마태는 살아서 예수와 함께하는 것, 죽어서 예수와 함께하는 복에 관심을 둔다. 마태는 땅에서 하늘에 계시는 아버지의 보살핌을 맛보고, 죽지만 아버지와 살아서 함께하고, 새 세상에는 아버지께서 예수를 위해 마련하신 식탁에서 교제하는 것을 더 중요하게 다룬다.

1.2. 하늘에 계시는 아버지

마태복음의 "하늘에 계시는 아버지"(ὁ πατήρ ὁ ἐν τοῖς οὐρανοῖς)에서 "하늘"은 단수형(οὐρανός)이 아니라 복수형(οὐρανοί)이며, 복수형 하늘은 하나님이 천사들과 함께 거하시는 초월적 영역이다. 이 문구에서 (1) "하늘 아버지"는 예수의 제자들에게 사용되는 가족 언어로 제자들을 격려하는 표현이다. "하늘에 계시는 아버지"는 5:16에 처음으로 등장하고, 이 구절에서 "하늘들"(복수형)은 비가시적인(혹은 창조되지 않은) 하늘을 가리킨다. 제자들이 사람들 앞에서 빛을 비출 때 하늘에 계시는 아버지께서 영광을 받으실 것이다(16절). 하늘에 계시는 하나님은 제자들의 아버지가 되시고 현재의 질서가 미래에 역전될 것이기에 그들은 복 있는 자들이다. 예수는 제자들과 잠재적 제자들인 무리를 향해서는 아버지를 사용하시지만, 바리새인과 같이 유대 지도자들에게 아버지 대신 하나님을 사용하신다(예, "하나님"[12:4, 28; 15:3, 4, 6]→"아버지"[15:13]).

(2) "하늘에 계시는 아버지"는 땅에 있는 제자들에게 하나님 앞에서 경건 행위를 하도록 강조하는 표현이다(예, "하나님 앞에서"-코람데오). "하늘에 계시는 아버지 앞에서"의 전치사 "앞"(ἔμπροσθεν)은 하늘회의(또는 하늘법정)를 가리키는 흔적이다(10:32, 33; 11:26, 18:14; 25:32). 6:1의 "사람들 앞"(ἔμπροσθεν τῶν ἀνθρώπων, 10:32-33; 참조. 5:16)은 "하늘에 계시는 아버지"와 대칭을 이룬다. 제자들이 사람들에게 보이려고 경건생활을 하게 되면 하늘에 계시는 아버지께서 엄정하게 재판을 하실 것이다(6:1, 4, 6, 18). 제자들이 바라보아야 할 대상은 바

로 하늘에서 자신들의 경건을 평가하실 하나님이시다. 하늘에 계시는 아버지께서 심판의 날에 온 인류를 심판하실 때 예수를 따르는 사람들이 하나님 앞에서 살았는지 아니면 사람들 앞에서 살았는지 평가하신다. 하늘과 땅의 대칭은 10:32-33에서 선명해진다. 32-33절은 하늘법정의 장면을 묘사한다. 하늘회의 또는 하늘궁정이 종말에는 최후심판을 집행하는 법정의 기능을 수행하게 될 것이다. 하늘법정을 암시하는 표현은 법정용어와 전치사 "앞"이다. "시인하다"("호몰로게오"; 참조. 마 25:12; 눅 12:8; 계 3:5; 클레멘트2서 3:2)와 "부인하다"("아르네오마이")는 법정의 용어들로서 전치사 "앞"(ἔμπροσθεν)과 함께 결합돼 하늘(법정)과 지상(법정)을 대조한다(참조. 25:32; 단 7:13; 에녹1서 45:1-2; 52:6; 63:5, 7, 9). 땅에서 사람들 "앞에서" 예수를 시인하고 부인하는 것에 대해 종말에 하늘에 계신 아버지 앞에 서서 평가를 받게 된다(10:32-33).

누구든지 사람 앞에서 나를 시인하면	[땅에서]
나도 하늘에 계신 내 아버지 앞에서 저를 시인할 것이요	[하늘법정에서]
누구든지 사람 앞에서 나를 부인하면	[땅에서]
나도 하늘에 계신 내 아버지 앞에서 저를 부인하리라	[하늘법정에서]

(3) 위의 내용과 연결되는 것으로 하늘은 아버지 앞에서 살아가는 자녀를 위해 상이 쌓이는 곳이다(5:46; 6:1, 2, 4, 5, 6, 16, 18; 10:41, 42; 19:27-29; 20:1-15; 24:45-47; 25-20-23; 25:34-40). 5:11-16에서 핵심 표현인 "하늘에서 너희의 상"(상-너희의…하늘에 ὁ μισθὸς ὑμῶν…ἐν τοῖς οὐρανοῖς, 12절)과 "하늘에 계시는 너희 아버지께"(16절)에서 하늘은 의인들을 위해 준비된 곳이다. 5:11-12에서 "종말에-하늘"은 "오늘-땅"과 대조를 이루며, 하늘에서 받을 상이 크다는 표현은 종말론적인 반전을 뜻한다. 6:1-18도 5:11-16과 마찬가지로 하늘과 땅을 대조하면서 참된 경건은 의인들에게 상을 주실 하늘의 아버지 앞에서 행하는 것임을 반복해서 강조한다. 특히 6:1의 전치사 "앞"(ἔμπροσθεν)은 경건의 초점을 하나님에게 맞추어 "사람들 앞"이 아니라 "하늘에 계시는 아버지 앞"을

시각화한다. 하늘에 계시는 아버지는 하나님 앞에서 의를 실천한 제자들을 위해 갚아주실 것이다(6:4, 6, 18).

(4) 하늘 아버지는 땅의 아버지와 대조되는 표현이다. 하늘 아버지의 자녀들인 제자들은 하늘의 뜻에 따라서 살아야 하므로 땅의 아버지를 떠나는 운명에 처하고(4:21-22; 8:21; 참조. 12:49-50) 땅의 아버지에게 핍박을 받는 경험도 할 것이다(10:21, 34-35). 그러나 제자들의 아버지는 하늘에 계시고(6:1; 참조. 5:16), 은밀한 중에 보시며 갚아 주신다(6:4, 6, 18; 참조. 5:12). 예수는 "하늘에"와 "땅에"를 대조해서 땅의 제자들로 하여금 하늘에 계시는 아버지께서 땅에서 일어나는 일을 아시고 아버지로서 반응하실 것을 확신하도록 가르치신다. 그러므로 제자들은 자신들의 신분을 하늘에 계시는 아버지와의 관계에서 이해해야 한다. 제자들은 하늘의 아버지와 유일한 관계 가운데 계시는 예수를 통해 하늘에 감춰진 비밀을 깨달을 수 있다(예, 11:25-27).

1.3. 예수와 하늘

마태복음에서 하늘은 (1) 예수의 정체를 계시하고 (2) 예수께서 땅에서 사명을 수행하게 된 이유(="아버지의 뜻")가 있는 영역이다. 예수는 하늘 아버지의 아들로서 하늘에 계셨지만 아버지의 뜻에 순종하기 위해 땅으로 내려오신 하나님의 종이다. 예수와 하늘의 관계는 탄생 내러티브부터 여러 본문에 묘사되지만 몇 개만 선별해서 살펴보고자 한다.

1.3.1. 하늘의 비밀: 하늘에서 내려온 하나님의 아들과 종

1.3.1.1. 마태복음 3:13-17

예수께서 세례를 받고 물에서 올라오자 하늘이 열리고 하나님의 성령이 비둘기처럼 그에게 내려오며(3:16) 하늘에서 한 소리가 들린다(3:17). 이 음성은 예수를 하나님의 아들로 알린다(3:17; 참조. 17:5; 12:18-21; 사 42:1). 하늘이 열린다는 표현은 하늘에서 하나님이 이 땅에서 벌어지는 일에 심판 등으로 반응하시는 것과 묵시적 진리(또는 하늘에 감춰진 하나님의 뜻)가 계시되는 것을 의미한다(사 64:1; 겔 1:1). 마태복음에서 하늘이 열리는 문학적 소재는 구약과 유대교의 그것과 연장선에 있다. 세례 장면에서 하늘이 열려 하나님과 천사들이 있는 하늘의 비밀이 알려지는데, 비밀이란 바로 예수께서 하나님이 기뻐하시는 아들이라는 사실이다(참조. 17:1-8; 27:51-53). "내 기뻐하는 자라"(ἐν ᾧ εὐδόκησα)는 이사야서의 첫 번째 종의 노래에 있는 "내 마음에 기뻐하는 자"와 비슷하며(사 42:1), 순종하는 종에 대한 하나님의 음성이다(시 44:3; 149:4; 사 42:1; 62:4). 이사야 42:1의 문맥인 41:21-29은 하늘회의 장면이며, 42:1-9 이전의 본문은 하나님과 다른 신들 사이에 벌어진 하늘법정의 소송을 다루므로, 42:1-4은 하늘회의(하늘법정 또는 하늘궁정)에서 들린 하나님의 연설이다. 하나님은 하늘회의에서 종을 통해 칙령을 땅에 전하도록 한다(42:1, 3, 4). 이를 마태복음의 세례 장면에 적용해 보면, 구원을 위한 하나님의 뜻은 하늘에 준비됐고, 이 뜻을 아들이 순종함으로 성취하고자 세례를 받았으며, 아버지는 아들의 순종을 기뻐한다.

흥미롭게도, 세례 때 하늘에서 들린 구약의 두 본문(시 2:7; 사 42:1-3)의 결합은 예수의 치유 사역에 대한 마태의 설명(12:18-21)과 천상의 두 인물(엘리야와 모세)이 등장하는 변모 사건(17:1-9)에도 나타난다. 아래 표를 보면, 예수의 고난에 대한 반응으로 하늘이 열리며, 열린 하늘을 통해 하늘의 계시가 예수와 신앙 공동체에 주어진다. 계시의 내용은 예수의 신분이다. 예수는 아버지의 구원 계획에 순종하는 아들이고 종이다. 그런데 수난 내러티브에서는 하늘에서 들린 계시의 내용이 땅의 이방인들을 통해 나온다. 말하자면, 고난의 극치인 십자가에 대한 반응으로 하나님의 계시가 이방인의 입에서 나오는 기적이 일어난 것이다. 교회는 하늘의 계시를 알고 있는 신앙 공동체로서 예수를 고난받아 죽기까지 아버지의 뜻을 성취한 종으로 이해해야 한다. 고난받는 종으로서의 아들로 이해하는 것이 하늘의 계시를 깨달은 것이다. 그러므로 하늘의 계시를 추구하는 공동체는 하늘에 선재하셨던 아들이 많은 사람을 구원하기 위해 십자가의 고난을 받기 위해 땅에 내려와 구원의 계획을 성취하셨다는 사실에 집중해야 한다.

	세례 (3:13-17)	예수의 치유 (12:9-21)	변형 사건 (17:1-9)	수난 내러티브 (26-27장)
아들의 순종	모든 의를 이루기 위해(3:15-16)	예수를 죽이려는 음모 (12:9-16)	수난 예고 (16:21-23)	예수의 고난과 죽음(26-27장)
하늘 이미지	하늘의 음성 (3:16-17)	하늘법정의 음성 (12:17; 사 42:1)	구름 속에서 들린 음성 (17:2-5)	하늘의 궁창을 상징하는 휘장의 열림(27:51)
계시된 하늘의 비밀: 예수는 하나님의 아들	3:17	12:17-18	17:5	27:54

1.3.1.2. 마태복음 18:10-14

이 단락은 하늘나라에서 누가 큰 자인지 묻는 제자들의 질문(1절)에 대한 대답이다. 직접적인 대답은 4절이고 10-14절은 간접적인 대답이므로, 우리는 두 대답을 연결해서 이해해야 한다. 10-14절은 하늘의 장면과 땅의 장면을 교차대구법으로 배열해서 예수를 하늘에 있는 아버지의 뜻을 실행하기 위해 이 땅에 내려온 종으로 묘사한다.

A 하늘 장면(10절)

  B 헤매고 있는 양을 찾는 목자의 비유(12-13절)

A′ 하늘 장면(14절)

10절과 14절은 하늘, 구체적으로는 하늘회의 장면이며, 그 사이에 헤매는 양을 찾는 목자의 비유가 들어가 있다(12-13절). 먼저 하늘의 장면을 보자. 10절에서 작은 자들의 천사들이 하늘에서 하늘에 계신 "내 아버지"의 얼굴을 항상 뵈옵는다! "하늘에 있는 그들의 천사들"(οἱ ἄγγελοι αὐτῶν ἐν οὐρανοῖς)은 하늘회의(하늘궁정, 하늘법정)의 구성원들이다. 하늘의 천사들과 같은 하늘의 존재들은 하나님 앞에 서서 땅에서 일어나는 일을 보고하고 하나님의 평결과 지시를 받기 위해 기다린다. 그래서 천사들이 서서 하나님을 대면하는 것으로 묘사하는 10절은 구약과 유대 묵시 문헌에 등장하는 하늘회의의 전형적인 모습 가운데 하나다(예, 욥 1:6; 2:1; 단 7:10; 에녹1서 14; 아브라함의 유언 7:11; 8:1; 9:7). 천사들은 소자들을 실족시킨 자들에 대한 하나님의 반응을 기다린다. 그들은 인자가 오실 때 최후심판을 집행하는 일을 맡을 것이다(예, 13:39-43, 49-50; 24:31; 25:31-46). (한글과 영어성경에서 번역하지는 않지만) 14절의 전치사 ἔμπροσθεν("앞")은 하늘법정을 암시하는 전치사다. 14절에 언급된 "뜻"은 하늘궁정 또는 하늘법정에서 선언된 하나님의 명령이나 칙령을 의미한다(참조. 6:10; 엡 1:5, 9, 11). 하늘법정에 있는 아버지의 뜻은 소자를 잃어버리지 않는 것이다. 12-13절의 비유는 하늘의 장면을 묘사하는 10, 14절 안에 들어 있는 것이므로, 독자는 하늘의 장면(예, "하늘의 뜻")과 연결해서(예, "하늘의 뜻에 따라서 목자가 양을 찾아 나선다") 해석해야 한다. 목자는 하늘에 계시는 아버지의 뜻에 순종해서 양을 찾아 나선다(겔 34:4, 16; 렘 23:13, 32). 헤매는 양을 찾는 목자는 고난받는 종이다(사 53:6). 양을 찾는 목자는 수치를 겪도록 낮아지고(마 18:4; 사 53:8) 목자가 고난을 받는 결과로 양이 회복된다(26:31; 슥 13:7; 사 54:4b, 6; 벧전 2:24-25). 누가 하늘나라에서 큰 자인가? 제자들이 기대하는 그런 큰 자는 없다. 그러나 수치를 무릅쓰고 하늘 아버지의 뜻에 순종해서 길을 헤매는 양 한 마리를 찾는, 공동체에서 가치 없이 보이는 한 영혼을 찾아 나선 고난의 목자가 하늘나라에서 큰 자다. 예수는 이런 목자의 모습으로 제자들을 회복하셨고 제자들이 예수처럼 고난받는 목자의 길을 따름으로써 하늘 아버지의 뜻에 순종하기를 원하신다.

1.3.2. 하늘의 비밀: 하늘의 보좌에 앉는 아들

예수는 하늘의 뜻을 실행하기 위해 고난을 받은 종으로 오셨으나 원래의 신분은 신적인 아들이며, 그의 신분은 하늘과 관련이 있다.

1.3.2.1. 마태복음 22:41-46

그리스도는 "다윗의 아들"이다(삼하 7:12; 대상 17:11-14; 사 11:1; 렘 23:5-6; 33:15; 겔 34:23-24). 유대인들에게 다윗의 아들은 왕의 역할을 수행하는 인간이지 신은 아니었다. 그러나 예수는 다윗의 아들이 신적인 존재로서의 하나님의 아들임을 시편 110:1을 해석해서 설명하신다. 예수는 혈통적으로는 다윗의 아들이지만 하나님과 유일한 관계를 갖고 계시는 선재하신 그리스도이시다. 예수는 자신이 하나님의 우편에 앉아 통치하시는 아들의 권위를 갖고 계신 것을 암시한다(43-44절).

1.3.2.2. 마태복음 26:57-68

예수께서 유대법정에서 재판을 받는 장면(26:57-68)은 성전과 하늘의 관계를 통해 적절히 이해될 수 있다(성전의 하늘 상징성을 위해서는 배경 설명과 성전의 휘장이 찢어진 사건에 대한 설명을 참조 바람). 본문은 (실제 하늘에서 오는) 예수와 (하늘의 상징인 지성소에 들어가는 것으로 권위를 주장하는) 가야바의 권위 충돌을 알린다. 누구의 권세가 더 강한가? 유대법정(또는 가야바의 법정)과 하늘법정(인자의 법정) 중에서 어느 쪽이 어느 쪽을 심판하는가? 예수와 하늘법정이다. 가야바는 지성소에 들어가는 특권을 가졌기에 하나님의 뜻을 받을 권위를 부여 받았다고 믿는다. 그러나 인자인 예수는 지성소의 본체인 하늘보좌에 앉을 것이며 하늘의 구름을 타고 하늘법정을 주재할 것이라고 선포한다. 예수는 하늘법정의 그림으로 자신이 천상세계에 속한 신적인 존재요 하늘법정에서 산헤드린을 재판할 것을 암시하신다. 땅의 현실은 예수가 대제사장과 유대법정이라는 최고의 권세 앞에 죄수로 서서 치욕을 당하는 모습이지만, 하늘의 진리는 이 죄수가 하늘과 종말의 초월적이고 신적인 심판자로 와서 그들을 앞에 세워 재판하는 권세를 가지고 있다는 사실이다(예, 25:31-32).

1.4. 제자 공동체와 하늘

1.4.1. 마태복음 11:25-27

예수는 음부가 사용된 11:20-24과 하늘이 핵심인 11:25-27을 연결함으로써 심판을 받을 도시인 가버나움과 구원의 공동체를 음부와 하늘의 수직적 구도로 대조하신다. 예수는 메시아의 행위와 복음 선포로 하늘나라의 도래를 알렸으나 가장 큰 특권을 누린 가버나움이 회개로 반응하지 않았기에 음부의 개념으로 충격적인 운명을 선포하신다. (은유적으로) 우주에서 가장 낮은 곳인 음부는 교만한 대상의 운명을 묘사하기에 가장 적절한 개념이다. 예수께서 가버나움의 운명을 위해 사용한 이사야 14:13-15은 바벨론 왕(느부갓네살)의 운명을 설명하는데, 하늘과 음부를 수직적으로 배치해서 하늘에까지 올라가려고 할 만큼 교만한 바벨론이 음부(스올)에 떨어지게 될 운명을 강조한다. 그러나 선재한 아들을 통해 하늘에 숨겨진 계시를 받은 제자들은 하늘나라의 현재적 도래를 이미 경험하는 구원 공동체로서 하늘에 속해 있다.

11:25에서 "계시하다"로 번역한 ἀποκαλύπτω(아포칼립토)는 하늘에 감춰진 뜻을 전달하는 의미를 갖는다. 흥미롭게도 마태복음에서 "계시하다" 동사 다음에는 하늘 관련 장면이 나온다(10:26 → 10:32-33; 11:25 → 11:26-27; 16:17 → 16:18-19). 예수는 소자들이 예수의 사역을 깨닫게 된 것을 아버지의 기쁜 뜻으로 이해하신다(26절). 26절에서 "뜻" 또는 "기쁜 뜻"으로 번역할 수 있는 유도키아(εὐδοκία)는 6:10과 18:14의 뗄레마(θέλημα)와 동의어다(참조. 엡 1:5, 9, 11). εὐδοκία는 3:17, 12:8, 17:5의 동사 유도케오(εὐδοκέω)와 연결된다. 이 동사는 세 본문에서 예수의 정체를 하나님의 아들로 드러내고 하늘 장면과 연결된다(마 3:16-17; 12:17; 17:2-5; 참조. 27:51; 사 42). 또한 26절의 헬라어 표현은 문자적으로 "아버지의 뜻" 또는 "당신의 뜻"이 아니라 "당신 앞에 (있는) 뜻"(εὐδοκία... ἔμπροσθέν σου)이다. "앞"을 뜻하는 헬라어 전치사 ἔμπροσθέν은, 계시적이고 법정적 장면에서 사용될 때, 하늘법정(의회)에서 하나님이 앉아 계시고 하늘회의 구성원들이 의회를 주재하는 하나님 앞에 서 있는 모습을 그린다. "당신

앞…뜻"(εὐδοκία…ἔμπροσθέν σου)은 하늘법정에 있는 하나님의 뜻(칙령)이며 하늘에 감추어졌으나 이제 선택된 제자들에게 드러난 묵시적 비밀이라고 할 수 있다. 따라서 26절은 하늘회의 혹은 하늘법정을 묘사하고 있기 때문에, 음부에 속하는 가버나움과 달리 제자들은 어린 아이들로서 하늘에 있는 뜻을 깨달은, 하늘에 속한 자들이다.

1.4.2. 마태복음 16:18-19; 18:18-19

마태복음에만 기록된 16:18-19은 베드로의 신앙고백에 대한 예수의 반응이다. 교회는 하늘에 연결되기 때문에 음부의 세력이 교회를 이길 수 없다. 16:19의 "열쇠"는 열쇠를 쥐고 있는 사람의 권세를 상징하는데, 하늘의 열쇠를 가진 사람은 하늘의 문을 열 수 있는 권세를 가진다. 베드로가 하늘나라의 열쇠를 사용할 때 땅에서 베드로의 행위에 대해 하늘은 열린다. 베드로가 "매고 푸는" 결정권과 법적인 권위를 부여 받았음을 의미한다. 하나님의 뜻을 해석하는 권위는 유대교의 성경 선생들이 아니라 베드로에게 주어졌다. 하늘나라의 문 안으로 사람들이 들어갈 수 없도록 성경을 잘못 해석하는 바리새인들과 달리 베드로는 하늘나라에 들어가게 할 수 있는 권위를 갖는다. 이런 권위와 특권은 18:18-19에서 교회로 확장된다. 예수는 교회가 땅에서 매고 풀 때마다 하늘에서 매이고 풀리는 것을 약속하신다(18절). 15-17절의 내용과 연결해 보면, 세 단계에 걸쳐 주어진 훈계와 회복의 절차를 끝까지 거부하는 사람을 교회가 징계했을 때, 교회는 이 결정이 하늘에서 인정을 받을 것으로 믿어야 한다. 왜냐하면 교회의 권위는 하늘과 연결돼 있기 때문이다. 교회는 땅의 총회이고 하늘에는 하늘의 총회가 있는데, 두 총회는 서로 연결된다. 교회는 비록 약하고 형제의 문제로 인해 휘청거릴 수 있으나 교회의 뿌리가 하늘에 있음을 확신해야 한다. 교회의 결정에 하늘이 응답하기 때문이다. 이처럼 마태복음 16:18-19과 18:18-19은 음부와 하늘 사이의 수직적 관계를 사용해서, 마치 음부의 세력에 잡아먹힐 것처럼 작고 약해 보일지라도, 교회는 하늘에 속했고 하늘나라로 사람들을 인도하는 권세를 부여 받았음을 강조한다.

1.5. 인간의 운명과 하늘(법정)

마태는 하늘을 재판이 열리는 영역으로 여러 곳에서 묘사한다. 우리는 다섯 개의 강화에 초점을 맞추고자 한다. 마태는 다섯 개의 강화(5-7, 10, 13, 18, 24-25장)를 건물의 기둥처럼 배열하고 각 강화를 심판 장면으로 마친다(7:21-27; 13:37-43, 47-50; 18:23-35; 25:31-46). 최후심판 장면은 하늘법정에서 내려지는 최후판결을 포함한다. 각 강화의 끝은 서로 비슷한 표현과 장면으로 연결되고 다섯 번째 강화의 끝인 25:31-46에서 확대된다. 예를 들어, 첫 번째 강화(산상설교)의 마지막 장면인 7:13-27에 포함되는 21-23절은 마지막 날에 하늘법정에서 진행될 장면을 미리 보여준다. 본문은 인자가 천사들과 함께 영광의 보좌에 앉아서 심판을 집행할 때 일어나는 장면으로서(16:27; 19:28; 25:31; 참조. 암 9:11; 습 1:15; 슥 12:3-11; 13:1-4; 14:4, 6, 8, 9, 13, 20; 에녹1서 45:3) 하늘법정에서 일어날 사건이다. 재판장인 예수는 하늘법정에서 최후판결을 선언하실 것이다. 23절의 ὁμολογέω(오몰로게오)는 법정에서 "진술을 하다" 또는 "증언을 하다"는 용도로 쓰인다(참조. 10:32-32; 25:12; 눅 12:8; 계 3:5). ὁμολογέω("시인하다")와 ἀρνέομαι("부인하다")는 전치사 "앞"(ἔμπροσθεν)과 함께 하늘법정의 이미지를 묘사한다(참조. 25:32; 단 7:13; 에녹1서 45:1-2; 52:6; 63:5, 7, 9). 또한 "안다"(γινώσκω, 기노스코)는 용어는 성경에서 관계적인 측면을 의미한다(예, 암 3:2; 참조. 삼상 2:12; 렘 22:16; 24:7; 31:34). 마태가 "안다"를 아버지와 아들의 깊은 관계성을 표현하려고 사용한다는 점을 고려하면(ἐπιγινώσκει, 11:27; 참조. 암 3:2; 삼상 2:12; 렘 22:16; 24:7; 31:34), "너희를 도무지 알지 못한다"는 표현은 그들을 참 가족으로 알지 못한다는 의미다. 멸망의 비극은 거짓 선지자들의 운명을 통해 드러날 것이며(7:15-20, 21-23), 종말의 재판장이 이들을 심판하실 것이다. 예수는 하늘법정의 장면을 사용해서 독자들이 기독교 공동체에 속한 것으로 만족하지 말고, 하늘에 계시는 아버지의 뜻에 순종하도록 요구하신다. 이 경고는 나머지 네 강화의 결론마다 확인되며 25:31-46에서 확대된다. 이런 점에서 7:21-23은 25:31-46에서 자기기만이라는 위선을 경고하기 위해 제시된 최후심판 장면을 미리 보여준다고 할 수 있다.

다섯 번째 강화의 마지막(25:31-46)은 인자가 재림할 때 하늘법정에서 일어날 장면을 묘사한다. 31절의 그림은 인자, 오심, 영광, 천사들과 같은 용어를 담고 있으며 재림의 장면인 24:29-31과 밀접하게 연결된다. 인자는 천사들과 함께 와서 영광의 보좌에 앉으신다. 인자가 영광의 보좌에 앉는 장면은 19:28에서 예고된 것이며, 배후에는 시편 110:1과 다니엘 7:13이 결합된 내용이 있다(참조. 단 7:22, 26). 다니엘의 환상에서 하나님의 평결이 선언된 것처럼 25:31-32에도 영광의 보좌에서 최종 평결이 주어진다. "모든 민족들"이라는 표현은 모든 사람은 예외 없이 재판장 앞에 서게 된다는 것을 의미한다. 보좌 "앞"(ἔμπροσθεν)은 하늘회의 또는 하늘법정(하늘궁정의 기능 중에서 법적 기능을 강조하는 표현)을 묘사하는 전치사다. 천상의 존재들은 하나님 앞이나 옆에, 재판을 받을 사람들은 하나님 앞에 서게 된다(단 7:10, 14; 마 10:32, 33; 11:26, 18:14; 참조. 5:16; 6:1; 26:70; 27:11). 최후심판에서는 변론의 기회는 없다. 다시 말해서, 재판장 앞에서 변론해서 무죄를 선언 받거나 죄를 감면받을 기회는 없다. 재판장 앞에 서는 순간에 이미 그 사람의 운명은 결정된 상태다. 하늘법정의 장면은 땅에서 소자들에게 긍휼을 베풀어야 함을 경고하기 위해 묘사된다.

1.6. 성전의 하늘 상징성

마태는 휘장이 찢어진 사건 다음에 묵시적 사건들(27:51하-53)을 배치한다. 하늘의 휘장이 찢어지는 장면은 하늘이 열려(마 3:16) 천상의 비밀이 계시되는 것을 상징적으로 보여 준다. 첫째, 마태는 성전 휘장이 찢어진 것(27:51상)과 묵시 사건들(51하-53절)을 연결하여 예수의 죽음으로 하나님의 구속 계획이 성취됐음을 강조한다(겔 37:12-13; 슥 14:4-5; 단 12:2). 마태가 사용한 구약 본문들을 보면, 무덤이 열려서 하나님의 백성이 살아나며(겔 37:12-13), 하나님께서 임하셔서 성도들과 함께 계시며(슥 14:5), 땅의 티끌 가운데 자던 자들이 부활한 것이다(단 12:2). 둘째, 성전의 휘장이 찢어진 사건은 하늘에 감추어져 있던 비밀이 계시됐음을 알린다. 하늘의 진리는 예수가 바로 하나님께서 기뻐하시는 아들이요 하늘의 뜻을 이루기 위해 고난의 길을 선택한 자라는 것이다. 그런데 성전의 휘장이 찢어지자 예수의 정체성을 알려 주는 신적 계시가 하늘이 아니라 사형을 집행한 로마 백부장과 군인들의 입에서 나왔다. '예수의 죽음'(27:51상)→'찢어진 성전의 휘장'(51하절)→'지진과 열린 무덤'(52-53절)→'로마 군인들의 고백'(54절)을 하나로 연결해 보면, 하나님이 하늘에서 열린 하늘의 문을 통해 땅에 내려와 그의 백성을 회복하시는 모습이 떠오른다.

마태복음의 핵심 주제인 "임마누엘"은 인간이 하나님께 나아가는 것(참조. 히 4:14-16; 9:1-28; 10:19-22) 보다는 하나님께서 인간에게 오셔서 함께하시는 개념에 더 가깝다(1:23; 28:19-20; 참조. 18:19-20). 성전 휘장의 찢어짐은 하늘의 열림을 상징하는데, 이사야는 하나님께서 하늘에서 내려오실 때 일어나는 현상이 땅의 진동이라고 표현한다. 하늘의 문이 열릴 때 땅이 진동하며(사 24:18하-19), 하나님께서 하늘을 열고 내려오시면 산들이 진동한다(사 64:1-3). 이사야서에 나타난 '하나님의 오심'→'땅의 진동'→'하나님의 심판(과 회복)'의 구도가 마태복음에 자연스럽게 적용된다. 두 개의 유대 묵시 문헌이 이 입장을 지지하는 배경이 될 수 있다. 〈모세의 유언〉은 하나님이 거룩한 처소에서 나오실 때 땅이 진동하고 흔들려서 하나님의 계획이 이루어지는 내용을 담고 있다. 모세의 유언에서 고난받는 의인들의 부르짖음에 대한 하늘의 반응은 하나님과 그의 천사가 내려오는 것이며, 이 과정에서 땅이 진동하고 흔들린다. "하늘에 속한 분이 왕의 보좌에서 일어서실 것이다. 그는 자신의 자녀들을 위해서 존엄과 분노로 거하시던 거룩한 처소에서 나오실 것이다. 그때 땅이 진동하며 땅의 끝이 흔들릴 것이다…모든 일이 성취될 것이다. 하나님은 너희를 높은 곳으로 올리실 것이다. 진실로 그는 너희를 별들이 거하는 처소인 하늘 위에 굳게 세우실 것이다"(모세의 유언 10:3-10). 〈에녹1서〉의 첫 번째 책인 〈파수꾼들의 책〉(에녹1서 1-36], BC 2세기 중반)에서 하나님이 처소에서 나오실 때 땅이 갈라지며, 모든 사람들이 심판을 받아 의인들은 복을 받고 악인들은 벌을 받게 된다(1:4-9).

이와 같이 예수의 죽음 이후에 하나님이 성전의 휘장을 찢고 나오시는 결과로 땅이 진동하며 하나님께서 무덤을 열어 자기 백성을 회복하신다. 다시 말해서, 예수의 죽음에 대한 반응으로 죽은 자들이 회복되는 일이 일어난다. 하늘이 열리자 하나님께서 내려오셔서 자기 백성을 회복하실 뿐만 아니라 이방인들이 하늘의 진리를 깨닫는다.

2. 마태복음의 내러티브와 하늘

마태는 유대 묵시사상을 반영하는 본문에서 하늘 언어를 즐겨 사용하고 하늘을 직접 언급하지 않을 때도 하늘을 상징하는 사람이나 사물을 이용하여 본문을 극적으로 전개함으로써 본문의 주제를 두드러지게 한다. 마태복음을 전체로 읽는 내러티브 접근에서 하늘은 사건이 벌어지고(예, 하늘법정), 주인공들(예, 세례요한, 예수, 베드로, 제자들 또는 교회)의 신분을 계시하고, 하늘의 관점을 전하는 공간적 배경의 역할을 한다. 이 사실을 본문의 흐름을 따라가며 확인해 보자.

첫 번째 내러티브 단락(1-2장)의 주제는 아기 예수의 기원(누구이고 어디서 왔는가?)이다. 하늘은 하나님의 비밀과 계획이 감추어져 있는 곳이다. 중개자들은 하늘의 뜻을 전하려고 내려온다. 신약에서 ὄναρ("꿈")와 κατ᾽ ὄναρ("꿈에")는 마태복음에만 등장한다. 신적인 계시를 전달하는 꿈과 하늘의 계획을 알리는 천사가 함께 사용되는 이유는 묵시와 하늘을 공동 언어로 공유하는 독자들에게는 가장 신뢰할 만한 수단이기 때문이다(단 4; 7; 10장; 슥 3장; 에녹1서 22:1-14; 레위의 유언 2:4-6; 에녹2서 1:8; 에즈라4서 12:10-38; 바룩2서 36-76). 꿈-천사의 결합뿐만 아니라, 초자연적인 별도 하늘에서 내려와 탄생 내러티브의 주제인 예수의 기원을 통해 하나님의 계획을 전한다(2:1-12).

두 번째 내러티브 단락(3-7장)의 주제는 하늘나라의 의다. 예수는 의의 모범으로서(3-4장) 의를 가르친다(3-7장). 세례 내러티브(3:1-17)에서 하늘은 요한과 예수의 정체성을 알리는 곳이다. 3:3의 소리는 광야에서 외치는 소리의 배경이 되는 이사야 40:3의 합창(1-2절), 독창(3-5절), 익명의 소리(6-8절) 중 두 번째 소리를 대표한다. 요한은 하늘회의에서 울렸던 소리(사 40:3상 70인역)를 나타내므로 예수에 대한 선포는 진정성과 권위를 지닌다. 이어 하늘의 뜻에 순종한 아들의 세례에 대한 반응으로 하늘이 열려 음성이 들렸다(3:15-17; 시 2:7; 사 42:1). 하나님은 하늘회의의 결정을 집행하도록 종을 보내는데(42:1, 3, 4), 아들이면서 종인 예수는 심판자로 왔으나(마 3:11-12) 하늘나라의 의를 위해 순종한다. 시험 내러티브(4:1-11)는 욥기 1-2장의 하늘회의 모습을 생각나게 한다. 예수는 하늘의 뜻에 순종하는 아들의 모습으로 시험을 이긴다. 첫 번째 강화인 산상설교(4:23-8:1)에서 하늘의 공간적이고 법정적인 측면이 두드러진다. '하늘의 상'(5:11-12)은 하늘나라의 의를 실천하는 제자들을 위해 '하늘에' 준비된 보상이다. 의인들은 하늘에 상이 준비되고 하늘에서 종말론적 역전이 일어나기 때문에 기뻐해야 한다. 심판의 날에 하늘 아버지는 제자라고 하는 사람들이 행위의 중심을 사람들 앞에 두었는지 하나님 앞에 두었는지 재판하실 것이다(6:1-18). 의인들은 천상세계에서는 하나님의 뜻이 이루어지는 사실을 알고 이 땅에서 자신들을 통해 이 뜻이 이루어지도록 기도해야 한다(6:10). 산상설교는 심판의 주제로 끝을 맺고 하늘법정의 그림이 내포된다(7:13-27). 마태는 하늘의 그림으로 하늘나라의 의를 행하도록 한다.

세 번째 내러티브 단락(8-10장)의 주제는 예수의 권위(9:6, 8)에 대한 것이다. 유대 묵시전승처럼 마태는 '운명'을 대조하고 운명의 '장소'를 대조한다. 로마 백부장과 같이 예수의 권위를 인정하는 자들이 하늘잔치에 앉게 될 것이다(8:10-12). 이스라엘의 조상들과 함께 누리게 될 하늘잔치의 복(8:11; 참조. 26:29)은 바깥 어두운 곳에서 겪는 고통과 대조된다(8:12; 참조. 13:42, 50; 22:13; 24:51; 25:30). 인자의 권위는 사죄 선포에서 강조된다(9:1-8). 인자는 하늘에서 죄를 용서하시는 하나님처럼 땅에서 죄를 용서하시는 권위를 가진다(참조. 단 7:13-14). 마태는 '나를 따르라'는 예수의 권위에 복종하여 메시아의 잔치와 인자의 용서를 지금 이 땅에서 경험한다(9:9-13). 선교강화(10장)에서 "시인하다"와 "부인하다"는 법정의 용어들로서 전치사 "앞"과 함께 사용돼 하늘(법정)과 지상(법정)을 대조한다(참조. 에녹1서 45:1-2; 52:6; 63:5, 7, 9). 이 전치사는 하늘법정에서 재판관과 하늘회의 구성원들 사이의 위치를 알려주는 표시가 된다(참조. 25:32; 단 7:13). 최후의 운명이 선포될 때 예수의 권위를 인정한 사람만 하늘법정에서 인정을 받는다. 선교강화의 끝인 10:40-42은 하늘법정을 상상하게 한다(25:31-46). 땅의 관점에서는 선교명령에 순종하는 자들은 소자들이지만, 예수의 권위가 그들에게 주어졌으므로, 그들을 영접하면 상을 받는다.

네 번째 내러티브 단락(11-13장)에서 하늘은 예수의 메시아 사역에 대한 대조적인 두 반응을 강조하기 위해 쓰인다(11:25-30; 12:17-21; 13:1-52). 11:26의 "아버지[앞의] 뜻"(참조. 6:10; 18:14; 엡 1:5, 9, 11)은 하늘 보좌 앞에 소집된 하늘회의를 상상하게 한다. 아버지의 뜻은 하늘궁정에서 선포된 뜻이다. 하늘에 선재했던 아들은 하늘의 뜻을 전해 주는 점에서 절대적인 권위를 가지고 있다. 제자들은 이 비밀을 알게 된 어린아이들이다. 12:18-21에서 마태는 예수를 하늘의 뜻을 땅에서 실현하는 순종과 겸손의 종으로 소개하는데, 종말론적인 회복을 이루는 아들의 메시아 사역을 하늘회의 장면으로 알린다(12:18-21; 사 42:1-4). 하늘나라의 비유(13:1-52)에서 비밀은 인생의 이중 운명에 대한 것이다. 예수를 받아들인 의인들은 하늘의 해처럼 빛날 것이지만(13:43), 반대편에 선 자들은 풀무 불에 던져질 것이다(13:42, 50). 본 강화의 실제 결론인 그물 비유(13:47-50)는 최후심판의 때에 하늘법정에서 나타날 종말론적인 분리를 보여 준다. 교회 안에는 좋은 자들과 나쁜 자들이 섞여 있으며, 인자와 함께 올 천사들이 악인들을 의인들에게서 분리시켜(13:49; 25:32) 풀무에 내던질 것이다(13:50).

다섯 번째 내러티브 단락(14-18장)의 관심은 예수를 따르는 제자들 또는 교회의 삶과 운명이다. 하늘회의는 베드로의 결정을 지지한다(16:17-19). 열쇠를 받은 베드로는 음부에 갇힌 자들을 구출하며 하늘의 문을 열 수 있다(참조. 바룩3서 11:2). 법을 해석하는 것에 근거하여 매고 푸는 권세를 가진 바리새인들은 법적이고 정치적인 결정을 내리는 권위를 행사했지만(〈유대전쟁사〉 1:110

이하; 참조. 〈고대사〉 13.16.2), 하늘회의는 베드로와 교회의 결정에 반응한다는 것이 하늘의 관점이다. 예수는 하늘법정에서 각 사람을 행한 대로 심판할 것이데(16:27-28; 참조. 13:36-43; 19:28; 24:30-31; 25:31-46; 에녹1서 45:3; 51:3; 55:4; 61:8; 62:5; 69:29), 이 장면은 인자의 길에 들어 선 자들을 격려한다. 변화산사건(17:1-8)의 모세와 엘리야는 하늘에 속한 자들이다. 예수는 원래 천상의 존재로서 얼굴이 해 같이 빛나며 옷이 빛과 같았다. 모세와 엘리야처럼 예수도 자기 백성에게 배척당하지만 부활의 영광을 얻게 될 것이다. 예수의 모습은 그를 따르는 제자들이 미래에 얻을 모습, 곧 하늘의 상이다. 하늘의 음성은 예수는 하늘의 뜻에 순종하는 아들이므로 제자들도 성자의 운명을 따라야 함을 암시한다. 공동체 강화(18:1-35)는 하늘회의와 교회의 관계를 강조한다. 18:10-14에서 전치사 "앞"과 하늘회의의 모습을 눈여겨보면, 소자들의 천사들이 하늘법정의 하나님 앞에 서서 땅에서 벌어지는 일을 보고하고 판결을 기다리는 모습을 떠올리게 한다. 하늘의 뜻은 교회에서 길을 잃은 자를 회복시키는 것이지만 교회 구성원이 교회의 권위를 지속적으로 받아들이지 않을 때, 교회는 하늘회의가 교회의 결정에 반응하고 있음을(두 세 증인 가운데 계시는 예수-임마누엘)을 알아야 한다(18:15-20). 강화는 심판의 주제로 종결되며, 악한 종이 고문하는 자들에게 넘겨지는 장면은 최후심판에서 하늘법정의 판결로 악인들이 천사들에게 심판받는 장면을 연상하게 한다(참조. 마 8:29).

여섯 번째 내러티브 단락(19-25장)의 주제는 최후심판이다. 예수와 그의 제자들은 영광의 보좌와 열두 보좌에 앉게 될 장면(19:27-30)은 예수를 위해 모든 것을 버린 자들이 마지막 날에 하늘의 상을 받게 될 것을 알린다. 마지막 날에 하나님의 판결이 선언되면 하늘잔치의 장소와 기쁨은 예복을 입지 않은 자가 가게 될 장소와 받게 될 형벌과 대조된다(22:1-14). 24:29-31에서 하늘과 관련된 묵시 그림들이 종말론적인 전쟁과 연결된다. 세상의 마지막에 악의 세력들은 괴멸될 것이다. 인자의 깃발이나 신호가 하늘에 보이면 예수의 메시지를 듣고도 회개하지 않은 자들 모두가 통곡하게 될 것이다. 인자는 하늘회의를 하늘군대로 보내 큰 나팔 소리와 함께 택한 자들을 회복할 것이다. 인자가 영광의 보좌에 앉는 이야기와 양과 염소의 비유(25:31-46)는 네 개의 강화 마지막 부분(7:21-27; 10:40-42; 13:47-50; 18:23-35; 25:31-46)을 확대한 결정판으로서 하늘법정의 판결 장면을 묘사한다.

일곱 번째 내러티브 단락(26-28장)에서 하늘이미지와 상징성은 '하나님의 구속 계획의 절정'을 강조하기 위해 사용된다. 예수의 심문 장면(26:57-68)의 핵심은 누가(대제사장과 예수), 어느 법정(유대법정과 하늘법정)이 권위를 갖고 있느냐 하는 데 있다. 가야바는 땅의 하늘인 지성소에 권위의 근거를 두지만, 인자는 지성소의 본체인 하늘(또는 하늘 보좌 방)에서 올 것이다(26:64). 우림과 둠밈을 가진 대제사장이 아니라 인자가 하늘의 진리를 계시한다. 예수의 신분과 역할이 하늘의 진리이다. 하늘의 궁창을 상징하는 성전의 휘장이 찢어지자 묵시적 사건들(27:51하-53)이 일어난다. 하나님이 성전의 휘장을 찢고 나오시자 땅이 진동한다. 구약(예, 사 24:18하-19; 64:1-3)과 유대 묵시전승(예, 모세의 유언 10:3-10; 에녹1서 1:4-9)은 하나님이 하늘 또는 거룩한 거처에서 내려오실 때 땅이 진동하는 것으로 묘사한다. 성전의 수평적 구조는 우주의 수직적 구조를 나타내므로 휘장의 열림은 하늘 궁창의 열림을 상징한다. 하나님은 아들의 죽음에 대한 반응으로 하늘을 열고 내려와 자기 백성을 회복하시고(임마누엘) 백부장은 하늘의 진리(하나님의 아들)를 깨닫는다. 부활이야기(28:16-20)에서 인자이신 예수는 권위를 보증하는 근거인 하늘에서 권세를 받아(참조. 단 7:13-14) 명령에 순종하는 백성과 함께 거하려고(임마누엘) 땅으로 내려오신다.

B. 하늘나라

1. 시간과 하늘나라의 관계

마태복음은 예수의 사역으로 도래한 하늘나라의 복음이다. 하늘나라는 예수의 가르침(5-7장)과 치유(8-9장)를 통해 이미 왔다(4:23; 9:35). "예수께서 온 갈릴리에 두루 다니사 그들의 회당에서 가르치시며 천국 복음을 전파하시며 백성 중의 모든 병과 모든 약한 것을 고치시니"(4:23). 부활하신 예수의 파송을 받은 제자들은 천부의 의에 순종함으로써 하늘나라의 복음을 확장하는 사명을 받는다.

1.1. 도래하고 확장되는 하늘나라

주의 기도 중 두 번째와 세 번째 청원은 "하늘나라"와 "하늘"을 포함하고 있고 두 청원은 연결된다. 세 번째 청원은 하나님의 뜻이 이뤄지는 것이다(6:10b). 하나님의 "뜻"(θέλημα)은 하나님의 계획과 목표를 가리키며, 제자는 자신의 뜻이나 사탄의 의도가 아니라 순종을 통해 하나님의 뜻이 이 땅에서 실현되도록 기도해야 한다. 마태는 뜻을 하나님께 순종하는 부분에서 사용한다(7:21; 12:50; 18:14; 21:31; 참조. 26:36-46). 예수는 하나님의 뜻을 순종으로 이루기 위해 이 땅에 오셔서 고난받으셨다(26:42). 예수는 6:33에서 "나라"와 "의"를 최우선 순위로 추구하라고 하신다. 마찬가지로 6:9-10의 연속되는 청원은 나라가 임하고 하나님의 뜻이 이뤄지도록 기도하는 것이다. 이름이 거룩하게 되는 것이 땅에서 이뤄지며(첫 번째 청원) 미래의 하늘나라가 현재 땅에서 실현되는 것(두 번째 청원)은 하나님의 뜻에 순종하는 삶의 방식을 중심으로(세 번째 청원) 연결된다.

6:10하에 있는 "하늘"은 우주 또는 세계인가, 천체인가, 하나님과 천사들이 거하는 초월적 영역인가? 첫 번째 입장은 하나님의 초월성을 강조한다. 이는 하나님의 의지가 우주적으로 이루어지기 때문이다. 두 번째 견해에서 하늘은 창조 세계의 절반으로서 해, 달, 별들을 가리킨다. 천체는 하나님의 뜻에 순종한다. 해, 달, 별들이 복종하는 것처럼 땅과 반역적인 인간도 하나님의 뜻에 복종할 수 있기를 간구하는 것이다. 셋째, 하늘은 하나님의 보좌가 있는 곳이며 하나님의 천사들이 거하는 곳이다. 세 번째 입장이 본문의 의미에 가장 적절하다. 10절의 하늘은 하나님이 계시는 천상의 영역이며, 하나님

의 뜻과 통치가 이루어진 곳이다. 하늘과 땅을 대조적인 영역으로 보는 관점이 옳다면, "-처럼…그리고"(ὡς…καί)는 천상의 세계와 땅의 세계를 대조시키는 문학적 장치라고 할 수 있다.

보이지 않는 하늘, 즉 하나님이 통치하시는 천상의 영역에서는 하나님의 뜻이 이뤄졌고 지금도 이뤄진 상태로 있다. 아버지의 뜻은 예수의 죽음과 부활을 통해 하늘에서 이뤄졌다. 예수의 지상 사역을 통해 패배했으므로 사탄은 하늘에서 역할을 하지 못한다(참조. 눅 10:18). 이제 신자들은 "땅에서" 하나님의 뜻이 이뤄질 수 있도록 기도해야 한다. 땅에서는 하나님의 뜻이 이뤄지기 시작했으나 반대 세력 때문에 아직 완성을 내다보고 있기 때문이다. 땅에서 아버지의 뜻이 이뤄지도록 기도할 때마다 겟세마네에서 아버지의 뜻에 순종하기 위해 기도하신 예수의 모습을 떠올려야 한다(26:42). 겟세마네의 기도에서 하나님께 "당신이 원하는 대로"(θέλω…σύ, 39절), "당신의 뜻이 이뤄지게 하소서"(γενηθήτωτὸ θέλημά σου, 42절)라고 예수께서 말씀하신 것은 주의 기도와 유사하다. 아버지의 뜻에 대한 예수의 관심은 세례 장면에서부터 드러난다. 예수께서 모든 의(3:15), 곧 천부의 뜻을 이루기 위해 요한의 세례를 받으신 것처럼, 제자들 역시 천부의 뜻을 이행하는 사람들로 부름받았다. 예수의 사역과 삶을 통해 "하늘에서" 이뤄진 뜻은 예수처럼 하나님의 뜻에 순종하는 사람들을 통해 "땅에서" 이루어진다(참조. 16:19; 18:18; 28:18-20). 이런 점에서 제자들의 정체성은 하늘에 계시는 아버지의 뜻을 이 땅에서 이루는 종들이다. 주의 기도는 비록 땅에서는 악의 세력이 하늘나라에 맞서 있을지라도 하늘에서 이루어진 사실을 알고 땅에서 의를 실천하도록 격려한다.

1.2. "이미 그러나 아직"의 기간에 하늘에 있는 죽은 신자의 운명

부활에 대한 질문과 대답(22:23-33)에서 내세나 부활을 믿지 않은 사두개인들은 부활의 모순을 지적하려고 예수에게 질문을 던졌다. 사두개인들은 모세 오경에 권위를 부여했기 때문에 오경에는 부활의 근거가 없다고 확신했다. 그러나 예수는 사두개인들이 성경을 알지 못하고 하나님의 능력을 알지 못하는 것으로 지적하신다. 예수는 출애굽기 3:6을 인용해서 하나님을 "살아있는 자들"의 하나님으로 밝힌다. 믿음의 조상들은 육체로는 죽었으나 언약에 신실하신 하나님의 능력으로 죽지 않고 지금도 "하늘에" 살아 있다. 아브라함과 이삭과 야곱과 언약을 맺으신 하나님은 살아 있는 그들과 언약 관계를 유지하고 계신다. 하나님은 아브라함, 이삭, 야곱과 함께 "계셨던"(ἤμην) 과거형의 하나님이 아니라 "계시는"(εἰμι) 현재형의 하나님이시다. 부활은 육체의 부활을 가리키고 예수의 재림과 함께 일어나는 사건이므로, 현재 하늘에 있는 사람들은 부활한 몸을 가진 상태는 아니다. 부활한 육체가 살아가게 될 공간은 하늘이 아니라 "하늘에 있는 천사들처럼" 변화된 사람들이 거하는 곳(새 하늘과 새 땅)이다. 다시 말해서, 아브라함과 이삭과 야곱은 육체의 부활을 한 상태가 아니며 하늘에서 임시상태로 부활의 영광을 누리는 중이다. 의인들이 경험할 부활의 상태는 하늘에 있는 천사들처럼 되는 것이며, 재림 전까지 의인들은 하늘에서 부활의 상태를 미리 맛보고 있다.

1.3. 미래의 하늘나라

역사가 끝나고 펼쳐질 미래의 하늘나라는 하늘에 있는 성도들과 땅의 의인들이 "부활의 몸"으로 거하게 될 새로운 세상(새 하늘과 새 땅)이다. 마태는 예수께서 재림하신 이후에 펼쳐질 나라를 여러 곳에서 강조한다. "새 하늘과 새 땅"을 사용하지는 않지만 같은 미래의 나라는 "새 하늘과 새 땅"과 같은 개념이다.

1.3.1. 팔린게네시아(19:28)

문자적으로 번역하면 마태복음의 첫 문장은 "예수 그리스도의 창세기"(βίβλος γενέσεως Ἰησοῦ Χριστοῦ)로 시작한다. 마태는 예수 그리스도를 통해 새로운 시대가 시작된 것을 알린다. 세상을 회복하는 "새 창세기"가 예수 그리스도 안에서 시작된다. 흥미롭게도, 마태는 복음서에서는 유일하게 '팔린게네시아'(παλιγγενεσία, "새 시대", 딛 3:5)를 사용하고 문맥에서 이 용어는 역사와 창조의 마지막이면서 동시에 종말론적 새 창조의 시작을 의미한다(19:28). 예수 그리스도의 탄생으로 약속된 아들이 하늘나라를 가지고 오신 "시대"('게네시스')가 열리고, 다시 오실 아들을 통해 "새 시대"(팔린게네시아)가 시작된다. 이 시기는 인자가 영광의 보좌에서 심판할 때이므로 역사의 종말이다(참조. 16:27; 25:31). 우리는 이 기간을 미래의 하늘나라 혹은 아버지의 나라로 표현할 수 있으며, 새 하늘과 새 땅과 같은 의미다(벧후 3:13; 계 21:1).

1.3.2. 재림 이후의 하늘나라

마태복음은 예수의 성육신으로 시작된 나라뿐만 아니라 재림 이후에 시작되는 나라도 "하늘나라"로 표현한다. 말하자면, 신자들은 도래한 하늘나라에 들어가 있으며, 죽어서 하늘에 가게 되고, 부활한 몸으로 미래의 하늘나라에 들어가게 될 것이다. 마태복음은 신자들이 인자의 재림 이후, 최후심판 이후, (몸의) 부활 이후에 들어가는 나라를 잔치가 준비된 "하늘나라"로, 정반대의 영역을 게헨나(지옥)로 표현한다. 대표적인 본문과 설명은 다음과 같다.

"…동 서로부터 많은 사람이 이르러 아브라함과 이삭과 야곱과 함께 천국(하늘나라)에 앉으려니와 그 나라의 본 자손들은 바깥 어두운 데 쫓겨나 거기서 울며 이를 갈게 되리라"(8:11-12). 많은 사람이 동쪽과 서쪽에서 온다는 것은 종말론적인 새 백성을 하나님이 모으는 것을 의미한다(8:10; 사 56:3-8). 이스라엘의 족장들과 함께하는 식사와 동서에서 온 자들의 결합(8:11)은 종말론적인 메시아의 연회를 가리킨다(참조. 시 107:1-9; 사 25:6-8). 유대인들이 부정하다고 여겼고 부정하기 때문에 함께 식사 자리에 앉지 못하게 한 이방인들이 예수의 권위를 믿음으로 종말에 준비될 메시아의 잔치에 앉게 된다. 본문의 하늘나라는 예수의 재림 이후에 펼쳐질 새로운 나라, 곧 새 하늘과 새 땅에 가까운 개념이다. 당연히 하늘나라에서의 잔치는 하늘에서 누릴 기쁨과 연속성을 지닌다. 의인들은 죽은 이후에 하늘에서 하늘 아버지와 함께하는 기쁨을 얻고, 그 기쁨을 이어지는 미래의 하늘나라에서 아버지와 함께하는 기쁨을 얻는다. 12절에 있는 바깥의 어두운 곳과 울과 이를 갊이 있을 곳은 최후 형벌이 이뤄지는 장소, 하늘법정의 판결을 받아 던져질 곳이다(13:42, 50; 22:13; 24:51; 25:30). 예수의 권위를 인정하지 않는 사람은 어둠의 장소에 보내지고 이방인이라도 하더라도 예수의 권위를 신뢰하는 자는 종말의 잔치를 누린다.

종말에 열릴 메시아의 잔치는 22:10-14에도 나온다. 비유는 하나님의 초대에 삶으로 응답하지 못한 사람의 최종 운명을 경고한다. 길 사거리에서 초대를 받는 사람들은 교회 시대에 속한 사람들이며, 후자 중에서 초청에 응하는 사람들은 크리스천 공동체에 모이는 사람들이라고 할 수 있다(10절). 교회로 모인다고 해서 종말의 혼인 잔치에 자동적으로 참여하는 것은 결코 아니다. 최후심판까지 교회에는 의인들과 악인들이 섞여 있다(참조. 7:21-23; 18:15-20, 23-35; 22:11-14; 25:31-46). 형벌을 받는 사람들은 지옥으로 일컬어지는 최후 형벌의 장소로 던져지지만 예복을 입은, 즉 부르심에 합당하게 삶으로 반응한 의인들은 혼인잔치에 참여할 것이다. 이 잔치 역시 인자의 재림으로 주어질 나라의 감격을 상징한다.

미래의 "아버지의 나라"(13:43; 25:34; 26:29)는 미래의 하늘나라와 개념적으로 동일하며, 마태는 가족 언어를 사용해서 하나님과 함께하는 것이 신자들에게 진정한 기쁨인 사실을 강조하고 있다. 예를 들어, 예수는 가라지의 비유를 해설하면서(13:36-43) "세상 끝"(40절)에 인자가 그의 천사들을 보내서 심판을 집행할 때 불법을 행한 자들은 지옥으로 보내지고(42절) "의인들은 자기 아버지의 나라에서 해와 같이"(43절) 빛나게 될 사실을 알리신다. 주의 만찬에서(26:20-29) 예수는 하늘나라의 잔치를 약속하신다. 주의 만찬은 제자들에게 미래의 하늘 잔치를 땅에서 경험하는 자리이다. 예수께서 가져오신 하늘나라의 복음을 가능하게 만든 것은 그의 수난과 부활이다(26:13). 그들은 미래에 "아버지의 나라"에서 잔치에 참여하게 될 것이므로, 아버지의 나라에서의 잔치는 하늘나라에 미래적 측면이 있음을 보여준다(26:29; 참조. 8:11). 의인들이 밝은 곳에서 아들의 혼인 잔치(22:10-14)를 누리게 될 반면, 이 땅에서 아들을 영접하지 않은 자들은 이곳에서 쫓겨나 어두운 곳에서 울며 이를 갈게 될 것이다. 이곳은 메시아의 잔치가 열리는 미래의 하늘나라(8:11)와 대조되는 곳이다(8:12; 13:42, 50; 22:13; 24:51; 25:30). 울며 이를 갈게 될 곳은 최후심판에서 벌어질 예상 밖의 결과를 보여주는 표현이다. "바깥 어두운 곳"이 붙은 세 본문은 모두 하늘나라의 잔치가 벌어지는 "밝은" "안쪽"의 이미지와 대조되는 어두운 게헨나를 묘사한다. 하늘나라의 제자들은 역사의 끝에 일어날 비밀을 깨달아야 한다. 영광스러운 변화를 소망하면서, 불법이 아니라 "의인들"의 호칭에 합당하게 살아야 한다.

2. 마태복음의 내러티브와 하늘나라

"하늘나라"가 예수 그리스도 안에서 시작되고 확장되고 완성을 기다린다는 사실을 알리는 것이 마태복음의 기록 목적 중 하나임에는 틀림없다. 1-2장의 탄생 내러티브에서 마태는 이스라엘의 전 역사를 담고 있는 예수의 계보를 활용해서 하나님의 아들인 예수께서 가져 오시는 하늘나라의 특징과 하늘나라의 복음이 실현되는 방식을 예고한다. 3:1-4:25은 하늘나라의 복음이 시작되는 장면을 담고 있다. 세례 장면에서 하늘나라를 실현할 아들이면서 종으로 확인을 받은 예수(3:1-17)는 광야의 시험을 통해 하나님의 아들에게 주어진 역할을 하나님의 종으로서 수행할 메시아로 입증된다(4:1-11). 메시아의 첫 사역은 갈릴리 지역에서 하늘나라를 전하는 것이며(4:12-17), 하늘나라의 백성을 모으는 것이다(4:18-22). 마태는 예수의 치유(4:23-25)를 먼저 묘사함으로써 하늘나라는 은혜로 먼저 왔고 그 나라에는 메시아의 행위에 반응하는 사람들이 들어 갈 수 있음을 알린다. 하늘나라의 복음은 가르침(5-7장의 산상설교)과 치유(8-9장의 기적 내러티브)로 요약할 수 있다. 다시 말해서, 예수는 하늘나라 백성의 삶, 윤리를 가르치시고 하늘나라의 복음이란 회복, 즉 희년을 경험하는 것임을 선언하신다. 예수는 하나님의 순종하는 아들과 종으로서 치유와 가르침으로 하늘나라를 실현하심으로써 어둠에 앉은 자들에게 빛을 비추실 것이다.

하늘나라의 복음은 예수의 가르침과 삶을 모방하는 제자들을 통해 확장된다(9:35-11:1). 목자이신 예수처럼 긍휼의 마음으로 치유와 샬롬을 실현하는 제자들은 "종"을 따르는 "종들"이다(10장). 하늘나라는 이 종들을 통해 가장 작게 보이는 자들을 회복하는 방식으로 확장된다. 8-9장에서는 예수의 기적, 10장에서는 예수의 권위를 위임 받은 사도들의 사역을 통해 이스라엘에 하늘나라가 전파됐지만 상반된 반응이 나타난다. 그래서 11-12장은 하늘나라의 복음을 영접하는 사람들과 배척하는 사람들의 반응을 다룬다. 예수는 13장의 비유 강화에서 이런 상반된 반응이 왜 일어나고 어떤 결과를 초래하게 될 것인지 "하늘나라의 비밀"로 제자들에게 알리신다. 13:54-18:35에서 마태는 내러티브(13:54-17:27)와 강화(18:1-35)의 구도로 이런 두 반응이 더욱 명확해지는 것을 강조한다. 가장 긍정적인 반응을 보이는 제자들은 처음으로 예수를 하나님의 아들로 고백한다. 예수는 이렇게 자신의 정체를 하나님의 아들로 고백한 사람들을 교회로 세우신다. 교회는 하늘나라의 백성으로서 예수를 고난받는 종으로 고백하며 예수처럼 희생을 감수하는 공동체가 돼야 한다.

예수는 예루살렘을 향하는 길에서(19:1-20:34) "이미 그러나 아직"의 시대를 살아가야 할 하늘나라의 백성이 일상생활에서 취해야 할 윤리를 가르치신다(19장). 또한 하늘나라 백성의 윤리는 예수처럼 겸손하고 타인을 위해 희생하는 태도로 집약된다(20장). 예루살렘과 성전에서 일어난 사건과 예수의 말씀을 다루는 21-23장은 하늘나라의 백성은 메시아의 뜻에 순종해서 열매 맺는 백성임을 강조한다. 예수는 성전이 비극적 운명을 겪을 것과 기도하는 공동체로 대체될 것을 예고하신다(21:12-22). 예루살렘 성전에서 일어난 사건들을 모은 긴 섹션(21:23-23:36)은 요한의 권위를 묻는 종교 지도자들의 질문으로 시작해서(21:23-27) 하나님의 우편에 앉은 아들임을 밝히는 예수의 이야기로 끝난다(22:41-46). 예수는 종교 지도자들을 향해 세 가지 비유(21:28-22:14)를 통해 하늘나라 백성의 정체성은 하나님의 뜻에 순종함으로써 하늘나라의 원리에 합당한 열매를 맺는 것임을 가르치신다. 예수는 그들이 갖고 있는 하늘나라의 진리에 대한 왜곡된 생각을 지적하시고 메시아의 권위로 하나님의 뜻을 바르게 해석하시며, 마지막에는 자신의 권위를 하나님의 우편에 앉은 아들로 암시하신다(22:41-46). 23장에서 예수는 바리새인들과 서기관들의 심판을 강한 어조로 전한다. 하늘나라의 백성은 일곱 가지 화를 피할 수 없는 바리새인들과 서기관들의 삶과 반대로 살아야 한다(23:1-36). 예수는 메시아의 방문을 거절한 예루살렘의 운명에 대한 슬픔을 표현하신다(23:37-39). 교회는 위선적이고 귀를 닫은 종교 지도자들과 달리 산상설교의 가르침에 순종하는 하늘나라의 백성이 돼야 한다.

다섯 번째이면서 마지막 강화인 24:1-25:46은 성전에 대한 제자들의 감탄과 질문으로 시작하며(24:1-2) 예수는 "무슨 일"이 "언제" 일어날 것인지 대답하신다. 일어날 일과 관련해서(24:1-31) 예수의 부활과 재림 사이에는 수많은 문제와 고통이 생기며, 이 사이에 하나님의 관심은 하늘나라의 복음이 모든 민족에 전파되는 것이다(24:3-13). 성전 파괴와 같이 전무후무할 것 같은 비극은 시대의 끝이 아니라 시대의 끝이 시작됐음을 알리는 것이며, 역사에서 반복해서 일어나게 될 것이고 역사의 끝에 예수께서 재림하실 때 하늘나라의 복음을 거부한 자들에게는 비극이 임할 것이다(24:13-22). 하늘나라의 완성을 기다리는 교회는 시대가 어려울 때일수록 거짓 선지자들의 유혹을 경계해야 한다(23-28). 어려움 중에서도 믿음을 지킨 사람들은 재림의 영광스러운 장면을 목격하고 감격하게 될 것이다(29-31). 제자들이 던진 두 가지 질문 중에서 "언제"와 관련해서, 제자들은 재림의 때를 알려고 하지 말고 깨어 있어야 한다(참조. 24:42; 25:13). 재림을 깨어서 준비하도록 주신 세 가지 비유(24:45-25:30)에서 예수는 어떤 이들에게는 주의 재림이 예상보다 빠르며(24:45-51), 어떤 이들에게는 예상보다 늦으며(25:1-13), 하늘나라를 위해 일할 수 있는 충분한 기회가 주어지게 됨을 가르치신다(25:14-30). 미래가 있기에, 종말의 사건이 있기에, 신자들은 오늘의 신앙을 점검할 수 있다. 인자가 재림할 때 일어날 마지막 재판 장면(25:31-46)에서 예수는 첫 번째 오실 때(성육신)

회복의 나라인 하늘나라(=복음)를 가지고 왔으며, 두 번째 오실 때는(파루시아) 역사를 마감하고 최종 평결을 선언할 것이다. 그날에는 긍휼을 실천하지 못한 자들이 하늘나라의 백성이 거하는 나라에서 영원히 쫓겨나게 될 것이다.

예수의 수난과 부활을 설명하는 마지막 긴 단락에서(26:1-28:20) 하늘나라의 복음은 절정에 이른다. 예수께서 가져 오신 하늘나라의 복음을 가능하게 만든 것은 그의 수난과 부활이다(26:13). 주의 만찬에서(26:20-29) 예수는 하늘나라의 잔치를 약속하신다. 주의 만찬은 제자들에게 미래의 하늘 잔치를 땅에서 경험하는 자리이다. 그들은 미래에 "아버지의 나라"에서 잔치에 참여하게 될 것이므로, 아버지의 나라에서의 잔치는 "하늘나라"에 미래적 측면이 있음을 보여준다(26:29; 참조. 8:11). 메시아의 고난으로 하늘나라가 성취되는 원리를 수용하지 못하는 사람은 실족하게 된다(26:30-35). 이어지는 겟세마네의 기도, 예수의 심문, 십자가의 죽음은 하늘나라에 대한 오랜 계획과 약속을 성취하는 하나님의 뜻임을 묘사한다. 부활은 예수의 수난과 죽음이 하나님의 뜻에 맞는 길이었음을 입증한다. 예수께서 가지고 와서 가르치신 하늘나라의 복음은 제자들의 순종으로 전파되고 그 나라는 확장된다.

부록

마태복음 개관

1. 저자

마태복음의 저자를 파악하는 것은 추론에 근거한 작업이다. 마태복음의 제목은 "마태에 따른 복음"(유앙겔리온 카타 마따이온 εὐαγγέλιον κατὰ Μαθθαῖον)이다. "마태"는 여호와의 선물이라는 뜻으로 헬라어로는 "마따이오스"(Μαθθαῖος), 아람어로는 마태(מתי 또는 מתא)로 "맛다니야" 또는 "맛디디아"의 축약형이다(왕하 24:17; 느 8:4). 또 다른 축약형은 "맛디아스"(Μαθθίας)이다.

외적 증거, 즉 역사 자료에 따르면 첫 번째 복음서의 저자가 마태라는 사실은 상당히 이른 시기부터 인정받았고 초기 교회의 입장에는 이견이 없었다. 19세기 이전까지 교회는 예수의 열두 사도 중 한 명이었던 세리 출신 마태(9:9; 10:3)를 마태복음의 저자로 생각해 왔다. 남아 있는 문헌 가운데서 마태복음을 최초로 언급한 사람은 소아시아(지금의 터키) 히에라폴리스의 감독이었던 '파피아스'이다. 그는 AD 약 95-110년경에 기록한 것으로 보이는 내용에서 첫 번째 복음서의 저자를 사도 마태로 언급했다. 그의 견해는 가이사랴의 감독이었던 유세비우스(AD 260-340년)의 『교회사』에 기록된다(3.39.16). 유세비우스의 『교회사』에는 오리게네스가 첫 번째 복음서의 저자를 세리 출신의 마태로 언급한 내용을 기록한다(6.25.4): "하늘 아래 하나님의 교회에서 반론의 여지가 없는 것인 네 복음서 중에서 나는 전통에 따라 첫 번째 복음서가 마태에 의해 기록된 것으로 배웠다. 그는 세리였으나 이후 예수 그리스도의 사도가 됐고, 이 복음서는 유대교에서 회심한 자들을 위해 준비됐으며 히브리 언어로 기록됐다." 180년경에 이레니우스는 베드로와 바울은 로마에서 복음을 전파했고 마태는 히브리인들 가운데서 복음서를 기록했다고 설명했다(『이단 논박』 3.1.1).

그러나 최근 다수의 마태 학자들은 마태복음의 저자를 세리 출신 제자로 생각하지 않는다. 이들은 교부들이 마태를 저자로 명시한 부분에 대해, 실제 마태가 저자임을 의미하는 것이 아니라 9:9와 10:3에 근거해서 마태라는 이름을 2차적으로 붙였을 가능성이 있다고 생각한다. 그러나 필자는 예수의 제자 마태를 마가복음의 레위와 동일 인물인 저자로 이해한다. 위에서 언급한 대로 초기 몇 세기 동안 마태복음의 저자를 사도 마태 외의 인물로 지목한 예는 한 번도 없다. 마태는 이중(아람어와 헬라어)의 구두 언어 환경이었던 이방의 갈릴리에서 세리로 활동했기 때문에 높은 수준의 헬라어로 유대적인 색채를 담은 복음서를 저술할 수 있었을 것이다. 특히 초기 교회가 복음서가 기록된 이후 저자를 곧바로 잊어버린다는 것은 상상하기 어렵다. 마태가 실제로 저자가 아니라면 사도들 중에서 돋보이지 않은 그를 저자로 인정했을 리는 없다.

필자는 내러티브 접근을 시도하기 때문에 실제 저자에 대한 논쟁을 해석의 핵심적인 요인으로 삼지 않는다. 내러티브의 플롯을 전개하는 "내포적 저자" 개념을 사용한다. 내포적 (혹은 이상적) 저자와 내포적 독자는 서로 공동의 지식, 특히 이스라엘의 역사와 유대적 배경에 대한 공동의 지식을 갖고 있다. 구체적으로 말해서, 내포적 독자는 히브리 성경과 70인역, 저자가 사용하는 구약의 구절(예, 1:21; 7:23; 9:13; 27:24-25), 이스라엘의 역사(1:2-17)와 문화에 대한 지식을 공유하고 있다.

2. 기록 시기

마태복음의 기록 시기와 기록 장소에 대한 질문은 서로 연결된다. 마태복음의 내용을 언급한 자료 중에서 가장 이른 시기의 것은 이레니우스의 글이다. 그는 마태복음의 별(2:2; 『에베소인들에게』 19.2)과 예수의 세례 장면에서 모든 의를 이루라는 내용(3:15; 『서머나인들에게』 1.1, 110-115년경)을 인용했다. 초기 교회의 교훈집인 디다케(약 1세기 후반)는 마태복음 7:13-14의 두 가지 길(『디다케』 1.4-5), 28:19의 "아버지와 아들과 성령의 이름으로" 세례를 주는 내용(7.1), 6:7-13의 주의 기도와 관련된 부분(8.2)을 인용했다. 지면의 한계로 교부들의 기록을 모두 나열하기는 어려운데, 교부들의 자료들은 마태복음의 저술 시기를 정확히 파악하는 데는 한계가 있다. 공관복음 문제에 대한 관점에 따라 저술 시기에 대한 추정도 달라진다. 예를 들어, 마태가 마가복음의 활용했을 경우 마가복음의 기록 연대를 어떻게 추정하느냐에 따라 마태복음의 저술 연대도 달라진다. 일반적으로 학자들은 마태복음의 기록 시기를 유대교와의 관계에서 추정한다. 많은 학자는 그리스도인들이 회당에서 분리된 것은 마태가 복음서를 기록할 당시에 이미 일어났고 마태복음은 이와 같은 갈등 과정에서 탄생한 것이라고 이해한다. 이 견해에 따르면, 충돌은 유대 전쟁(AD 66-70년) 이후에 일어났으며, 마태복음은 그리스도인들이 회당에서 쫓겨나기 직전 혹은 직후에 그들이 겪은 고난과 반감을 담고 있다. 만일 마태 공동체가 여전히 유대교 안에 있다면 마태복음에 묘사된 충돌은 유대교의 "내부 논쟁"을, 유대교에 더 이상 속하지 않는다면 회당과 회당에서 추방된 교회의 갈등을 반영한다.

다수의 학자들이 마태복음의 내용이 AD 70년 이후의 기록을 지지한다고 주장한다. 필자는 70년 이전을 추정한다. 70년의 상황을 회고하는 본문으로 자주 사용되는 구절은 혼인 잔치의 비유에 포함된 22:7이다. 그러나 한 개의 구절인 마태복음 22:7에 근거해서 이것이 예루살렘 성전이 AD 70년에 불타는 장면을 묘사한다고 주장하는 것은 지나친 해석이다. 성전 파괴를 내다볼 수 있는 예수의 초월적 능력이 비유에 반영될 수 있었다. 둘째, AD 70년 이후의 견해를 지지하는 학자들은 마태복음의 교회(16:18; 18:17-18)는 조직을 갖춘 후대의 모습을 보여준다고 주장한다. 그러나 18:17-18은 기독교의 가장 초기 단계에서 크리스천 공동체에 필요한 원리를 제공한다. 셋째, 어떤 학자들은 24장의 핍박(9절)과 거짓 선지자들(11절)은 80-100년의 상황을 보여준다고 주장하지만, 사도행전과 바울 서신에서 명확히 드러나는 것처럼, 이런 현상은 70년 이전에도 이미 존재했다. 넷째, 예수의 가르침에는 성전이 여전히 건재했음을 암시하는 표현들이 나온다(5:23-24; 23:16-22). 성전세에 대한 예수의 가르침도 성전 파괴 이전의 모습을 반영한다(17:24-27). 다섯째, 마태복음은 회당으로 대변되는 유대교와 교회로 대변되는 기독교 간의 충돌을 전제로 하는 것 같지만 예수와 유대 지도자들 간의 충돌은 예수 당시에 이미 일어난 현상이었다. 마태복음은 70년 이후의 유대교 내부 논쟁 혹은 기독교와 유대교 간의 논쟁을 배경으로 마태 공동체의 정체성을 확립할 목적으로 기록된 복음서가 아니다.

3. 기록의 목적지와 독자

마태복음이 유대적 특징으로 가득 차 있다는 사실에는 학자들 간에 이견이 없다. 그러나 유대 문화에 익숙한 독자들이 거주한 지역에 대해서는 견해가 달라진다. 학자들은 마태복음이 작성된 혹은 목적지로 생각한 장소를 시리아의 핵심 도시였던 안디옥, 다메섹, 갈릴리 등으로 주장한다. 유대 문화에 익숙한 독자들은 어디에 살고 있었을까? 그들은 소위 "마태 공동체"를 이루고 있었을까? 마태는 과연 특정 지역에 살고 있던 청중을 고려한 것일까? 특정 지역의 특정 공동체를 넘어선 청중과 독자를 예상한 것일까? 필자는 70년 이전에 마태복음이 기록된 입장을 취하고 마태 공동체의 존재를 역사적 배경으로 삼지 않는다. 마태복음은 70년 이후에 벌어진 유대교 내부의 상황 혹은 유대교와 기독교 간의 관계를 반영하는, 뒤에서 앞을 회상해서 마태 공동체의 정체성을 확립시키는 의도로 기록된 복음서가 아니다. 마태복음의 저자는 유대교가 아니라 예수를 중심에 둔 하늘나라의 운동에 속해 있으며, 유대교의 내부 논쟁을 반영하지 않는다.

내러티브 접근은 마태복음의 최종 형태를 존중하면서 복음서를 전체를 순서에 따라 읽는 본문 중심의 해석 방법이다. 우리는 본문 분석 또는 주해를 통해 저자의 의도를 파악할 수 있다. 우리가 본문을 통해 파악한 의도는 저자의 의도와 목적이다. 이 저자는 내포적 저자 또는 이상적 저자로 불린다. 내포적(이상적) 저자의 의도를 본문을 읽을 때 파악할 수 있는 독자는 내포적 또는 이상적 독자로 불린다. 말하자면, 내포적 저자의 의도는 곧 내포적 독자가 깨닫도록 기대되는 것이다. 내포적 저자는 내포적 독자가 알고 있는 '공동 지식'을 사용해 설득력 있게 의도를 전한다. 예를 들어, 하늘 언어의 경우 마태복음의 내포적 독자는 복음서를 순서대로, 전체로 읽음으로써, 하늘 언어를 사용한 내포적 저자의 의도를 이해할 수 있다.

내러티브 방법을 사용하는 필자는 실제 저자와 실제 독자의 정체를 파악하는 시도를 하지 않는다. 이는 역사적 마태 혹은 특정 공동체를 분석하는 작업이 본문 이해에 도움을 주거나 영향을 끼치지 않는다는 뜻이다. 우리는 내러티브와 강화를 세밀히 주해함으로써 저자가 독자에게 기대한 의도와 의미를 파악할 수 있다.

4. 마태복음의 자료

첫째, 마태는 아람어 자료를 사용했다. 파피아스는 마가복음을 언급하는 과정에 마태복음에 대해 다음과 같이 표현하는데(『교회사』 3.39.16), 그의 말은 여러 가지 해석의 가능성을 열어 놓는다: "그러므로 마태는 히브리어 언어로 된 말씀들을 수집했고 각 사람은 할 수 있는 대로 이것들을 번역했다."

(1) "타 로기아"(τὰ λόγια)는 "말씀들" 내지 "신탁들"로서 아람어로 된 예수의 어록들 또는 가르침의 모음으로 보인다. 마태가 수집 혹은 편집/배열한 자료는 우리에게 있는 복음서가 아니라 말씀의 모음이다. "헤브라이디 디알렉토"(Ἑβραΐδι διάλεκτῳ)는 히브리 문체 혹은 유대 문체로 이해할 수도 있다. 로기아는 정경 마태복음이 아니라 아람어로 된 예수의 어록을 가리키며, 마태복음의 사본 중 어떤 것도 아람어 마태복음의 존재를 입증해 주지는 않는다. 마태복음과 누가복음에 나타나는 유대적 특성은 『히브리 복음서』의 존재를 인정하는 것이라는 주장도 제기된다. 아람어 어록이 무엇이든 간에, 마태는 이 어록을 헬라어로 번역했을 것이며 나머지 부분(예, 헬라어로 기록된 마가복음)은 그대로 헬라어로 활용했을 것이다. (2) "헤르메뉴센"(ἡρμήνευσεν)은 "번역했다" 외에 "해석했다"의 뜻도 포함하지만, 이 문장에서는 "번역했다"의 의미가 더 적절하다. 마태뿐만 아니라 다른 저자들도 아람어로 된 로기(어록)아를 번역했다. 이런 번역은 다른 공관복음서(마가복음과 누가복음)의 존재를 설명해 주는 근거가 된다. 우리는 파피아스의 말을 다음과 같이 정리해 볼 수 있다. 첫째, 예수의 어록 중 일부는 아람어로 기록됐다. 여기서 어록은 복음과 구별되는 것으로 예수의 말씀 모음이다. 둘째, 마태는 예수의 아람어 어록을 수집했으며 그것을 헬라어로 번역하면서도 유대적인 분위기로 번역하고 조직적으로 배치했다. 셋째, 마태는 자신처럼 다른 저자가 번역한 예수의 어록 자료 혹은 복음서를 참조했다.

둘째, 마태는 마가복음, 구두 자료, 이중 전승을 사용했다. 마태복음은 마가복음의 약 80% 정도를 포함하고 있으며 마가복음의 시간 순서, 내러티브의 흐름, 갈릴리에서 예루살렘으로 향하는 예수의 일생의 시간과 지형의 흐름을 따르고 있다. 마태는 구두 전승을 사용했다. 구두로 기억하고 전달하던 당시의 문화에서 "복음"은 기록되기 전까지 당연히 구두 전승으로 존재했고, 공동체는 기억의 전승이 진실하고 공동의 규범에 일치된 상태로 보존되도록 감독하는 역할을 맡았다. 예수의 전승은 공적인 감독 아래 전달되는 과정을 거쳤고, 목격자들은 이 과정에서 중요한 역할을 했다. 복음서 저자들은 기록

이전에 이미 있었던 공통의 내러티브를 사용했기 때문에, 마태 역시 구두 전승들을 목적에 맞게 사용했다. 필자는 기본적으로 내러티브 접근을 시도하기 때문에, 마태가 기록한 원래 복음서의 최종 형태는 현재 우리에게 전달된 복음서와 동일한 것으로 가정한다. 마태는 하나님의 영감으로 복음서를 기록했을 뿐 아니라 자신의 관점에서 해석하고 서술한다.

5. 장르

마태복음의 장르를 규정하는 작업은 복음서의 기록 목적과 복음서의 독자를 파악할 수 있도록 돕는다. 첫째, 복음서는 그리스-로마의 문학 환경과 다양한 문학 양식의 영향을 받았겠지만 특별히 유명한 인물들의 "전기들" 혹은 "생애들"(*bioi*)로 알려진 문학 장르에 매우 가깝다. 고대 그리스-로마의 전기는 모본으로 삼아야 할 대상으로 주인공을 묘사했다. 서신과 달리 전기는 청중과 독자를 특정해서 작품을 기록한 것은 아니었다. 인물 중심으로 기술한 전기 작가들은 그들의 작품이 역사서는 아니지만 역사를 정확히 기술한 작품으로 부각시키려고 노력했다. 전기 작가들은 역사가들과는 달리 이야기들을 자유롭게 확장하거나 축소했다. 그들은 단순히 자료를 수집해서 증언하는 사람들이 아니라 자신들의 생각을 넣어서 기술한 해석자들이었다.

복음서가 전기와 비슷하다고 해서 고대 전기의 형식을 그대로 따른 것은 아니다. (1) 복음서는 당시에 초기 교회가 활발히 전파했고 기록된 구두 복음의 선포다. 복음의 기원과 내용은 이스라엘의 성경에 근거한다. 특히, 복음서의 좋은 소식은 이사야 40-66, 특히 52:7과 61:1-3의 언어를 반영한다. 이사야가 예고한 종말의 구원 사건, 즉 하나님의 통치하심이 예수 안에서 실현되는 것이 바로 하늘나라의 복음이다. (2) 복음서의 내러티브에서 강조하는 언약, 하나님 나라, 예언과 약속 등은 헬라의 전기에서 찾기 힘든 것으로 히브리 성경의 전통에서 온 것이다. (3) 복음서는 예수의 신성을 강조하면서 인간의 역사가 예수 안에서 절정에 이르렀다고(예, 탄생 내러티브) 설명한다. 이런 특징은 마태복음에도 나타난다. 첫째, 마태복음은 유대적 언어에 익숙했던 일차적 독자들을 겨냥했음에도 불구하고, 특정 공동체가 아니라 이상적인 독자, 즉 오고 오는 세대를 독자로 삼는다. 둘째, 마태복음은 기본적으로 신학적 전기이므로 예수 그리스도라는 인물에 초점을 맞춘다. 셋째, 마태복음은 단순히 예수를 인생의 모본으로 제시하는 것을 넘어서 그를 신앙의 대상으로 묘사한다. 복음서는 당시의 전기들에는 보기 힘든 구원사의 틀에 집중함으로써 독자들로 하여금 복음을 통해 예수 그리스도를 만나 하나님의 자녀가 되고 하나님의 뜻에 순종하기를 원한다. 다시 말해서, 예수는 성경의 약속대로 이 땅에 내려온 신적 메시아이기 때문에, 마태는 독자들이 믿음으로 반응할 것을 기대한다. 넷째, 마태는 이미 일어난 역사의 이야기를 단순히 나열하는 전달자가 아니므로 독자는 마태의 해석에 귀를 기울여야 한다. 마지막으로 마태는 하늘나라의 복음을 내러티브라는 도구에 담아서 기술하므로, 독자는 내러티브의 플롯에 따라 처음부터 끝까지 마태복음을 읽음으로써 이 복음을 입체적으로 파악할 수 있다.

6. 마태의 구약 사용

마태는 적어도 60개의 구약 인용과 많은 암시를 사용하고 있는데(USB4판은 54개의 인용과 262개의 암시로 분류함), 다른 복음서보다 두 배 이상의 구약 인용이 마태복음에 나타난다. 이 정도로 구약이 사용되는 것은 마태복음이 구약과 신약을 연결하는 위치에 배열된 이유를 설명할 수 있는 근거가 된다.

첫째, 구약 사용 목적. (1) 마태는 권위의 근거로 구약을 사용해서 구약의 약속이 예수 안에서 그리고 예수를 통해 성취된 것을 설명한다. (2) 마태는 복음서의 핵심적인 주제들을 설명하기 위해 구약을 사용한다. (3) 마태는 현재의 삶을 가르치기 위한 원리, 패러다임, 이상적인 모습이 담긴 책으로 구약을 사용한다. (4) 마태는 단순히 증거 본문으로 제시하기 위해 구약을 사용하는 것이 아니라 예수의 이야기를 성취라는 관점에서 묘사하기 위해 구약에 나타난 역사적 인물, 이야기, 모형으로서의 방식(패턴) 등을 사용한다. (5) 마태는 예수를 새 이스라엘로 입증하기 위해 구약을 사용한다. 집합체가 개인에게 좁혀지고 개인은 집합체를 대표한다는 성경신학적인 견지에서, 이스라엘은 예수에게 좁혀지고, 예수는 옛 이스라엘의 실패를 역전시키는 새 이스라엘을 대표한다. 특히 독자는 이스라엘 백성에게 일어난 방식 또는 패러다임을 인지함으로써 마태복음의 주제를 보다 깊고 넓게 이해할 수 있게 된다.

둘째, 구약의 자료. 마태는 주로 70인역을 사용하고 히브리 성경도 활용하는데, 경우에 따라서 히브리 성경(가끔은 아람어)을 자유롭게 번역한다. 히브리 성경 외에도 마태는 제2성전기의 유대 문헌에 등장하는 용어나 개념을 저자와 독자의 공동 지식으로 사용한다.

셋째, 구약 사용 원리와 방법. (1) 마태는 구약을 단지 증거 본문으로 제시하는 것이 아니라 해당 구절이 포함된 문맥의 의미가 성취되는 것을 강조한다. (2) 마태는 예수 안에서 도래한 하늘나라를 설명하기 위해 구약을 예술적인 기교로 활용한다. 마태는 다른 신약 저자들처럼 인용, 암시, 모형론을 사용한다. 첫째, 마태는 인용을 훨씬 많이 사용하고 특히 "성취 인용 공식"을 사용한다(1:22-23; 2:5-6; 2:15; 2:17-18; 2:23; 4:14-16; 8:17; 12:17; 13:35; 21:4; 27:9-10). 특히 마태의 인용 공식은 기독론을 위해 사용된다. 둘째, 마태는 인용 외에도 암시(allusion)와 반향(echo)을 사용한다. 마태복음의 구약 사용 중 약 1/5이 인용이므로 대부분은 암시의 형식으로 나타난다. 셋째, 모형론은 마태가 성취를 강조하기 위해 즐겨 사용하는 구약 사용 방식이다(예, 2:1-12, 15; 4:1-11; 12:3-6, 40-42). 모형론으로 사용하기 위해서는 모형과 실체(=예수) 간의 유사성이 있어야 하고, 모형은 역사에서 실제로 존재한 것이어야 하고, 예언적 특성을 갖고 있으며, 실체의 그림자 역할을 하므로 모형의 의미가 상승한다.

7. 문학적 특징

(1) 반복법. 마태는 핵심 단어를 반복해서 주제를 환기시킨다: “주의 천사”-1:18-2:23에 4회(1:20, 24; 2:13, 19); “의” - 5-7장에 5회(5-7장); “보내다/사도”- 10:2-42에 4회; “심판” - 11:20-12:45에 7회. 마태는 같거나 비슷한 구 혹은 문장을 반복한다: “A가 B를 낳았다”(1:2-16, 39회); “…하는 자들은 복되다”(5:3-10).

(2) 숫자. 마태는 본문을 구성할 때 숫자 3을 가장 선호한다. 반복을 즐겨 사용하므로 2도 중요하고 4와 7도 때때로 역할을 한다.

(3) 수미상관(인클루지오). 인클루지오는 같거나 비슷한 표현으로 본문을 포괄시켜서 독자들로 하여금 본문의 주제를 파악할 수 있도록 돕는 방법이다. 예를 들어, 마태는 복음서 전체를 임마누엘의 내용으로 감싼다(1:23=28:20). 4:23과 9:35은 5-9장을 하늘나라의 복음이 가르침과 치유를 내용으로 포함한다는 것을 알린다.

(4) 교차대구법. 마태는 다른 복음서 저자들과 마찬가지로 교차대구법을 많이 사용한다. 교차대구법(키아스틱 구조)은 A B C … X … C′ B′ A′의 구조를 취해서 X를 주제로 밝힌다.

(5) 평행법. 마태는 평행 또는 대칭 구조를 다른 공관복음서보다 더 광범위하게 사용한다. 마태는 거의 동일한 분량을 평행의 구조로 만든다. 팔복(5:3-10)은 하나님과의 수직적 관계(3-6절)와 사람 상호 간의 수평적 관계(7-10절)를 평행 관계로 배치해서 하나님에 대해, 사람들에 대해 어떤 태도를 취할 때 복된 사람으로 평가를 받는지 묘사한다. 그리고 더 나은 의에 해당하는 여섯 가지 예의 경우(5:21-48) 내용이 비슷한 세 개씩 둘로 묶는다. 두 묶음의 길이가 비슷하다(258/244 단어, 1131/1130 글자).

(6) 요약과 정리. 단락의 주제를 예고할 목적으로 서론처럼 시작하는데, 이는 제목의 역할을 하거나 중심 구절들의 요약(랍비들이 즐겨 사용한 ‘켈랄’)이라고 할 수 있다.

(7) 묶음. 마태는 비슷한 내용이나 형태를 지닌 자료를 한 군데 묶는 경향을 보인다. 예를 들어, 치유를 중심으로 다루는 열 개의 기적 이야기들을 8-9장에 모으고, 21:28-22:14에는 하나님의 백성이라는 주제로 비유들을 모으고, 23:13-33에는 일곱 개의 "화"를 모은다.

(8) 전조. 마태는 뒤에 일어날 일을 예고하면서 내러티브를 전개함으로써 독자들이 앞으로 일어날 일을 예상할 수 있도록 돕는다.

8. 신학적 주제

8.1. 하늘나라 복음의 성취

마태는 "하늘나라"(ἡ βασιλεία τῶν οὐρανῶν)를 32회, "하나님 나라"(12:28; 19:24; 21:31, 43)를 4회, "아버지의 나라"(6:10, 33; 13:43; 25:34; 26:29)를 5회, 인자의 나라(13:41; 16:28)는 2회, 예수의 나라(20:21)를 1회 사용한다. 하늘나라는 다니엘 2, 7장에 나오는 하나님의 나라를 배경으로 한다(예, 단 2:27-28, 44; 4:10-27; 7:9-14; 9:24-27; 11:31; 12:1-2). 첫째, 하늘나라는 영역의 개념을 포함한다. "나라"는 집이나 도시나 땅과 같이 영역을 포함하고 있기 때문에 복음서 저자들은 하나님 나라에 들어간다는 표현을 사용한다(마 5:20; 7:7-8, 13-14, 7:21; 18:3; 19:23-24; 21:31; 25:10-11; 막 9:47; 10:15, 23-25; 눅 13:24, 25, 28; 18:17, 24-25; 참조. 계 3:8, 4:1). 둘째, 하늘나라는 하늘과 관련이 있는 나라이다. 말하자면, 하늘나라는 하늘에 속한, 하늘에서 온, 하늘의 특징을 가진 나라이다. 하늘나라는 그 원천과 기원이 "하늘"인 나라이며, 이 나라는 땅에 기원한 나라와 대조된다. "하늘의 나라"는 땅의 특징을 가진 나라와 대조된다. 셋째, 하늘나라는 마태복음의 주요 주제와 함께 등장한다. 넷째, 마태복음의 하늘나라는 제자들, 즉 새 백성과 관련된 본문에 사용된다. "하늘나라"는 거의 절대적으로(32회 중 31회) 제자들에게 사용되며 예수를 믿음으로써 하나님의 가족이 된 자들을 하나님이 통치하시는 것을 강조하는 표현이다. “하나님 나라”는 종교 지도자들과 관련된 문맥(12:28; 19:24 [부자]; 21:31, 43)에 사용되는 점을 눈여겨볼 필요가 있다.

8.2. 하늘에 계시는 아버지

마태는 요한복음(109회) 보다는 덜 하지만 마가복음과 누가복음에 비해 하나님을 아버지로 자주 묘사한다(마태-44회, 마가-4회, 누가-17회). 첫째, “하늘 아버지”는 예수의 제자들에게 사용되는 가족 언어이다. 둘째, 하늘나라의 의를 제자들에게 가르치는 산상설교에서 아버지라는 칭호가 집중된다. 셋째, 마태복음은 예수와 하나님의 관계에서 하나님보다는 “아버지”를 사용한다. 하나님을 기도 중에 “나의 아버지”로 실제로 부르는 예는 (논쟁이 되는 문제이긴 하지만) 예수 당시의 유대교 문헌에 등장하지 않기 때문에, 예수께서 기도하실 때 하나님을 아버지로 부른 것은 하나님과의 친근하고 신뢰하는 관계, 유일한 또는 독특한 관계를 의미한다. 넷째, “하늘에 계시는 아버지”라는 표현은 자녀가 하나님의 뜻에 순종할 것을, 순종하지 않는 자들에 대한 하나님의 벌을 강조하기 위해 사용된다. 다섯째, 하늘 아버지는 땅의 아버지와 대조되는 표현이다.

8.3. 기독론

(1) 다윗의 아들. 다윗의 아들이 오는 것은 구원 역사가 절정에 이르렀음을 알린다. 다윗의 아들은 낮은 자들을 향한 예수의 긍휼을 묘사할 때 사용된다(9:27; 12:23; 20:30-31; 20:17-34; 21:14-17). 유대 지도자들의 반대와 낮은 자들의 고백 장면에 등장한다. 다윗의 아들을 인정한 내용을 담고 있는 네 본문(2:3; 9:27-27-28; 12:23; 21:9, 15)에서 유대 지도자들은 이에 대해 적대적인 반응을 보인다. 그러나 비유대인들(2:1-12; 15:21-28), 맹인들(9:27-31; 20:29-34), 어린이들(21:15)이 예수를 다윗의 아들로 고백한다. 다윗의 아들은 예수는 어떤 왕

이며 그가 어떤 나라를 실현하시는지 보여주는 칭호이다. 역설적으로, 가장 유대적인 칭호인 다윗의 아들을 유대 지도자들은 고백하지 못하고 유대교의 밑바닥과 주변부와 바깥에서 지내는 소자들이 고백한 장면들은 다윗의 아들이 "역설적인 칭호"인 것을 의미한다.

(2) 하나님의 아들. 마태는 하나님의 아들을 왕적인 메시아로 생각하는 유대인 독자들이 복음서를 읽으면서 그를 신적인 존재로서의 아들로 고백할 것을 기대한다. 예수의 제자들은 유대 전통에서 자랐기에 당연히 하나님의 아들을 신으로 생각하지는 않았으나, 예수를 통해 일어나는 사건들과 그의 말씀을 경험하고 들으면서 그가 신적인 존재로서의 아들(14:33), 하나님의 아들임을 알게 된다(28:19). 독자들은 복음서를 처음부터 끝까지 읽어가면서 제자들(예, 14:33; 16:16-17)이나 다른 사람들의 고백(예, 27:54)과 증언을 통해 하나님의 아들이라는 신분의 의미를 알게 된다. 마태는 예수를 순종하는 아들로 묘사하는 데 큰 관심을 둔다. 예수를 순종하는 아들로 묘사할 때 마태가 가장 선호하는 칭호 혹은 주제는 이사야서에 등장하는 "고난받는 종" 혹은 "주의 종"이다.

(3) 인자. 인자인 예수는 천상의 존재로서 절대적인 권위를 갖고 있으나 사람들을 치유하고 그들의 죄를 용서하기 위해서 낮아진 인생을 걸어가신다. 특히 예수께서 메시아로서 실행하고 실행할 것을 말씀하실 때 인자 칭호는 다니엘 7:13-14의 인자를 암시한다(10:23; 16:27-28; 19:28; 24:30; 25:31; 26:64; 28:18). 인자 칭호는 16:13 앞에 대부분 일반 백성이나 예수를 반대하는 자들에게 주어졌고(8:20; 9:6; 11:19; 12:8, 32, 40), 제자들에게도 몇 번 사용된다(10:23; 13:37, 41). 그러나 16:13 이후에는 제자들에게만 사용된다(12회). 제자들에게 인자 칭호가 사용되는 특징은 예수의 십자가에 초점을 맞춰가는 내러티브의 흐름과 밀접하게 연결된다. 예수는 종말의 심판을 설명할 때 인자 칭호를 사용하시고(24:27-25:31에서 7회 사용), 종말론적 강화 이전에도 마지막에 다시 오실 인자를 언급하신다(10:23; 13:41; 16:27-28; 19:28). 예수는 십자가에서 죽지만 영광스런 권위를 지닌 신분으로 자신을 표현하기 위해 "인자 같은 이"(단

7:13)의 이미지를 사용한다(24:30; 26:64; 28:18-19). 흥미롭게도, 예수께서 자신의 미래 운명에 대해서는 제자들에게만 말씀하신다. 이는 제자들(또한 독자들)이 예수의 정체를 인자로 인식하는 것이 자신들의 운명을 결정한다는 사실을 강조하기 위함이다.

(4) 임마누엘. 구약에서 자기 백성과 함께하시는 존재는 하나님(=임마누엘)이신 반면, 내러티브가 전개되면서 독자들은 존재론적으로 예수께서 자기 백성과 함께하시는 하나님이신 것을 알게 된다. 임마누엘은 마태복음의 시작과 마지막(1:23; 28:20) 뿐만 아니라 내러티브가 전개되는 과정에서 핵심 주제로 흐른다(예, 9:15; 17:17; 18:20). 특히 이 주제는 제자들이 어려움에 처한 장면에 나오며(8:23-27; 14:13-21, 22-33; 15:29-39; 17:1-8; 26:26-29), 수난 내러티브 집중된다(참조. 26:11, 18, 20, 23, 29, 36, 38, 40, 51, 69, 71). 구약에서 하나님이 자기 백성과 함께하시는 분이므로 백성은 두려워하지 말아야 했던 것처럼(신 31:23; 사 41:10; 43:5; 참조. 26:24; 46:4; 출 8:12; 신 31:6), 예수는 자신이 최후의 심판자로 오실 때까지 제자들 또는 교회가 현존하시는 임마누엘을 믿고 담대함으로 제자의 길을 걷기를 원하신다.

(5) 하나님의 종. 다른 기독론 칭호들과 마찬가지로 종 기독론은 다른 기독론 칭호(예, 하나님의 아들, 다윗의 아들, 인자 등)와 분리되지 않는다: 나사렛 사람(2:23; 사 11:1; 53:2; 60:21), 세례 받는 아들과 종(3:15-17; 사 42:1; 53; 61:1), 순종하는 종으로서의 하나님의 아들(4:1-11), 이방의 빛(4:12-25; 사 9:1-2; 42:6; 49:6)과 하늘나라 복음의 선포(사 40:9; 52:7; 61:1), 산상설교(5-7장; 5:3-6=사 61; 5:13-16=사 42:6; 49:6), 치유하는 종(8:17; 사 53:4a), 그리스도의 일(8-9장; 11:2-5; 사 61:1-2), 온유하고 겸손한 종(11:28-30; 사 42:2-3; 53:1-2; 61:1-2), 치유하는 종(12:15-21; 사 42:1-4), 성령과 하나님의 종(12:22-37; 사 49:24-25; 61:1-3), 하늘나라에서 큰 자인 목자-종(18:1-14; 겔 34:4, 16; 렘 23:13; 사 53), 많은 사람들을 대신하는 몸값(20:28; 사 53), 겸손한 왕(21:5; 사 53:4), 주의 만찬(26:20-35; 사 53), 하나님에게 맞는 목자(26:31; 슥 13:7; 사 53장), 수난의 종(26-26장; 사 53; 시 22).

(6) 교사. 마태복음이 다섯 강화를 비롯해서 예수의 가르침을 많이 기록

하고 있기 때문에 자연스럽게 예수의 가르치는 역할이 두드러진다. 첫째, 예수는 하나님의 뜻을 가르치는 교사다. 대표적 가르침이라고 할 수 있는 산상설교를 가르치기 시작하실 때 예수께서 앉으신 것은 랍비나 교사가 가르치기 위해 취하는 자세였다(5:1; 13:1, 2; 15:29; 23:2; 24:3; 26:55). 예수는 하나님이 그의 입에 주신 모든 것을 입을 열어 가르치신다(7:21, 24; 19:3-9; 11:25-30; 28:20). 예수는 입을 열어 모세가 오경을 가르친 것과 같이 다섯 개의 강화를 전하신다(5:1-7:27; 10:1-42; 13:1-52; 18:1-35; 24:1-25:46; 참조. 7:28; 11:1; 13:53; 19:1; 26:1). 마태는 예수를 권위 있는 교사로 묘사한다("아멘"은 마태복음에 31회, 마가-13회, 누가-6회 사용). 예수는 긴 강화뿐만 아니라 사건을 통해 하나님의 뜻을 가르치신다. 둘째, 예수는 사역과 지상에서의 생애를 통해 제자들을 가르치신다. 예수는 하나님의 뜻을 들려주시는 교사인 동시에 구원 역사의 목표를 어떤 삶으로 성취하는지 순종하는 종-아들의 생애를 통해 보여주시는 교사이다. 유대 문헌과 비교해서, 교사의 생애를 상세히 서술하는 것은 복음서의 독특한 점이다. 셋째, 예수는 지혜를 계시하는 아들이면서(11:25-27) 성육신하신 지혜이시다.

8.4. 교회

(1) 하나님의 뜻을 해석하는 권위는 유대교의 성경 선생들이 아니라 베드로에게 주어졌고(16:18-19), 이런 권위와 특권은 교회로 확장된다(18:18-19). 교회는 음부의 세력에 잡아먹힐 것처럼 작고 약해 보일지라도, 하늘에 속했고 하늘나라로 사람들을 인도하는 권세를 부여받았다. (2) 예수의 하늘나라 사역은 "먼저" 이스라엘을 대상으로 삼는다. 구원 역사의 관점에서 이스라엘의 회복은 열방의 회복을 위한 것이므로 이스라엘은 이방의 빛이다(사 42:6; 49:6). 이방인들을 향한 마태의 관심은 복음서 처음부터 등장한다(계보의 네 이방인 여자, 동방에서 온 박사들, 이방의 갈릴리 등). (3) 교회는 재림 때까지 참 신자들(=의인들)과 가짜 신자들(=악인들)이 혼재하는 공동체이며(13:47-50, 18:15-20, 23-35, 22:11-

14, 25:31-46), 최후심판의 날에 의인들과 악인들로 분리될 것이다. 마태복음은 교회를 격려하는 표현을 많이 사용하는 동시에 이스라엘의 운명을 겪게 될 사실을 경고한다. (4) 교회의 본질은 거룩함이다. 마태복음에서 교회를 향한 경고를 강하게 표출하는 이유는 교회의 본질이 거룩성에 있기 때문이다. 예수께서 하늘나라의 백성에게 강조하시는 윤리의 용어는 "의"다. 하나님의 백성은 "열매"를 맺는 "거룩한" 백성이어야 한다는 점에서 이스라엘과 교회는 연속성을 지니며, 예수의 가르침과 그에 의해 해석된 법에 순종한다는 점에서 둘 사이에는 불연속성이 나타난다.

8.5. 제자들

교회와 관련된 내용은 제자도와 자연스럽게 연결된다. (1) 마태복음은 제자를 위한 교과서와 같다. 다섯 강화는 제자들 혹은 교회를 위한 교육 매뉴얼과 같다. 마태는 다른 복음서 저자와 비교해서 산상설교를 길게 기록하면서 제자들의 윤리를 강조하며, 제자들에게 요구되는 열매는 산상설교의 가르침을 실천한 데서 맺히는 것이다. (2) 제자들의 정체성은 아버지께서 원하시는 뜻에 순종하는(12:46-50), 하늘나라의 비밀을 깨달은(13:11, 15-16) 사람들이고 하늘나라의 제자된 서기관들이다(13:51-52). 구약과 신약을 탁월하게 다룰 수 있어야 하며, 종말론적으로 성취하신 관점에서 구약과 신약이라는 보고에 감춰진 진리를 가르쳐야 한다. (3) 예수의 부르심은 그 내용에 있어서 급진적이며 사람들의 즉각적 반응을 요구하는 점에서 긴박하다. 제자도에서 중요한 것은 예수의 가르침을 이해하는 것이다(13:23; 15:10; 16:12; 17:13). 무리와 제자의 차이는 예수에 대한 이해의 차이다. 예수를 교사로 둔 제자들은 그의 가르침뿐만 아니라 삶도 배워야 한다. 10장의 파송 강화에서 예수는 제자들을 보내면서 "종들"(="제자들")이 "종"(="예수")의 운명을 경험하게 될 것을 알려주신다. 제자들과 무리의 차이는 믿음(신뢰심)의 존재 여부에 있다. 그들의 믿음은 여전히 작거나 흔들리기 때문에 예수는 제자들에게는 굳건한 믿음이 있어야 할 것을 사건들을 통해 훈육하신다.

8.6. 기적

마태는 다른 공관복음과 공통점을 유지하면서 독특한 부분을 드러내고 있다. 첫째, 마태는 수미상관(4:23과 9:35)의 기법을 사용해서 하늘나라의 복음이 메시아의 가르침(산상설교)과 치유(기적 내러티브)를 통해 전파된 것을 보여준다. 11:2-6에서 마태는 예수의 치유 행위를 희년의 실현(사 61; 레 25)으로 해석한다. 마태는 기적 사건의 분량을 줄이는 대신 설명을 붙이는 경향을 보인다. 마태는 기적 내러티브와 기독론을 연결해서 하늘나라가 예수의 치유와 축귀 행위를 통해 도래한 것을 강조했는데, 제자들이 예수를 "하나님의 아들"(14:33)로 처음으로 고백한 순간도 기적의 장면이다(14:22-33). 제자들의 신앙은 바다에서 기적을 행하신 예수를 경험하면서 더 깊어진다(8:27 → 14:33).

8.7. 구원론

학자들은 마태복음의 구원론을 하늘나라에 들어간다는 표현과의 관계, 직설법과 명령법의 관계, 은혜와 요구의 관계, 믿음과 행위의 관계 등에 초점을 맞춰서 분석해 왔다. 구원론에 대해서는 세 견해가 제시되고 있다. 첫 번째 견해는 마태복음에는 직설법(또는 은혜)이 없다고 주장한다. 두 번째 견해는 마태복음의 구원론을 (바울의 새 관점 논쟁에 주로 등장하는 개념인) "언약적 신율주의"로 설명하는 것으로, 은혜로 구원에 들어가서(getting in), 순종으로 머물 수 있으나(staying in), 현재적 하늘나라에 들어가게 하는 은혜가 오는 세상에 들어가는 것을 보장하지는 않는다. 세 번째 견해는 행위로 (현재적) 하늘나라에 들어간다는(구원을 받는다는) 입장에 반대하며, 동시에 은혜로 들어간 하늘나라에서 순종이 없이는 머물 수 없다는 두 번째 견해에 반대한다. 즉 행위구원을 부정하며 성도의 견인을 지지한다. 필자는 세 번째 견해를 지지한다.

예를 들어, 제자들은 산상설교에 제시된 예수의 명령을 듣기 전에 땅의 소금과 빛이라는 선언을 들었고(5:13-14) 좋은 열매를 맺을 수 있는 좋은 나무들이다(7:17-18). 예수의 말씀은 선한 열매를 맺지 못하는 자들에게는 심각한 경고가 되지만 하늘나라에 들어간 자들에게는 성도의 견인을 위한 은혜의 수단이다. "그 열매로 나무를 아느니라"(12:33) 마태는 구원과 최후심판의 관계에 있어서 "모호성"이라는 문학 장치를 사용해서 독자들로 하여금 긴장을 유도하는데, 공동체가 혼합성을 심각한 문제로 인식하고 재림을 준비하도록 최후심판이라는 주제를 강조하며, 이 주제를 다섯 강화의 결론 부분에 다룬다. 모호성이란 이야기의 마지막을 의도적으로 모호하게 개방해 놓음으로써 독자로 하여금 자신의 영적 신분이나 상태를 심각하게 고민하게 만드는 기법이다. 예를 들어, 25:31-46의 비유에서 마지막 부분은 심판을 받는 대상과 독자들의 공통점을 상기시키면서 충격 속에서 자신들을 돌아보게 한다. 이렇게 모호성의 기법은 충격적인 종말의 모습을 보여주면서 혼합된 교회를 경고하고 신앙을 심각하게 점검하도록 한다. 예수를 알지 못하는 사람은 구원을 받을 수 없고, 예수를 고백해도 예수께서 베푸신 긍휼을 열매로 드러내지 못한 사람은 예수를 아는 자임을 입증하지 못하기에 바깥 어둠에 쫓겨난다. 긍휼이라는 열매를 맺지 못하는 자는 긍휼의 열매를 맺을 힘이 없는 나무임을 증명할 뿐이다.

8.8. 종말론과 우주론

(1) 첫째, 마태복음은 다른 복음서에 비해 묵시 종말론을 강조한다. 수평적인(=시간의) 관점에서 미래의 비밀을 계시하는 묵시적 요소와 수직적인(=공간의) 관점에서 천상세계의 비밀을 계시하는 묵시적 요소 둘 다 마태복음에 나타난다. 하늘은 미래의 재판이 열리는 하늘법정의 역할을 하고 하늘/하나님의 관점을 땅의 백성에게 전달하는 원천이다. 즉 하늘은 법정적이고 계시적 공간이다. 둘째, 마태복음은 "최후심판"을 중요한 주제로 다룬다. 셋째, 마

태복음의 비유 중 많은 부분이 최후심판을 주제로 다룬다(7:24-27; 11:16-17; 12:43-45; 13:24-30, 37-43, 47-50; 18:23-35; 20:1-16; 22:11-14; 24:42-25:30). 넷째, 마태는 인자가 미래에 올 것을 묘사하면서 최후심판을 강조한다(10:23; 13:41; 16:27-28; 19:28; 24:27, 37, 39, 44; 25:31).

(2) 마태복음에 사용된 "하늘"은 "하나님"을 우회적으로 표현하는 '대용어'라기 보다는 하나님이 천사들과 계시는 영역에 가깝다. 특히 구약과 제2성전기 유대교에 나타나는 하늘회의(하늘법정/하늘궁정)의 이미지를 함축하기도 한다(예, 10:32, 33; 11:26, 18:14; 25:32). 하늘회의는 땅의 교회나 공동체와 연결되고 땅의 행위에 대해 반응한다(16:18-19; 18:18-20). 하늘에서 들린 음성은 하늘의 뜻에 순종한 아들/종에 대한 하늘의 반응이다(마 3:17; 17:5; 참조. 12:18-21; 27:54; 사 42:1-4). 하늘은 인생의 운명을 선포하는 법정이면서 의인들의 보상이 마련되고 있는 곳이다. 인자는 최후심판에서 하늘법정을 주재할 것이며(16:27-28; 25:31-32; 26:64) 종말론적 전쟁을 위한 군대 역할을 할 것이다(24:29-31). 둘째, 마태복음은 유대 묵시전통의 중심 주제인 "하늘-형벌의 장소"와 "의인-악인의 운명"과의 관계를 핵심적인 요소로 사용한다. 셋째, 성전의 하늘 상징성을 적용해 보면(9:1-8; 26:64; 27:51-53), 성전 휘장이 찢어지고 벌어진 일련의 사건은 하늘의 궁창이 열려 하나님이 아들의 죽음에 반응하여 하늘에서 회복을 위해 내려오시는 것을 상징한다(27:51하-53). 넷째, 구약과 유대 묵시전승에 나타나는 "하늘의 열림"과 "앞에 서다"와 "앞"은 마태의 "하늘과 땅의 관계"를 이해하는 열쇠가 된다. 다섯째, 하늘은 추상적인 개념이나 비공간적 개념이 아니라 하나님이 천사들과 믿음의 조상들과 함께 거하시는 소망의 공간이다. 땅이 영역이듯이 하늘도 영역이다. 하늘에는 의로운 삶을 산 신자들을 위한 보상이 쌓여 있는 곳이다. 하늘은 땅에 거하는 교회와 개별 신자들의 호소와 결심에 반응하시는 하나님이 아버지로 계시는 곳이다.

(3) "음부"(마 11:23; 16:18)는 수직적 방향에서 하늘의 반대쪽에 있으며, 악인들이 최후심판을 받기 전까지 갇히는 곳이다. 마태는 음부가 사용된 11:20-24과 하늘이 핵심인 11:25-27을 연결함으로써 심판을 받을 도시인 가버나움

과 구원의 공동체를 음부와 하늘의 수직적 구도로 대조시킨다. 16:18-19(과 18:18-19)은 교회의 신분은 하늘과 연결되기에 음부를 이기며, 사람들을 음부의 세력에서 구출하여 하늘나라로 인도하는 사명이 교회에 주어졌음을 설명한다. 이와 같이 (내포된) 심연과 음부는 하늘과 "수직적인" 관계로서, 하늘나라가 승리로 도래했음을 알리고(8:28-34), 시작된 하늘나라에 어떻게 반응해야 하는가를 경고와 격려로 가르치며(11:20-30), 하늘나라를 위한 교회의 신분과 사명을 강조한다(16:18-19; 18:18-19). 따라서 우리는 마태복음이 우주의 가장 아래에 있는 구조를 하늘나라의 도래라는 신학적 주제를 위해 수사적이고 시각적으로 사용한다고 결론지을 수 있다.

(4) 복음서에서 마태복음은 하늘이나 하늘 관련 언어뿐 아니라 게헨나와 관련 언어도 가장 빈번히 사용한다. 마태는 우주적-종말론적인 형벌의 장소를 가리키기 위해 게헨나를 은유로 사용한다. 첫째, 마태복음에만 나오는 "게헨나" 본문(5:22; 25:15, 33)에서 게헨나는 가볍게 넘길 수 있는 죄의 심각성이나(5:22) 바리새인들과 서기관들의 위선이 얼마나 심각한 결과를 초래하는가를(23:15, 33) 지적하기 위해 사용됐다. 둘째, 공관복음서 중 병행 본문에 사용된 게헨나 본문(5:29-30; 10:28; 18:8-9)에서는 세상과 공동체에 속한 하늘나라의 제자에게 요구되는 더 나은 의를 강조한다. 셋째, 울며 이를 갈게 될 곳(8:12; 13:42, 50; 22:13; 24:51; 25:30)은 최후심판에서 벌어질 예상 밖의 결과를 보여준다.

9. 구조

마태복음의 구조에 대한 학자들의 의견은 크게 세 가지 견해로 정리된다. 세 가지 모두 타당성이 있으나, 두 번째 견해가 가장 적절하다. (1) 구원 역사의 개요에 따른 세 개의 주요 단락. 이 견해는 많은 학자들이 지지하는 것으로 구원 역사의 개요에 다라서 세 개의 큰 단락으로 구분하는 것이다: 예수의 인격(1:1-4:16), 예수의 선포(4:17-16:20), 예수의 수난, 죽음, 부활(16:21-28:20). (2) 내러티브-강화의 평행 구조. 이 견해는 고전적인 접근으로 내러티브와 강화를 하나로 묶어서 이해하는 것이다. 다섯 개의 긴 강화는 마태복음의 다섯 기둥과 같고 모세의 다섯 책을 떠올린다. 다섯 강화인 5-7, 10, 13, 18, 24-25장에는 각각 엄밀한 의미의 혹은 실제 강화(5:3-7:27; 10:5-42; 13:3b-50; 18:1-35; 24:1-25:46)가 포함된다. 다섯 개의 강화는 최후심판의 주제로 끝을 맺고 하늘 이미지(예, 하늘법정)가 사용된다(7:13-27; 10:40-42; 13:47-50; 18:21-35; 25:31-46)는 것은 마태복음의 신학을 이해하는 데 있어서 중요한 특징이다. 프롤로그(1-2장)과 에필로그(26-28장)에는 다섯 개의 긴 강화와 같은 형태는 나타나지 않는다. (3) 교차대구 구조. 이 견해는 두 번째 견해처럼 강화의 역할에 초점을 맞추어 복음서 전체를 교차대구(키아스틱) 형태로 보는 것이다. 여기서 중심은 13장이다.

10. 마태복음을 어떻게 읽을 것인가?

마태복음을 적절히 읽는 방법은 제안하는 사람마다 다르다. 전통적인 접근은 "문학적", "신학적", "역사적" 문맥을 고려해서 본문을 대하는 것이다. (1) 마태복음의 전개 계획 혹은 플롯을 이해하려면 거시 구조에 민감해야 한다(예, 다섯 개의 강화: 5-7, 10, 13, 18, 24-25장). (2) 미시 구조에 민감해야 한다. 예를 들어, 팔복(5:3-10)은 하나님과 사람의 수직적 관계(5:3-6)와 사람과 사람의 수평적 관계(5:7-10)와 관련된 복을 각각 네 개씩 포함한다. (3) 단어에 민감해야 한다. 마태복음의 여러 단어들은 구약의 거대 서사(매타 내러티브)를 담고 있다. 단어 하나를 정확히 파악하는 것이 단어가 포함된 단락을 해석하는 열쇠가 되기도 한다. (4) 구약과 유대적 표현에 민감해야 한다. 마태는 중간기 혹은 제2성전기 유대교 문헌에 나오는 개념을 독자들이 공동으로 알고 있다고 전제하고 서술한다. 현대 독자들은 당시의 언어를 이해하기 위해 2차 자료의 도움을 받아야 한다. (5) 마태는 해석자이므로 마태복음의 신학에 민감해야 한다. 다른 복음서와 조화시킬 목적으로 마태복음을 읽는 것은 좋은 읽기가 아니다. (6) 내러티브 접근, 즉 복음서를 처음부터 끝까지, 전체적으로, 순서를 따라 읽어야 읽는 방법이 효과적이다. 복음서의 앞부분에서 묘사하는 표현이 전조나 신호로 기능을 하므로 뒤로 갈수록 희미하던 개념이 선명해질 수 있다. (7) 독자는 예수 그리스도에 집중해야 한다. 마태복음은 하늘나라의 복음을 가지고 온 예수 그리스도에 대한 이야기이다. 마태는 예수 안에서 절정에 이르고 성취된 하늘나라의 복음(참조. 사 52:7)을 자신의 관점에서 해석했다.(8) 마태복음은 제자 매뉴얼이라고 불릴 정도로 교회를 교육하기에 적합하도록 배열된 책이다. 마태는 (복음서를 제대로 읽고 이해하기를 기대하고 바라는) 내포적 독자 혹은 이상적 독자가 예수 그리스도의 가르침과 생애를 읽거나 들으면서 "순종"으로 나아가기를 바란다. 마태는 독자들이 예수 안에서 도래한 하늘나라의 복음을 고백하고 이 복음의 증인으로 살게 되기를 기대하면서 마지막 문장을 마쳤을 것이다.

유다서의 우주론[787]

본 연구의 목적은 유다서의[788] 내러티브에서 우주론(cosmology)이 어떤 역할을 하는가를 분석하는 것이다.[789] 여기서 유다서의 우주론이란 유다서의

787 강대훈, "유다서의 우주론", 『신약연구』 제15호 (2013. 12): 875-899을 약간 수정한 글이다.

788 유다서는 거짓 교사의 문제를 주요 주제로 다루는 점에서 역사적으로 중요한 가치를 지니지만, 학계나 교회에서 가장 다뤄지지 않는 책 중의 하나다. 그 이유 중의 하나는 유다서가 에녹을 선지자로, 에녹1서를 권위 있는 책으로 인정하는 것(예, 6, 14-16절)과 관련된다. 유다서의 정경 논쟁, 유다서와 위경과의 관계에 대해 Gene L. Green, *Jude & 2 Peter* (BECNT; Grand Rapids: Baker, 2008), 26-33이 잘 정리해 준다. 유다서의 정경과 관련해서 네 가지 입장이 제시되어 왔다. 첫째 입장은 유다서와 에녹1서를 정경으로 본다. 둘째 입장은 유다서가 유대문헌을 권위 있게 받아들인다는 이유로 유다서의 정경성을 의심한다. 세 번째 입장은 유다서는 정경인 반면 에녹1서는 정경은 아니지만 유다서가 에녹1서의 권위를 인정한 사실을 받아들인다(어거스틴). 이 주장은 신약의 다른 부분에서도 성경 저자들이 정경은 아닐지라도 진리성 또는 사실성을 담고 있는 역사 자료를 사용하는 것과 같은 맥락에서 유다의 유대문헌 사용을 이해하는 것이다. 네 번째 입장은 최근에 주장되기 시작했고(J. Charles) 이를 받아들이는 주석들과 학자들이 늘고 있다(예, M. Green, Moo 등). 네 번째 견해는 거짓 교사들이 에녹1서를 가치 있게 사용하고 있기 때문에 저자는 그들과의 논쟁을 위해 신학적/문학적 목적으로 유대 자료를 사용한다고 이해한다.

789 유다서의 우주론과 관련하여, 최근에 J. Dennis는 베드로전서, 유다서, 베드로후서의 우주론을 탐구하면서 우주론은 저자들의 신학적(또는 구속사적)이고 윤리적 목적을 위해 사용된다고 주장한다(156). "Cosmology in the Petrine Literature and Jude," in *Cosmology and New Testament Theology*, 157-77. 데니스는 유다서 6(벧후 2:4), 8(벧후 2:10하)절에 제한하고, 베드로후서를 중심에 두고 유다서를 참고하면서 해석한다. 그러나 필자는 유다서의 내러티브에서 우주론이 갖는 역할을 살필 것이다. 그리고 Richard Bauckham은 12-13절을 주해하면서

신학(예, 거짓 교사들의 문제와 운명 등)을 위해 중요하고 의미 있는 영역으로 표현된 우주의 구조(예, 하늘의 세계, 하늘법정, 땅의 흑암 등)를 가리킨다.[790] 유대 묵시전통의 특징 중의 하나는 종말론을 위해 우주론이 사용되는 것인데,[791] 필자는 이 특징을 유다서에서도 입증하고, 나아가 우주론의 구원론과의 관계도 연구할 것이다. 본 연구는 우주의 구조가 갖는 신학적 역할을 서신의 전체 흐름 속에서 살필 것이다.[792]

1. 구약의 세 가지 예와 해석에 나타난 우주론(5-10절)

1.1. 구약의 세 가지 예(5-7절)

유다는 5-7절에서 말세에 등장한 경건치 않은 자들이 보여주는 행동 방식과 그들의 운명을 구약의 세 가지 예로[793] 설명한다. 저자가 제시하는 이스

유다의 신학을 우주의 구성 요소를 사용하여 해석하고 있다. 그는 저자가 우주의 네 가지 장소의 이미지들(공중의 구름, 땅의 나무, 바다의 파도, 하늘의 별들)을 사용한다고 주장하며, 에녹1서 80장 등을 분석한다(*Jude and the Relatives of Jesus in the Early Church* [London: T & T Clark International, 2004], 191-201). 우주의 구성 요소를 유다서의 신학과 연결시킨 점에서 보캄의 접근은 필자의 것과 일치한다.

790 참조. R. A. Oden, 'Cosmogony, Cosmology', in *ABD* 1:1162.

791 George W. E. Nickelsburg, *1 Enoch 1: A Commentary on the Book of 1 Enoch: Chapters 1-36; 81-108* (Minneapolis, Minn.: Fortress, 2001), 39; John J. Collins, *The Apocalyptic Imagination* (Grand Rapids, Mich.: Wm. B. Eerdmans, 1998), 58.

792 내러티브 접근에서 우주의 구조는 사건들(events)이 일어나는 공간(setting)의 역할을 한다. 필자는 본문을 분석함에 있어서 보캄의 구조분석을 사용한다(*Jude and the Relatives*, 179-82). 편지는 인사(1-2)와 편지를 쓰게 된 배경과 호소(3-4), 본문(5-23), 호소 또는 명령(20-23), 송영(24-25)으로 구성된다. 5-19절은 거짓 교사들의 문제를 지적하기 위한 배경으로 경건치 않은 자들이 받을 운명에 대한 네 가지 예언을 언급한다. 중요한 것은 '본문' + '해석'의 구조다: 본문1-구약의 세 가지 예(5-7절) + 해석(8-10); 본문2-구약의 세 가지 예(11절) + 해석(12-13절); 본문3-고대의 예언(14-15)+해석(16절); 본문4-최근의 예언(17-18)+해석(19절).

793 유다는 셋을 선호한다. 그는 거짓 교사들의 운명(5-7, 11절)과 거짓 교사들의 행동(8-10, 16, 19절)을 설명 할 때뿐만 아니라 서문(1-2절)과 송영(24-25절)에서도 세 가지 또는 셋을 선호한다. Charles는 유다가 거짓 교사들의 문제를 '증언'할 목적으로 셋을 선택했다고 본다. J.

라엘의 광야 이야기-소돔-파수꾼은 유대 전통에서 자주 사용되는 소재다.[794] 첫 에피소드는 주되심을 부정한 하나님 백성의 심판, 두 번째와 세 번째 에피소드는 창조 질서를 무시하면서 일으킨 도덕적 문제를 다룬다. 첫 번째 에피소드는 출애굽 사건에 관한 것이다. "주께서 백성을 애굽에서 구원하여" 내신(5절상) 이야기는 출애굽기 1-18장을 포함한다. 이 기간에 이스라엘의 출애굽 세대는 가네스 바네아에서 심판을 받는다(5절하; 민 13:25-14:38). 첫 번째 예에서 저자는 그들이 출애굽을 했으나 믿지 않아서 멸망했다는 점을 강조한다. 6절은 두 번째 에피소드로 창세기 6:1-4의 자료에 기초한다. 유대교 문헌은 이 본문을 하늘의 천사들이 타락한 이야기로 해석한다.[795] 유다가 창세기 6장의 '하나님의 아들들'을 '천사들'로 이해했다면,[796] 그는 대홍수 사건 이전을 묘사한 〈에녹1서〉의 〈파수꾼들의 책〉(에녹1서 1-36) 6-19장(또는 6-21장)을 자료로 사용했을 것이다.[797] 에녹 전통에서 약 2백 명의 천사들이 하늘의 처

Daryl Charles, "The Angels under Reserve in 2 Peter and Jude," *BBR* 15.1 (2005), 39-48(46); idem, *Literary Strategy in the Epistle of Jude* (Toronto: Associated University Presses, 1993), 72-74; Richard Bauckham, *Jude, 2 Peter* (Waco: Word Books, 1983), 44.

794 유대 전통에서 위의 이야기들은 독자들을 경고하고 하나님의 심판을 강조하는 목적으로 사용된다(참조. Sir 16:6-14; CD 2:16-17; 마카베오3서 2:3-4; 납달리의 유언 3:1-4; 희년서 20:2-7). 더 자세한 내용을 위해서는 Bauckham, *Jude, 2 Peter*, 46-47을 보라.

795 에녹1서 54:3-6; 64-69; 86-88; 106:13-19; 에녹2서 7; 18; 바룩2서 56:10-16; Sib. Or. 1:120-25; 2:230-35; 희년서 4:15, 21-22; 5:1-16; 7:21-25; 8:3; 10:5; 르우벤의 유언 5:6; 납달리의 유언 3:5; 솔로몬의 유언 5:3; 6:2-3; 지혜서 14.6; 시락서 16.7; 마카베오3서 2:4; 필로, 〈거인들에 대해〉; 〈출애굽에 대한 질문과 대답〉 1:89-92; 요세푸스, 〈고대사〉 1:72-74; CD 2:17-21; 1QH 10:34-35; 1QM 14:15; lQapGen. 2:1, 16; 4QAgesCreat 1-2; 6QD 2:17-21; *Targ. Ps.-J.* (Gen) 6:1-4. 참고 자료는 Robert L. Webb, "The Use of 'Story' in the Letter of Jude: Rhetorical Strategies of Jude's Narrative Episodes," *JSNT* 31.1 (2008), 53-87 (56)에서 가져온 것이다.

796 창 6:1-4의 '하나님의 아들들'에 대해서는 크게 세 가지 접근이 있다. 첫째, 타락한 천사들(파수꾼들. 둘째, 하나님의 아들들이라고 오만을 떨던 왕들이나 지도자들. 셋째, 셋의 자손들. 첫째와 둘째 해석을 결합한 접근도 있다. 여러 견해를 정리한 글로는 D. A. Carson, "2 Peter," "Jude," in *Commentary on the New Testament Use of the Old Testament* (ed. G. K. Beale and D. A. Carson; Grand Rapids, Mich.: Baker Academic, 2007), 1048-51, 1070-71을 보라. Carson을 포함하여 최근에는 대부분의 학자들이 천사적 해석을 선호한다. 예, 최승락, "베드로서신에 나타난 세상 속 그리스도인의 신행일체(信行一體)", 『신약연구』 7 (2008), 91.

797 Bauckham, *Jude, 2 Peter*, 53; Peter H. Davids, *The Letters of 2 Peter and Jude* (Grand

소를 떠나 세미아즈와 아자젤을 따라 땅의 아름다운 여인들과 결혼한다(에녹1서 6). 타락한 천사들은 인간들에게 마술과 악한 행위를 가르치고 하늘의 비밀을 전달한다. 천사와 인간 사이에서 태어난 후손은 가증한 행위를 하고(에녹1서 7-8) 악한 영들이 된다(15:8-12). 하나님은 처소를 떠난 천사들을 최후심판 때까지 가두어 버리신다(9-11장). 6-11장에서 강조된 하나님의 판결은 12-16장에서도 반복된다. 하나님의 심판을 강조하는 14장(참조. 사 6; 단 7:9-14)은 하늘보좌와 성전을 묘사하며, 이 보좌는 하늘법정 역할도 한다. 이어서 에녹은 하늘의 별들과 권능들의 감옥(17-19장)과 타락한 천사들이 갇힌 무서운 장소를 본다(21:8-10).[798] 이처럼 하늘보좌 장면이 17-36장에서 의인들과 악인들의 운명으로 이어지는 점은 창조세계(우주론)가 심판(종말론)의 수단으로 사용되는 것을 함축한다(17-19장; 22:5, 12-13).

6절에서 타락한 천사들은 자신의 위치(참조. 신 32:8)를 지키지 않고 하늘의 처소를 떠난 죄 때문에 영원히 결박된다.[799] 최후심판 때까지 흑암에 갇히게 된 자료(13절, 벧후 2:4)는[800] 에녹1서 10:4-6과 비슷하다.[801] "라파엘아 가서 아사셀의 손과 발을 묶어 흑암에 던져 넣어라. 그리고 두다엘에 있는 광야에 구멍을 만들어 그를 그곳에 던져라. 그리고 날카롭고 비쭉비쭉한 돌들을 그에게 달아라. 그를 흑암으로 덮어 버리고 지극히 긴 시간 동안 그곳에 머물게 만들어라. 그의 얼굴을 덮어서 빛을 보지 못하게 해버려라. 큰 심판의 날에 활활

Rapids, W. B. Eerdmans Pub. Co., 2006), 49. Webb은 6-21장을 사용했을 것이라고 주장한다("The Use," 56). 〈파수꾼들의 책〉(에녹1서 1-36)의 전체 구조를 볼 때, 17-36장이 하나로 묶여지므로, 유다가 6-19장 또는 6-21장 중 어느 것을 사용했다고 해도 17-36장의 맥락을 인지했을 것이다.

798 하나님은 의인들의 영들에게는 보상을 베푸시지만 악인들의 영들을 채찍과 고통의 장소로 보내신다(22:10-11). 낙원에서 누리게 될 의인들의 운명(24:1-7; 25:1-7; 참조. 사 65:17-25)은 저주 받은 자들을 위해 준비된 무서운 골짜기(27:1-4; 31:1-32:5)와 대조된다.

799 참조. 에녹1서 13:1; 14:5; 21; 54:3-5; 56:1-4; 86-88; 희년서 4:15, 22; 5:1-6; 바룩2서 56:10-14; 르우벤의 유언 5:6-7; 납달리의 유언 3:5; CD 2:17-19; 1QapGen 2:1; *Tg. Ps.-J. Gen* 6:1-4.

800 Bauckham, *Jude, 2 Peter*, 52-53; Davids, *2 Peter and Jude*, 49.

801 Bauckham, *Jude, 2 Peter*, 52-53; Charles, "The Angels under Reserve," 47.

타는 큰 불로 보내 버려라"(에녹1서 10:4-6).[802] "흑암"은 유대 전통에서 갇히는 장소를 가리키며, 영원히 타는 불과 함께 사용되기도 한다.[803] 그러므로 흑암은 타락한 천사들이 갇힌 감옥을 가리킨다.[804] 거짓 교사들은 타락한 천사들처럼 하나님께서 정하신 위치를 떠났다. 이들은 꿈의 환상으로 하늘에 올랐다고 했으나(8절), 역설적으로 정반대인 흑암에 갇히게 될 것이다(참조. 13절).[805]

7절의 세 번째 에피소드는 창세기 19장의 소돔과 고모라 이야기다. 유대교와 신약의 해석을 보면, 소돔과 고모라의 죄는 여러 가지로 이해됐는데(환대의 문제, 동성연애 등),[806] 유다는 소돔의 "음란"을 언급하면서 "다른 육체"를 따라간 행위를 불 심판의 원인으로 지적한다(7절).[807] 동성연애 행위는 "같은 육

---

802 본 글에서 사용하는 에녹1서 본문은 George W. E. Nickelsburg and James C VanderKam, *1 Enoch: A New Translation* (Minneapolis. Minn.: Augsburg Fortress, 2005)이다.

803 Bauckham, *Jude, 2 Peter*, 90. '흑암': 토비트 14:10; 에녹1서 46:6; 63:6; 솔로몬의 시편 14:9; 15:10; 참조. 마 8:12; 22:13; 25:30); 흑암과 타는 불: 에녹1서 103:8; 108:14; 시빌의 신탁 4:43; 에녹2서 10:2; 1QS 2:8; 4:13).

804 최후심판까지 갇혀 있는 곳인 스올(שאול)은 구약에서 악인들과 의인들이 함께 가는 운명의 장소인가, 아니면 악인들만 갇히는 곳인가? 많은 구약 학자들은 악인과 의인이 모두 가는 무덤 또는 모두의 운명인 죽음으로 이해한다. 그러나 스올을 악인의 운명과 연관된다고 주장하는 대표적인 학자들은 다음과 같다. Philip S. Johnston, *Shades of Sheol: Death and Afterlife in the Old Testament* (Nottingham: Apollos, 2002); Jon D. Levenson, *Resurrection and the Restoration of Israel: The Ultimate Victory of the God of Life* (New Haven/London: Yale University Press, 2006); Kevin Madigan and Jon D. Levenson, *Resurrection: The Power of God for Christians and Jews* (New Haven: Yale University Press, 2008). 필자는 두 번째 입장을 지지한다.

805 구약에서 하늘에 오르려고 했다가 스올에 떨어지는 신탁은 타락한 천사들의 운명이나 꿈꾸는 자들의 운명에 상응한다고 볼 수 있다(사 14:5-23; 겔 28:1-19). Charles, "The Angels under Reserve," 41-42; 메리데스 클라인, 이수영 옮김, 『하나님 나라의 도래』 (CLC, 2010), 69-92을 참조하라.

806 소돔의 죄에 대한 최근의 연구로는 김경식, "요한계시록에서의 소돔 모티브 사용", 『신약연구』 12 (2013), 605-632을 보라. 특별히, 그는 소돔 관련 구약 배경을 연구하여 계시록의 소돔 모티브를 분석하면서, 소돔의 죄, 불로 표현된 영벌의 장소 등을 탐구하고, 불과 유황으로 표현된 영벌은 '내 백성'을 경고하는 용도로 쓰였다고 주장한다. 소돔의 죄에 대한 유대교와 신약의 재사용에 대해서는 Weston W. Fields, *Sodom and Gomorrah: History and Motif in Biblical Narrative* (Sheffield: Sheffield Academic Press, 1997), 155-84; Bauckham, *Jude and the Relatives*, 55을 보라.

807 Webb, "The Use," 59.

체"와의 성행위인 반면 본문의 "다른 육체"는 "천사들의 육체"와 관련된다고 할 수 있다. 물론 소돔 사람들이 하늘에서 보냄받은 천사들인 줄 알고 성행위를 시도한 것은 아니다. 저자는 그들의 행위를 결과론적으로 해석하면서, 이들의 성욕이 극에 달해 '결과적으로' 천상의 메신저들을 향하게 됐음을 암시한다.[808] "그들과 같은 행동"(τὸν ὅμοιον τρόπον τούτοις, 7절)을 했다는 표현은 소돔 사람들의 죄가 위치를 이탈했던 천사들의 행동과 같다는 것을 뜻한다. 위치 이탈을 죄로 보는 저자의 평가에 따르면, 파수꾼들은 땅을 향해 가장 높은 하늘을 이탈했고(에녹1서 12:4; 15:3, 7), 성적 유희를 즐기려는 소돔 사람들은 하늘을 향했다. 타락한 천사들과 소돔 사람들은 창조 질서를 거스른 죄를 지었기에 불 심판을 받게 될 것이다(참조. 23절).

정리해 보면, 위의 세 가지 예는 악인이 최후심판에서 경험할 운명의 모형이고 '멸망-흑암-불'으로 연결된다.[809] 이와 같이 저자는 거짓 교사들의 죄를 위치 이탈로 보고, 이들이 받을 형벌을 강조하기 위해 독자들이 인지하고 있는 우주의 구조 중 가장 어두운 장소를 사용한다.

1.2. 해석 부분(8-10절)

1.2.1. 8-10절의 구조

저자는 구약과 유대교 배경으로 심판의 주제를 강조한 다음(5-7절), 세 에피소드에 대해 해석한다(8-10절). 우리는 다음과 같은 교차대구 구조로 8-10절의 핵심을 유추할 수 있다.[810]

808 Bauckham, *Jude and the Relatives*, 55; Green, *Jude & 2 Peter*, 72. Nickelsburg은 거짓 교사들의 문제에서 자기의 위치를 떠난 것과 성적 문제가 서로 연결된다고 주장한다(*1 Enoch 1*, 272).

809 Bauckham, *Jude and the Relatives*, 188.

810 위의 교차대구 구조는 Webb, "The Use," 59의 분석과 비슷하다.

A 그들(οὗτοι): 육체를 더럽히고 권위를 업신여기고 (8절상)

B (그들은) 영광을 비방한다 (8절하)

X 천사장 미가엘: 감히 판결을 내리지 못한다: "주께서 너를 꾸짖기를 원하노라" (9절)

B′ (그들은) 알지 못하는 것을 비방한다. (10절상)

A′ 그들(οὗτοι): 멸망한다 (10절하)

A(8절)/A′(10절)에는 지시대명사 "그들"(οὗτοι)이 공통으로 등장한다. 그들은 거짓 교사들로 꿈꾸는 자들(8절)이다. 저자는 8절에서 μὲν ... δὲ ... δὲ를 사용하여 거짓 교사들이 육체를 더럽히고, 권위를 업신여기고, 영광을 비방한다고 표현한다. 8절과 대칭을 이루는 10절에서 저자는 μὲν ... δὲ을 사용하여 거짓 교사들은 "알지 못하는 것을 비방"하고 "본능으로 아는 그것으로 멸망한다"고 묘사한다. 8절과 10절의 공통점을 찾아보면, 거짓 교사들의 특징은 비방하는 것이고 그들의 운명은 멸망이다. 거짓 교사들의 태도와 정반대의 모습이 9절의 천사장 미가엘에 대한 묘사로 나타난다. 흥미롭게도, 거짓 교사들이 심판을 받게 되는 이유(A-B[8절] / A′-B′[10절])는 9절(X)의 이야기로 설명된다.[811]

1.2.2. 모세의 시체를 둘러싼 미가엘과 마귀의 분쟁(9절)

거짓 교사들이 심판을 받을 수밖에 없는 이유를 설명하는 9절은 하늘법정의 장면이다. 9절 내용은 구약에는 없다. 신명기 34:1-6은 모세가 죽고 알 수 없는 어떤 곳에 묻혔다고 기록하지만, 미가엘과 마귀가 모세의 시체를 두고 다툰 이야기를 언급하지는 않는다. 이것은 〈모세의 증언〉에 나타나는데,[812]

811 9절에 나오는 미가엘 관련 에피소드는 8-10절의 문맥, 즉 5-7절에 대한 해석이라는 관점에서 이해돼야 한다. 그리고 5-7절의 세 가지 에피소드가 공통적으로 하나님의 심판을 강조하기 때문에, 이에 대한 해석인 8-10절도 '심판'과 연관된다.

812 유다서 9절과 〈모세의 증언〉과의 연결은 보캄에 의해 자세히 설명됐고, 유다서 주석가들이 일반적으로 이 연결을 수용하여 본문을 설명하고 있다(예, Bauckham, *Jude, 2 Peter*, 65-76;

이야기를 재구성해 보자. 느보산에서 모세가 죽자 하나님은 모세의 시체를 다른 곳으로 옮기도록 미가엘 천사를 보내셨다. 그러나 사탄은 모세가 애굽인을 죽였기 때문에(출 2:12) 명예로운 매장 대신 살인죄로 기소돼야 한다고 주장하면서 모세를 이스라엘의 우상 숭배의 대상으로 만들려고 했다. 〈모세의 증언〉은 사탄의 고발을 "비방"이라고 평가한다. 여기서 사탄은 구약에 나타나는 사악한 검사(고발자) 역할을 한다.[813] 위에서 본 것처럼 9절은 8절과 10절을 해석하는 열쇠가 되므로, 거짓 교사들의 문제를 이해하기 위해 9절의 하늘법정을 분석할 필요가 있다. 먼저 스가랴 3장의 판결은 유다서 9절에서 미가엘이 사탄에게 하는 표현과 평행을 이루기 때문에[814] 스가랴 3장을 간단히 분석하고 유다서 9절의 배경을 분석해 보자. 스가랴 3장(네 번째 환상)의 하늘회의 장면은 포로에서 예루살렘으로 귀환한 대제사장인 여호수아의 '지위'에 초점을 맞춘다. 본문에서 '앞에 서다'(ynpl dm[)는 하늘회의를 주재하시고 앉아 계시는 하나님 앞에 서 있는 존재들의 위치와 자세를 묘사하는 전형적인 표현이다.[815] 이 하늘회의는 하늘법정의 역할을 하며, 거기서 사

Green, *Jude & 2 Peter*, 79; Davids, *2 Peter and Jude*, 60-61). 보캄은 〈모세의 증언〉에 기초해서 이야기를 다음과 같이 재구성한다(72-73). "여호수아는 느보산에 모세와 함께 올랐다. 거기서 하나님은 모세에게 약속의 땅을 보여 주셨다. 후에 모세는 이스라엘 백성에게 자신의 죽음을 알리도록 여호수아를 돌려보냈고, 모세는 죽었다. 하나님은 수천사 미가엘을 보내 모세의 시체를 다른 곳으로 옮겨 매장하라고 명하셨다. 그러나 마귀 사마엘이 미가엘에 반대하며, 모세가 명예롭게 매장 될 권리에 대해 논쟁한다. 본문은 또한 그가 모세의 시체를 백성들에게 돌려주어 경배의 대상으로 삼기를 원했음을 말해 주고 있다. 그래서 미가엘과 마귀는 모세의 시체를 놓고 논쟁을 벌이게 된다. 마귀는 모세가 애굽인을 죽이고 시체를 모래에 묻었으므로 모세에게 살인죄를 적용했다. 그러나 이러한 정죄는 모세에 대한 모욕이나 다름없었기에, 미가엘은 이 모욕을 용납하지 않고 '주께서 너를 꾸짖으시기를 원하노라'로 한다. 그러자 마귀는 달아났다. 미가엘은 모세의 시체를 하나님께서 명령하신 장소로 옮겨 시체를 자기 손으로 직접 묻었다. 그래서 모세의 매장지를 아는 사람은 아무도 없었다."

813 Bauckham, *Jude, 2 Peter*, 47.

814 Bauckham, *Jude, 2 Peter*, 62: Green, *Jude & 2 Peter*, 80-83.

815 동사 '서다'(עמד)은 3:1-7에서 7회 사용된다. 대제사장은 여호와의 천사 앞에 서 있고(1, 3절), 사탄은 여호수아의 오른 편에 서 있고(1절), 하늘회의 구성원들이 여호와의 천사 앞에 서 있다(4절). 여덟 번째 환상인 6:1-8도 하늘회의를 암시하는데, 하늘의 네 바람이, 하늘회의의 구성원들로서, 전쟁을 위해 그리고 하나님의 주권을 땅에 확장하기 위해 소집돼 주 앞에 서 있다.

탄은 여호와의 천사 앞에 서서 여호수아를 고발한다(참조. 욥 1-2). 여호수아는 피고, 여호와는 재판장, 하늘회의 구성원들은 집행관들, 여호와의 천사는 여호와의 대변인과 재판장의 역할을 수행한다.[816] 사탄은 더러운 옷을 입고 있는 여호수아를 정죄하지만(1-3절), 하늘법정의 판결은 대제사장의 옷을 입혀 그의 직분을 인정하는 것이다(7절).[817] 재판장은 "주께서 너를 책망한다" 라며 사탄의 잘못을 지적한다. 판결은 하늘법정의 재판관이신 하나님의 절대/고유 권한이다.

ἐπιτιμήσαι σοι κύριος 주께서 너를 책망하신다 (유 9하)
ἐπιτιμήσαι κύριος ἐν σοί 여호와께서 너를 책망하노라 (2회, 슥 3:2)

유다서에서 "주께서 너를 책망한다"라는 미가엘의 말은 하나님께 판결을 맡기는 표현이다. '변론하다'(διακρίνω)의 분사형인 9절의 "변론"(διακρινόμενος)은 법정적 개념을 갖고 있다(예, 욥 4:2 70인역).[818] "판결을 내리지 못하고"의 '내리다'(ἐπιφέρω)는 법적인 목적으로 쓰인다.[819] 유다는 여기서 "고발"을 의미하는 단어인 αἰτία(참조. 마 27:37) 대신 '판결' 또는 '심판'(κρίσις)의 용어를 사용한다.[820] 그래서 우리는 9절, οὐκ ἐτόλμησεν κρίσιν ἐπενεγκεῖν βλασφημίας를 "모욕의(βλασφημίας)[821] 판결을 내리지 않았다."로 번역할 수 있다. 9절의 동사 ἐτόλμησεν('감히-했다')은 신약에서 16회 사용됐는데, 주로 상대방에게 명예와

816 A. R. Petterson, *Behold Your King* (LHBOTS 513; New York: T&T Clark, 2009), 48; D. L. Petersen, *Haggai and Zechariah 1-8* (Philadelphia, PA: Westminster John Knox Press, 1984), 191.

817 하늘법정의 판결은 하나님께서 자기 백성을 기억하고 있는 사실, 곧 회복된 대제사장 직분을 통해 성전의 제의 기능이 회복된 것을 암시한다.

818 Bauckham, *Jude, 2 Peter*, 60.

819 Green, *Jude & 2 Peter*, 83; *BDAG*, 386. 참조. 행 25:18; 요세푸스, 〈고대사〉, 2.6.7§130; 4.8.23§248; 11.4.9§117.

820 Green, *Jude & 2 Peter*, 83; *BDAG*, 31.

821 βλασφημία의 소유격.

수치를 주는 면에서 조심하는 태도를 의미한다(참조. 마 22:46; 막 15:43; 행 7:32; 롬 15:18; 빌 1:14 등).[822] 이런 점에서 9절의 "감히 비방하는 판결을 내리지 못하고"는 미가엘이 사탄에 예의를 갖추거나 사탄의 권세 아래 있음을 의미하지 않는다. 미가엘은 하늘법정에서 자신이 서 있는 위치와 자신에게 주어진 역할을 알기에, 모세에 대한 사탄의 고발이 잘못된 줄 알지만 이에 대한 판결을 하나님께 맡긴다.[823]

이처럼, 유다서의 "주께서 너를 꾸짖기를 원하노라"는 스가랴 3장의 하늘법정 묘사에 나오는 것으로, 9절은 하늘법정의 언어를 사용한다. 미가엘은 자신들의 위치를 지키지 못한 천사들(6절)이나 거짓 교사들(8, 10절)과 대조적으로 하나님 앞에서 자신의 위치를 지켰다.[824] 저자는 독자들에게 하늘법정(슥 3:2)의 표현과 천상의 존재들인 미가엘과 사탄의 법적 분쟁 장면을 연결하여, 하늘의 존재인 미가엘이 하나님의 주권을 인정한 것을 통해 스스로 정한 법으로 비윤리적 행위를 정당화하는 거짓 교사들의 문제를 지적한다.

1.2.3. 거짓 교사들과 하늘의 세계(8, 10절)

8절에서 제시된 거짓 교사들의 세 가지 문제를 모두 포함하는 죄는 7절의 소돔 사람들의 행위이기 때문에(7절)[825] 8절은 7절과 연결된다. 거짓 교사들은 "꿈꾸는 이 사람들"이다(8절). 구약과 제2성전기 유대교에서 꿈은 계시의 통로로서 (부정적으로 또는 긍정적으로) 이해됐다.[826] 구약의 후기 선지서들과

---

822 Davids, *2 Peter and Jude*, 61.

823 Green, *Jude & 2 Peter*, 83. 또한 Davids, *2 Peter and Jude*, 61을 보라.

824 참조. Davids, *2 Peter and Jude*, 61.

825 Bauckham, *Jude, 2 Peter*, 55. 천사를 모독한 거짓 교사들의 죄(8절)는 소돔의 죄를 범한 것이다.

826 보캄(Jude, *2 Peter*, 55)이 적절히 언급한 것처럼, 구약은 계시의 한 방법으로서 꿈을 긍정적으로 이해하기도 하고(단 2:1; 욜 2:28) 부정적으로 대하기도 한다(신 13:2, 4, 6; 사 56:10; 렘 23:25, 32; 36:8; 슥 10:2). 묵시 문헌에서는 꿈에 대단한 관심을 갖게 됐고 계시 기능으로서 꿈을 존중하는 정도가 강해졌다. 구약의 경우보다 제2성전기 유대교에서 꿈이 계시 기능으로서 더 높은 권위를 갖게 됐다(예, 4QAmram 1.10; 희년서 14:1; 27:21; 32:1). Robert K. Gnuse,

제2성전기 유대교에서는 꿈이 천상 세계의 묵시가 전달되는 주된 방식이었고, 꿈의 묵시 기능은 긍정적이었다.[827] 유대 묵시 문헌에는 묵시자들이 꿈을 통해 하늘에 올라가는 신비적인 경험을 한 것으로 묘사된다.[828] 이와 같은 역사적 문맥을 고려한다면, 꿈꾸는 자들은 꿈을 통한 환상으로 하늘에 올라 계시를 받았다는 "권위"를 근거로,[829] 그들의 비윤리적 행위를 정당화했을 것이다.[830] 그래서 유다서의 저자는 거짓 교사들의 비윤리적 '행위'뿐만 '가르침'도 함께 지적하고 있다.[831]

거짓 교사들의 주장은 자연스럽게 교회가 믿는 계시자인 예수의 권위를

Dreams and Dream Reports in the Writings of Josephus: A Traditio-Historical Analysis (Leiden; New York: E.J. Brill, 1996), 68-101; James E. Miller, "Dreams and Prophetic Visions," *Bib.* 71/4 (1990), 401-404을 보라.

827 꿈과 천사의 관계와 관련하여, 유대 묵시전통에서 천사는 꿈에서 메시지를 전달하거나(L.A.B. 9:10; 욥의 유언 4:1; 요세푸스, 〈생애〉 208-210; 에녹2서 1:3-10; 레위의 유언 2:4-6), 꿈의 상징적인 부분을 해석한다(에녹1서 19-32[22:1-14]; 바룩2서 36-76[55:3]; 레위의 유언 2:7-5:6; 에즈라4서 12:10-38; 희년서 32:22; 야곱의 사닥다리 3:4-7:35; 참고. 단 7:16-28; 8:15-26). Frances Flannery-Dailey, "Lessons on Early Jewish Apocalypticism and Mysticism from Dream Literature," in *Paradise Now: Essays on Early Jewish and Christian Mysticism* (ed. April D. DeConick; Atlanta: Society of Biblical Literature, 2006), 231-247(237)을 참고하라.

828 Christopher Rowland, Patricia Gibbons and Vicente Dobroruka, "Visionary Experience in Ancient Judaism and Christianity," in *Paradise Now*, 41-56.

829 존재론적으로 인간은 불멸의 존재가 아니고 천사들이 함께하는 신에게 근접할 수 없다(예, 수 5:13-15; 슥 1:13-14; 전 3:19-20; 참고. 사 6). 그런데 초기 유대교 문헌에서 꿈을 통해 인간은 천상의 세계로 올라갈 수 있고(예, 에녹1서 14-36; 레위의 유언 5-7), 심지어 하늘에 올라간 자들은 천상의 존재(인간이 신이 됐다는 의미가 아님)로 변한다(예, 에녹2서 22:8-10; 레위의 유언 8:1-19). Flannery-Dailey, "Lessons on Early Jewish Apocalypticism," 231을 참고하라.

830 Green, *Jude & 2 Peter*, 74; Bauckham, *Jude, 2 Peter*, 56. 한편, 하늘의 뜻 또는 계시를 알고 있다는 것이 윤리를 판단하는 척도가 되고, 거짓 교사들(또는 선지자들)이 자신들의 주장을 정당화시키려고 계시 수납과 전달의 권위를 주장하는 것은 유다서 자료를 포함하는 베드로후서에서도 주요 이슈다. 거짓 교사들의 문제와 바른 해석자의 자세에 대한 주의 깊은 글로는 채영삼, "'너희 마음에 떠오르기까지'-베드로후서 1:19에 나타난 '기다림'의 해석학(解釋學)", 『신약연구』 10 (2011), 689-730을 보라.

831 Bauckham, *Jude, 2 Peter*, 56.

부정하는 방향으로 나가게 된다.[832] 그래서 저자는 거짓 교사들의 죄를 "권위를 업신여기며"라고 한다(8절). 여기서 "권위"(κυριότης)를 예수의 '주되심'으로 이해하는 것이 적절하다.[833] 거짓 교사들은 육체를 더럽히는[834] 것으로 대표되는 자신들의 비윤리적 행위를 정당화하기 위해 주 예수 그리스도께서 갖고 계시는 판결의 권위를 거부한다.[835] 이들의 태도는 미가엘의 그것과 대조된다. 거짓 교사들은 교회에 소속된 자들이므로 교회의 배척을 받지 않으려고 명시적으로는 그리스도의 권위를 부정하지 않았을 것이다. 그러나 그들의 삶에 나타나는 방탕함은 무법하고 그리스도의 주되심을 실제로는 부정하는 행위였다.[836]

꿈꾸는 자들인 거짓 교사들은 영광을 비방한다(8절). "영광들"(δόξαι)은 "천사들"을 지칭하는 전문 용어다(병행 본문인 벧후 2:10을 보라).[837] 어떤 점에서 거짓 교사들의 행위가 천사들을 모독한 것이 될까?[838] 유대 전통에서 천사들의 여러 기능 중의 하나는 하늘의 법을 땅에 전달하고(예, 희년서 1:27-29; 요세푸스, 〈고대사〉 15:136; 행 7:38, 53; 히 2:2; 참조. 갈 3:19) 하나님의 창조 세계의 질서를 지키

---

832 Bauckham, *Jude, 2 Peter*, 56. 에녹1서 99:8은 꿈으로 받은 환상 때문에 방황하게 된 내용을 기록한다.

833 Bauckham, *Jude, 2 Peter*, 57. '권위'에 대해서는 세 가지 입장이 있다: 1) 인간 주권자들(교회나 국가), 2) 천사들의 위계질서, 3) 하나님 또는 그리스도의 권위. 보캄은 세 번째 입장을 지지한다.

834 육체를 더럽히는 행위는 6-7절의 천사들과 소돔 사람들의 죄와 연결된다. 육체를 더럽히는 것이 부도덕한 성적 행위를 가리킬 때 사용된 유대교 자료는 Bauckham, *Jude, 2 Peter*, 56을 보라.

835 Bauckham, *Jude, 2 Peter*, 57. 필자는 재판장이신 그리스도에 대한 강조를 14절과 25절에서 자세히 다룰 것이다.

836 참조. Bauckham, *Jude, 2 Peter*, 56; Webb, "The Use," 76.

837 Bauckham, *Jude, 2 Peter*, 57; Green, *Jude & 2 Peter*, 77; Donald P. Senior, *1 Peter, Jude and 2 Peter* (Collegeville, Minn.: Liturgical Press, 2008), 181; Carson, "Jude," 1074. 특히 보캄이 제시하는 자료를 보라. 사해 두루마리(נכבדים: 1QH 10:8; 11QPsaZion 22:13)과 유대 묵시 문헌(에녹2서 22:7, 10; 이사야의 승천기 9:32) 등이 이를 입증한다. δόξαι에 상응하는 נכבדים가 높은 지위의 사람들을 가리키지만(사 3:5; 23:8; 나 3:10; 시 149:8; 1QpHab 4:2; 4QpNah 2:9; 3:9; 4:4; 1QM 14:11) 70인역에서 이런 사람들을 위해 쓰이지는 않는다.

838 Bauckham, *Jude, 2 Peter*, 57-59은 영광을 모독한 의미에 대한 여러 주장을 평가한다.

는(참조. 고전 11:10) 것이다.[839] 거짓 교사들이 하나님의 법을 하늘에서 알아 왔다며 창조 질서를 거스르는 행위는 하나님의 법을 전달하고 지키는 천사들의 역할을 모독한 것이다.[840]

그들은 과연 하늘의 세계를 보고 계시를 받았을까? 8-10절의 교차대구 구조에 따라 10절을 8절과 연결해서 해석해 보자. 10절은 다시 거짓 교사들의 비방을 지적하고, 그들이 멸망하게 된다고 선언한다. 거짓 교사들은, 묵시자들을 흉내 내면서, 하늘의 세계를 잘 알고 그 비밀을 이해한다고 주장했지만, 실제로 그들은 하늘의 세계에 있는 주와 천사들의 역할을 "알지 못한다"(οὐκ οἴδασιν).[841] 그들은 천상 세계를 보지 못했기에 하늘의 뜻을 알지 못했다. 그들이 알고 있는 것이란 땅의 정욕이다!

> 천사들을 모욕하는 점에서(10절) 그들은[거짓교사들은] 자신들이 환상 속에서 알아냈다고 사칭하는 하늘의 세계를 실제로는 얼마나 알지 못하고 있는가를 보여준다. 만일 그들이 진정으로 천사들의 세계를 이해했다면, 천사들을 하나님의 사역자들과 사자들로 인식했을 것이다. 그러나 소돔 사람들처럼 그들은 그렇게 하는 것에 실패했다. 한편, 그들의 행위는 자신들이 잘 이해하고 있는 것은 오직 성적 욕망을 추구하는 방법임을 보여 준다. 이렇게 함으로써 자신들을 영적이고 천사들보다 우월하다고 주장하는 이들은 짐승들처럼 인간 이하의 수준에서 살아가고 있음을 입증할 뿐이다.[842]

1.2.4. 요약

8-10절을 교차대구 구조에 따라 분석한 내용을 요약 정리해 보자. 8, 10절은 거짓 교사들이 실제로 올라가지 못한 하늘의 세계를 암시하고, 9절은 하

---

839 Bauckham, *Jude, 2 Peter*, 58.

840 Bauckham, *Jude, 2 Peter*, 58. 그는 영광을 모독한 의미에 대한 여러 주장을 평가한다(57-59).

841 Bauckham, *Jude, 2 Peter*, 62.

842 Bauckham, *Jude, 2 Peter*, 64.

늘법정의 언어를 가져온다. 거짓 교사들은 꿈꾸는 자들로서 환상을 통해 하늘에 올라 하나님의 법을 알아 왔다면서 자신들의 비윤리적 행위를 정당화했을 것이다. 그들의 주장과 삶은 하늘법정에서 법을 제시하고 천사들을 통해 전달하시는 주 예수 그리스도의 권위를 사실상 부정하고 천사들을 모독한 것이었다. 거짓 교사들은 천상세계에 올랐다고 했으나, 저자는 그들이 짐승처럼 내려 간 존재들이라고 평가한다. 그 결과 멸망이 그들의 운명이 될 뿐이었다. 저자는 하늘이 권위와 계시의 원천이라는 구약과 유대교의 묵시 전통을 배경으로 사용하여 거짓 교사들의 문제를 밝힌다.

2. 두 번째 세 가지 예와 해석에 나타난 우주론(11-13절)

저자는 거짓 교사들의 문제와 운명을 설명하려고 11절에서 구약에 나타난 가인, 발람, 고라를 예로 제시한다. 5-7절과 8-10절의 관계처럼, 12-13절에서 세 인물의 행위를 해석하면서 거짓 교사들의 문제와 운명을 설명한다. 11절에 나오는 세 인물은 다른 사람들을 범죄의 길로 이끈 자들로서 거짓 교사들의 특징과 맞아떨어진다.[843] 독자들은 가인(창 4:1-25)을 첫 번째 살인자일 뿐만 아니라 사람들을 죄의 길로 인도한 자로 인식했다.[844] 발람은 물질에 눈이 멀어 이스라엘에게 그릇된 진리를 가르쳐 배교로 이끌었다(민 22-24; 31:8, 16; 신 23:4-5; 수 13:22; 24:9-10; 느 13:2; 미 6:5; 참조. 계 2:14).[845] 고라(민 16; 26:10-11)는 모세의 권위와 모세가 전한 법을 불신했고 사람들이 자신을 추종하도록 의도했다. 고라는 법을 어긴 전형이었다. 법을 부정하는 자들이 그의 길을 따랐다.[846] 고라의 운명은 심판의 중요한 예가 되므로, 저자는 해석 부분 앞에 고

843 Bauckham, *Jude and the Relatives*, 189.

844 Bauckham, *Jude and the Relatives*, 189: 요세푸스, 〈고대사〉 1:61; Philo, Post. 38-39.

845 Carson, "Jude," 1076. 자세한 자료와 내용은 Bauckham, *Jude, 2 Peter*, 81-83을 보라.

846 Bauckham, *Jude, 2 Peter*, 83-84을 보라.

라의 이야기를 배열한다.[847]

해석(12-13절)은 앞의 세 인물처럼 거짓 교사들이 사람들을 범죄로 이끄는 점을 강조한다. 거짓 교사들은 교회의 모임 속(예, 애찬)에 들어와서[848] 선지자의 신탁을 전하면서 배를 부수듯이 교회를 파괴하려 한다(12절상). 이들은 발람처럼 자신들의 탐욕을 채운다(12절상; 참조. 겔 34:2; 38:4). 물 없는 구름처럼, 뿌리까지 뽑힌 열매 없는 가을 나무처럼 교회에 전혀 유익되지 못한다(12절하).[849] 저자는 거짓 교사들의 위험성과 무익성, 그리고 그들의 심판을 설명하기 위해 우주의 네 지역을 가리키는 이미지를 사용한다.[850]

13절은 6절을 비슷한 내용으로서 저자는 타락한 천사들의 죄와 운명을 거짓 교사들에게 적용한다. 13절과 6절의 관계를 고려하면 "유리하는 별들"(13절)은 있어야 할 처소를 떠난 "천사들"(6절)과 연결된다. "유리하는"(πλανήτης)은 11절에서 발람이 사람들을 잘못 인도한 "어그러진 길"(πλάνη)과 유사하다.[851] 유대 전통에서 유리하는 별들은 원래 천사들의 통제를 받는 위치에서 이탈한 천체를 가리킨다(예, 에녹1서 82).[852] 질서에서 벗어난 별들의 이미지는 하늘에서 떨어지는 천상의 존재들(예, 사 14:12-15; 계 8:10; 9:1; 에녹1서 18:13-16; 21:3-6)을 묘사할 때 사용된다. 위에서 이미 언급한 것처럼, 하늘에서 스올에 떨어지는 그림은 교만한 자들이 겪게 될 운명을 역설적으로 표현하는 것이다(사 14; 참조. 겔 28:1-19). 천사들의 운명은 교회를 파괴하는 거짓 교사들(12절)의 운명

847 Bauckham, *Jude and the Relatives*, 189: 심판의 예(민 16:10; 시 106:17; 시락서 45:19; 요세푸스, 〈유대전쟁사〉 5:566, LAB 57:2; 1 Clem 4:12; 51:4; 에녹1서 90:18; 99:2.

848 거짓 교사들은 애찬에 참여하고 함께 먹는 자들이기 때문에 교회 내부에 있는 자들이다(벧후 2:13).

849 Bauckham, *Jude and the Relatives*, 190.

850 Bauckham, *Jude and the Relatives*, 191-201.

851 동사 πλανάω("잘못 인도하다")와 "잘못"(πλάνη)은 종말에 나타날 거짓 선지자들의 그릇된 행위를 가리킬 때 사용된다(마 24:4-5, 11, 24; 딤전 4:1; 딤후 3:13; 요일 4:6; 계 2:20; 13:14). Bauckham, *Jude, 2 Peter*, 90을 보라.

852 Bauckham, *Jude, 2 Peter*, 90.

을 예고하는 역할을 한다.[853] 거짓 교사들은 하나님께서 자신들의 위치를 이탈해 사람들을 범죄의 길로 이끌었고 이들의 행위와 운명은 처소를 떠난 천사들의 그것과 같다(6절). 별처럼 빛나는 모습은 의인들이 천상세계에서 누릴 운명이지만(단 12:3), 거짓 교사들과 같은 악인들은 어둠에 던져져 영원히 빛을 잃게 될 것이다(13절). 따라서 캄캄한 흑암은 유리하는 별들이 갈 형벌의 장소로서, 거짓 교사들도 갇힐 곳이다.[854]

13절	캄캄한 흑암으로	영원히 예비된	유리하는 별들
6절	흑암에	영원한 결박으로	자기 처소를 떠난 천사들

3. 고대 예언에 나타난 우주론(14-16절)

앞에서 살펴 본 것처럼, 거짓 교사들은 자신들의 주장과 달리 하늘에 오르지도 하늘의 법을 알지도 못했는데, 실제 하늘은 어떤 모습인가? 저자는 하늘법정을 보여 준다. 그들이 부정한 그리스도는 최후의 재판장이며, 그들이 모독한 천사들은 주와 함께 와서 심판을 집행할 것을 설명한다. 우선, 저자는 거짓 교사들이 받을 심판을 에녹의 예언에 기초해서 알린다. "아담의 칠대 손 에녹"은 에녹1서에 나오는 표현이다(에녹1서 60:8; 93:3; 참조. 희년서 7:39). 유다서 14하-15절은 에녹1서 1:9와 상당히 유사하기 때문에 인용이라고 할 수 있다.[855] 하나님께서 하늘 군대와 함께 시내산에 내려오시는 신현 장면에

853 Bauckham, *Jude, 2 Peter*, 89-90.

854 흑암에 갇혀 있는 이야기는 과거의 심판뿐만 아니라, 현재 그들이 갇혀 있다는 사실은 독자들에게도 하나의 경고로서 현재와 미래의 심판을 동시에 강조한다. Robert L. Webb, "The Eschatology of the Epistle of Jude and Its Rhetorical and Social Functions," *BBR* 6 (1996), 139-151 (143).

855 유다가 인용한 에녹1서 1:9이 헬라어 본문인가(J. N. D. Kelly, *The Epistle of Peter and of Jude* [London: Adam and Charles Black, 1969], 276), 아니면 아람어 본문인가(Bauckham, Jude, 2 Peter, 94-96; Jerome H. Neyrey, *2 Peter, Jude: A New Translation*

서(에녹1서 1:3-9), 의인들은 복을 받고(7-8절) 악인들을 벌을 받게 될 것이다(9절). 유다는 이 장면을 그리스도의 파루시아에 적용하며(참조. 6, 21, 24절), 악인들의 심판에 초점을 맞춘다. 주께서 수만의 거룩한 자들을 동원하는 목적이 심판이라는 사실(유 15절)은 에녹1서 1:9에도 나타난다.[856] "보라 그분은 그분의 수많은 거룩한 자들과 함께 오실 것이다. 이는 그들이 행한 불경건한 행위에 대해, 그리고 불경건한 죄인들이 그분을 거슬러 내뱉은 오만하고 험한 말에 대해 모두에게 심판을 집행하고 불경건한 자들 모두를 파멸시키고 모든 인류를 정죄하기 위함이다"(에녹1서 1:9).[857]

유다서 14b-15	에녹1서 1:9	
	헬라어 (코덱스 파노폴리타누스)	아람어 (4Q204 i 15-16)[858]
ἰδοὺ ἦλθεν κύριος ἐν ἁγίαις μυριάσιν αὐτοῦ ποιῆσαι κρίσιν κατὰ πάντων καὶ ἐλέγξαι πᾶσαν ψυχὴν περὶ πάντων τῶν ἔργων ἀσεβείας αὐτῶν ὧν ἠσέβησαν...	ἔρχεται σὺν ραῖς μυριάσιν αὐτοῦ καὶ τοῖς ἁγίοις αὐτοῦ ποιῆσαι κρίσιν κατὰ πάντων καὶ ἀπολέσει πάντας τοὺς ἀσεβείας αὐτῶν...	15 그는 모두에게 심판을 실행하기 위해 그의 수많은 거룩한 자들과 함께 올 때 모든 악인들을 파멸시킬 것이다. 16 그는 그들이 말과 행위로 범한 그들의 악한 행위에 대해 모든 육체를 정죄할 것이다.
보라 주께서 수만 명의 거룩한 자들과 함께 오신다. 이는 모두에게 심판을 내리고 불경건하게 행한 그들의 모든 불경건한 행위에 대해 모든 영혼을 책망하기 위함이다…	그분(=하나님)은 그분의 수많은 거룩한 자들과 함께 오실 것이다. 이는 모두에게 심판을 집행하고 불경건한 자들 모두를 파멸시키기 위함이다…	

with Introduction and Commentary (New York: Doubleday, 1993), 80-81; Carroll D. Osburn, "The Christological Use of 1 Enoch 1:9 in Jude 14-15," *NTS* 23 [1977]: 334-41; Webb, "The Use," 62-63)에 대한 논쟁이 있다. 보캄은 유다가 헬라어 번역을 알았고 아람어 본문에서 자신의 목적을 위해 직접 번역한 것으로 추정한다.

856 에녹1서 1:9은 에티오피아어, 헬라어(코덱스 파노폴리타누스), 라틴어(*Ps.-Cyprian*)에 포함된다. 사해 두루마리의 아람어(4Q202) 본문에는 1-8절과 15절 이후의 내용은 있으나 9-14절 내용이 없다. 우리는 4Q204 i 15-16의 번역을 사용한다. 에티오피아어, 헬라어, 아람어, 라틴어 사본을 비교한 자료를 위해서는 Bauckham, *Jude and the Relatives*, 95를 보라.

857 Nickelsburg and VanderKam, *1 Enoch*, 20.

에녹1서 1:9의 "그"는 여호와를 지칭하고 유다서 14절의 "주"는 마지막 날에 강림하실 그리스도이므로 유다의 고기독론이 반영된다.[859] 에녹1서의 문맥에서 수많은 무리의 천사들이 심판을 집행하려고 소집된 하늘회의 장면은[860] 하늘법정 또는 하늘보좌 방을 묘사하는 다니엘 7:9-14(특히 10, 13절)과 비슷하다.[861] 최후의 하늘법정이 열리면, 주와 함께 오는 천사들은 심판을 수행할 것이다.[862] 에녹1서 1:9에는 현재형 동사 ἔρχεται가 사용되고 유다서에는 과거형 동사 ἦλθεν가 사용된다. 유다서의 동사 ἦλθεν는 선지자적 과거로 미래에 일어날 사건을 의미한다.[863] 유다서 15절과 에녹1서 1:9의 "정죄하다"가 종말론적 본문에 사용되면 회개의 기회가 없는 심판을 뜻한다(예, 바룩2서 55:8; 에즈라4서 12:31-33; 솔로몬의 시편 17:25).[864]

이와 같이, 유다는 구약과 유대교 전통뿐만 아니라 최후심판에 대한 신약의 증언을 바탕으로 주 예수 그리스도의 파루시아 장면을 묘사하여 거짓 교

---

858 Florentino García Martínez, *Dead Sea Scrolls Translated: The Qumran Texts in English* (trans. W. G. E. Watson; Leiden: E. J. Brill, 1994), 413.

859 Green, *Jude & 2 Peter*, 105.

860 James C. VanderKam, "The Theophany of Enoch 1 3b-7, 9," *VT* 23 (1973), 129-50(148-50): 예, 신 33:2; 슥 14:5; 참조. 욥 5:1; 15:15; 25:3; 시 68:17; 89:5, 7; 단 7:10; 바룩2서 48:10; 에즈라4서 8:21. 하늘법정의 판결을 군사적 심판으로 수행할 경우 여호와는 용사로 역할을 하신다(예, 삼하 5:22-25; 시 18; 20; 21; 68:18). 그리고 구약에서 하늘회의의 군사적인 역할과 법정적인 역할은 서로 연결된다(예, 왕하 7:6; 사 13:1-22; 40:26; 45:12; 렘 51:27-28; 욜 4:9-21). 이 주제에 대한 자세한 토의를 위해서 다음의 글들을 참고하라. Patrick D. Miller, *The Religion of Ancient Israel* (Library of Ancient Israel; London: SPCK, 2000); idem, "The Divine Council and the Prophetic Call to War," *VT* 28 (1968): 100-107.

861 Davids, *2 Peter and Jude*, 80.

862 이는 신약의 증언이기도 하다(예, 마 16:27; 13:39, 41, 49; 24:31; 25:31; 막 8:38; 눅 9:26; 살전 3:13; 살후 1:7) Bauckham, *Jude, 2 Peter*, 96; Green, *Jude & 2 Peter*, 105을 보라.

863 Green, *Jude & 2 Peter*, 105; M. Black, "The Christological Use of the Old Testament in the New Testament," *NTS* 18 (1971), 10-11; Davids, *2 Peter and Jude*, 79; Osburn, "The Christological Use," 336-37; Stanley E. Porter, *Idioms of the Greek New Testament* (London, Continuum: 1999), 37; Daniel B. Wallace, *The Basics of New Testament Syntax: An Intermediate Greek Grammar* (Grand Rapids, Mich.: Zondervan Pub. House, 2000), 563.

864 Green, *Jude & 2 Peter*, 106. Büchsel, *TDNT* 2:475.

사들의 심판을 강조한다.[865] 천사들은 하늘법정에서 악인들과 의인들을 분리하는 심판을 집행할 것이다. 최후심판에서 중요한 요소는 판결이 운명을 결정하는 장소, 곧 하늘법정이다. 저자는 하늘법정에서 벌어질 미래의 심판이 오래전 에녹이 예언한 것이라는 근거를 제시한다.

4. 명령과 송영에 나타난 종말론과 우주론(20-25절)

4.1. 명령(20-23절)

저자는 종말의 장면을 에녹1서 1:9을 인용하여 형벌을 강조했으나(14-16절), 이제 재림에서 경험하게 될 의인들의 운명을 알리며 독자들을 격려한다.[866] 필자는 명령과 격려 부분에서(20-23절) 우주적 공간이 어떤 역학을 하는지 관찰할 것이다.

저자는 독자들을 사랑하는 자들이라고 부르며(20절), 하나님의 사랑 안에서 자신을 지키고, 영생으로 이끄실 주 예수 그리스도의 긍휼을 기다리라고 한다(21절). 여기서 유다는 "하나님의 사랑"에 공간적 의미를 부여한다.[867] 즉 신자들이 마땅히 거해야 하는 영역으로 사랑을 표현한다.[868] 유다서에서 "지키다"(τηρέω)는 공간적 의미를 강조하면서 중요한 주제를 형성하는 핵심 단어로(1, 6, 13, 21절),[869] 있어야 영역 또는 위치를 지키는 것을 의미한다.[870] 위에서

---

865 Andrew Chester and Ralph P. Martin, *The Theology of the Letters of James, Peter, and Jude* (Cambridge: Cambridge University Press, 1994), 78.

866 Webb, "The Use," 73.

867 참조. Porter, *Idioms*, 156-59.

868 참조. Neyrey, *2 Peter, Jude*, 91.

869 이 주제는 대부분의 유다서 주석에서 설명되고 있다. Ruth A. Reese, *2 Peter & Jude* (Grand Rapids, Mich.: W. B. Eerdmans Pub. Co., 2007), 83-84.

870 Neyrey, *2 Peter, Jude*, 91; Bauckham, *Jude, 2 Peter*, 115.

언급한 것처럼, 타락한 천사들과 거짓 교사들의 공통적인 문제는 하나님께서 정하신 위치를 지키지 않은 것이다. 저자는 독자들이 있어야 할 자리, 곧 하나님께서 정하신 위치를 지켜야 함을 내포하고 있다. '자비'는 신자들이 가져야 할 종말론적인 소망을, 영생은 주의 재림 때에 다가올 세상에서 경험하게 될 부활의 생명, 곧 긍휼로 주어지는 선물이다.[871] 이러한 종말론적인 선물은 자기 위치를 지킨 자들이 재림 때 얻는 것이다. 그런데 자기 위치를 지키는 일은 수동적으로 재림을 기다리는 것이 아니다. 거짓 교사들의 영향을 받고 있는 자들을 긍휼히 여기고(22절), 속히 불에서 끌어내서 구원해야 한다(23절).[872] 저자는 23절에서 스가랴 3:1-5의 하늘법정 이미지와 형벌의 장소를 상징하는 불을 연결한다.[873] 하늘법정에서 사탄은 대제사장 여호수아를 정죄했고(슥 3:1), 하나님 앞에 선 여호수아의 옷이 더러웠다(3:3). 여호와께서는 여호수아의 상태가 불에 그슬린 나무와 같다고 하시고(3:2), 아름다운 옷으로 갈아 입히셨다(3:4). 유다는 교회가 긍휼이 여겨야 할 대상을 "의심하는 자들"(διακρινομένους, 22절)이라고 하는데, 본문에서 동사 διακρίνω는 '평가하다' 또는 '판단하다'의 뜻을 지니고 있다. 따라서 이 분사형(διακρινομένους)을 "다투는 자들" 또는 "판단하는 자들"로 번역할 수 있다. 흥미롭게도 저자는 9절에서 미가엘이 마귀와 모세의 시체를 두고 논쟁하는 장면에 διακρίνω('다투다')를 이미 사용했다. 이런 점에서 22절의 "의심하는 자들"(διακρινομένους)의 모습은 스가랴 3:2의 하늘법정에 서 있는 불에 그을리고 더러운 옷을 입은 상태와 연결된다.[874] 이들은 거짓 교사들의 영향을 받고 있어서 주 예수 그리스도의

871 Bauckham, *Jude, 2 Peter*, 114. 긍휼과 기다림이 갖는 종말론적 의미에 대해서는 보컴(114)의 자료를 참조하라. 긍휼: 마카베오2서 2:7; 솔로몬의 시편 7:10; 8:27-28; 10:4, 7; 14:9; 17:45; 에녹1서 1:8; 5:6; 27:4; 바룩2서 78:7; 82:2; 에즈라4서 14:34. 웹은 에녹1서에서 긍휼은 유다서의 용례와 마찬가지로 종말론적인 소망을 묘사할 때 쓰인다고 주장한다("The Use of 'Story' in the Letter of Jude," 73).

872 Neyrey, *2 Peter, Jude*, 91. 거짓 교사들의 등장은 독자들이 현재 종말 가운데 살고 있다는 표시이기 때문에(Webb, "The Use," 51), 구원은 급한 임무다.

873 Davids, *2 Peter and Jude*, 101; Bauckham, *Jude, 2 Peter*, 115.

874 Bauckham, *Jude, 2 Peter*, 115.

권위에 복종하기보다 스스로 자신들의 행위를 평가했을 것이다.

저자는 이들을 불쌍히 여기도록 요청한다(22절). 23절에서도 이들을 불쌍히 여길 것을 요구하는 동시에 불에서 끌어내 구원하라고 가르친다. 구원하는 방식은 끌어내는 것이다. "끌어내다"(ἁρπάζω)는 무엇(또는 사람)을 강하고 재빨리 빼앗거나 취하는 것을 뜻하며(마 12:29; 13:19; 요 6:15; 10:12; 10:28, 29; 행 23:10),[875] 한 영역에서 다른 영역으로 옮기는 의미도 갖고 있다(살전 4:17; 계 12:5; 참조. 행 8:39).[876] 타락한 천사들이 갇힌 곳(음부 또는 심연)을 흑암으로 표현하는 것처럼, 이 불은 최후심판 이후 형벌의 장소 또는 지옥이 갖는 특징을 반영한다(참고. 마 5:22; 13:41, 50; 막 9:43-48 등). 다시 말해서, 23절의 명령은 최후심판에서 경험하게 될 불타는 형벌의 장소(또는 지옥의 불)에 갈 사람들을 끄집어내라는 의미다.[877] 거짓 교사들처럼(또는 사탄처럼) 자기 기준에 따라 판단하는 자들은 그들의 행위를 지속하면 하늘법정에서 더러운 옷 때문에 불에 들어가는 판결을 받게 될 것이다. 그래서 21, 24절과 연결해 보면, 거짓 교사들의 도전에 직면한 교회의 사명은 불타는 형벌의 장소에 들어가고 있는 사람을 급하게 끄집어내서 기쁨의 장소, 흠이 없는 사람들을 위한 장소로 그 위치를 옮기는 것과 관련된다.

4.2. 송영(24-25절)

저자는 송영에서 "그 영광 앞에 흠이 없이 기쁨으로 서게 하실" 구주 하나님께 주 예수 그리스도로 말미암아 영광을 돌린다(24-25절). "앞에 서기 위하여"(στῆσαι κατενώπιον)는 제사장들의 제사 장면에서 전형적으로 사용된, 제의적 목적을 가진 표현이다(24절; 엡 1:4; 골 1:22). 여기에 "흠 없이"(ἀπταίστους)가 붙어서 예배 전통을 반영하며 종말론적인 목적으로 사용된다(예, 살전 3:13; 엡 5:27;

875 BDAG, 134.

876 W. Trilling, *EDNT* 1:157.

877 Neyrey, *2 Peter, Jude*, 91; Davids, *2 Peter and Jude*, 102.

골 1:22).[878] "흠이 없음"은 제사 제물의 상태에서 유래한 것으로(히 9:14) 윤리적으로 흠결이 없는 상태를 의미한다.[879] 또한 "기쁨"(ἀγαλλίασις)은 종말에 하나님 앞에서 누리게 될 선물이다. 공적인 기쁨을 의미한다.[880] 한편, 24절의 "앞에 서기 위하여"(στῆσαι κατενώπιον)는 공간적이고 물리적인 위치를 묘사하는 표현이다. 구약의 제의 장면(예, 신 10:8; 겔 44:11, 15)과[881] 하늘회의(또는 하늘법정) 이미지에서[882] '앞에 서다'라는 표현은 하나님과 제사장들, 하나님과 하늘법정 구성원들 사이의 위치를 보여 준다. 그러므로 유다서 24절은 최후심판이 벌어지는 하늘법정을 묘사하고 있다.[883] 의인들에게 하늘법정은 상을 받는 장소이며, 때로는 하늘법정이 종말의 선물을 누리는 곳으로 표현된다.[884] 그러

878 Green, *Jude & 2 Peter*, 133; Bauckham, *Jude, 2 Peter*, 122. 보캄은 세 신약 본문은 흠 없는 제물의 의미를 갖는다고 이해한다.

879 Green, *Jude & 2 Peter*, 133. 벧전 1:19; 엡 1:4; 5:27; 빌 2:15; 골 1:22; 계 14:5; 시락서 31; 40:19; 요세푸스, 〈고대사〉 3.12.2 §279.

880 Neyrey, *2 Peter, Jude*, 100; Bauckham, *Jude, 2 Peter*, 122-23; Green, *Jude & 2 Peter*, 133. 참조. 시 96:11-12; 97:8; 사 12:6; 25:9; 60:5; 61:10; 벧전 1:6; 4:13; 계 19:7; 토비트 13:13; Bar. 4:37; 5:5; 에즈라4서 7:98; 레위의 유언 18:5, 14; 에녹1서 5:9; 103:4; 104:13; 아브라함의 묵시록 29.

881 신 10:8을 비롯한 제의적 상황을 묘사하는 본문에서 "섬기기 위해"와 (여호와 앞에) "서기 위해"(לעמד לפני יהוה)가 함께 등장할 경우, 후자는 단지 전자의 보조 행위가 아니라 레위인들이 하나님 앞에 서 있는 모습, 즉 공간적 위치를 묘사하고 있다. "서기 위해"의 공간적인 의미를 언급한 대표적인 글로는 Ian Wilson, "Merely a Container? The Ark in Deuteronomy," in *Temple and Worship in Biblical Israel* (ed. John Day; London: T&T Clark, 2007), 212-249을 보라. 윌슨은 신 12-16장에 쓰인 "여호와 앞"(לפני יהוה)이 16회 사용됐고 대부분 하나님의 현존이 갖는 공간적인 측면을 의미한다고 주장한다.

882 구약에서 '앞에 서다'는 하늘회의 장면을 보여주는 대표적인 표현이다. 하나님 존전에 선 자들은 왕이며 재판장이신 하나님(또는 그의 천사) 앞에 복종하는 존재들로 서거나(왕상 22:21; 사 6:2; 단 7:10; 렘 23:18; 슥 3:1, 3), 여호와 앞에 나아간다(욥 1:6; 2:1; 단 7:13). 하나님은 하늘회의 장면에서 중앙에 계신다(왕상 22:19; 사 6:1; 단 7:9). 유대문헌에도 천상의 존재들이 하나님(의 보좌 또는 영광) 앞에 서 있는 모습이 그려진다(에녹1서 40:1; 바룩2서 21:4-6; 아브라함의 유언 7:11; 8:1; 9:7; 4Q402 1; 4Q530 2 ii 16-20). 천사들은 하늘의 예배를 섬기려고 하나님 앞에 선다(4Q403 1 ii 6-12; 4Q405 22; 참조. 겔 1, 10). 종말에는 악인들도 하늘법정에 계시는 하나님 앞에 심판을 받기 위해 선다(에녹1서 52:1-9; 62:9-12; 63:1-12).

883 Green, *Jude & 2 Peter*, 133.

884 바룩2서에서 하늘보좌는 최후심판을 집행하는 곳이고(21장), 하늘의 권능들이 하나님 앞에 서 있고(21:4) 셀 수 없이 많은 거룩한 자들이 하늘의 보좌 주변에 서 있다(21:6; 참조. 단 7:9-

므로 24절에서 제의적 장면과 하늘법정의 장면이 분리되지 않는다.[885] 또한, 24절은 14절의 "주께서 수만의 거룩한 자와 함께 임"하실 날에 일어날 장면으로, 하늘법정에서 흠이 없는 상태로 영광 앞에 선 자들은(참조. 에녹1서 40:1) 종말론적 기쁨(에녹1서 104:1-4)을 선물로 얻게 되는 것이다.[886]

간단하게 정리해 보면, 최후심판이 벌어지는 하늘법정에서 모든 인간은 재판장 앞에 서야 한다. 자신을 흠 없이 드린 자는 영생(21절)과 기쁨(24절)을 얻지만 거짓 교사들처럼 경건치 않은 길을 간 자들은(4, 15, 18절) 유죄 판결을 받아 흑암(6, 13절)과 불(23절)의 고통을 겪을 것이다. 이처럼, 저자는 송영에서 최후심판과 자기의 위치를 지킨 자들이 얻게 될 종말의 선물을 묘사하며, 이를 위해 하늘법정 또는 하늘의 세계를 그려준다.

5. 요약과 결론

우리는 유다서의 신학(예, 종말론과 구원론)을 위해 우주론(하늘의 세계, 하늘법정, 흑암과 불 등)이 어떻게 사용되는지 편지의 전체 흐름 속에서 살펴보았다. 유다서에서 우주론의 역할을 다음과 같이 정리해 볼 수 있다: 1) 거짓 교사들의 문제와 우주의 구조, 2) 심판이 선언되는 장소, 3) 심판 이후에 갈 장소. 첫째, 거짓 교사들의 문제는 비윤리적인 삶이며,[887] 타락한 천사들처럼(하늘에서

14). 그런데 최후심판을 목적으로 준비됐던 하늘법정이 의인들을 위한 하늘의 세계가 된다(51:1-3).

885 참조. Green, *Jude & 2 Peter*, 133.

886 의인들이 '영광 앞에 서서' '기쁨'을 누리는 표현은 에녹1서의 일부다. "그리고 이 후에 나는 셀 수 없고 측량할 수 없는, 수 천 수만의 존재들이 영들의 주의 영광 앞에 서 있는 것을 보았다"(에녹1서 40:1). "하늘에 있는 천사들이 크신 분의 영광 앞에서 너희들에 대해 좋은 말을 하고 있으며 너희들의 이름들이 크신 분의 영광 앞에 기록된 것을 나는 맹세한다...이제 너희는 하늘의 별들처럼 빛날 것이다…너희는 하늘의 천사들처럼 큰 기쁨을 가질 것이기에, 힘을 내고 소망을 버리지 말라(에녹1서 104:1-4)." 〈에녹의 편지들〉(에녹1서 92-105)의 여섯 번째 강화(102:4-104:8)에 해당한다.

887 Richard Bauckham, "James, 1 Peter, Jude and 2 Peter," in *A Vision for the Church:*

땅으로) 이들의 죄는 위치를 이탈한 것(땅에서 하늘로)이다. 타락한 천사들이 하늘에 있는 처소를 떠나 땅으로 내려온 범죄처럼, 꿈꾸는 자들인 거짓 교사들은 자신들의 위치를 하늘로 올림으로써 비윤리적 행위를 정당화해주는 하늘의 법을 알았다고 주장했을 것이다. 이들은 하나님의 법과 창조 세계를 지키는 역할을 맡은 영광들(천사들)의 위치를 부정하고, 자신들이 그 자리에 섰다. 그들은 하늘의 세계를 알지 못했고, 땅의 탐욕만 알았으며, 흑암과 불에 들어갈 운명을 경험하게 될 것이다. 둘째, 저자는 최후심판을 우주론으로 설명한다. 주께서는 재판장이 수만의 천사들과 함께 하늘법정에서 심판을 주재하실 것이다(14절; 에녹1서 1:9; 단 7:9-14). 주의 긍휼을 기다린 자들은 하늘법정의 영광 '앞에 서서' 종말론적 기쁨을 경험한다(24절). 셋째, 운명의 대조는 장소의 대조로 표현된다. 거짓 교사들은 땅에서 하늘로 올랐다고 했으나 흑암, 곧 형벌의 장소로 떨어진다. 독자들에게 주어진 사명은 불타는 형벌의 장소로 향해 가는 사람들을 급하게 끌어내서 종말론적 기쁨을 누리는 장소로 옮기는 것이다. 그러므로 저자는 독자들에게 잘 알려진 구약과 유대 전통을 사용하여 거짓 교사들의 문제와 운명 그리고 교회의 종말론적인 태도를 가르친다. 또한 유다서는 창조세계 즉 우주론을 종말론과 구원론을 위해 사용하는 유대 묵시전통을 반영한다.

Studies in Early Christian Ecclesiology in Honour of J. P. M. Sweet (ed. M. Bockmuehl and M. B. Thompson; Edinburgh: T. & T. Clark, 1997), 153-66 (165).

주요 참고문헌(마태복음)

강대훈. 『마태복음 주석(상)』 (부흥과개혁사, 2019).

_____. 『마태복음 주석(하)』 (부흥과개혁사, 2019).

_____. "마태복음의 우주론: 하늘 이미지와 상징성의 역할을 중심으로." 『Canon&Culture』 8 (2014. 10): 211-240.

_____. "마태복음의 탄생 내러티브(1-2장)에 나타난 유대 묵시 언어(꿈, 천사, 별)의 기능." 『신약논단』 22 (2015. 3): 1-28.

_____. "산상설교(마 5-7장)에 나타난 하늘의 기능." 『열매로 알리라: 정훈택 교수 퇴임기념 논총』 (서울: 총신대학교 출판부, 2013): 137-159.

_____. "마태의 수난 기사(마 26-27장)에 나타난 성전의 하늘 상징성." 『신약연구』 12 (2013. 3): 6-29.

_____. "마태복음에 나타난 '하데스'와 '아뷔소스'의 개념과 하늘나라와의 관계에 대한 연구." 『신약연구』 13 (2014. 6): 183-218.

_____. "마태복음의 구원론에 대한 소고: 정훈택의 마태복음 구원론 이해를 사례 연구로." 『신약연구』 15 (2016. 12): 605-650.

_____. "온유한 자는 복이 있나니- '호이 프라에이스'(οἱ πραεῖς)는 어떤 사람들인가?" 『신약연구』 16 (2017. 6): 7-37.

_____. "마태의 기적 내러티브(마 8:1-9:34) 구조와 주제에 대한 연구." 『신약연구』 15-2 (2016. 6): 275-306.

_____. "마태복음의 게헨나 연구." 『신약연구』 14 (2015. 3): 8-40.

김경식. "요한계시록에서의 소돔 모티브 사용." 『신약연구』 12 (2013): 605-632.

_____. "신약의 최후행위심판과 구원의 관계." 『신약연구』 (2016): 88-130.

김창훈. "마태복음 27:53의 "예수님의 부활 후에"에 나타난 마태의 의도." 『한국복음주의신학회』 (2017. 9) 백석대학교.

_____. "마태복음 27:3의 '예수의 부활 후에'에 대한 내본문적 연구." 『신약논단』 25 (2018): 1-36.

박정수. "헬레니즘 시대 유대 묵시문학의 시·공간적 세계관: 에녹1서를 중심으로." 『신약논단』 18/3(2011): 967-996.

손석태. 『구약신학』. 서울: CLC, 2006.

신현우. "예수의 광야 기도와 축귀 병행 설교." 『신약연구』 35 (2014): 371-390.

양용의. "'그러나 나는 너희에게 말한다'-마태복음 5:21-48의 대조적 교훈들에 나타난 예수와 율법." 『신약연구』 5 (2006): 1-49.

이형일. "선재(先在)적 메시아사상이 기독교 이전의 유대교 내에 존재했는가?" 『성경과 신학』 72 (2014): 57-83.

정훈택. 『열매로 알리라』. 총신대 출판부, 2008.

채영삼. "마태복음 2:6의 구약 인용과 마태의 목자-기독론." 『신약연구』 8 (2009): 5-37.

악트마이어, P. J. 외, 소기천 외 옮김, 『새로운 신약성서개론』. 대한기독교서회, 2007.

Abegg, M. G. "Retribution", in *Encyclopedia of the Dead Sea Scrolls*. eds. L. H. Schiffman and J. C. VanderKam; Oxford: Oxford University Press, 2000.

Adams, Edward. "Graeco-Roman and Ancient Jewish Cosmology." in *Cosmology and New Testament Theology*. Edited by Jonathan T. Pennington and Sean M. McDonough; London: T & T Clark, 2008): 5-27.

Albright W. F. & Mann, C. S. *Matthew*. New York: Doubleday & Co.,

1971.

Alexander, Desmond. "The Old Testament View of Life after Death." *Themelios* 11 (1986): 41-46.

Allen, Willoughby C. *A Critical and Exegetical Commentary on the Gospel According to St. Matthew*. ICC. Edinburgh: T&T Clark, 1912.

Allison, D. C. "Matthew's First Two words." in *Studies in Matthew: Interpretation Past and Present*. Grand Rapids, MI: Baker Academic, 2005: 157-163.

______. *Constructing Jesus: Memory, Imagination and History*. Grand Rapids, Mich: Baker Academic, 2010.

______. *The New Moses: A Matthean Typology*. Minneapolis: Fortress Press, 1993).

______. *Studies in Matthew: Interpretation Past and Present*. Grand Rapids. MI: Baker Academic, 2005.

Atkinson, Kenneth. *An Intertextual Study of the Psalms of Solomon*. Lewiston, NY: Edwin Mellen Press, 2001.

Averbeck, R. E. "Tabernacle." *DOTP*: 807-827.

Bacon, B. W. "The Five Books of Matthew Against the Jews." *The Expositor* VIII 85 (1918): 56-66.

______. *Studies in Matthew*. New York: H. Holt, 1930.

Baldwin, J. G. Haggai, *Zechariah and Malachi*, Downers Grove, IL: InterVarsity Press, 1972.

Barker, Margaret. *The Gate of Heaven: The History and Symbolism of the Temple in Jerusalem*. London: SPCK, 1991.

Bauckham, Richard. "Life, Death, and the Afterlife in Second Temple Judaism." In The Jewish World Around the New Testament:

Collective Essays I. Tübingen: Mohr Siebeck, 2008.

______. "The Throne of God and the Worship of Jesus." 43-69 in *The Jewish Roots of Christological Monotheism: Papers from the St. Andrews Conference on the Historical Origins of the Worship of Jesus*. J. R. Davila, C. C. Newman, and G. S. Lewis, eds. Leiden: Brill.

______. *Jesus and the Eyewitnesses: The Gospels as Eyewitness Testimony*. Grand Rapids, Mich.: Eerdmans, 2006.

______. *Jesus and the God of Israel: God Crucified and Other Studies on the New Testament's Christology of Divine Identity*. Grand Rapidss. Mich.: W.B. Eerdmans Pub. Co, 2009.

______. *The Fate of the Dead*. Leiden: Brill, 1998.

Bauer, D. R. "The Kingship of Jesus in the Matthean Infancy Narrative: A Literary Analysis." *CBQ* 57 (1995): 306-323.

______. *The Structure of Matthew's Gospel: A Study in Literary Design*. Sheffield: Sheffield Academic Press, 1988.

Bauer, David R., and Mark Allan Powell. *The Structure of Matthew's Gospel: a Study in Literary Design*. Sheffield: Sheffield Academic Press, 1988.

Bauer, W., Danker F. W., Arndt W. F. and Gingrich F. W. eds. *Greek-English Lexicon of the New Testament and Other Early Christian Literature,* 3th ed. Chicago: University of Chicago Press, 2000.

Baxter, W. "Healing and the "Son of David": Matthew's Warrant." *NovT* 48 (2006): 36-50.

Beale, G. K. *A New Testament Biblical Theology: The Unfolding of the Old Testament in the New*. Grand Rapids, MI: Baker Academic, 2011.

______. *The Temple and the Church's Mission: A Biblical Theology of the*

Dwelling Place of God. Downers Grove. Ill.: IVP, 2004.

Bergsma, John Sietze. *The Jubilee from Leviticus to Qumran: A History of Interpretation*, Leiden/Boston: Brill, 2007.

Betz, Hans D. *The Sermon on the Mount: A Commentary on the Sermon on the Mount, Including the Sermon on the Plain (Matthew 5:3-7:27 and Luke 6:20-49)*. Minneapolis. MN: Fortress Press, 1995.

Betz, Otto "Jesus and Isaiah 53." in *Jesus and the Suffering Servant: Isaiah 53 and Christian Origins*. eds. W. Bellinger and W. Farmer; Eugene, OR: Wipf and Stock Pub, 1998: 70-88.

Blomberg, C. L. *Matthew*, Nashville, TN: Broadman, 1992.

______. "On Building and Breaking Barriers: Forgiveness, Salvation and Christian Counseling with Special Reference to Matthew 18:15-35." *JPC* 25-2 (2006): 137-154.

Bock, Darrell L. *Blasphemy and Exaltation in Judaism and the Final Examination of Jesus: A Philological-Historical Study of the Key Jewish Themes Impacting Mark 14:61-64*. WUNT 106. Tübingen: Mohr Siebeck, 1998.

______. "Blasphemy and the Jewish Examination of Jesus." 589-669 in *Key Events in the Life of the Historical Jesus: A Collaborative Exploration of Context and Coherence*. Darrell L. Bock and Robert L. Webb, eds. Grand Rapids. Mich.: W. B. Eerdmans Pub Co, 2010.

______. "The Son of Man Seated at God's Right Hand and the Debate over Jesus' 'Blasphemy'." In *Jesus of Nazareth Lord and Christ: Essays on the Historical Jesus and New Testament Christology*. Joel B. Green and Max Turner, eds. Grand Rapids. Mich.: Wm. B. Eerdmans Publishing, 1994.

Bond, Helen K. *Caiaphas: Friend of Rome and Judge of Jesus?* Louisville. Kentucky: Westminster John Knox Press, 2004.

Borkamm, Günther. "End-Expectation and Church in Matthew." In *Tradition and Interpretation in Matthew*. Translated by Percy Scott. G. Bornkamm, G. Barth, and H. J. Held, eds. Philadelphia: Westminster Press, 1963: 15-51.

______. "The Stilling of the Storm in Matthew." In G. Bornkamm, G. Barth and H. J. Held, eds. *Tradition and Interpretation in Matthew*. Philadelphia: Westminster, 1963: 52-57.

Brown, R. E. *The Birth of the Messiah: A Commentary on the Infancy Narratives in the Gospels of Matthew and Luke*, New York: Doubleday, 1993.

Bruner, Frederick Dale. *Matthew 1-12*. Dallas. Texas: Word Publishing, 1987.

______. *Matthew 13-28*. Dallas. Texas: Word Publishing, 1987.

Budd, P. J. *Numbers*. Dallas: Word, 1998.

Burridge, Richard A. *What Are the Gospels? A Comparison with Graeco-Roman Biography*. Grand Rapids, Mich: Eerdmans, 2004.

Büchsel, F. "παλιγγενεσία." *TDNT* 1:686-688.

Carson, D. A. *Matthew: Chapters 1-12*. Grand Rapids. Mich.: Zondervan Publishing House, 1984.

______. *Matthew: Chapters 13-28*. Zondervan Publishing House, 1995.

Carter, W. *Matthew and the Margins: A Socio-Political and Religious Reading*. Sheffield: Sheffield Academic Press, 2000.

______. *What Are They Saying about Matthew's Sermon on the Mount?* New York: Paulist Press, 1994

Chae, Young S. *Jesus as the Eschatological Davidic Shepherd: Studies in the Old Testament, Second Temple Judaism, and in the Gospel of Matthew*. Tübingen: Mohr Siebeck, 2006.

Charette, B. *The Theme of Rcompense in Matthew's Gospel*. Sheffield: JSOT Press, 1992.

Clements, Ronald E. *God and Temple*. Oxford: Basil Blackwell, 1965.

Cleon Rogers, "Moses: Meek or Miserable?" *JETS* 29/3 (1986): 257-263.

Cole, R. Dennis. *Numbers*, Nashville: B&H Publishing Group, 2000.

Collins, A. Y. *Cosmology and Eschatology in Jewish and Christian Apocalypticism*. Leiden, Netherlands: Brill, 1996.

______. "Rulers, Divine Men, and Walking on the Water." in *Religious Propaganda and Missionary Competition in the New Testament World: Essays Honoring Dieter Georgi*. eds. Lukas Bormann et al.; NovTSup 74; Leiden: Brill, 1994): 205-227.

Collins, Adela Y. and John J. Collins. *King and Messiah as Son of God: Divine, Human, and Angelic*. Grand Rapids. Mich: W.B. Eerdmans Pub. Co, 2008.

Collins, J. J. *Apocalypticism in the Dead Sea Scrolls*. London. New York: Routledge, 2002.

______. *The Scepter and the Star: Messianism in Light of the Dead Sea Scrolls*. Grand Rapids, Mich.: W.B. Eerdmans Pub. Co. 2010.

______. *The Apocalyptic Imagination*. Grand Rapids. Mich: Wm. B. Eerdmans Publishing, 1998.

Combrink, J. B. "The Structure of the Gospel of Matthew as Narrative." *TynBul* 34 (1983): 61-90.

Cope, O. Lamar. "'To the Close of the Age': The Role of Apocalyptic

Thought in the Gospel of Matthew." 113-24 in *Apocalyptic and the New Testament: Essays in Honour of J. Louis Martyn*. Joel Marcus and Marion L. Soards, eds. JSNTSS 24. Sheffield: JSOT Press, 1989.

Cross, F. M. *Canaanite Myth and Hebrew Epic: Essays in the History of the Religion of Israel*. Cambridge, MA: Harvard University Press, 1997.

______. "The Council of Yahweh in Second Isaiah." *JNES* 12 (1953): 274-77.

Crowe, Brandon D. *The Obedient Son: Deuteronomy and Christology in the Gospel of Matthew*, Berlin: Walter de Gruyter, 2012.

D. A. Black, "Dreams." in Joel B. Green. ed. *Dictionary of Jesus and the Gospels*. Nottingham: IVP Academic, 2013 (199-200.

Dalman, Gustaf. *The Words of Jesus Considered in the Light of Post-Biblical Jewish Writings and the Aramaic Language*. David M. Kay, ed. Edinburgh: T. & T. Clark, 1902.

Davidson, Maxwell J. "Angels." *DJG*. 8-11.

______. *Angels at Qumran Angels at Qumran: A Comparison Study of 1 Enoch 1-36, 72-108 and Sectarian Writings from Qumran*. JSPSup. 11. Sheffield: JSOT Press, 1992.

Davies, W. D. and D. C. Allison. *The Gospel According to Saint Matthew 1-7*, Edinburgh: T&T Clark, 1988.

______. *The Gospel According to Saint Matthew 8-18*. Edinburgh: T&T Clark, 1988.

______. *The Gospel According to Saint Matthew 19-28*. Edinburgh: T&T Clark, 1997.

Davila, James R. "Heavenly Ascents in the Dead Sea Scrolls." in *The Dead Sea Scrolls After Fifty Years: a Comprehensive Assessment*. Peter

W. Flint and James C. VanderKam, eds. Leiden. Boston: Brill, 1998: 461-485.

______. "The Macrocosmic Temple, Scriptural Exegesis, and the Songs of the Sabbath Sacrifice." *DSD* 9/1 (2002): 1-19.

Day, John. "The Ark and the Cherubim in the Psalms." 65-77 in *Psalms and Prayers: Papers Read at the Joint Meeting of the Society of Old Testament Study and Het Oudtestamentische Werkgezelschap in Nederland En België, Apeldoorn August 2006*. Bob Becking and Eric Peels, eds. Leiden: Brill, 2007.

DeConick, April D. *Paradise Now: Essays on Early Jewish and Christian Mysticism*. Atlanta: Society of Biblical Literature, 2006.

Derrett, J. D. M. *The Sermon on the Mount*. Northampton: Pilkington Press, 1994.

______. "Palingenesia (Matthew 19.28)." *JSNT* 20 (1984): 51-58.

Deutsch, Celia. "Wisdom in Matthew: Transformation of a Symbol." *NovT* 32 (1990): 13-47.

______. *Hidden Wisdom and the Easy Yoke: Wisdom, Torah and Discipleship in Matthew 11:25-30*. JSNTSup 18. Sheffield: JSOT Press, 1987.

______. *Lady Wisdom, Jesus, and the Sages: Metaphor and Social Context in Matthew's Gospel*. Valley forge, Pennsylvania: Trinity Press International, 1996.

Dodson, D. S. "Dreams, the Ancient Novels, and the Gospel of Matthew: An Intertextual Study." *Perspectives in Religious Studies* 29 (2002): 39-52.

______. "Reading Dreams: An Audience-Critical Approach to the

Dreams in the Gospel of Matthew." PhD Diss.: Baylor University, 2006, 281.

______. *Reading Dreams: An Audience-Critical Approach to the Dreams in the Gospel of Matthew*. London. New York: T&T Clark, 2009.

Don Garlington, ""Yoo Fool! - Matthew 5:22." *BBR* 20.1 (2010): 61-84

Donaldson, T. L. *Jesus on the Mountain: A Study in Matthean Theology*. JSNTSup 8. Sheffield: JSOT, 1985).

______. "The Vindicated Son: A Narrative Approach to Mattehan Christology." 100-21 in *Contours of Christology in the New Testament*. R. N. Longenecker, ed. Grand Rapids. Mich.: Wm. B. Eerdmans Publishing, 2005.

Evans, C. A. "Inaugurating the Kingdom of God and Defeating the Kingdom of Satan", *BBR* 15.1 (2005): 49-75.

______. *Matthew*. Cambridge: Cambridge University Press, 2012.

______. "'The Book of the Genesis of Jesus Christ': The Purpose of Matthew in Light of the Incipit." In *Biblical Interpretation in Early Christian Gospels: Volume 2, The Gospel of Matthew*. T. R. Hatina, ed. London: New York: T & T Clark International, 2008: 61-72.

______. "In What Sense 'Blasphemy'?: Jesus Before Caiaphas in Mark 14:61-64." In *Jesus and His Contemporaries: Comparative Studies*. Leiden, Netherlands: Brill, 1995: 406-434.

______. "Messianic Hopes and Messianic Figures in Late Antiquity." *JGRChJ* (2006): 9-40.

Feuillet, A. "Jésus Et La Sagesse Divine D'après Les Évangiles Synoptiques." *RB* LXII (1955): 161-196.

Fitzmyer, J. A. "Crucifixion in Ancient Palestine, Qumran Literature, and the New Testament." *CBQ* 40 (1978): 493-513.

Flannery-Dailey, Frances. "Lessons on Early Jewish Apocalypticism and Mysticism from Dream Literature." 231-247 in *Paradise Now: Essays on Early Jewish and Christian Mysticism*. April D. DeConick, ed. Atlanta: SBL, 2006.

______. *Dreamers, Scribes, and Priests: Jewish Dreams in the Hellenistic and Roman Eras*. Leiden. Boston: Brill, 2004.

Flannery, Frances, Colleen Shantz, and Rodney Alan Werline. *Inquiry into Religious Experience in Early Judaism and Christianity*. SBL, 2008.

Flint, Peter W. *The Dead Sea Scrolls After Fifty Years: A Comprehensive Assessment*. Vol. 2. Leiden. Köln: Brill, 1999.

Flusser, David and Notley, R. S. *The Sage from Galilee: Rediscovering Jesus' Genius*. Grand Rapids, Mich.: Eerdmans, 2007.

Foster, Robert. "Why on Earth Use 'Kingdom of Heaven'?: Matthew's Terminology Revisited." *NTS* 48 (2002): 487-99.

France, R. T. *Jesus and the Old Testament: His Application of Old Testament Passages to Himself and His Mission*. Downers Grove. Ill.: Intervarsity, 1971.

______. *The Gospel of Matthew*, NICNT; Grand Rapids, MI: Eerdmans, 2007.

Gathercole, Simon J. *The Preexistent Son: Recovering the Christologies of Matthew, Mark, and Luke*. Grand Rapids, MI: Wm. B. Eerdmans, 2006.

Gerhardsson, B. "The Christology of Matthew." in M. A. Powell and D. R. Bauer. eds. *Who do You Say that I Am? Essays on Christology*. Louisville: westminster John Knox, 1999: 14-32.

Gnuse, Robert. "Dream Genre in the Matthean Infancy Narratives." *NovT* 32/2 (1990): 97-120.

______. "Redefining the Elohist?" *JBL* 119 (2000): 201-20.

______. *Dreams and Dream Reports in the Writings of Josephus: A Traditio-Historical Analysis*. Leiden. New York: E.J. Brill, 1996.

Gooder, Paula R. *Heaven*. London: SPCK, 2011.

Guelich, Robert A. *"The Sermon on the Mount: A Foundation for Understanding. Waco*, Texas: Thomas Nelson Inc, 1991.

Gundry, R. H. *Matthew: A Commentary on His Literary and Theological Art*. Grand Rapids, MI: Eerdmans, 1982.

______. *The Old is Better: New Testament Essays in Support of Traditional Interpretation*. WUNT 178. Mohr Siebeck, 2005.

Gurtner, Daniel M. "The 'Twenty-Fifth Year of Jeconiah' and the Date of 2 Baruch." *JSP* 18.1 (2008): 23-32.

______. "The 'VELUM' SCISSUM Matthew's Exposition of the Death of Jesus." *TynBul* 56.1 (2005): 147-150.

______. "The Rending of the Veil and Markan Christology: 'Unveiling' the 'UIOS QEOU (Mark 15:38-39)." *BI* 15 (2007): 292-306.

______. "The Veil of the Temple in History and Legend." *JETS* 49/1 (2006): 97-114.

______. *The Torn Veil: Matthew's Exposition of the Death of Jesus*. Cambridge: Cambridge University Press, 2007.

Hagner, D. "Law, Righteousness, and Discipleship in Matthew." *Word & World* 18-4 (1998)

______. "Righteousness in Matthew's Theology." in *Worship, Theology and Ministry in the Early Church: Essays in Honor of Ralph P. Martin*.

ed. M. J. Wilkins and T. Paige; Sheffield: JSOT, 1992.

______. *Matthew 1-13*. WBC 33A. Waco, Dallas: Word Books, 1993.

______. *Matthew 14-28*. WBC 33B. Waco, Dallas: Word Books, 1995.

______. "Apocalyptic Motifs in the Gospel of Matthew: Continuity and Discontinuity." *HorBT* 7 (1985): 53-82.

Hamerton-Kelly, Robert. *Pre-Existence, Wisdom, and the Son of Man: A Study of the Idea of Pre-Existence in the New Testament*. Cambridge: Cambridge University Press, 1973.

Hanson, John S. "Dreams and Visions in the Graeco-Roman World and Early Christianity." *ANRW* II.23.2 (1980): 1395-1427.

Haran, Menahem. *Temples and Temple-Service in Ancient Israel: An Inquiry into Biblical Cult Phenomena and the Historical Setting of the Priestly School*. Oxford: Oxford University Press, 1978.

Harrington, Daniel J. *The Gospel of Matthew*. Collegeville, Minn.: Liturgical Press, 2006.

Hays, Richard B. *Echoes of Scripture in the Gospels*. Waco, Texas: Baylor University Press, 2016.

Heidel, A. "Death and the Afterlife." in *The Gilgamesh Epic and Old Testament Parallels*. Chicago: University of Chicago: 1949): 137-223.

Heil, J. P. "Ezekiel 34 and the Narrative Strategy of the Shepherd and Sheep Metaphor in Matthew." *CBQ* 55 (1993): 698-708.

Heiser, M. S. "Divine Council." DOTWPW. IVP Academic, 2008.

______. "The Divine Council in Late Canonical and Non-canonical Second Temple Jewish Literature," Ph.D. diss. University of Wisconsin, 2004.

Hengel, M. *Studies in Early Christology*. Edinburgh: T & T Clark, 1995.

Himmelfarb, Martha. *Ascent to Heaven in Jewish and Christian Apocalypses*. Oxford: New York: Oxford University Press, 1993.

Hogeterp, Albert L. A. *Expectation of the End: A Comparative Traditio-Historical Study of Eschatological, Apocalyptist and Messianic Ideas in the Dead Sea Scrolls and the New Testament*. Leiden: Brill, 2009.

Hurtado, Larry W., and Paul L. Owen. *Who Is This Son of Man?: The Latest Scholarship on a Puzzling Expression of the Historical Jesus*. London: T. & T. Clark International, 2011.

Jacob Milgrom, *Numbers*. New York, NY: The Jewish Publication Society, 1989.

John Sietze Bergsma, *The Jubilee from Leviticus to Qumran: A History of Interpretation*. Leiden/Boston: Brill, 2007.

Johnston, Philip S. *Shades of Sheol: Death and Afterlife in the Old Testament*. Downers Grove: InterVarsity Press, 2002.

Kang, D. "Heavenly Imagery and Symbolism in Matthew's Gospel." PhD Diss.: University of Bristol / Trinity College, 2012.

Kee, H. C. "Testaments of the Twelve Patriarchs." *OTP*. 1:782-828.

Kee, M. S. "The Heavenly Council and Its Type-scene." *JSOT* 31.3 (2007): 259-273.

Keel, Othmar. *The Symbolism of the Biblical World: Ancient Near Eastern Iconography and the Book of Psalms*. Translated by Timothy J. Hallet. London: Eisenbrauns, 1978.

Keener, Craig S. *A Commentary on the Gospel of Matthew*. Grand Rapids, Mich.: Wm. B. Eerdmans Publishing, 1999.

Kingsbury, J. D. "On Following Jesus: The "Eager" Scribe and the "Reluctant" Disciple. Matthew 8.18-22." *NTS* 34 (1988): 45-59.

______. "The Place, Structure and Meaning of the Sermon on the Mount with Matthew." *Int*. 41 (1987): 131-43.

______. "The Structure of Matthew's Gospel and His Concept of Salvation-History." *CBQ* 35 (1973): 451-474.

Kline, Meredith G. *God, Heaven, and Har Magedon: A Covenantal Tale of Cosmos and Telos*. Eugene, Oregon: Wipf & Stock Publishers, 2006.

Knowles, M. *Jeremiah in Matthew's Gospel: The Rejected Prophet Motif in Matthaean Redaction*, Sheffield: JSOT Press, 1993, pp (207-209.

Koch, Klaus. *The Rediscovery of Apocalyptic: A Polemical Work on a Neglected Area of Biblical Studies and Its Damaging Effects on Theology and Philosophy*. Naperville. Ill.: A. R. Allenson, 1972.

Konradt, Matthias. *Israel, Church, and the Gentiles in the Gospel of Matthew*. trans. Kathleen Ess; Waco, Texas: Baylor University Press, 2014.

Kupp, D. D. *Matthew's Emmanuel: Divine Presence and God's People in the First Gospel*, Cambridge: Cambridge University Press, 1996.

Levenson, Jon D. "The Temple and the World." *JR* 64 (1984): 275-298.

______. *Creation and the Persistence of Evil: The Jewish Drama of Divine Omnipotence*. San Francisco: Harper & Row, 1988.

______. *Resurrection and the Restoration of Israel: The Ultimate Victory of the God of Life*. New Haven: Yale University Press, 2006.

Luz, Ulich. "The Miracle Stories of Matthew 8-9." In R. Selle. trans. *Studies in Matthew*. Grand Rapids, Mich.: Wm. B. Eerdmans Pub. Co. 2005): 221-242.

______. *Matthew 1-7*, trans. James E. Crouch, Philadelphia. PA: Fortress Press, 2007

______. *Matthew 8-20*. Translation by James E. Crouch. Minneapolis Minn.: Augsburg Fortress, 2001.

______. *Matthew 21-28*. James E. Crouch. trans..Philadelphia. PA: Fortress Press, 2007.

______. *The Theology of the Gospel of Matthew*. Cambridge: Cambridge University Press, 1995.

Macaskill, Grant. *Revealed Wisdom and Inaugurated Eschatology in Ancient Judaism and Early Christianity*. Leiden: Brill, 2007.

Mánek, Jindřich. "Mit Wem Identifiziert Sich Jesus? Eine Exegetische Rekonstruktion Ad Matt. 25:31-46." in *Christ and Spirit in the New Testament Studies in Honour of Charles Francis Digby Moule*. Barnabas Lindars and Stephen S. Smalley, eds. Cambridge: Cambridge University Press, 1973: 15-25.

Marcus, Joel. "Entering into the Kingly Power of God." *JBL* 107 (1988): 663-675. 674.

______. "The Gates of Hades and the Keys of the Kingdom (Matt 16:18-19)." *CBQ* 50 (1988): 443-55.

Martínez, Florentino García. *The Dead Sea Scrolls Translated: The Qumran Texts in English*. Grand Rapids, Wm. B. Eerdmans Publishing Co. 1996.

Martínez, Florentino García, and Eibert J. C. Tigchelaar. *The Dead Sea Scrolls Study Edition: 4Q274-11Q31*. Leiden: Brill, 1998.

Mathewson, David. "The Apocalyptic Vision of Jesus According to the Gospel of Matthew: Reading Matthew 3:16-4:11 Intertextually." *TynBul* 62.1 (2011): 89-108.

Meier, John P. *The Vision of Matthew: Christ, Church, and Morality in the*

First Gospel. New York: Paulist Press, 1979.

Michel, Otto. "ὁμολογέω." *TDNT* 5:199-220.

Milgrom, Jacob. *Numbers*, New York, NY: The Jewish Publication Society, 1989.

Miller, David M. "Assumption of Moses." In *The Online Critical Pseudepigrapha*. Ian W. Scott, Ken M. Penner, and David M. Miller, eds. Atlanta: SBL, 2007. Online: http://www.purl.org/net/ocp/assumption-of-moses.

Miller, J. E. "Dreams and Prophetic Visions." *Biblica* 71/4 (1990): 401-404.

Miller, James E. "Dreams and Prophetic Visions," *Biblica* 71/4 (1990): 401-404.

Miller, John B. F. "Dreams/Visions and the Experience of God in Luke-Acts." In Inquiry into Religious Experience in Early Judaism and Christianity. SBL, 2008.

Miller, M. P. "The Function of Isa 61:1-2 in 11QMelchizedek." *JBL* 88 (1969): 467-69.

Miller, Patrick D. *Israelite Religion and Biblical Theology: Collected Essays*. JSOTSup. Sheffield: Sheffield Academic Pres, 2000.

Nickelsburg, George W. E. *1 Enoch 1: A Commentary on the Book of 1 Enoch, Chapters 1-36, 81-108*. Minneapolis. MN: Fortress, 2001.

Nickelsburg, George W. E. and James C VanderKam. *1 Enoch: A New Translation*. Minneapolis. Minn.: Augsburg Fortress, 2005.

______. *1 Enoch 2: A Commentary on the Book of Enoch Chapters 37-82*. Minneapolis. Minn.: Fortress Press, 2012.

Nolland, John. *The Gospel of Matthew*, Grand Rapids, Mich.; W.B.

Eerdmans, 2005.

Nolland, John and Daniel M. Gurtner. eds. *Built Upon the Rock*. Grand Rapids. Mich.: Wm. B. Eerdmans Publishing, 2008.

Novakovic, L. *Messiah, the Healer of the Sick: A Study of Jesus as the Son of David in the Gospel of Matthew*, Tübingen: Mohr Siebeck, 2003.

______. "Matthew's Atomistic Use of Scripture: Messianic Interpretation of Isaiah 53.4 in Matthew 8.17", in Thomas R. Hatina. ed.): *Biblical Interpretation in Early Christian Gospels 2: The Gospel of Matthew*. London: T&T Clark International, 2008): 147-162.

O'Neill, J. C. "The Kingdom of God." *NovT* 35/2 (1993): 130-141.

Oswalt, John N. *The Book of Isaiah 40-66*, Grand Rapids, Mich.: Eerdmans, 1998.

Overman, J. Andrew. *Matthew's Gospel and Formative Judaism: The Social World of the Matthean Community*. Philadelphia: Fortress Press, 1990.

Papaioannou, K. G. *The Geography of Hell in the Teaching of Jesus: Gehena, Hades, the Abyss, the Outer Darkness Where There Is Weeping and Gnashing of Teeth Paperback?*. Eugene, OR: Pickwick Publications, 2013).

Pennington, Jonathan T. "Dualism in Old Testament Cosmology: Weltbild and Weltanschauung." *SJOT* 18-2 (2004): 260-77.

______. "Heaven, Earth, and a New Genesis: Theological Cosmology in Matthew." 28-44 in *Cosmology and New Testament Theology*. Jonathan T. Pennington and Sean M. McDonough, eds. London: T & T Clark, 2008.

______. *Heaven and Earth in the Gospel of Matthew*. Leiden: Brill, 2007.

_______. *Reading the Gospels Wisely: A Narrative and Theological*

Introduction. Grand Rapids, MI: Baker Academic, 2012.

______. *The Sermon on the Mount and Human Flourishing: A Theological Commentary*. Grand Rapids, Mich.: Baker Academic, 2017.

Powell, M. A. "Matthew's Beatitudes: Reversals and Rewards of the Kingdom." *CBQ* 58 (1996): 460-79.

Quarles, Charles L. "Matthew 27:51-53: Meaning, Genre, Intertextuality, Theology, and Reception History." *JETS* 59/2 (2016): 271-86.

Rogers, Cleon. "Moses: Meek or Miserable?" *JETS* 29/3 (1986): 257-263.

Rowland, Christopher C. "Apocalyptic, the Poor, and the Gospel of Matthew." *JTS* 45 (1994): 504-518.

Rowland, Christopher C. "Apocalyptic: The Disclosure of Heavenly Knowledge." In *The Cambridge History of Judaism 3: The Early Roman Period*, 776-97. William Horbury, W. D. Davies and John Sturdy, eds. Cambridge: Cambridge University Press, 2001.

______. "The Visions of God in Apocalyptic Literature." *JSJ* 10 (1979): 137-54.

______. *The Open Heaven: A Study of Apocalyptic in Judaism and Early Christianity*. London: SPCK, 1982.

Rowland, Christopher, and Christopher R. A Morray-Jones. *The Mystery of God: Early Jewish Mysticism and the New Testament*. Leiden. Boston: Brill, 2009.

Rowland, Christopher, Patricia Gibbons, and Vicente Dobroruka. "Visionary Experience in Ancient Judaism and Christianity." In *Paradise Now: Essays on Early Jewish and Christian Mysticism*. April D. DeConick, ed. Atlanta: Society of Biblical Literature, 2006: 41-56.

Scobie, Charles H. H. *The Ways of Our God: An Approach to Biblical*

Theology. Grand Rapids, Mich.: Eerdmans, 2003.

Segal, Alan. F. "Heavenly Ascent in Hellenistic Judaism, Early Christianity, and Their Environment." In *ANRW*, II.23.2:1333-1394, 1972.

Senior, D. *The Passion of Jesus in the Gospel of Matthew*. Wilmington, Del.: M. Glazier, 1985.

Sim, D. C. "The Magi: Gentiles or Jews?" *Hervormde Teologiese Studies* 55 (1999): 980-1000.

_______. "Angels of Eschatological Punishment in the Jewish and Christian Apocalyptic Traditions and in the Gospel of Matthew." *HTS* 55 (June 1999): 693-718.

_______. "The Meaning of παλιγγενεσία in Matthew 19.28." *JSNT* 50 (1993): 3-12.

_______. *Apocalyptic Eschatology in the Gospel of Matthew*. Cambridge: Cambridge University Press, 1996.

Stanton, Graham N. *A Gospel for a New People: Studies in Matthew*. Edinburgh: T&T Clark, 1992.

_______. *Jesus of Nazareth in New Testament Preaching*. Cambridge: Cambridge University Press, 1974.

_______. "Messianism and Christology: Mark, Matthew, Luke and Acts." *Redemption and Resistance: The Messianic Hopes of Jews and Christians in Antiquity*. eds. M. Bockmuehl and J. C. Paget; London: T&T Clark, 2007): 78-96.

Stendahl, K. "Quis et unde? An analysis of Matthew 1-2." 56-66 in *The Interpretation of Matthew*. G. N. Stanton, ed. London: SPCK, 1983.

Stuhlmacher, P. "Isaiah 53 in the Gospels and Acts." in B. Janowski and

P. Stuhlmacher eds. *The Suffering Servant: Isaiah 53 in Jewish and Christian Sources*. trans. D. P. Bailey, Grand Rapids, Mich.: Wm. B. Eerdmans, 2004, pp (16-29.

Suggs, M. Jack. *Wisdom, Christology, and Law in Matthew's Gospel*. Cambridge, MA: Harvard University Press, 1992.

Sullivan, Louis E. "The Gates of Hell (Mt. 16:18)." *TS* 10. (1949): 62-64.

Syreeni, Kari. *The Making of the Sermon on the Mount: A Procedural Analysis of Matthew's Redactoral Activity*. Helsinki: Suomalainen Tiedeakatemia, 1987.

Talbert, C. H. *Reading the Sermon on the Mount: Character Formation and Decision Making in Matthew 5-7*, Columbia, SC: University of South Carolina Press, 2004.

______. *Matthew*. Grand Rapids, Mich.: Baker Academic, 2010.

______. "Indicative and Imperative in Matthean Soteriology." *Biblica* 82-4 (2001): 515-538.

Travis, Stephen H. "The Value of Apocalyptic." *TynBul* 30 (1979): 59-64.

Turner, David L. *Matthew*. BCNT. Grand Rapids. Mich.: Baker Academic, 2008.

Ulansey, David. "The Heavenly Veil Torn: Mark's Cosmic Inclusio." *JBL* 110/1 (1991): 123-125.

van der Watt, J. G. and D. S. du Toit. "Salvation." in J. B. Green, S. McKnight, and I. H. Marshall, eds. *Dictionary of Jesus and the Gospels*, Downers Grove: IIVP, 2010.

Wallace, Daniel B. *Greek Grammar Beyond the Basics: An Exegetical Syntax of the New Testament with Scripture*. Grand Rapids, Mich.: Zondervan, 1996.

Wenham, David. "The Kingdom of God and Daniel." *ExTimes* 98/55 (1987): 132-134.

Wenham, David. "The Rock on Which to Build: Some Mainly Pauline Observations About the Sermon on the Mount." 178-206 in *Built Upon the Rock*. Grand Rapids. Mich.: Wm. B. Eerdmans Publishing, 2008.

Witherington III, Ben. *Matthew: Smyth & Helwys Bible Commentary*. Macon, Ga.: Smyth & Helwys Pub. 2006.

_______. *Jesus the Sage: The Pilgrimage of Wisdom*. Minneapolis. MN: Fortress Press, 1994.

Wright, N. T. *Jesus and the Victory of God*. London: SPCK, 1996.

_______. *The New Testament and the People of God*, Minneapolis, MN: Fortress Press, 1992.